행정학

해석, 비판, 그리고 사회적 구성

전종섭(Jong S. Jun) 지음

권향원 · 김관보 · 김태영 · 김현성 · 김흥회 ·
박흥식 · 서정호 · 이환범 · 정용덕 · 주창범 ·
최준호 · 최태현 · 편상훈 · 허중경 옮김

도서출판 대영문화사

추천의 말

이 책의 독자들이 저자인 전종섭(Jong S. Jun) 교수의 학문적 깊이를 충분히 이해하기를 바라는 마음에서 이 추천사를 쓴다.

전 교수는 오늘날 행정학 분야에서 가장 뛰어난 이론가 가운데 한 사람이다. 그가 많은 학술연구 결과를 산출했다는 정량적 증거가 이를 입증한다. 더 중요한 것은 그의 학술적 관점이다. 그의 뿌리는 동아시아이지만 그는 37년이라는 거의 모든 경력을 미국에서 행정학을 가르치며 보냈다. 철학적 사고에서 서양과 동양 모두의 지향성을 지닌 점에서 전 교수는 매우 특이하다. 그러한 두 세계의 맞물림은 그의 다른 다수의 작업에서와 마찬가지로 이 책에서도 매우 명백하게 드러난다.

이처럼 풍부한 배경을 통해 그는 우리 대부분이 그저 부러워할 수밖에 없는 통찰력을 가질 수 있었다. 그리고 전 교수 스스로가 오랜 시일에 걸친 자신의 연구 노력의 결정판으로 간주하는 이 책의 심오한 지혜를 인식하는 것 또한 매우 중요하다.

한국에서 태어난 전 교수는 대학에서 법학을 공부했다. 1961년 미국으로 유학해 필자와 같은 연배의 학계 원로들에게는 잘 알려진 웬거트(Bert Wengert) 교수가 있는 오리건대학교에서 정치학을 공부했다. 웬거트 교수는 행정학 교육에서 사례 방법을 발전시키는 데 큰 공헌을 한 학자이다. 그는 전 교수가 미래에 훌륭한 학자가 될 소양이 충분한 학생임을 확신했고, 그에게 행정학 박사학위를 취득하도록 강력하게 권했다.

오리건대학교(University of Oregon)에서 석사학위를 취득하자마자 전 교수는 남가주대학교(University of Southern California)의 행정학 박사과정에 진학했다. 학문 연구와 배움에 대한 그의 갈망은 즉시 교수들의 눈에 띄었다. 어느 날 그 대학의 원로인 스톰(William Bruce Storm) 교수를 방문한 전 교수는 "교수님과 같이 연구하면서 배우고 싶습니다. 장학금은 안 받아도 괜찮습니다. 저는 그저 연구하고 배우고 싶을 뿐입니다"라고 말했다. 그렇지 않아도 눈여겨보던 차에 스톰 교수는 그를 조교로 받아들였고, 그의 스승이 되기로 결심했다. 전 교수의 학문에 대한 열성을 높이 샀기 때문이다.

이 두 사람의 관계는 매우 생산적인 방향으로 발전되었다. 두 권의 책을 공동집필하는 작업을 시작해 전 교수가 박사과정을 마친 지 5년 안에 모두 출간되었다. 그중 한 권이 바로 『내일의 조직: 도전과 전략(*Tomorrow's Organizations: Challenges and Strategies*)』(Jun & Storm, 1973)이다. 이 책을 통해 필자는 전 교수의 학문적 역량을 충분히 인식할 수 있었다. 스톰 교수와 전 교수는 지난 반세기 동안에 출간된 가장 훌륭한 몇 권의 책 중 하나를 집필한 것이다. 1973년에 출간된 이 책을 읽자마자 필자는 학생들에게 즉시 정독을 권하면서, "이 책을 주의 깊게 읽고 충분히 이해한다면, 공공조직 이론에 대해 사람들이 알고 있던 모든 것에 대해 알게 될 것이다"라고 평가했다. 필자의 느낌으로 이 책은 짧은 논문들을 편집한 형식이었기 때문에 마땅히 받아야 할 명성을 얻지 못했던 것 같다. 그 본래의 가치가 다소 평가 절하된 것이다. 그러나 각 부의 서론은 그야말로 대단히 훌륭한 가치를 지니고 있다.

그 책의 출중함을 인식한 뒤부터 필자는 한 번도 전 교수의 글을 가볍게 받아들인 적이 없다. 그는 확실하게 필자의 관심을 끌어내는 학자이다. 물론 전 교수가 쓴 모든 글을 전부 읽었다고 말하려는 것은 아니다. 그는 굉장히 많은 글을 저술해 왔다. 그는 공저 3권을 포함해서 8권의 책을 출간했다. 세어 보았더니 그는 50편이 넘는 논문과 북 챕터, 심포지엄 논문을 발표했는데, 그중 대략 절반 정도가 이 책에 있는 주제들을 다루고 있다. 이 책과 많은 논문이 입증하고 있는 것처럼 그는 행정철학자이다.

동서양의 융합은 그의 학문적 결과물들을 살펴보면 명백하게 드러난다. 많은 글이 한국, 일본, 그리고 중국에 초점이 맞춰져 있다. 만약 그의 모든 미발표 논문, 패널 발표문, 초청 연설, 컨설팅 보고서를 조사해 본다면, 그가 얼마나 국제적인 학자인지 곧 깨닫게 된다. 학술적으로 기여한 나라들은 최소 13개에 달하는 데, 대부분은 태평양을 둘러싼 나라들이다. 그러나 그 밖에 그가 강연을 하고 기타 다른 활동에 관여한 국가들도 매우 다양해서 러시아, 브라질, 이탈리아, 영국, 오스트리아, 프랑스, 호주, 그리고 네덜란드 등에 이른다.

물론 한국은 그가 특히 큰 관심을 가졌던 연구 대상국이다. 한국에 관해서는 다양한 관련 활동이 너무 많아 이 글에서 일일이 열거하기 어려울 정도이다. 한국에서 전 교수의 명성은 대단하리라고 본다. 일본 역시 그가 상당한 관심을 기울인 나라이다. 그는 그곳에서 객원 교수로 1년 넘게 머물렀고, 그 경험을 통찰력 있게 저술한 바 있다.

이처럼 매우 다양한 국제적 삶을 살았지만, 흥미로운 것은 그는 미국 내에서 헤이워드 소재 캘리포니아주립대학교(California State University at Hayward) 한 곳에서만 근무했다는 점이다. 1968년에 젊은 조교수로 부임해서 2000년 정년퇴임하기까지 32년 동안을 그 대학에서 근무한 것이다. 전 교수는 그가 고용했던 몇몇 뛰어난 동료와 더불어 그 대학교의 전반적인 명성을 훨씬 뛰어넘는 수준의 행정학과 프로그램이 되도록 연구 및 교육환경 조성에 크게 기여했다.

전 교수로서도 이 대학교의 행정학 프로그램을 통해 다른 곳에서는 쉽지 않은 기회를 제공받을 수 있었다. 즉, 학문적으로 행정학 이론에 전념할 수 있었던 것이다. 이로 인해 그가 추상성이 높은 쪽으로 기울어졌을 수는 있다. 그는 항상 학생들에게 이론적인 연구에 토대를 두도록 가르치는 것을 소홀히 하지 않았다. 그가 가르치는 학생들의 대부분은 주정부나 시정부에서 일하는 공무원이었다. 따라서 그들이 당장 문제 해결에 도움이 되는 실제적인 것 또한 소홀히 할 수는 없었다. 이 책은 전 교수가 그러한 당위성과 현실적 필요성을 모두 배려하고 있음을 잘 보여 준다.

이 책의 저자에 대한 평가는 차치하고, 먼저 이 책의 출발점에 대해 잘 이해하는 것이 중요하다. 전 교수는 "주류" 행정학이 발전되어 온 방향에 대해 크게 실망하고 있다고 요약할 수 있다. 그는 특히 비(非)서구 국가에서 박사학위를 취득하는 사람들이 서구의 사상을 그들의 기본 사상으로 받아들이는 경향에 대해 매우 불편해 하고 있다. 비서구권 국가들이 서구 사상에 의해 변환될 수 있다고 가정한다면 그것은 매우 심각한 한계가 따를 것이며, 실제로 그러한 가정에 의한 노력의 결과가 종종 부정적으로 나온다는 점을 그는 확실히 인식하고 있다.

행정에서 문화는 대단히 의미 있는 영향을 미친다고 전 교수는 조언한 바 있다. 그는 이 분야의 두 측면에 대해 특별히 관심을 가지고 있다. 그는 양쪽 모두 변화에 대한 긴박한 필요성이 있음을 알고 있다. 전 교수가 제공한 바로 그 이론적으로 정교한 변화의 접근 방법을 살펴보기에 앞서 이 취약점에 대해 이해할 필요가 있다. (필자는 전 교수와 완전히 의견을 같이하기 때문에, 이것이 이해될 수 있음을 확신한다는 점을 말해 두고자 한다.)

하나는 공공의 행정(public administration)에서 수식어인 '공공(public)'의 중요성이 점차 쇠퇴하고 있는 점이다. 행정이란 '여하한' 종류의 관리(administration) 활동에 모두 관심을 가지는 것이 아니라, 특히 공적인 결과를 가져오는 일에 관한 것이다. 다른 하나는 모든 유형의 집합적 행동을 위한 조직화 방법이 모두 상의하달식 명령 체계인 것으로 여기는 점이다. 이 접근 방법은 많은 부작용을 초래하는데, 전 교수는 바로 이 점을 이 책에서 강조하고 있다. 그가 우리들의 사고방식을 바꾸려고 하고 협동적 과업을 다루기 위한 새로운 대안을 발견하려고 하는 이유가 바로 이것이다.

'공공성'은 우리가 그동안 상의하달식 접근 방법을 지칭하는 개념인 계층제보다도 훨씬 더 지정학적으로 깊이 생각해 보아야 할 사안인 것 같다. 미국에서는 일반 '행정(generic administration)'이 활성화되면서, '공공'의 개념은 위태하게도 점차 사라지고 있다. 이 현상이 아시아에서는 동일한 정도로 발생하고 있는 것으로는 보이지 않는다. 이 책에서 전 교수는 문화에 따른 차이로 설명하고 있다. 불교의 영향을 받은 아시아에서는 공동체 의식이 훨씬 더 강하다. '공동체'와 '공공성'은 모두 타인에 대한 일과 관련된 사상으로서, 조정자로서 행정의 역할은 아시아에서 그 중요성을 계속 이어가고 있다.

공동체보다는 개인을 더 강조하는 미국의 경우에 공공행정이란 사람들이 공동의 작업을 수행하기 위해 더불어 수행하는 다양한 방식 가운데 하나의 작은 변형으로 간주될 뿐이다. 행정(즉 공공행정)과 관리(즉 일반적인 관리)는 뭔가 목적을 지향한다는 맥락에서는 동일하다고 가정한다. 그 과정에서 가치는 개입되지 않는다.

행정의 수행 방식과 교육 방식에서의 차이로 인해 상황이 좀 더 모호해진다. 지난 35년 동안 미국의 각급 정부들은 점점 더 정치화되었다. 연방 관료제를 예로 들면, 고위직의 경우 경력직 공무원은 찾아볼 수 없게 되었다. 공익보다는 정치적 이해 관계에 대해 책임지는 정치적 임명직들이 차지해 왔기 때문이다. 이들은 행정을 수단적 성격이 강한 것으로 보는 경향이 있다. 그들은 행정 개념에 공공성이란 없다는 점을 강조하면서, 정부 활동을 외주(contracting out) 형태로 외부에 위탁하는 거대한 운동을 주도해 왔다.

행정을 가르치는 교육기관의 경우는 전 교수와 견해를 같이하는 교수들도 상당한 수에 이른다. 그러나 그들이 전달하는 산출물은 현실 세계의 접근 방법들과 현저히 궤를 같이한다. 그들이 가르치는 전형적인 교과목은 도구적 지향성을 반영하는 예산, 인사 및 인적 자원, 조직, 정책분석, 정보관리, 실증연구 등이 주를 이룬다. 교과과정에서 행태에 관한 교과목을 찾아보기가 점점 더 어려워지고 있다. 필자는 이 교과목들이 과연 다수의 교수가 강의하려고 선택한 것인지 확신이 서지 않지만, 어쨌든 이 과목들은 행정학 교과과정의 주축을 이룬다. 이것이 바로 고객들이 요구하는 과목들인 것이다.

비서구권 국가들의 경우 공공 구조를 유지하는 경향이 있다. 그러나 그러한 관료제는 서구 나라들의 접근 방법에 영향을 받으면서 합리적인 기법을 영웅시해 왔다. 그러한 가치 중립적인 도구들에 의해 관료들은 그 사회에서 독립적인 지위의 권력을 유지하는 데 유리해졌다. 그러한 관료제의 독립 및 격리로 인해 그들의 활동 과정에서 시민 참여에 대한 관심을 방해하는 서글픈 결과를 초래하게 되었다. 자연히 관료들은 그들이 봉사하도록 기대되는 국정 분야와 관련성 면에서 상대적으로 자유스러운 입장에서 일을 한다.

전 교수는 행정에서의 공공성 문제에 대해 다음과 같이 요약한다. "합리적 분석, 효율성, 기획 및 목표 유지를 지향하는 행정의 전문직업적 편견이 의미하는 바는 공공의 행정을 전반적으로 일반적인 관리로 보는 것이다. 다시 말해, 행정이 국민을 통치하고 관리하는 데 주로 진력할 뿐인 것으로 보는 것이다. 참여, 숙의, 시민들의 관여, 시민들에게의 권한 부여, 그리고 민주적 과정 등과 같은 사항은 모두 행정보다는 부차적인 것이 된다." 이것이 바로 전 교수가 느끼기에 변화가 긴급히 요구되는 상태인 것이다.

이 책 전체를 통해 전 교수는 우리가 "계층제"라고 지칭하는 조직의 하향적 체계에 전 세계가 집착하는 데에서 비롯되는 부작용을 지적하고 있다. 베버(Max

Weber)가 '관료제'를 계층제에 뿌리를 둔 것으로 보았기 때문에, 관료제라는 용어는 계층제와 동의어로 사용되는 경향이 있다. '관료제' 개념에는 수많은 다른 특징이 담겨 있지만, 계층제야말로 그 가치를 인정받고 채택된 가장 지배적인 특징이다. 어떤 사람에게 과업이 맡겨지고, 권위가 부여되며, 책임지도록 하는 것은 바로 중앙집권화가 가지는 의미이다. 국토안보부(Department of Homeland Security)가 창설되었을 때, 모든 것이 미국에서 극단을 향해 내달려갔다. 광범위하게 분산된 8만 명이 넘는 직원이 단 한 사람의 명령 하에 놓여졌다. 그 결과 혼돈에 이르게 되었다는 데에 일반적으로 동의가 이뤄지는 것 같다. 합리적인 이성에 의해 수행된 것들이 매우 비합리적인 것으로 판명된 것이다.

전 교수가 잘 지적하고 있듯이, '계층제'의 개념을 복잡한 인간 조직에 적용하는 데에는 많은 문제점이 따른다. 계층제를 비판하는 경우 두 가지 취약점 때문일 것이다. 8만 명이나 종사하는 조직에서는 추구해야 할 목표들이 결코 단순하지 않을 것임을 반드시 인식할 필요가 있다. 조직이 수행해야 할 가장 중요한 일이 무엇인지를 결정하려면 그 조직에서 이해 관계가 있는 모든 사람 간의 세밀한 협상이 필수적이다. 실제로 협상은 8만 명의 직원 모두와 함께 이뤄져야 한다. 각 사람들이 조직으로부터 원하는 바가 모두 다르기 때문이다. 상급자 가운데 어느 한 사람이 이 요구를 모두 처리할 수는 없다. 이와 같은 어려움을 줄이기 위해 위로부터의 지시에 따라 표준화된 기술적 기구로 구체화시킨 것이 계층제 조직이다. 그 효과는 근본적으로 인간적인 상황을 비인간화시키는 것이다. 조직 내부의 사람들을 마치 인간이 아닌 것처럼 행동하도록 만드는 것이다. 이것은 비현실적일 뿐만 아니라 어리석기조차 하다. 사람은 어디까지나 사람이기 때문이다.

더 의미심장한 것은 계층제 조직에서는 학습에 큰 제약이 따른다는 점이다. 이는 대단히 치명적인 약점이다. 학습이란 마지막 단계에서 변화를 가져올 수 있는 길을 닦는 것에 해당하기 때문이다. 복잡한 조직은 반드시 다양한 방식에 의해 학습이 이뤄지는 조직이어야 한다. 이 엄연한 사실에도 불구하고, 계층제의 전제는 책임을 맡은 사람이 바로 주요 학습자라는 것이다. 우리는 조직의 주변에 있는 사람들이 실제 업무에 간여한다는 사실을 인식하고, 또 어디서 실제로 학습이 일어나야 하는지를 알기 위해 이 외부에 있는 사람들과 직접 접촉하기만 하면

된다. 배후의 본부에 있는 상급자와 그의 참모들이 실제 현장에서 어떤 일이 벌어지고 있는지를 알기에는 거리가 너무 멀리 떨어져 있다. 실제로 일은 전후가 뒤바뀌어 전개될 수도 있다. 단지 적은 정보만 가지고 있는 상급자는 자신이 청취해야 하는 상황임에도 불구하고 말하기를 더 좋아한다. 그저 문제만 제시하는 방식의 조직 전략에 대해 단호히 비판해야 한다고 전 교수는 옳게 지적한다. 이미 언급한 바와 같이, 이와 같은 문제들에 대한 해결책을 어떻게 강구할 것인가의 문제에 전 교수가 도전하고 있는 것이다.

마지막으로, 전 교수가 지지하는 전략을 다만 부분적으로라도 적용하고 있는 실제 사례를 소개할 가치가 있을 것이다. 연방정부에서 고위직 공무원들을 교육하는 연방고위공무원교육원(Federal Executive Institute)이 1968년에 설립되었다. 이때는 와츠 폭동이 심각하게 촉발되어 미국에서 극심한 혼란과 동요가 있었고, 또한 미국의 사회조직들에 대한 가장 기본적인 가정들에 대한 신랄한 비판이 제기되던 시기였다. 버클리 소재 캘리포니아대학교(University of California at Berkeley)의 사비오(Mario Savio) 교수는 이러한 공격의 지도자 가운데 한 사람이었다. 30세 이상의 사람은 이 조직에 모두 편입되었고, 그 사람들은 다시 회생될 수 없다고 그는 확신했다.

연방정부가 이들의 보루이기는 했지만, 경력 면에서 공무원들의 계급 서열은 섞여 있었다. 그들이 사비오의 주장에 즉각 동조하려고 한 것은 아니었지만, 연방정부가 지나치게 분할되어 있기 때문에 전체를 보고 변화를 추구할 능력이나 자세가 되어 있지 않다고 느꼈다. 그들은 변화를 가져오기에 가장 적합한 사람들이 바로 이 고위직 공무원이라고 믿었다. 그때까지만 해도 고위직 공무원은 자기개발을 할 수 있는 공식적인 기회가 주어지지 않았었다. 이 연방 관료는 평균 연령이 45세로서 대학을 졸업한 지 20년 정도 되었으며, 앞으로도 10년 내지 20년간 더 정부에서 일할 가능성이 있는 사람들이었다.

미국의 복잡하고 거대한 공공 시스템에서 중요한 역할을 하는 사람들이 당면한 도전은 매우 많다. 전 교수가 진술했듯이, 1960년대와 1970년대는 소용돌이치던 격동의 시대였지만, 그 이후의 시대보다는 그래도 변화에 대해 훨씬 더 수용적이었다.

바로 이러한 맥락에서 연방고위공무원교육원의 뿌리가 검토될 수 있을 것이다. 매년 약 350명의 관료들이 버지니아 샬러츠빌(Charlottesville)에 위치한 캠퍼스에 머물면서 교육받기 위해 입학했다. 이들은 다음의 두 가지 사항을 내면화하도록 기대되었다. 첫째는 정부가 현재보다는 훨씬 더 잘 할 수 있었다는 것이고, 둘째는 자신들이 바로 그런 변화를 일으킬 수 있는 주역이라는 것이다.

'변화(change)'라는 용어가 당시 통용되기에 그럴듯한 단어였음은 분명하다. 그러나 그 기관이 본래 추구한 아이디어 가운데 많은 부분은 어떻게 관료들로 하여금 그 새로운 세상을 보아야 하는지 가르쳐야 한다는 것이었다고 필자는 기억한다. 전제는 변화이지 (전 교수가 설득력 있게 언급하는 것처럼) 변하는 것(changing)이 아니다. 연방고위공무원교육원의 교수로서 우리들은 이 문제를 조금 다르게 보았다. 즉, 관료들이 개인적이든 조직 차원이든 변화의 생각들을 품을 수 있도록 도와 주는 것이 우리들이 할 일이라는 것이다. 솔직히 말해서 우리 중 그 누구도 고위관료들이 어떻게 세상을 바라보아야 하는지 또 어떻게 보려 할 것인지를 알려 줄 수 있을 만큼 현명하거나 지혜롭다고는 생각하지 않는다.

우리는 다음 두 가지에 관해 결정을 내렸다. 첫째, 조직 내 개인의 역할 혹은 조직 자체가 아니라 바로 개인에 초점을 맞추기로 한 것이다. 둘째, 학습에 대한 관심을 강조하고, 그것을 통해 그들이 스스로 학습 역량을 증진시키는 데 도움을 주는 것이다. 이 두 가지 모두 변화에 대한 헌신의 전제 조건이 된다.

이 목표는 다양한 방식으로 추구되었고, 교육원에서 분명한 결과도 나타났다. 상당수의 관료가 필자에게 개인적으로 말하기를 교육원이야말로 그들의 연방공무원 생활에서 자기 자신들을 개인으로서 생각할 수 있었던 최초의 장소였다는 것이다. 우리가 했던 작은 일 가운데에는 교육생들의 명부에서 15급에서 18급에 이르는 공무원 직급 표시를 없애버린 것이 포함된다. 의무적 표시 사항이었던 서열을 없애버렸기 때문에 개인이 인식되고 간주되는 방식은 그들의 공무원 직급과는 상관이 없게 된 것이다. 일반적으로 볼 때, 일선 현장에서 온 사람들이 가장 큰 주목을 받았다. 그들은 비록 낮은 직급의 사람들이었지만, 실상을 가장 잘 아는 사람으로 인식되었다. 이는 조직에서 가장 소중한 학습 자원은 실제 행동이 일어나는 곳에 가장 가까이 있는 사람들이지 중앙본부에 있는 사람들이 아니라는 내 평소 생각과도 부합하는 것이다.

우리의 교육적 관심은 조직이 아니라 개인의 학습 의욕과 학습 역량 증진에 있었다. 실제로 개인과 학습 개념은 서로 밀접히 연결되어 있었다. 많은 교육생에게 이것은 완전히 새로운 경험이었다. 교육생들은 그들이 대학을 떠난 이래 개인적인 학습에 대해서는 전혀 생각해 보지 못했었다고 말했다. 그들에게 개념상으로 학습이 생활의 한 부분이라는 것, 또 변화가 생활의 한 부분이라는 사실을 생각할 기회가 주어지지 않았던 것이다. 그들의 인생은 별로 흥분될 일도 없었고, 심지어 성장도 없는 채 대학에서 배웠던 대로의 일상 과정에서 그저 남에게 보이기 위해 행동하는 수준이었다.

우리가 신봉하고 있는 학습 모형은 매우 간단한 것이었다. 노출과 환류가 요구된다. 사람들은 자신의 태도나 행태를 드러냄으로써 자기 자신을 공개할 때 무언가 배우게 된다. 그리고 다른 사람들의 평가를 이끌어 내면서 그들에게 자료를 제공하게 된다. 이 학습 모형은 표현하기에는 쉽지만 실행하기에는 어렵다는 것을 우리 교수들은 깨달았다. 연방 관료들은 가능한 한 자기 자신을 노출하지 않으려고 했다. 마찬가지로 다른 사람들에게 평가 의견을 가급적 적게 내려고 한다는 사실을 알게 되었다. 우리들이 이뤄 낸 큰 성과 중의 하나는 바로 이와 같은 상황을 거꾸로 뒤집었다는 것이다. 관료들이 교육원을 떠날 때 동료들에 대한 의무 사항으로 인식하게 하면서 특별히 동료들에 대한 평가 의견을 주도록 했다. 그들은 역시 자신을 드러내는 데 훨씬 더 편안해졌다.

그들의 경험에서 매우 중요한 성과 가운데 하나는 관료들이 서로에 대해 진정성 있게 관심을 갖기 시작했다는 것이다. 그들은 감정적으로 매우 밀접했고, 서로 지지를 보내야 한다는 의무감을 느꼈다. 이는 새로운 경험이었다. 이것은 개인적인 필요와 이익을 위해서는 경쟁과 경멸이 통상 법칙이었던 그들의 작업환경과는 판이하게 다른 것이었다.

한 독립기관에서 수행한 연구에 의하면, 1년 정도 일찍 교육원을 떠났던 관료들에게서 그동안 우리가 전혀 생각해 보지도 못하고 예상치도 못했던 결과가 발견되었다. 상당히 많은 수의 응답자가 연방고위공무원교육원이 그들로 하여금 자기 확신을 갖도록 증진시켰다고 응답한 것이다. 그런 확신을 갖게 된 것은 매우 개인적인 것이다. 그러나 개인적 확신이란 위임된 직무 수행에 핵심적인 것이며, 따라서 조직에서 매우 의미심장한 것이다. 더욱이 위임이란 경직된 계층제에 유연성을 가져다 줄 수 있는 최상의 방법이 아닐 수 없다. 스스로를 신뢰하지 않는 사람은 절대로 다른 사람을 신뢰할 수 없다. 그와 같은 사람들은 절대로 위임하지 않는다. 그러면 그 결과는 우리가 그동안 대부분의 계층제에서 보아온 일종의 상명하복식의 행태로 귀결된다. 따라서 연방고위공무원교육원 경험의 가장 중요한 결과는 아마도 위임하고자 하는 의지를 심어 준 것이 아닌가 한다.

8주간의 연방고위공무원교육원 입소 교육을 통해 관료들이 스스로 사고와 행태를 변화시킬 수 있었던 방식의 일부를 소개하는 글을 쓰면서, 이 변화가 연방정부에서 어떤 중요한 방식으로 연결되었다는 것을 주장하려는 것은 아니다. 다른 시기와 상황에서는 이 관료들이 완전히 다른 결과를 보였을지도 모른다. 그러나 연방정부는 변하고 있었다. 경력직 공무원의 신분 보장은 그 기초가 흔들리고 있었고, 정치적으로 충성된 사람들은 정부가 자신의 지렛대가 된다고 생각하고 있었다. 정당 간에는 아무런 차이도 없었다. 두 정당이 모두 자신에게 당장 정치적으로 충성을 보이는 사람들을 원했다. 그로 인해 초래된 결과는 계층제에 대한 헌신을 재생시키는 것이었다.

필자는 이 추천사가 오늘날 정부가 직면하고 있는 이 벅찬 딜레마에 대해 완벽하게 연구된 결과를 담고 있는 전 교수의 책에 대한 단지 입문의 글이 되기를 바란다. 그동안 줄곧 강조하고자 했던 바와 마찬가지로 우리에게는 근본적으로 새로운 사고가 꼭 필요하다. 전종섭 교수야말로 효과적이고 확실한 방향으로 우리들을 인도하고 있는 사람이라고 나는 믿고 있다.

프랭크 P. 셔우드

남가주대 명예교수,

플로리다주립대 석좌교수,

미국 연방고위공무원교육원 전 원장,

미국행정학회 전 회장

한국어판 머리말

이 책은 필자가 여러 해에 걸쳐 서구 및 동아시아 나라들의 행정 특성 변화를 연구하고 강의와 토론을 통해 종합한 결과물이다. 이 책에서 필자는 다음과 같은 확고한 신념을 반영해 보려고 했다. 효과적인 거버넌스와 공공 문제 해결은 공공제도들이 현재 그리고 예상되지 않는 미래의 위기들을 사회구성원들의 집합적 및 집단 간 협력에 의해 극복하느냐 여부에 따라 좌우된다는 것이다. 다양한 형태로 빠른 발전을 경험한 신흥공업국가들은 그들이 문제 해결 및 경제사회 발전을 지속하면서 현재와 미래에 무수히 많은 도전에 직면하고 있다. 특히 이 나라들이 민주화되면서 이러한 도전에 대응하기가 점점 더 어려워지고 있다. 민주적 거버넌스는 참여, 반대, 합의 형성 등의 문제를 필연적으로 배태하고 있기 때문이다.

필자는 이 책에서 오늘날의 공공정책 및 행정 연구가 좀 더 넓고 학제적인 접근 방법을 요한다는 사실을 또한 강조하고자 한다. 그와 같은 접근 방법에 의해서만 정책결정자들과 행정관리자들은 현실을 제대로 이해하고 적절한 문제 해결 방법을 찾아 미래의 가능성을 창조해 나갈 수 있을 것으로 보기 때문이다. 구조적이고 법률적인 개혁도 물론 필요하다. 그러나 정치적 및 사회경제적 조건에 관한 지적 정보, 그리고 토착적인 문화와 사람들에 대한 지식을 먼저 해석하는 것이 새로운 전략을 모색하고 선택하기 위해 가장 중요하다. 부패, 정치와 가치에서 구성원 간의 차이를 인정하고 타협하는 능력의 부족, 불평등과 불공정성, 시민책임성의 미흡 등 큰 사안들이 존재한다. 이에 대한 성찰을 통해 정치와 행정이 과욕을 줄이고 도덕과 윤리와 열정, 그리고 자기 책임성을 높이기 위한 개혁을 추진할 필요가 있다. 이런 맥락에서 필자는 철학, 정치학, 사회인류학, 그리고 행정학의 아이디어들 간의 융합을 통해 실제 행정행위에 적용하기 위한 개념 틀을 마련하려고 시도했다. 예를 들면, 이 책에서 행위, 변화, 자아 그리고 윤리적 책임성에 대한 6장에서 8장까지의 내용처럼, 공직자들은 개인의 의식과 책임감에 의거한 윤리적 덕성을 통해 중요한 공공 결정에 임해야 한다고 생각한다.

이 책에서는 논의의 전개를 위해 일부 추상적인 개념들이 사용되고 있으며, 이로 인해 소통에 적지 않은 어려움이 따를 수 있다. 이러한 어려움을 극복하면서 이 책을 번역해 준 남가주대(USC)에서 행정학을 전공한 한국 학자들의 노고에 깊이 감사한다.

2015년 봄

전종섭

옮긴이의 말

우리 역자들은 전종섭 캘리포니아 주립대 명예교수의 저서를 한국어로 출간하게 된 것을 매우 기쁘게 생각한다. 본래 이 책이 미국에서 출간된 직후부터 한국어판을 내려는 계획이 있었다. 이후 여러 학자가 이 책을 번역하는 일에 관심을 보이고, 함께 참여하게 되었다. 그러나 내용과 절차 등에서 상호간의 의견 조율을 위해 더 많은 시간이 소요되었다. 중국어판이 진작 출간되었음에 비해 저자의 모국에서 한국어판의 출간이 늦어진 점을 전 교수와 한국 독자들 모두에게 죄송스럽게 생각한다.

전종섭 교수는 한국이 낳은 세계적인 행정학자이다. 구미와 아시아의 행정학계에서 전 교수가 차지하는 인간적 및 학문적 비중은 우리가 쉽게 헤아리기 어려울 정도이다. 전 교수는 1960년대부터 1970년대까지 미국 사회가 격변하던 시기에 대학원생의 신분으로 그리고 소장 학자의 신분으로 행정학을 연구했다. 이 시기는 미국 행정학계가 신행정학(New Public Administration)이라는 새로운 패러다임을 모색하던 때였다. 전 교수는 당시 그가 일원이기도 했던 신행정학의 연구자들이 관심을 기울이고 그 후에도 지속적으로 발전이 이뤄진 현상학, 해석학, 비판이론, 포스트모더니즘 등 주관주의적이고 인본주의적인 철학과 질적 접근 방법을 행정학에 적용하는 연구에 천착해 왔다. 이와 같은 서양 철학에 더해 유불선 등 동양 철학을 융합하는 노력도 기울였다. 이를 바탕으로 도구적 · 기능적 합리성에 의해 행정의 효율성을 극대화하려는, 그리고 실증주의 인식론과 계량적 접근 방법에 치우친 미국의 전통적인 행정학의 한계를 일관되게 지적하고, 대안을 제시해 왔다.

이 책은 전 교수가 그동안 집필해 온 수많은 논문과 저서를 종합해 압축한 결정판으로 이해해도 좋을 것이다. 이 책에는 동・서양의 철학, 사회과학 및 행정학의 이론들, 그리고 다양한 행정 사례가 담겨 있다. 이와 같은 저서의 집필은 동・서양 모두에서 삶과 학문을 해 온 전 교수이기에 가능했다고 본다. 이 책에서 전 교수는 행정에서 공공성의 중요함, 그리고 대개는 사물화되는 행정의 구조나 체계보다는 (행정조직 내・외부에 실재하는) 사람들과 그들 간의 상호작용 및 소통이 더 중요함을 강조한다. 전통적인 다원적 민주주의와 계층제적 행정의 한계를 모두 지적하면서, 대안으로서 인간 중심의 행정 및 행정학을 제시한다. 이와 같은 전 교수의 사회적 구성으로서의 행정(학)은 '압축' 발전을 거쳐 후기산업사회와 후기민주주의의 시대를 살고 있는 오늘의 한국인들에게 많은 시사점을 주고 있다.

우리 역자들은 그동안 이 공동 번역 작업을 통해 행정철학과 이론에 대한 이해를 공유하고 많은 것을 상호간에 배우는 계기가 되었다. 이와 같은 역자들의 학문적 성취와 즐거움이 독자들에게도 전해질 수 있기를 기대한다.

2015년 봄
역자 일동

머리말

동서양의 국가들은 모두 통치 과정의 민주화라는 큰 변혁의 소용돌이 속에 있다. 서구 국가들, 특히 미국은 숙의민주주의 과정을 강화함으로써 민주주의의 이상과 이의 실행을 쇄신하기 위해 노력 중이다. 한편, 아시아 국가들은 민주주의의 실험에 익숙하지 않으며, 복잡한 사회 · 문화적인 문제의 해결을 위해 정부 개입이 필요하다. 이 때문에 강한 정부를 통한 정치적 민주주의의 증진에 어쩔 수 없이 전념하고 있다. 그러나 국가적 및 세계적 수준에서 이뤄지고 있는 이런 역동적인 변혁에도 불구하고, 동서양 모두에서 공공 제도는 기존의 관습을 변화시키는 데 미온적인 실정이다. 그 대신에 여전히 전통적인 관리의 개념과 기법으로 복잡다단한 인류의 문제를 해결하려고 노력하고 있다.

모순적이고 모호하며 지속적으로 변화하는 세상사에 대처하기 위해 우리는 이와 같이 복합한 현실을 다루기 위한 새로운 분석틀을 필요로 한다. 나는 사람들의 집합적 참여와 의사소통, 그리고 개인의 성장과 변화를 통해 성공할 가능성이 더 많다고 믿고 있다. 정책사업이나 사람을 관리하고 조직의 구조와 기능과 과정을 재배열하는 노력에 비해 그렇다. 후자는 그것이 아무리 진정한 목적을 지닌 것이라고 하더라도 관리의 우월성을 대변하는 것으로서, 현대 사회의 딜레마적 상황을 해결하기에는 대응성이 부족하고 효과성도 적은 것임이 입증되고 있다. 이 책에서 소개된 실재(實在)의 사회적 구성은 사회과학 영역에서 새로운 개념도, 새로운 용어도 아니다. 비록 그것이 행정학을 공부하는 학생들에게 널리 알려진 것은 아닐지라도 말이다.

이 책에서 필자는 우리의 상황, 실재, 조직적 노력, 사회 설계, 행위와 행태, 자아, 윤리 등과 같은 것을 좀 더 포괄적으로 이해할 수 있는 개념적 시각들을 제시하고자 한다. 이것은 대중과 사람(즉, 대중을 구성하는 사람)을 이해하는 데 대단히 중요한 조치이다. 사람들은 자신의 개인적이고 조직적인 세계에 대해 좀 더 잘 몰두할 수 있게 되면서, 그들은 권한을 부여받는 것과, 나아가 자신의 활동을 억제하는 형식주의나 관리 지향적인 사업, 규칙과 지침과 같은 것에 대해 도전하는 데에서 기쁨을 찾을 수 있음을 배운다. 그들은 조직 질서를 재구성하고, 조직의 목표나 기능적인 책무를 희생하지 않고서도 대안을 탐색하는 의의를 발견하는 방법을 배운다. 우리는 1960년대에서 1970년대 초까지 미국이 겪었던 그런 혼동의 시대, 즉 개인이 권위에 반대하면서 자유와 권리를 요구하던 시대로 돌아가지는 않을 것 같다.

오늘날의 상황, 즉 제도 통제, 자원 고갈, 성과와 서비스 전달에 대한 요구, 정보통신기술, 지역적 및 전 지구적 정치를 생각하면, 우리는 관리와 대중을 더불어 고려해야만 한다. 그러나 우리가 함께 계층제적인 통치, 문제 해결, 그리고 변화의 비의도적인 결과에 대해 의문을 제기한다면 좀 더 효과적으로 대처할 수 있을 것이다. 참여와 대화, 그리고 이익의 나눔이라는 민주주의적인 과정을 통해 일을 해 나가는 것은 혼자서 일을 해나가는 경우보다 훨씬 많은 성공할 여지를 줄 것 같기 때문이다. 나는 우리가 만들어 낸 대상의 각각 다른 의미들을 해석하고, 사람들이 어떤 특정한 상황에 대해 자신의 경험을 활용하는 것에 주목하려고 한다. 이 과정에서 특정한 정책이나 행위에 의해 영향을 받는 사람들에 대한 집합적 권한 부여를 통해 성공 가능성을 비판적으로 탐색해 나가려고 한다.

이 책은 광범위한 독자 — 자기 자신, 관리 및 조직구성원, 의사결정자와 의사결정상 주변인, 시민과 그들이 처한 사회 문제 등과의 관계에 관심이 있는 독자들 — 를 위해 쓰여진 것이다. 가능한 한 포괄적일 수 있도록, 사회적 구성을 제시하려고 한다. 이 분석틀을 통해 우리 모두는 의사소통 행위의 결합을 통해 행위 전략을 구성할 수 있는지 여부에 대해 생각해 볼 것이다. 좀 더 중요한 것으로서, 나는 자아를 사람들 간의 상호작용에 결부시켜 보려고 할 것이다. 좀 더 구체적으로, 한 개인이 다른 개인들과 이익을 나누고, 이 과정에서 어느 이익이 서로에게 도움이 되는가를 배우는 과정을 통해 결과가 이뤄지는 경우에 이러한 상호작용이 기여하는 측면을 살펴보려는 것이다. 사람들은 어떤 집단에 속해서 위험을 수용할 때 좀 더 편안하다고 느낀다. 그리고 경험한 것에 대해 좀 더 유연하고 낙관적이며 상상력이 증가한다. 집단의 구성원은 새로운 성공 가능성을 추구하는 활동에서 기존의 사고하고 행동하고 만족감을 느끼는 방식에 도전하는 방법을 배운다. 이 책을 통해 나는 행정학을 공부하는 학생들이 과잉 단순화의 위험을 인식하고, “복합기 같은 사람(complexifiers)”, 일탈적 사고자, 반성적인 활동가, 비판적인 변화의 역군으로서 방법을 터득하는 데 도움이 되기를 바란다.

이 책에서 나는 주류 행정학에 의해 강조되고 있는 관리지향성이 대단히 부적절하다고 지적한다. 대신에 행정학을 사회, 정치, 그리고 민주적 실천의 한 부분으로 재구성하고자 한다. 따라서 내가 가장 우선하는 관심사는 강한 행정국가, 관료제, 그리고 행정학의 단순한 학제와 영역을 뛰어넘는 것이다. 이를 위한 나의 출발점은 문제에 대면해서 이에 대한 해결책과 대안을 찾는 사회 및 정치 과정이다. 나는 행정학에서 관리나 기술적인 측면의 중요성을 부정하는 것은 아니다. 관리의 성패는 관리기법의 효율적 운용뿐만 아니라 그것으로부터 영향을 받는 사람들의 협조 여하에 달려 있다. 만일 우리가 행정의 적절성과 효과성을 개선시키려고 한다면, 우리는 우리의 시각을 바꿔야 한다. 해석적이고, 비판적이며, 질적인 각각 다른 앎의 방식을 활용해야 한다. 우리는 또한 문제가 생겨나는 사회, 문화, 정치적 맥락을 이해해야 하고, 사람들이 이들에 결부시키고 있는 의미를 이해해야 한다. 이 점에서 나의 접근 방법을 비판적 실용주의로 볼 수도 있다. 각 장에서 나는 번스타인(Richard Bernstein)이 1971년에 펴낸『실천과 행위: 현대 행위철학(*Praxis and Action: Comtemporary Philosophies of Action*)』에서 주장한 인본적 실천에 근거한 실용적 가능성을 강조하고 있기 때문이다. 나는 행정에 대한 기능주의적이고 실증주의적인 접근 방법을 조직 과정에 대한 합리적 통제의 유지에 목적을 둔 도구적 실용주의로 간주한다.

이 책에는 동양과 서양의 행정문화를 이해하고 설명하며, 양자 간의 다리를 놓으려는 나의 고뇌에 찬 노력도 담겨 있다. 나는 행정이론의 시각과 문제를 각각 다른 행정의 맥락에 적용시켜 보려고 한다. 그리고 각각 다른 문화와 경험을 비교하고 대조함으로써 사례들을 통해 이론적 함의를 도출해 내려고 할 것이다. 이 책에서 나는 내가 다른 나라 행정의 문화적 맥락을 이해하고 있는 것에 의거해 그 나라의 정책과 정치, 그리고 행정과 사람들을 비판적으로 분석할 것이다. 나는 아시아의 몇몇 나라에서 생활해 본 경험이 있으며, 미국에서 나의 학문 활동 및 성인 시절의 대부분을 보냈다. 따라서 나는 다양한 나라의 각각 다른 행정문화에 속해 있는 사람들에 대해 공감하고 이해한다고 생각한다. 동시에 나는 이들 나라의 문제들을 서슴없이 논의해 왔다. 각각 다른 여러 나라를 방문하고 살아본 경험을 통해 나는 나의 지적 발전에 큰 도움을 받았다고 믿고 있다.

필자가 적극적으로 참여한 학술단체인 행정학이론 연결망(Public Administration Theory Network)의 연례 모임과 그 학회의 학술지인 『행정이론과 실천(*Administrative Theory and Praxis*)』에서 많은 중요한 이론적 사안이 소개되었고 논의되었다. 나는 이론 지향적인 동료들과의 대화를 즐거워하긴 했지만, 우리가 단순 우리끼리만의 대화에만 머물 뿐 학생들이나 주류 행정관리자에게까지 우리의 생각을 더불어 공유할 기회가 부족하다는 사실에 대해 고심해 왔다. 다른 사회과학 분야에 속한 학자들도 마찬가지로 실증적이고 과학적인 연구 방법에 더 익숙해 있는 사람들에게 대안적인 앎의 방식을 전달하는 데 비슷한 문제에 직면하고 있다. 행정학이론 연결망 모임의 중요한 이론적 기여 가운데 하나는 특히 해석적·비판적 이론과 포스트모던 시각과 같은 다른 앎의 방식(ways of knowing)을 탐구한 점이다. 이것은 학자들 간의 열린 대화를 고취하는 데 도움을 주었다. 이 책은 이론이 실제(practice)에 그리고 실제가 이론을 구성하는 데 미치는 효과를 지적으로 성실하게 연구하고 있는 세계 여러 학자와 함께 작업하면서 나 자신이 스스로 익히고 만든 학습의 산물이다.

이런 유형의 책에서는 불가피하게 여러 다른 학자들이 나보다 훨씬 더 많이 알고 있는 다양한 주제에 대해 내가 피상적으로 논의하게 된다는 점을 인정한다. 나의 유일한 바람은 전통적인 위계적 거버넌스와 관리의 영향력을 넘어설 필요가 있다는 점을 보여 주는 것이다. 우리는 사회적 및 민주적 대안을 실천하는 것을 통해 조직과 정책을 변화시키는 과정에서 사람들의 책임성을 고양시킬 수 있는 방법에 대해 관심을 기울일 필요가 있다. 복잡성을 이해하고 제도를 변화시키기 위해 우리는 기존의 우월적인 이론이나 접근 방식에서 가정하는 것과는 정반대의 아이디어와 개념을 찾아볼 필요가 있다. 행정학의 철학과 새로운 개념화는 행정행위가 대중과 개인을 관련시키는 복잡한 사회적 실천에 박혀 있고 또한 겹쳐져 있다는 생각을 받아들일 필요가 있다.

나는 이 책에서 추천사를 써준 셔우드(Frank P. Sherwood) 교수에게 많은 빚을 졌다. 남가주대 행정대학 학장으로서, 이 대학의 워싱턴 공공문제센터(Washington Public Affairs Center)의 설립자로서, 연방고위공무원교육원의 설립자로서, 그리고 플로리다주립대의 석좌교수로서 그가 보여 준 뛰어난 업적은 나에게 이론과 실제의 통합이 중요함을 배울 수 있도록 고무시켜 주었다. 포멀로(Raymond Pomerleau) 교수와 버미어(Richard VrMeer) 교수는 내 원고를 읽고 매우 유익한 비평과 제안을 해 주었다. 이들은 거의 40년 동안 내가 복잡한 미국 문화를 이해하는 데 도움을 준 원천이었다. 컨리프(Ann Cunliffe), 야노(Dvora Yanow), 박스(Richard Box), 카스(Budd Kass), 대학원생들, 출판을 위한 익명의 심사자 등 수많은 사람이 다양한 방식으로 이 책의 각 장을 읽고 자문해 주었다. 이 모든 분께 내가 표현할 수 있는 그 이상의 감사를 보낸다.

차 례

제 1 장

서 론

우리는 역설의 시대에 살고 있다. 여기에서 “역설의 시대”란 삶의 질을 개선 및 증진하기 위해 행해진 공공행정에서 우리의 선한 의도와 노력이 자주 사회적 불행과 모순 등 소위 의도하지 않은 결과를 초래하고 있는 그러한 시대를 의미한다(Handy, 1994). 이러한 역설적 상황은 특히 정책결정자가 대립하는 다양한 가치들 중에서 특정한 하나의 가치에 배타적인 선택의 우선순위를 두고 정책을 추진하는 경우에 주로 발견된다. 가령, 환경의 보호와 산업의 발전과 같이 대립하는 가치 사이에서 산업의 발전을 배타적으로 추구하는 경우를 예로 들 수 있을 것이다. 이 밖에도 장기적 효과성과 단기적 효율성을 둘러싼 딜레마의 상황, 개인의 편익과 공공의 편익을 둘러싼 딜레마의 상황 등 역설적 상황을 가져올 수 있는 선택의 딜레마는 다양한 곳에서 발견된다. 산업화를 달성한 선진국들에 경제 발전은 분명히 물질적인 풍요로움을 가져다 주었다. 그러나 동시에 높은 불평등, 소비지상주의, 사회 분열, 그리고 소외 등 부정적인 결과들을 아울러 초래한 것이 사실이다. 산업화와 근대화의 성장과 확산은 사회적 관계를 기능적이고 효율적인 방식으로 편제하는 효과를 거두었으나, 동시에 인간 관계의 사회적인 친밀성과 진정성을 결핍시키는 결과를 아울러 초래했다. 최근의 공공환경이 경험하고 있는 변화의 격동에 대응하기 위해 한편에서는 조직의 가치를 인간의 가치 앞에 두고자 하나, 다른 한편에서는 거버넌스(governance)의 민주, 참여, 성찰 그리고 정의 등 인간의 가치를 앞에 두고자 하는 모습을 보인다. 한편 관료 개인들은 조직관리에서 협력과 참여 등 진보적인 가치들에 대해 우호적이나, 정작 관료조직 차원에서는 이러한 민주적인 가치들의 추진에 대해 적대적인 상황이 발생하기도 한다. 이러한 원심적인 대립 가치들은 20세기 말엽에 이르러 비로소 공공의 통치, 개발, 변화 및 문제 해결 등의 문제들에서 더욱 큰 공공선을 위해 소통적인 관계로 전환되기 시작했다.

전통적인 다원주의 정치학 그리고 현대 관리이론들에 영향을 받는 행정학은 오늘날의 위기 현상과 복잡한 인간 현상을 이해하는 데에 불충분하다. 더욱이 지나치게 관리(management)적 역할을 강조하는 주류 공공행정은 사회구성원들 간의 갈등과 같은 사회 부문의 문제들을 해결하기 위한 민주적 방안을 제시하는 데 취약할 수밖에 없다. 현대 공공의 위기와 문제를 접근하는 데 필수적인 요건은 대립되는 가치들 간의 변증법적인 소통(어떠한 가치들이 있으며, 이들은 무엇을 추구하며, 이들의 규범적 지향은 어디인지를 둘러싼 소통) 과정을 통해 행정 및 사회 구조와 과정을 변경하고자 하는 자각의 인식이다. 즉, 바람직한 사회를 만들기 위해 기술적 수단과 인간적인 수단, 그리고 집단적 수단과 민주적 수단 간 상호간의 존중을 통한 사회적 소통의 과정을 만드는 것이 필요하다.

오늘날 우리가 공공행정의 학술적 연구, 실용적 관리, 그리고 개혁적 논의를 둘러싼 개념 방향을 검토할 때, 우리는 주로 교육과정에 명시되어 있는 지배적인 접근 방법을 선호하는 경향을 보인다. 이러한 주류적 접근 방법 및 시각은 주로 행정지식에서 실증주의와 기능주의의 행정철학 전통을 기초로 반영하고 있다.[1] 그러나 사회 현실과 인간 관계의 실체를 진정하게 이해하기 위해서는 하나의 접근 방법과 시각에 천착하기보다는 좀 더 유용하고 합리적인 대안을 필요로 한다.

이 책은 행정의 복잡한 현상들을 이해하기 위한 건설적인 방법을 탐색하고자 하며, 이를 위해 해석적 시각과 비판적 시각을 소개하고자 한다. 이 시각들은 현상학, 민족사회학적 연구방법론, 해석학, 비판론, 그리고 탈근대주의 이론 등의 혼종(hybrid)이라고 할 수 있다. 여기에서 해석학적 접근은 행정관료에게 사회적 실천을 요구한다. 이는 의사 결정을 다른 사람의 의사를 경청하는 사회적 상황으로 이해한다. 이러한 상황에서 행정가에게 기대되는 가장 주요한 역할은 기존의

1) 실증주의와 기능주의 인식론의 개념은 제3장에서 논의된다. 인식론은 지식 탐구의 근원, 구조, 방법, 확인에 대한 이론화된 지식 체계를 의미한다.

이론과 이론적 지식을 상황에 적용하는 능력이 아니라, 다른 이의 경험과 의미를 존중하고, "간주관적(intersubjective)"으로 나누는 상호성(mutuality)에서 찾을 수 있다(Taylor, 1985b; Schutz, 1967). 반면에 비판론적 접근은 행정관료로 하여금 견지된 기존의 관념, 이론, 가정, 가치, 방법 등에 대해 비판적 시각을 품어볼 것을 요구한다. 사회적으로 타당하게 받아들여지는 지식들이 보수화되는 경우, 그 의미 자체에 대한 반성과 성찰은 사라지고 도구적 혹은 "기술적 이익"에만 복무하게 되는 경향을 가지게 되기 쉽다(Habermas, 1971). 높은 공공성을 지니는 행정은 좀 더 비판적이고, 자기성찰적인 실천 측면에서 이해되어야 한다. 행정의 엘리트는 자신이 견지하고 있는 기존 관념에 보수화되어 스스로의 사고와 활동을 정당화하기 위해서만 복무해서는 안 된다. 예를 들어, 서구의 행정 특히 미국의 행정은 비서구 국가들에서 추종해야 하는 합리적 모델로 받아들여지는 경향이 있다. 이에 비서구 국가들은 서구의 관료제, 행정국가, 전문가 관리주의 등의 이론과 기법을 무비판적으로 받아들여 왔다. 그러나 이러한 경향은 비서구 국가들로 하여금 의도치 않은 다양한 결과에 직면하게 되는 문제를 야기했다.

제 1 절 근대 행정학의 한계

근대 행정학은 조직환경이 안정적이고, 업무와 서비스가 일상적인 상황일 때에 좀 더 적절한 가이드라인에 해당하는 것이며, 반대 상황에서 사람들의 가치와 요구가 발현되고, 조직에 대한 혁신의 압력이 작용하는 상황에서는 적합하지 못하다. 예를 들어, 근대 행정학의 정치, 고객, 기술, 경제 등의 외부 요소들은 예측가능성을 전제로 한다. 그러나 글로벌화가 이뤄지는 오늘날의 세계에서 순탄한 조직은 없다. 빠르게 변화하는 사회에서, 사회 현상은 안정적으로 유지되지 않는다. 새로운 가치, 새로운 의미, 새로운 구조, 새로운 네트워크로 격동적이며 지속적으로 변화되고 있기 때문이다. 이들은 후기산업 시대의 변화에 대응하기 위한 조직들이 피할 수 없이 마주해야 하는 현실의 과제라고 할 수 있다. 한편 환경단체, 정보기술, 및 사회 가치 등을 둘러싼 복잡성을 이해하기 위해서는 소통적 상호작용, 대화, 그리고 정보 공유 등의 새로운 방법과 이를 통한 사람들 간의 협력을 필요로 한다.

공공관료제(public bureaucracy)는 조직의 정책과 목표에 지장을 주는 활동을 통제해 조직의 질서를 유지하도록 설계되어 있고, 생산성을 보장하기 위해 프로세스를 기능적으로 관리하도록 구조화되어 있다. 그리고 이론적으로 조직의 정책과 목표를 둘러싼 기획 기능은 조직의 상층부에 위치한 최고관리자와 집행자가 권위와 능력을 통해 담당하도록 전제된다. 그러나 현실의 행정 과정에서 정책과 목표의 설정 과정을 살펴보면, 최고관리자와 집행자 외에도 다양한 수준의 조직구성원이 새로운 법률과 정책의 설계 및 과정에 참여하고 있다. 그 때문에 정책과 목표의 설정 과정은 좀 더 사회적 구성(social construction) 과정에 가깝다고 할 수 있다. 예를 들어, 2002년의 국토안보법(Homeland Security Act)은 미국에 대한 테러 공격을 미연에 방지하고, 발생한 테러 공격에 대한 손상과 피해를 최소화하며, 초래된 손상과 피해에 대한 복구 지원을 효과적으로 관리하기 위해 22개의 다양한 기관을 통합한 국토안보부(Department of Homeland Security)를 설립하는 것을 골자로 했다. 한편 국토안보부와 같은 거대하고 복잡한 조직이 직면하고 있는 가장 중대한 문제는 행정 과정에서 이들 다양한 기관 사이의 신뢰와 협력 관계를 구축하는 것이다. 만약 의사 결정 과정을 하향적으로 설계한다면, 기관들은 부과된 요구와 명령에 대해 정당하지 않거나, 관리 과정이 비인간적이라는 인상을 가지게 될 수 있다. 그러나 한편으로는 조직의 특성상 조직구성원들은 엄격하고 비인격화된 분위기에 수용하고, 충성과 열정으로 조직의 요구와 명령에 따라야 한다. 요컨대 조직은 엄격한 기능적 관리와 인간적 협력과 신뢰의 대립적 가치를 동시에 추구해야 하는 역설에 직면하고 있는 것이다. 테러에 효과적으로 대응하기 위해서는 기관들의 정보 공유와 효율적 조직화가 요구되기 때문이다. 또한 22개 기존 기관의 상이한 조직문화를 하나의 행정부처 안에 정책 과정에서 통합해 내는 변화의 과정은 각 기관에서 전문성을 배양해 온 구성원들의 참여와 경험과 정보의 공유를 요구한다.

근대 행정의 가장 중대한 한계는 효율성 가치에 치우친 조직관리 과정에서 나타날 수 있는 의도하지 않은 결과의 문제이다. 효율성 가치만의 치우침은 참여, 협력, 수평적 상호작용 등 많은 인간적·사회적 요소들의 발현을 저해하는 결과를 초래하기 쉽다. 다양한 이론가들이 이러한 점을 과거와 근대 행정이 지니고 있는 한계로 비판하고 있다(예를 들어 Denhardt & Denhardt, 2003; McSwite, 1997; Farmer, 1995; Fox & Miller, 1996; Kass & Catron, 1990 등을 참조). 이에 대해, 이 장에서는 과거와 근대 행정이 지니고 있는 이러한 한계점을 간단히 일곱 가지 일반적인 특성으로 요약하고 논의하고자 한다. 이들은 다음과 같다. (1) 수직적 통치, (2) 전문가 지배, (3) 도구적·기술적 합리성, (4) 사물화 관료제, (5) 복잡성, (6) 시민 달래기, (7) 이원론적 사고.

수직적 통치

공공행정은 수직으로 관리된다. 즉, "모든 국가의 관리는 계층적으로 기관의 기본 기능을 관리하고 기관의 정책과 목표에 관련 규칙 및 규정을 적용하기 위해 구성되어 있다"고 말할 수 있다(Goodsell, 1983; Stillman, 1987; Kaufman, 1981; Richardson, 1997). 권위와 힘이 조직의 상단에 존재하기 때문에, 임원 및 관리자는 종종 아랫사람에게 묻지 않고 중요한 결정을 내린다. 관료제의 유지를 위해 권력은 임원 및 관리자들에게 필수이다. 왜냐하면 권력은 조직구성원의 행태를 통제하는 수단이기 때문이다(Hummel, 1994). 그러나 관료제에서의 권력 행사는 오로지 설정 목표의 달성 등 조직 목적에 부합하는 경우에만 행사되어야 한다. 또한, 권력의 효과적인 행사는 대상자의 협력적인 인식과 대상자와의 관계를 전제로 한다는 점에서 권력은 관계적이다. 이에 전통적인 수직적 통치 체계는 점차 수평적 거버넌스의 민주적 형태로 전환되고 있으며, 이는 주정부 및 지방정부, 비정부조직(NGOs), 국제기구 및 기업 등 다양한 조직에서 공통적으로 발견된다(Kettl, 2002; Sirianni & Friedland, 2001; Nye & Donahue, 2000).

전문가 지배

공공행정은 과학자, 엔지니어, 건강 전문가, 시스템 분석가, 정책 분석가, 기획자, 컴퓨터 전문가, 경제학자 등 전문가 그룹에 의해 큰 영향을 받는다. 모셔(Frederik C. Mosher)는 정부가 이들 전문가를 동원해 정책을 정당화하기 위한 목적에서 전문가들의 고용 비율을 계속 증가시키고, 모든 형태의 지원을 제공하고 있다고 지적했다. 전문가들은 공공기관에 지식, 교육, 리더십 등을 제공할 뿐 아니라, 공공정책 및 공공조직의 구조 개편 등에 영향을 미친다(Mosher, 1968: 104). 공공 서비스 전문가에게 가장 확실한 권력 자원은 자신의 전문교육과 지식이다. 전문가들은 자신들의 분야에 대한 정보와 능력을 통해 자연스럽게 의사 결정 과정과 대표로서 공공기관의 정책 형성에 영향을 미친다. 공공관료의 전문성은 공공행정의 정치성과 대립한다. 전문가들에 의해 운영되는 기관은 종종 가령 환경 문제와 같은 정치적으로 민감한 주제들을 다루기 위한 공개 토론 등을 회피하려는 경향을 보이거나, 스스로의 의사 결정에 대한 감시와 통제 역시 회피하려는 시도를 보인다. 공공행정에서 전문적 지배는 고객의 다원적 요구와 이익 같은 현실 세계의 정치성에 대한 둔감함을 특징으로 하며, 이는 공공 서비스의 높은 도덕적 목표와 민주적 윤리성과 대치하고 갈등한다. 이에 대해 리버만(Jethro K. Lieberman)은 그의 저서 『전문가들의 폭압(*The Tyranny of the Experts*)』을 통해, 산업사회에서 전문가 및 전문성에 대한 지나친 의존은 민주적 사회의 개방성 가치에 대한 전망에 대해 지장을 초래할 수 있다고 경고하고 있다(Lieberman, 1970: 2).[2)]

도구적·기술적 합리성

베버(Max Weber)는 이념형으로서 관료제 합리성의 근거를 도구적·기술적 합리성에서 찾고 있다(Weber, 1947; Gerth & Mills, 1946). 베버에게 조직의 효율성은 하향적인 지시 체계와, 과학적 지식에 기초한 규칙의 정교화로 특징지어지는 도구적 합리성에 기인하는 것으로 이해된다. 베버의 합리성 개념은 과학적·기술적 전문성을 지향하는 서양 문화 특유의 차별성의 산물이며, 베버는 이를 지능화(intellectualization)의 개념과 연결짓는다. 라모스(Guerreiro Ramos)는 그의

2) 전문가 역할에 대한 비판은 G. Benveniste, *The Politics of Expertise*, Berkeley, Calif.: Glendessary, 1972; L. May, *The Socially Responsive Self: Social Theory and Professional Ethics*, Chicago: University of Chicago Press, 1996; A. Rohr, *Public Service, Ethics, and Constitutional Practice*, Lawrence: University Press of Kansas, 1998 참조.

기능주의 철학에 대한 비판에서 관료제는 창의적 행정명령을 만들 수 있는 개인의 잠재력을 받아들이지 않고(제한된 실질적 합리성), 큰 조직의 경제적 필요에 주로 초점(과도한 도구적 합리성)을 맞추고 있다고 지적했다(Ramos, 1981). 그러나 베버의 관료제를 둘러싼 실제 아이디어는 단지 도구적 합리성 관점에서의 이념적·일반적 논의에 그치고 있지 않다. 그는 관료제에 속한 개인들이 도구적·기술적 명령과 요구에 부여하는 주관적 의미와 해석적 이해의 중요성에 대해서도 아울러 논의하고 있고 있기 때문이다(Weber, 1947: 88). 프로인드(Julien Freund)는 이에 대해, "베버는 관료제 내부에 존재하는 객관성과 인간의 사회적 관계 등과 같은 주관성 간의 의미 있는 연관성을 아울러 강조하고 있다. 구성원은 이러한 객관성과 주관성의 연관성을 통해 자신의 사회적 행위를 도출한다"(Freund, 1968: 89)고 논의하고 있다.

근대 관료제는 조직의 목표를 달성하기 위해 다양한 기술적 수단을 제안하고 있다. 그러나 기대와는 다르게 모든 관료가 항상 합리적으로 행동하는 것은 아니다. 직원과 고객의 인식은 정책 입안자들의 그것과는 다르다(근대 관료제가 과도한 도구적·기술적 합리성 전제를 바탕으로 하고 있기 때문에). 실제 행정 과정에서 관료들은 비이성적·비효율적·비일상적 상황을 경험하게 되는 경우, 이를 이해하거나 대처하는 데 어려움을 겪게 된다. 이에 대한 베버의 본래적 주장은 (도구적·기술적 합리성에 대한 일방적 고착보다는) 관료 자신이 실제 속해 있는 공동체와 사회 내부 구성원들의 사회적 행동과 관계 양상을 이해하고, 이를 둘러싼 문제에 합리적으로 접근하라는 의미이다.

사물화 관료제

베버의 이념형으로서 관료제에 대한 논의에서, 우리는 마치 관료제가 객관적 실체인 것으로 그 존재를 받아들인다. 예를 들어, 우리는 계층적 관계, 전문적 역할 및 능력, 규칙 및 규정의 기술적 적용 등을 관료제의 전형적 특성 등으로 제시하고, 조직의 과정이 이러한 전형성을 객관적으로 따를 것으로 생각한다. 현상을 이해하기 위해 우리는 일반적으로 추상적인 관념들과 언어적 개념들을 사용하곤 한다. 그러나 이러한 관념과 개념은 실체적인 것이 아니라, 현상을 이해하기 위해 우리가 편의상 구축한 은유적인 것이다. 이러한 은유는 일단 구축이 되면, 시간이 지남에 따라 관념과 개념이 우리에게 마치 실존하는 것처럼 받아들여지는 경향이 있다. 즉, 우리는 관념형이자 이념형인 관료제가 마치 구체적으로 살아 실존하는 것처럼 사물화해 여기는 경향을 보이게 된다.

버거(Peter L. Berger)와 루크만(Thomas Luckmann)은 이를 사물화(事物化, reification)라고 명명하고, 인간이 스스로 만든 관념과 개념으로서 제도들에 대하여 마치 살아 있기나 한듯 대하는 과정을 통해 이를 설명하고 있다(Berger & Luckmann, 1968: 89; Gabel, 1975 참조). 그러나 실제 현실에서 관료의 행태는 베버 관료제의 전형적 특성들의 어느 것에도 보편적으로 적용되지 않는다. 따라서 관료의 행태와 과정을 현실적으로 이해하기 위해서는 사물화된 관료제를 탈피해 접근하는 것이 가장 중요하다. 인간은 도구적 · 기술적 규정과 규칙에 일방적으로 구속되기보다는 역사적 · 문화적으로 형성된 사회적 규칙, 역할, 분류 등에 아울러 규정받기 때문이다.

복잡성

모든 관료제가 대규모인 것은 아니지만, 공공관료제의 거대 규모성과 복잡성은 근대 행정의 또 하나의 특성으로 광범위하게 받아들여지고 있다. 사회가 기술적 · 경제적으로 진보됨에 따라, 우리는 대규모 조직의 숫자가 급속하게 성장하는 현상을 목격할 수 있었다. 산업화된 국가들에서 사람들의 생활은 정부기관, 학교, 병원, 기업체, 군사시설, 교도소와 같은 큰 조직들에 의해 영향을 받는다. 이러한 거대 규모와 복잡성의 조직은 사회적으로 구성된 다양한 의미와 행동의 사회적 상호작용의 연결망으로 이뤄져 있다(Czarniawska-Joerges, 1992).

비단 조직 내부에서뿐 아니라, 이러한 연결망은 정보기술의 발전과 인간 활동의 범세계화를 통해 모든 영역의 외부로 확장되고 있다. 이러한 연결망의 내 · 외부의 확산은 보먼(James Bohman)이 주장하는 "고도 복잡성(hypercomplexity)" 사회의 도래를 함의한다. 이는 사회 체계 내부의 요소들 간에 여러 비선형적 상호의존성이 증가하며, 이로 인해 상황에 대한 총체적 이해가 어려워짐으로써 합리적 의사 결정이 불가능해지는 상황을 의미한다. 그러나 근대 행정의 관료제는 이러한 고도 복잡성의 문제를 접근할 때 "과도한 합리주의"[3]에 의존함으로써 자칫 "합리성의 실패"로 귀결될 수 있는 경향을 보이는 모습을 보인다(Bohman, 1996: 157). 사회 · 정치 문제의 고도 복잡성은 한편 이러한 관료합리주의에 정당성을 부여하기도 하는데, 이는 공공기관이 다루는 문제의 복잡성으로 인해 대중들이 이를 파악하기가 어렵고, 이로 인해 대중의 비판에 대한 행정의 민감성이 낮아지게 되기 때문이다.

시민 달래기

민주사회에서는 정치 과정에 시민의 참여가 필수적이다(Pateman, 1970; Barber, 1984). 1960년대 후반 이후, 미국의 공공행정은 연방정부 지원 프로그램에 시민의 참여 중요성을 인식했다. 프로그램을 관리하는 정부기관은 시민들을 프로그램에 참여시키고 시민 전체의 입장을 반영해 정부의 효율성을 개선하기 위해, 시민들에게 정부의 의사 결정이 어떻게 그들의 삶에 영향을 미칠 수 있는지에 대해 교육을 제공하도록 규정되어 있다.

그러나 유감스럽게도 대부분의 행정가는 시민의 참여를 민주적 관리의 요소로 보고 이를 중요하게 여기기보다는 시민을 달래는 데에 더 관심을 가지고 있다. 정부 관료들과 전문가들은 시민 참여(또는 시민 거버넌스)를 "자신들의 이익에 위협"이라고 보는 경향이 있다(Box, 1998: 157). 일반적으로 국가 및 연방 수준에서는 조직과 업무가 너무 크고 복잡하기 때문에 일반 시민의 참여와 간여가 발생하지 않는다. 그러나 이렇게 정책 과정에서의 시민 참여 기회가 부족하기 때문에, 대다수 많은 시민이 현재의 정책과 행정의 효율성과 역량에 대해 의문을 아울러 가지게 되기도 한다. 한편 시민들은 자신의 삶에 영향을 미치는 직접적인 정치적 문제에 더 관심을 가지게 된다. 따라서 지역 수준에서의 공공행정은 시민 참여의 문제에 더욱 민감해지고 있고, 동시에 관료들은 이 수준에서 이익집단 및

---

3) 보먼(James Bohman)에 따르면, 고도 합리성(hyperrationality)은 "과도의 합리주의적 경향은 소통을 불가능하게 하고, 의사 결정에서의 불확실성과 정보 부족 등의 제약을 해소하기 어려운 상황을 의미한다. 이러한 상황은 합리성의 실패 가능성을 인지하지 못하게 하고, 복잡하고 불확실한 문제에 대해서도 다원적인 해결 방식을 간과하게 한다."(J. Bohman, *Public Deliberation: Pluralism, Complexity, and Democracy,* Cambridge, Mass: MIT Press, 1996: 157).

개별 시민의 태도에 더 영향을 미치고자 한다.

민주주의 국가에서 시민 참여의 개념은 점점 더 중요해지고 있지만, 많은 비서구 국가에서는 여전히 시민의 참여를 제한한다. 가령 시민단체의 형성을 아예 법적으로 제한하는 경우를 들 수 있다. 일본의 공공행정 사례를 예로 들면, 내부 관리 프로세스에서 형식적으로는 미국보다 조직구성원들의 참여를 더욱 권장하고 있는 것으로 보인다. 그러나 대부분의 중요한 의사 결정은 결국 '가초'(かちょう, 課長: 부서 책임자)에 의해 만들어진다. 신분제 본위의 일본 관료제는 참여와 개방에 대해 적게 열려 있다고 할 수 있다(Muramatsu, 1997; Jun & Muto, 1995).

이원적 사고

공공행정에서 이원적 사고(dualistic thinking)는 여전히 일반적이다. 이 책의 제2장에서 논의하겠지만, 관리 중심적 사고는 행정 및 정책을 둘러싼 의사 결정 과정에서 참여 중심적 사고를 분리해 이원적으로 생각하는 경향이 있다. 가령 1980~1990년대의 신공공관리(new public management: NPM) 운동은 "고객으로서 시민(citizens as customers)"의 개념을 강조하고, 고객에게 효과적으로 서비스를 제공하는 것을 행정 본위의 필요로 파악한다. 대중에게 효과적으로 서비스를 제공하는 것은 물론 중요하다. 그러나 관료는 이를 위해 시민과 함께 일한다는 생각을 가져야 한다. 아울러 시민들은 "정부의 주인"이므로, 자신이 생각하는 서비스 개선의 방안에 대해 관리자에게 통보와 질문을 할 권리와 의무가 있다(Schachter, 1997). 따라서 시민들은 정부 서비스에 수동적인 수령인이 아니라, 중요하고 활동적인 참여자가 되도록 유도해야 할 필요가 있다. 한편 이원적 사고는 행정학 연구에서도 명확하게 발견된다. 특히 인식론과 방법론적 접근에서 이러한 점이 발견되는데, 가령 기능주의 인식론과 해석주의 인식론을 분리해 바라본다거나, 경험 연구에서 양적 연구와 질적 연구를 분리해 생각한다거나, 객관적인 실재와 주관적인 현실을 구분하는 등의 경향을 들 수 있다.

공공행정의 행정가와 이론가 모두는 거버넌스의 민주적 참여 과정을 촉진하고, 근대 행정의 한계를 극복할 수 있도록 조직의 능력을 개발하기 위해 진지하게 접근할 필요가 있다. 근대의 관료제는 사회와 행정 현상을 둘러싼 사회적, 경제적, 정치적, 그리고 인간적 상황의 복잡성을 반영하지 못한다는 점에서 한계를 가지고 있다. 그리고 근대 관료제의 현재 관행은 대부분의 의사 결정을 현장의 맥락에 둔감한 조직의 상단에 맡겨 두었다는 점에서 부적절하다고 할 수 있다. 행정의 구조적·기능적 작동은 조직 내·외부의 현장, 지역, 사회, 세계 등 환경 맥락 속의 사람들의 경험과 이해에 그 강조점을 두어야 한다.

제 2 절 민주주의 맥락에서 사회적 구성

이 책에서 필자는 사회적·국제적인 맥락 중심의 접근과 묘사를 통해, 공공행정의 연구와 이해에 대한 새로운 관점을 소개하고자 한다. 기존의 주류적 관점과 구분되는 새로운 아이디어를 제시하고, 독자들의 시각을 확장하도록 돕기 위해, 필자는 다른 학문 영역에서 논의된 다양한 아이디어를 나만의 독자적인 프레임워크 안에서 나만의 해석 방식으로 구성하는 방법론을 택했다. 또한 제시된 프레임워크의 내용적 타당성을 검증하기 위해 필자는 실무를 담당하고 있는 공공관료들과 함께 오랜 토론의 시간을 갖기도 했다. 이러한 과정을 통해 이 책 전반에 걸쳐 제시된 사회적 구성의 분석틀은 그 내용이 더욱 풍부해지게 되었으며, 결과적으로 정책, 관료, 처방, 변화, 책임, 윤리 등 다양한 문제를 광범위하게 포괄하게 되었다.

사람들은 관심의 유사성이나 공통의 이해 관계 등의 이유에서 공동 활동에 참여한다. 사람들은 이러한 공동 활동의 경험을 통해 서로의 상황이나 입장에 대한 이해도를 높일 수 있다. 우리가 살아가면서 경험하는 다양한 공동 활동은 크게 보면 자신의 노력을 좌표로 서로에 대한 이해도를 높여가는 하나의 사회 건설 형태를 지니고 있다고 볼 수 있다. 따라서 어떤 의미에서 모든 사회 구조는 민주주의적 사회 구조의 성격을 지닌다. 이러한 논리를 정부 관료제로 확장해 보면, 관료제 역시 하나의 민주적 사회 건설의 장으로 이해할 수 있다. 그러나 정부 관료제에서는 최고 경영진 및 관리자의 독재적인 행태, 정치적 리더의 자기 이익 중심적 태도, 그리고 전문적 분석가의 합리주의 및 과학주의에 대한 맹신 등 비민주주의적 양태들이 흔히 관찰된다. 이 책은 정부 관료제 내부에서 관찰되는 이러한 양식(mode)들에 대해 비판적인 관점을 견지하고 있다. 민주적 사회 건설은 다양한 사람들의 공유, 학습, 심의, 이의 제기 등 소통적 아이디어를 바탕으로 한다. 이는 기존의 행정관료제의 관행적 행태에서 잘 드러나지 않는, 행정관료제를 둘러싼 정치적·사회적·문화적으로 좀 더 폭넓은 의미를 우리에게 조망한다. 이는 기존의 행정관료제에 대해 지배적인 모더니즘의 관점을 수용하는 동시에 탈근대주의 아이디어의 편린들까지 아울러 수용함으로써 현대 공공행정에 대한 포괄적인 이해를 가능하게 해 준다.

우리는 사회적 구성을 통해 우리가 경험하는 일상적인 사회 세계뿐 아니라 공식적인 행정 세계를 구체화하며 살아간다. 우리가 경험하는 세계는 우리가 어떠한 구성의 프레임워크를 견지하는가에 따라 다른 모습과 형태로 우리에게 다가온다. 따라서 필자가 논의하는 사회적 구성의 개념은 세계를 단지 설명하기 위한 목적의 분석틀로서의 의미를 넘어서, 사회 구조와 현실을 개선하고 변화시키기 위한 새로운 전략의 인지적 프레임워크로 이해되어야 한다. 어떠한 전략적 지향과 내용을 통해 이러한 사회적 구성을 운용할 것인가의 문제는 이 책의 나머지 분량을 통해 좀 더 구체적으로 서술하고자 한다. 여기에서는 다만 본격적인 논의에 앞서서 사회적 구성의 논의의 정당성에 대해 필자가 견지하고 있는 몇 가지 가정을 제시하고자 한다.

첫 번째 가정은 20세기 이후 현대 공공관리의 기초가 된 이론과 방법의 성과를 비판적으로 반성해야 한다는 것이다. 이러한 비판적 반성과 과거로부터의 교훈을 바탕으로 21세기에 도래할 행정의 재구성 가능성을 모색할 수 있을 것이다. 예를 들어, 전통적 공공관리의 단초가 되었던 효율성, 기능성, 합리성 등의 원리는 산업 및 경제 발전의 시기에는 적합했을지 모른다. 이러한 원리들은 관료제에 대한 전문가의 계층적 지배 등을 정당화하는 논리로 작용했다. 그러나 이러한 아이디어는 사회가 다원화되고 민주화된 현대에 이르러서는 공공 서비스를 제공할 때 제약 요건으로 작용할 수 있다는 데에 함정이 있다. 현대의 공공관리는 경합하는 가치와 요구에 대한 규범적인 판단을 수반하는 사람을 대상으로 하는 일이라는 점에 그 본질이 있다. 따라서 효율, 기능, 합리성 등에 치우친 공공관리는 현대의 행정 생태와는 다소 차이를 보이게 된다. 따라서 현대의 행정이 좌표와 전략을 설정하는 데 과거의 그것을 관성적으로 채택하는 것은 그 한계를 명확하게 한다.

사회적 구성의 본질적인 요소는 사회적 구성이 단지 인식론적 가정으로만 존재[4]하는 것이 아니라, 우리가 세계를 경험하고 구성하는 현실적 구성 과정에 실재로 간여하고 영향을 미친다는 점이다. 일상생활에서 우리는 우리 자신들이 겪는 현실을 인식할 때 우리의 인지에 영향을 미치는 무엇인가가 간여한다는 것을 일반적으로 느끼지 못한다. 요컨대 우리는 우리의 경험과 지식이 특정한 "사회구조의 결과"(Holzner, 1968: 1)일 수도 있다는 것을 모르는 경향이 있다. 우리는 우리의 경험과 인식에서 우리가 주체적이고 독자적인 역할을 담당하고 있다는 일종의 자기 확신을 지니는 경향을 가지고 있다. 그러나 우리가 현상을 경험 및 인식하는 방식은 우리가 대상에 대해 견지하고 있는 관심, 요구, 해석 및 정의에 따라 다르다. 조직 및 사회 안에서 우리가 바라보는 현실은 주관적이다.[5] 우리가 바라보는 현실은 과거의 경험에 의한 영향 때문에 개인마다 다르게 나타나기도 하고, 개인의 편견과 선입견에 따라 다르게 나타나기도 한다. 이러한 인식의 다양성은 태도와 행동의 다양성으로 귀결된다. 즉, 경험과 인식 간에는 일종의 분열이 나타나게 된다. 그렇다면 우리는 이러한 분열 속에서 어떻게 의견의 공유와 공감을 이끌어 낼 수 있는가? 현실을 인식하는 행위자들이 모두 저마다의 '고유성'과 '객관성'[6]을 주장한다면, 우리는 어떻게 각 고유성과 객관성의 특성을 식별하고 정의하며 공통점을 제공할 수 있을 것인가? 다원화되고 민주화된 행정의 관리에서 각자의 생각과 경험을 공유하는 것의 의미는 각자가 주창하는 관점의 고유성과 객관성을 완화하고, 이전에 이해하기 어려웠던 문제에 구조와 의미를 부여할 수 있는 것에서 찾을 수 있다. 이 과정은 문제에 대해 다원적이고 민주적인 해결책을 연구 및 개발할 가능성을 모색할 수 있는 사회적 구성의 기초를 형

---

4) 존재론(ontology)은 실재하는 존재에 대한 이론을 의미한다. 이는 사회적 실재가 개인에 선행하는지, 혹은 개인의 지각이 실재에 선행하는지에 대한 주제를 탐구한다(Burrel & Morgan, *Sociological Paradigms and Organizational Analysis*, 1979: 1). 여기에서 사회적 구성(social construction)은 어떻게 개인이 타인과의 상호작용을 통해 현실을 구성해가는지를 분석의 주안점으로 삼는다.

5) 주관성(subjectivity)은 한 개인이 특정하게 견지하는 경험, 인지, 동기 및 직관 등을 의미한다. 이러한 주관적 요소들은 개인의 행동과 선택에 의미를 부여하는 내재적 요소라고 할 수 있다.

6) 객관성(objectivity)은 개인의 주관적 지각과 경험에 대해 독립적으로 외재해 존재하는 실재의 속성을 의미한다. 이는 개인의 해석과는 독립적으로 존재하는 실재의 요소들을 모두 통칭한다.

성하게 한다.

논의한 사회적 구성의 기초를 형성하는 데 하나의 도전적인 대안은 행정과 대중(public) 간의 밀접한 상호작용을 바탕으로 공공행정을 개선하는 길이다. 오늘날 세계는 중대한 상호의존성으로 인해 점점 경제적·정치적·기술적으로 상호 연결되어 있다(Mulgan, 1997). 이러한 추세와 발맞춰 미디어, 인터넷, 전자정부 및 네트워킹을 통한 정부와 국민 사이의 연결성이 크게 증가하고 있으며, 사람들이 선택할 수 있는 소통과 참여의 옵션 역시 아울러 증대하고 있다. 이러한 상호 소통과 참여의 증대에도 불구하고, 사람들 사이의 실제 상호 대면과 협력은 아울러 향상되지 못하고 있다. 사람들이 자신의 경험과 관심사를 공유하고 배우며, 공통의 의제 아래에서 함께 작업하는 데 사회적 상호 대면과 협력은 매우 중요한 의미를 지닌다. 가령, 조직의 임원 및 관리자는 인터넷 플랫폼을 통해 다양한 사람들의 의견을 수렴하고 이를 의사 결정에 반영할 수 있다. 그러나 이러한 비대면적인 상호작용은 상호 간의 사회적 협력이나 신뢰를 전제하지 않기 때문에 그 효과가 제한된다. 반면, 임원 및 관리자가 실제 현실의 문제에 대해 다양한 사람과 함께 머리를 맞대고 함께 고민하고 논의할 때, 이들 상호간에 사회적 협력과 신뢰가 형성될 수 있음을 가정할 수 있다. 행정의 문제에서도 마찬가지로, 인터넷을 통해 시민들의 의견을 간접적으로 수집하는 것보다 행정관리자가 직접 시민을 만나고 의견을 경청하며, 시민들로 하여금 자기관리 가능성을 모색하도록 촉진하고 돕는 활동에 참여하는 경우, 행정과 시민 간에 좀 더 효과적인 소통이 이뤄지는 기회가 될 수 있음을 생각할 수 있을 것이다.

사회적 구성의 방법은 사람들이 이슈와 문제를 토론할 때 상호 간에 이뤄지는 상호 대면적 심의, 대화, 담론 및 논증의 과정을 강조한다(Bohman, 1996; Dryzek, 2000; Fischer & Forester, 1993; Forester, 1999; Gutmann & Thompson, 2004; Hajer & Wagenaar, 2003). 사회적 구성 방법을 행정 과정에 적용하는 경우, 참여적 계획, 심의 민주주의, 해석적 정책분석 등의 과정을 들 수 있다. 이러한 과정들은 사람들이 이슈와 문제에 대해 견지하고 있는 지식, 이야기, 공감 및 불일치 등을 함께 공유하고, 배우고, 이를 통해 행동의 노선을 함께 결정하는 사회적 실천의 근본적 토대가 된다. 이러한 과정에서 중요한 것은 의사 결정에서 계층적 관계를 최소화하고, 수평적 협업을 최대화한다는 것이다. 이를 통해 의사소통과 행동의 상호 주관적인 이해를 증진하는 것을 골자로 한다.

마지막으로 강조하고 싶은 점은 사회적 구성 방법은 중앙집권적 관리 체제에서보다는 분권화된 조직 구성 단위 또는 지방정부에서 더욱 효율적이라는 것이다. 중앙집권적 통치는 의사 결정을 하는 사람들의 참여를 제한하는 경향이 있다. 반면, 분권적 통치는 상호작용, 대화, 사회적으로 분산된 지식의 공유를 통해 조직 단위와 사람을 연결하며, 지배 구조 및 비계층적 협업 형태의 가능성을 제공한다. 종종 지방 분권과 시민 참여의 당위성에 대해 찬·반 진영 간의 논쟁이 생기기도 하지만, 이는 단편적인 사례일 뿐, 현재의 추세에서는 지방 분권과 시민 참여가 민주사회의 건설과 공공 서비스의 개선 및 대응성 증대에서 효과적인 방안이라는 시각이 좀 더 잘 받아들여지고 있다.

제 3 절 변증법적 가능성

오늘날의 행정이론들은 서로 다른 관점과 개념으로부터 분절되어 있다. 이 책의 또 다른 논점은 이렇게 분절되어 있는 상이한 관점과 개념들로부터 상호의존성을 도출해 좀 더 총체적인 새로운 아이디어를 직조해 내는 것이다. 이렇게 대립적인 관점과 개념으로부터 타협적이고 발전적인 새로운 아이디어를 직조해 내는 과정을 변증법(dialectics)이라고 하는데, 필자는 독자에게 이러한 변증법의 방법론이 행정이론에서도 적용 가능함을 보이고자 한다. 변증법은 세계를 구성하는 개인, 조직, 사회, 관계, 관점 등 독립체 다수 사이에 놓인 모순 관계를 인식하고, 모순 관계와 반대 요소의 공존을 위한 논리적 방법의 일반론에 해당한다. 우리는 변증법적 사고의 한 사례를 헤겔(Georg W. F. Hegel)의 『정신현상학(*Phenomenology of Mind*)』에서 발견할 수 있다. 헤겔은 "주인과 노예"의 사례를 논의함으로써 변증법적 사고의 예를 제공한다. 헤겔에 따르면, 외형적으로 주인은 독립적이고 노예는 종속적인 삶을 누리는 것으로 보인다. 이러한 점에서 주인과 노예는 서로 배타적이고, 독립적인 개체인 것으로 판단되기 쉽다. 그러나 주인이 독립적인 삶을 누리기 위해서는 노예에 의존적일 수밖에 없다. 또한 노예는 의존적인 삶을 살아가는 한편 노동을 통해 독립적인 의식을 얻기도 한다. 따라서 주인과 노예가 각각 독립적이거나 종속적인 전형성을 띨 것이라고 미리 가정하는 것은 제한적인 설명력을 지닌다. 사회의 다른 많은 개체 역시 이렇게 명확한 방식으로 설명하기에 모호한 측면을 아울러 가진다. 이러한 논리적인 설명을 통해 세상을 바라보면, 세상 내부에 내재되어 있는 많은 딜레마의 사례를 찾을 수 있다. 관료조직 역시 내부의 권위 관계에는 계층에 따른 독립성과 종속성의 전형성을 가정하기에는 모순된 상황이 상존하기도 한다. 요컨대 변증법적 분석을 통해 공공행정 활동을 들여다보면 내부에 내재된 모순들이 드러나게 된다.

한편 변증법적 시각은 행정을 개선하기 위한 다양한 이론과 기법들에도 적용해 볼 수 있다. 변증법적 시각에서 각각의 이론과 기법은 대상이 되는 사회적 세계와 공공기관의 운영을 총체적으로 이해하는 데 부족함을 지닌다. 하나의 이론과 기법을 실제 적용하는 데는 다양한 모순 상황이 상존할 수 있기 때문이다. 또한 각각의 방법은 나름의 장점과 단점을 가지고 있다. 따라서 중점은 개별 이론과 기법에 대한 고착과 집착보다, 복수의 이론과 방법 간의 구성적 소통을 통해 더 나은 방식을 모색해 가는 과정적 측면에 놓인다고 할 것이다.

특정한 이론과 기법이 정초하고 있는 철학적 시각에 고착해 다른 방식의 의미와 효과를 거부하는 사고를 이원적 사고라고 부른다. 이 책은 첫째로 행정이론과 기법에서 이러한 이원적 사고의 접근을 비판하고자 한다. 행정이론과 기법을 둘러싼 이원적 사고 방식은 몇 가지 대립되는 철학적 시각에서 그 사례를 찾을 수 있다. 가령, 기능주의와 해석주의, 실증주의와 반실증주의, 객관주의와 주관주의 사이에 놓인 대립과 갈등의 요소로서 이원론적 사고를 들 수 있다. 둘째, 이 책은 조직구성원들이 자신의 경험과 의미를 공유하고 논의하며, 이를 통해 개인과 조직이 주어진 문제에 소통적으로 대응하는 방법의 의의에 대해 논의하고자 한다. 셋째, 이 책은 변증법적 시각에서 나의 관점과 반대되는 관점을 변증법적으로 수용하는 방법론을 개념화하는 작업을 탐구한다. 이러한 변증법적 방법론은 사회적 구성의 원리와 조응하는 것으로 사회를 구성하는 이론가, 연구자, 전문가, 관리자 등 다양한 행위자들이 서로 상호작용을 통해 아이디어와 지식을 생성하는 일종의 사회적 생산이다. 이것은 전문가가 일련의 규칙을 통해 유도하는 연역적 이론과는 다르다. 이론화를 규제하는 일련의 규칙은 본질적으로 연구자의 자기

의식 활동 자체를 규제할 것을 목적으로 한다. 그러나 실제 공공행정의 문제는 자주 이론적 매뉴얼로 접근하기에는 한계를 드러내며, 때로는 한 차원 생각을 뛰어넘는 창의성과 창조성을 요구하기도 한다. 공공행정의 사회적 구성은 모순된 관점의 합성 가능성을 모색하고, 이를 통해 우리의 생각을 뛰어넘는 편광된 관점의 가능성을 모색하도록 함으로써 이론적 매뉴얼의 한계를 극복한다. 물론 나는 모든 공공의 문제를 사회적 구성의 방법 또는 변증법적 방법으로 해결할 수 있다고 가정하지 않는다. 또한 각 이론과 기법이 정초하고 있는 패러다임적 관점은 현상에 대한 일련의 가정을 기반으로 하고 있기 때문에, 이들 간의 합성은 매우 어려우며 때로는 거의 불가능하기도 하다. 한편 여기에서 강조하고 싶은 것은 적어도 우리는 각 관점이 견지하고 있는 철학적 관점과 가정이 지니는 한계를 인지하고 교조화하지 않음으로써 각 관점이 지니는 인지적 함정과 제약을 극복하고 새로운 아이디어를 얻을 수 있는 태도를 지니게 된다는 점이다. 그러나 현재의 행정에서 관행적인 경향은 다양한 틀(frame)을 사용해 문제를 비판적이고 총체적으로 바라보기보다는 하나의 구조적 · 기능적 · 정치적 관점에 의존하는 행태를 보인다는 것이다. 가령 테러(terror)에 대한 명시적인 위협 때문에 시민의 다수가 정부에 안전과 보호를 요구하고 있는 상황을 상정해 보자. 현재 시민의 지배적인 요구와 기대가 안전과 보호에 놓여 있고, 이는 정부의 효율적 통제와 지배를 전제로 한다. 여기에서 시민의 일부가 정부에게 민주와 참여의 제도화를 요구한다고 해도, 이러한 요구는 묵살되거나 잊혀지기 쉽다. 서로 다른 아이디어와 이론적 관점을 가진 사람들의 광범위한 소통과 변증법 및 사회적 구성 방법의 논의를 추구하는 경우에도, 현실의 문제에서 이를 시행하는 것은 많은 실행상의 난점을 노정할 수 있는 것이다.

그러나 여전히 각 방법론적 관점은 장점과 단점을 모두 지니고 있기 때문에 이들을 포용하는 것은 이론 및 실무 지식의 발전을 위해 필요하다. 하나의 관점에 배타적으로 치우치는 것은 사회 현상의 또 다른 영역의 중요 요소를 시야에서 제외하는 문제를 야기한다. 특정 이론의 틀은 그 경계에서 거짓 측면을 포함하고 있고, 틀 외부에 대해서는 한계를 내포하고 있다. 이러한 문제와 한계를 극복하기 위해 우리는 각 관점의 강점과 약점에 대한 사회적 상호작용과 담론에 참여함으로써 무엇이 문제이고, 무엇이 가능한가에 대해 참조해야 한다. 다양한 관점의 총체적 반영의 문제를 공공행정에서 소외집단 구성원의 목소리로 확장하면, 이들의 목소리를 기반으로 형평성 있는 좀 더 폭넓은 사회 지식을 생성하는 작업에 적용할 수 있게 된다. 이러한 맥락에서, 한 정치학자는 "유효한 지식을 생산하고 싶어하는 공공 행정기관이라면 여성 및 소수 인종의 목소리를 이끌어 내고 반영하는 정책을 입안해야 한다"(Rudolf, 2002: 195)라고 지적했다.

이 책 전반에 걸쳐 나는 기능 및 구조 등 행정(학)의 보수적인 테마를 강조하기보다는 사회 현상을 해석하기 위해 제시된 사회이론과 접근 방법의 중요성에 논의의 초점을 맞췄다. 사회 구조를 해석할 때는 인간과 조직 활동의 문제와 과정을 이해하는 것이 가장 중요하다. 사회를 구성하는 인간과 조직 활동을 이해하기 위해 제시된 사회이론과 접근 방법은 비단 행정조직뿐 아니라 사회 현실의 문제에서도 적용될 수 있는 보편성을 지닌다. 이러한 논의에서 필자는 기능 및 구조와 연관된 실용주의를 주류 개념으로 생각하지 않고, 인본주의와 자유주의 등 좀 더 인간과 연관된 사상의 중요성을 보고 싶다.

제 4 절 교차 문화적 시각에서 배울 점

이 책이 추구하고자 하는 사회적 구성과 변증법적 이해 방식으로부터 다른 중요한 주제가 도출된다. 사회적 구성과 변증법적 이해 방식의 핵심 논리인 비교를 세계 맥락으로 확대하면, 다양한 국가 행정의 사회적·문화적·정치적 측면에 대한 탐구를 통해 현대 공공행정에 대해 좀 더 총체적인 이해를 가능하게 한다. 수많은 나라에서 현대 공공행정은 조직 개편, 개혁 정부, 성과측정, 고객 서비스 개선, 민주화 등 개혁과 변화 프로젝트에서 높은 수준의 경영 성과 개선을 관리의 중심 목표로 두고 개혁을 추구하고 있다. 한편 이러한 목표는 참여적 행정과 민주적 거버넌스의 개념과 놀라운 대조를 이룬다. 이렇게 대립하는 목표들을 고려할 때, 행정학적 시각에서 개혁과 변화의 의미를 재조명하고 좀 더 다양한 행정관들을 촉구시킬 필요가 있는 것이다. 오늘의 지배적인 행정관과 주류적인 행정 담론은 행정 문제를 접근하는 데에 좀 더 기능주의적인 해결책을 선호하는 경향을 보인다. 그러나 이러한 변화의 노력은 일시적이고 단편적인 효과만을 산출할 뿐 지속 가능한 변화의 영향으로 이어지지 못하는 한계를 보인다.

한편 동양과 서양의 행정관은 모두 조직의 변화를 관리하고 행정 과정을 지배하는 데 임원 및 관리자 등 리더(leader)의 권위와 능력을 강조한다는 점에서 공통점을 지닌다. 이러한 리더가 효과적으로 일을 하기 위해서는 그 밑의 사람들과의 상호작용과 대화가 필수적이다. 또한 정책 과정에서 시민 참여와 이들과의 소통 역시 중요한 요건을 구성한다. 한편 일부의 리더는 그 밑의 사람들에게 힘을 주고 싶어하지 않는다. 이들은 자신이 과정을 통제하고 조직력을 발휘하는 것을 선호하는 경향을 보인다. 그러나 이러한 리더의 행태를 통해 운영되는 조직과 혁신안은 그 구성원들과 시민들로 하여금 협력과 순응을 전제로 작용하기란 어려울 것이라고 생각한다. 따라서 혁신이 효과적으로 달성되기는 어렵다고 본다. 제아무리 좋은 혁신이 아이디어라도 그것을 받아들이는 사람이 권위 있게 여겨야 효과적이다. 권위와 협력은 구성원들이 개발 및 변화에 주체적으로 참여하고, 그 과정에서 기여할 수 있을 때 가능하다는 것을 의미한다. 성공적으로 구현된 프로젝트는 일반적으로 공동 작업을 하는 사람들이 프로젝트의 목적과 방법을 광범위하게 이해하고, 참가자가 지향성 및 전략을 공유하는 경우에 효과적이다.

이 책은 행정학을 공부하는 학생들이 조직과 정책을 단지 실용주의적으로 설계하는 데에만 치우치지 않고, 조직 변화와 운영에서 좀 더 실질적인 상황을 이해할 수 있도록 하기 위해 다른 나라를 예로 소개하고자 한다. 행정의 이론과 지식은 응용성이 강한 성격을 지니기 때문에, 다른 문화적 배경에 대한 이해는 유용성을 지닌다. 또한 조직 및 행정이론의 교과서 지식의 대부분은 서양의 공공행정 문제를 배경으로 삼고 있기 때문에 이러한 문제를 타국에 적용하기 전에 주어진 개념과 관점을 비판적으로 검토할 것이 요구된다. 특히 외국 학생이나 학자가 서양 국가를 공부 또는 연구하기 위해 방문하는 경우, 이들은 서양의 현대적인 관리 및 분석 기법을 배우는 데에 주된 관심을 가지게 된다. 한편 이들이 고국으로 돌아가 새로 습득한 지식을 그들의 정부 사업 또는 사회 문제에 적용하려고 하는 경우, 예상되는 문제가 상존한다. 대부분의 경우, 서양의 모델은 정치·행정·문화·역사적 차이로 다른 고유의 조건에 적용하기가 어렵다. 비서구의 학자와 실무자가 지니는 가장 일반적인 경향은 서양의 합리적 종합계획, 예산, 금융, 성과관리 등 새로운 공공관리 기법을 광범위하게 적용해 보려고 하는 것이다. 그러나 대부분의 경우에, 이러한 광범위한 서양 모델의 적용은 완전한 실패의 결과와 부정적인 영향을 야기하게 된다. 어떠한 이론이나 기법의 적용은 특정한 사회적 현실의 맥락에서 비판적으로 검토해야 한다.

한편 반대로 서양의 전문가가 동양의 다른 나라를 업무차 방문하는 경우에 이들은 자신의 문화적 관점에서 현지 국가의 문제를 해석하는 경향을 보이기도 한다. 이러한 경향은 일종의 인지부조화를 야기할 수 있기 때문에, 다른 문화를 접근할 때는 그 지역 고유의 문제점과 사회, 경제 및 정치 과정의 숨겨진 요소를 고려하고 해석할 필요가 있다. 서양의 전문가가 다른 문화를 접근할 때는 자국의 문화에 치우치는 양상을 보이는 것은, 과거의 경험에서 파생된 범주와 프레임을 다른 맥락에 일반화해서 적용하고 설명하려는 시도로써 이해된다. 그러나 각 사회는 사회 구조 자체의 과정을 통해 고유의 언어, 종류, 절차 및 역할을 진화시켜 왔다. 따라서 한 나라에서 개발된 아이디어와 프레임은 반드시 다른 문화적 배경의 사람들에게 허용되지 않는다. 다른 행정문화와 낯선 사람이 겪을 경험의 현실을 이해하기 위해 우리는 자신의 프레임 외부에서 현실을 이해하려고 노력해야 한다. 우리가 자신의 프레임을 타인에게 강제하는 경우, 우리는 현실에 좀 더 밀접하게 관련된 이해와 설명을 놓치게 되기 쉽다.

예를 들어, 미국 정부가 많이 사용하는 직원 성과평가의 기준은 일본이나 한국의 행정부에 적용되지 않을 수도 있다. 최근 일본과 한국은 모두 성과평가 시스템을 적용해 운영하기 시작했다. 그러나 미국 연방정부에서 사용하는 성과측정 지표는 이들 국가에서 많은 한계를 드러낸다. 가령, 이들 지표는 사용 기법, 웹기반 학습이론, 신뢰성, 객관성 및 신뢰성 기준을 강조한다. 그러나 일본과 한국의 행정문화에서 이들 지표의 중요성은 상대적으로 낮은 것일지 모른다. 일본과 한국의 행정문화에서는 조직의 목표를 달성하기 위한 가치를 개인의 학습 및 신뢰의 앞에 두는 경향이 있다. 이 경우, 이들 지표는 일본과 한국의 관료들에게는 비현실적인 일종의 요식 행위로 이해되기 쉽다. 이렇게 하나의 문화권에서 통용되는 이론과 기법이 다른 문화권에 적용되는 경우, 현실과 밀접하게 관련된 이해와 설명을 놓치게 되기 쉽고, 적용과 운영에서 사회적 비용을 초래하게 되기 쉽다.

다른 문화권 사람들의 경험을 편견 없이 이해하기 위해 우리의 이해 방식을 괄호치기(bracketing), 즉 판단 중지하는 것이 도움이 된다.[7] 낯선 문화와 경험에 대해 의식적으로 판단을 보류함으로써 편견을 최소화하고자 하는 괄호치기 방법은 현상학자인 후설(Husserl, 1975)에 의해 제시된 개념이다. 이러한 방법은 개념적으로는 설득력을 가지나, 실제 활용상 매우 어려운 난점을 가질 수밖에 없다. 사회적 세계의 많은 부분에서 의식적인 괄호치기는 쉽게 적용될 수 없거나, 그 실체가 분명하지 않다. 좀 더 현실적인 관점에서 우리는 다른 사람들이 살고 있는 세계의 맥락을 의식적으로 학습하고 이해하는 작업을 통해 현상의 심연을 좀 더 구체적으로 이해할 수 있을 것으로 판단된다(Jun, 1986: 71-73).

행정문화의 숨겨진 측면을 이해하기 위해 필자는 동양과 서양의 철학적 관점의 유사점과 차이점을 비교함으로써, 자아(self), 관계, 사회를 둘러싼 풍부한 시각들을 도출하고자 한다. 예를 들어, 동양의 사고 방식에서 불교, 유교, 힌두교, 도교 등 동양의 사상은 자아(self)를 자연, 권한 등 환경에 대응한 관계성에서 찾는 경향이 있다. 반면 서양의 사고 방식에서는 자아 그 자체를 고유한 것으로 보고, 개인주의에 좀 더 큰 가치를 부여하는 경향이 발견된다. 자아를 둘러싼 동·서양 양쪽의 사고 방식은 이렇게 차이를 보이지만, 갈등, 대립 및 모순을 이해하는 방식에서는 일정한 유사성을 보이기도 한다. 가령 동양의 음·양론의 양극성 관점과 헤겔의 변증법은 물론 엄밀하게 개념적 차이를 보이고 있으나, 갈등, 대립 및 모순을 극복하고 개발하기 위한 논리적 구도에서 유사성을 보인다. 따라서 동·서양의 아이디어 유사성을 탐구해 이를 연결시켜야만 한다. 통합의 시너지(synergy)는 두 가지의 다른 것들이 창조적으로 결합할 때 발생한다. 여기에서 중요한 것은 이원론적 사고를 극복하고, 좀 더 열린 태도를 견지하는 것이다. 이에 대해서는 제8장과 제10장에서 좀 더 심도 있게 논의할 것이다.

---

7) 후설(Edmund Husserl)에 따르면, 괄호치기(bracketing)는 현상학의 방법적 도구이다. 개인의 감정 및 편견 등의 주관성은 사물의 속성인 "자연"과 "본질"에 대한 존재론적 탐색에서 왜곡을 야기할 수 있다. 따라서 "현실"을 탐색하는 데에 이러한 요소들을 "괄호에 넣고" 판단에 반영하지 않는 것이 요구된다. 이러한 작업을 "현상학적 환원"이라고 부른다. 이 작업은 관측된 대상에 대한 모든 선험적 판단을 중지하는 것을 의미한다. 후설은 관측된 현상의 특성들에 대한 괄호치기를 통해 해석자의 선개념이 해석 자체를 왜곡하는 것을 방법적으로 방지하고자 했다.

제 5 절 이 책의 지향

이 책은 행정이론과 철학의 관점을 논의하는 과정에서 다양한 입장을 포괄적으로 다루고자 하며, 하나의 입장에 포섭되는 이원적 사고를 탈피하고자 한다. 필자는 다양한 입장을 둘러싼 찬성론과 반대론에 대한 포괄적인 논의와 비판적인 평가에 관심을 가지고 있을 뿐 아니라, 문제와 주제에 접근하는 좀 더 구성적인 방법에 관심을 가지고 있다. 이 책의 기본 주제는 행정 이념을 이해하는 데 바탕이 되는 행정이론과 기법의 주류적 관점에 대해 비판적인 태도를 견지할 것을 요구하고 있다. 여기에서 암묵적으로 가정된 것은 행정을 접근하는 데 가치중립적(value-free)인 접근 방법보다는 가치 내재적(value-laden)인 접근 방법이 선호되고 있기 때문이다. 이러한 가치 지향적 접근의 특징은 주류 이론과 기법의 적용에 대한 고민보다는 대상이 되는 문제 상황의 맥락과 의미에 대한 해석에 분석의 초점을 둔다는 점이다. 이러한 해석적이고 비판적인 접근 방법은 이론화와 개념화에 대한 사변적인 관심을 넘어, 행정 현상을 이해하기 위한 사회적·역사적·문화적 맥락을 고찰하는 것을 목적으로 삼는다. 이러한 방법을 통해 복합적 사실로서 행정 문제에 대해 좀 더 심도 있게 다가갈 수 있는 방법적 정향을 추구할 수 있을 것으로 판단한다.

이 책의 의도는 다양한 국가의 행정문화의 고유한 특징뿐 아니라, 다양한 접근 방법들을 포괄적으로 이해함으로써 이를 통해 공공행정을 개선하는 새로운 방법을 모색하는 것이다. 한편 다양한 국가의 행정문화의 고유성을 서술하는 필자의 시각은 상대적이고, 비판적이며, 해석적인 정향 쪽으로 좀 더 기울어져 있다. 특히 동양과 서양의 행정에 대한 비교론적 시각에 관심을 두고 있다. 필자는 현상학적이고, 해석학적이며, 비판론적인 관점을 사회적 구성의 체계에 적용하고자 한다. 그러나 필자는 여기에서 이들 이론 체계의 역사나 전통에 대한 개요는 제공하지 않는다. 이들 이론적 관점들에 대한 설명은 필자가 전개하고자 하는 사회적 구성의 방법과 비교 및 대조하는 데에서 의미를 가지는 경우에만 제시하고자 한다.

특히 현상학 및 비판론의 이론적 관점이 사회적 구성의 체계와 연결되는 논리 구조는 행정학을 공부하는 학생들에게 다소 이해가 복잡한 주제라고 판단된다. 행정학에서 수용도가 높은 이론 및 개념은 합리적 선택론에 기반한 경영이론들이 일반적이다. 행정학에서 이들 이론 및 개념이 주류적 지위를 차지하고 있고, 흔히 일상적으로 통용되고 있기 때문에 탈근대주의와 같은 비일상적인 담론은 행정학을 공부하는 학생들에게 일종의 도전으로 다가올 수도 있을 것 같다. 행정학을 공부하는 학생들은 잘 알려지지 않은 언어로 인해 혼란을 겪을 수도 있다. 또한 탈근대주의가 제안하는 주류적인 시각에 대한 비판과 회의, 그리고 해체(deconstruction) 등의 방법은 현장에서 일하는 실무가들에게 현실적인 실용성이 낮은 것으로 판단되기 쉽다. 비판적인 성찰은 조직 및 인사관리에서 기법적인 제안을 제시하지 못하기 때문이다. 그럼에도 불구하고, 해체, 분열, 차이, 그리고 성찰과 같은 탈근대주의의 아이디어들은 공공행정에서 우리가 당연하게 여기는 중앙집권적 경향에 대해 비판적 재검토를 제안해 준다. 이에 더해 다문화 사회 등 변화하는 현실 맥락을 이해하는 데에서도 도움을 준다.

필자에게 중요한 과제는 아마도 추상적 개념과 철학적 관념을 행정학을 공부하는 학생들에게 어떻게 효과적으로 전달할 것인가 하는 문제일 것이다. 이 책의 비판적 시각과 이론을 통해 학생들이 행정학을 좀 더 심오하게 이해하고, 다양한 행정관을 총체성 있게 이해함으로써 틀에 갇히지 않은 행정을 추구하기 바란다. 주관성과 변증법의 논리가 배태된 행정학을 이에 익숙하지 않은 학생뿐 아니라, 이의 중요성을 반대하는 교수진에게까지 효과적으로 전달함으로써 이에 대한 논의가 이뤄지기를 기대한다. 특히 이 책은 주류적 공공정책 및 관리에 원용되고 있는 몇몇 인기 있는 기법들의 교조화에 긴장과 환멸을 느끼기 시작한 사람들에게 특히 특별한 관심의 대상이 될 수 있을 것으로 생각한다. 가령, 최근 신공공관리, 공공선택, 합리적 정책분석, 정부재창조, 성과관리, 결과지향 관리 등에 나타나고 있는 행정의 결과 중심적 성과주의에 대해 비판적인 사람들에게 특히 흥미로울 것으로 판단한다. 이 책이 추구하는 다양한 입장과 시각에 대한 열린 태도와 논의는 공공행정에 대해 사회적·정치적·문화적 맥락에서 좀 더 폭넓은 이해를 추구하는 사람들에게는 좋은 자극제가 될 것이다. 이러한 논의는 행정, 관리 및 조직을 다루는 최고 수준의 이론 과정에 가장 적합할 것이며, 또한 심화된 학부 및 대학원 수준의 과정과 높은 정합성을 보일 것이다.

이 책은 미국 공공행정의 역사 및 법적 틀에 연연하지 않고, 좀 더 포괄적인 시각에서 행정의 개념 가이드 투어(guided tour)를 제공하는 것을 목적으로 한다. 행정과 사회, 행정조직과 조직, 그리고 개인과 개인 사이에 놓인 공공 현상의 일반론에 초점을 두고, 공공의 문제를 해결하기 위한 좀 더 지속적인 변증법적 과정과 상호작용에 논의의 초점을 두고 있다. 이러한 논의는 서양과 비(非)서양의 국가들에서도 적용 가능한 일반성을 추구하고 있기 때문에, 나는 이러한 논의가 비단 서양의 교수진이나 학생뿐 아니라, 그 밖의 지역에서도 사회와 대중에 사회적 구성의 행정이 지니는 의미와 내용이 이해되어 전파되기를 바란다.

제 2 장

행정의 변화하는 맥락

이 장은 20세기 행정의 성공과 실패를 돌아보고 이를 통해 다음 세기를 위한 교훈을 도출하는 것을 목적으로 한다. 지난 세기 정치적, 사회적, 경제적, 그리고 문화적 여건과 상황의 변동에 따라 행정조직 및 기구의 성장과 공공정책의 범주와 영역은 지대한 변동을 겪어 왔다고 할 수 있다. 이에 필자는 과거의 다양한 맥락적 환경이 어떻게 행정과 정책에 의도하지 않은 결과를 초래했고, 이러한 경험에 대한 고찰이 어떻게 오늘날의 현실 문제에 대한 이해에 기여할 수 있으며, 또한 도래할 행정과 정책을 개선하고 혁신하기 위해 어떠한 교훈을 제공할 수 있는지를 밝히고자 한다. 여기에서 필자는 과거 세기의 행정과 정책의 역사적 발달에 대한 자세한 재검토보다는 향후 10년을 위한 교훈을 도출하는 데에 논의의 초점을 두고 있다. 결론적으로 말해서, 행정과 정책에서 한 가지 중요한 교훈은 '행정'의 개념을 국민 참여와 사회적 관계 형성의 차원과 연계시켜 그 개념의 범위를 확장해야 한다는 점이며, 정책의 결정, 집행 및 해결 과정에 참여와 개입을 통한 국민의 의사 투입을 희구해야 한다는 것이다.

제 1 절 20세기의 의도하지 않은 결과

20세기는 국가들이 과학기술, 산업화, 경제 성장 등에서 괄목할 만한 진전을 이룬 시기이다. 이 시기 동안 몇몇 선진국은 산업사회에서 후기산업사회로 진입했고, 사회 가치에서 근대주의에서 탈근대주의로의 전환을 이뤄 내는 등 대단한 변혁을 경험했다. 물론, 동시에 많은 비(非)서구, 비(非)선진 국가들은 여전히 농업경제로부터 산업경제로의 전환을 향한 여정의 과정에 남아 있기도 했다. 한편 20세기의 끝자락인 1990년대 이후, 세계는 자유무역의 기본적 특성인 시장의 합리성과 경쟁의 원리를 바탕으로 한 경제적 세계화를 경험했다. 이러한 변화에 대응해 각국은 자국의 경제적 이득을 최대화하고자 노력했다. 한편 각국의 이러한 움직임은 이에 수반되는 인간적 고통의 사회적 비용 측면을 간과하는 경향을 보였다.

20세기 그리고 오늘날, 산업국가와 후기산업국가들은 합리적·과학적·기술적 행정과 관료적 활동들을 강조해 왔다. 이는 주지한 경제적 세계화 등 맥락의 변동에 대응해, 합리적·과학적·기술적 행정이 생산성 향상, 이윤 확대, 그리고 새로운 시장의 개척 등에 좀 더 효율적이며, 따라서 우리에게 좀 더 질 높은 삶을 약속할 수 있다는 믿음을 바탕으로 하고 있다. 비단 행정 영역뿐 아니라, '합리주의'에 대한 강조는 우리의 세상 일반에 대한 인식조차 좌우해 왔다고 할 수 있다. 과학기술의 논리는 오늘날 우리 생활에 지배적인 영향력을 미치고 있다. 이는 일종의 사고 방식으로 도처에 존재한다. 가령 우리는 말을 하거나, 여행을 하거나, 무언가를 열망하거나, 텔레비전(TV)을 보거나, 세계의 문제를 바라보고 입장을 정하거나, 조직을 설립하고 운영하거나, 그리고 심지어 인간 관계를 이끌어 가는 데에서까지 인식하지 못하는 사이에 합리주의적 사고 방식에 영향을 받게 된다. 요컨대 우리의 마음이 움직이는 방식 자체가 이러한 가치에 영향을 받고 있는 것이다. 오늘날 우리가 당연하게 영위하고 받아들이는 문명은 대부분 20세기 과학기술 혁명의 산물이다. 이러한 문명이 우리 삶의 전제 요건이기 때문에 우리는 이를 제외한 여타 다른 관점이나 가치관의 존재에 대해 무지할 뿐 아니라, 합리주의와 기술주의를 바탕으로 한 기술혁명의 물리적 산물이 없는 세상을 쉽사리 상상조차 하지 못한다. 한편 이러한 산업화된 사회는 물질주의적 성향을 가진다. 이에 사람들은 철학적 질문을 점차로 꺼리게 되고, 결과적으로 가치관, 인간 관계, 대화, 형평, 민주적 가치 등과 같은 요소 역시 간과하게 되었다.

이러한 경향은 행정학 분야에도 반영되었다. 20세기 행정학은 산업화로 초래된 정치적・경제적 변동에 대응하기 위해 능률성과 합리성을 주로 강조하는 조직학적 접근을 추구했고, 관리주의・전문가주의 능력의 발전에 더 많은 노력을 집중했다. 이렇게 관리주의・전문가주의 관점을 강하게 강조하는 입장은 일반적으로 행정조직 최상층의 고위관료들에게 의사 결정의 책임과 더불어 조직에 대한 제도적 지배의 권한을 부여하는 경향을 보인다. 그리고 조직관리의 차원에서는 효율성・생산성 향상을 목적으로 도구적・합리적 접근을 택하는 모습을 주로 보인다(Jun, 2002: xii-xvii).

이러한 접근의 취지는 행정조직이 앞서 논의한 맥락적 변동에 대응하게 하고자 하는 의도에서 그 진정성을 찾을 수 있을 것이다. 그러나 실제로는 조직 상층의 정책결정자나 고위관리자들이 구상한 정책들은 대체로 시대에 뒤떨어지고, 둔감하거나, 비효과적인 것으로 나타났다. 20세기의 개발과 번영은 불평등, 불공정, 환경재해, 전쟁, 대학살, 기아 등의 의도하지 않은 부정적 결과들을 야기하기도 했다. 이는 정부로 하여금(비록 많은 부작용도 있었지만) 사회적으로 실행 가능한 대안을 모색 및 구성하는 데 적극적인 역할을 취하도록 했을 뿐 아니라, 대안을 운영하는 과정에서 정부와 사회 간의 협력을 통해 문제에 접근하도록 하는 변화를 초래했다. 가령 미국의 1930년대의 뉴딜(New Deal) 프로그램, 1960년대의 빈곤퇴치 프로그램, 그리고 개발도상국들의 개발 프로젝트 등은 정부가 주도적인 역할을 담당한 중앙집권적 성격의 사례들이라고 할 수 있다. 한편 동시에 이들 프로그램은 중앙정부의 지휘 하에 다양한 사회 부문의 참여자들의 협조와 협력을 통해 운영이 이뤄졌던 사례이기도 하다. 이들 프로그램은 중앙집권적 기획이라는 틀 안에서 관료들이 주체적인 역할을 담당했고, 이에 지역 주민이나 여타 대상집단에게 수용을 강요했다는 점에서 수직적이고 강압적인 일면이 없지 않다. 그러나 이들 프로그램은 사회 부문의 광범한 참여 없이는 완수될 수 없었을 것이다. 이렇게 집권적이고 수직적인 성격을 가지고 있는 정책 및 프로그램의 경우에도 그 성공과 실패의 여부는 정책결정자, 전문가, 행정가, 민간조직, 시민 등 다양한 사회구성원의 협력과 협조를 전제로 한다. 그러나 아직 이 시기에는 시민적 거버넌스, 공공 심의, 참여 민주주의, 사회적 현실의 구성과 같은 인간 중심적 아이디어들이 광범위하게 실현되지도, 유용한 이론적 틀로 개발되지도 못했다. 오히려 행정가나 정부기관 관리자들은 사회를 통치하고, 정책 결정 과정을 관리하고, 대안을 설계하고, 사람들을 동원하고, 성과를 측정하는 데 문제 해결이나 변화에 대한 도구적이고 기술적인 해결 방안에 지나치게 의존하는 모습을 보였다. 그리고 계속적으로 지배적인 역할을 담당했다. 이에 거겐(Kenneth Gergen)은 "세상이 도구적으로 변하면, 아무도 신뢰받기 어렵다"라고 지적했다 (Gergen, 1999: 18).

정부 프로그램의 실패

한때 해결되었다고 여겨졌던 문제가 때로는 상황이 바뀜에 따라 새로운 문제를 야기하기도 한다. 애커프(Russell Ackoff)는 이러한 점을 자동차 구입의 사례를 통해 다음과 같이 이해하기 쉽게 제시했다. 가령 어떤 사람이 출·퇴근 시에 교통의 불편함을 겪고 있는 경우, 이 문제는 자가용 자동차를 구입함으로써 해결할 수 있다. 그러나 차를 소유한다는 것은 보험, 주차, 수리 등 유지 관리에 새로운 비용을 초래하고 문제를 야기하게 된다. 그러므로 하나의 문제를 해결하기 위해 대안을 모색하는 경우, 이로 인해 미래에 초래될 수 있는 부가적인 문제점을 미리 논의해 미연에 방지할 필요가 있다는 것이다(Ackoff, 1978: 189-193).

한편 공공 문제에서 곤혹스러운 점은 사회 부문의 다양한 본질로 인해 문제가 매우 복잡하기 때문에 현재와 미래의 문제를 분석 및 이해하기가 어렵다는 것이다. 따라서 공공 문제에서 해결책들은 기대에 부응하는 경우도 있지만 많은 경우 원래의 문제만큼이나 심각하고 불가사의한 예상하지 못한 부정적인 결과를 초래하기도 한다. 이렇게 공공정책의 형성과 집행에서 야기되는 예기치 않은 부정적 결과의 사례는 전 세계에 걸쳐 무수히 많다. 예를 들어 일본, 한국, 대만에서 중앙정부는 산업화 개발의 초기 단계에서 핵심적인 역할을 담당했고, 급속한 경제성장을 촉진하는 데에 중요한 역할을 수행했다. 그러나 중앙정부의 집권적 기획이 경제 성장 이후에도 수십 년간 지속되면서, 지방정부의 자치 능력은 상대적으로 개발되지 못했다. 이들 국가에서 국가정책은 중앙정부의 명령에 주, 군, 시, 읍, 촌락 등 지역관할체가 따르는 과정을 통해 일반적으로 이뤄진다. 여기에서 지역의 공무원과 시민들에게는 스스로 지역의 재정 능력을 키우거나, 지역의 요구와 이해에 맞는 정책을 구성할 수 있는 기회, 자율, 또는 자유가 주어지지 못했다.

이러한 소위 중앙집권적 정부의 역설은 효율과 참여, 정직과 부정, 갈등과 충성, 국가 발전과 지역 발전, 자유시장과 시민사회 등 이원적 가치 사이에 현존하는 다양한 모순을 낳았다. 한국과 일본의 관료제를 예로 들면, 중앙관료제는 제2차 세계대전 이후 수십 년 동안 정책 결정, 기획, 재정자원 배분 등에서 통제력을 행사했다. 비록 일본이 한국에 비해 훨씬 일찍부터 지역 자율성 함양을 위한 작업을 수행했다고는 하나, 양 국가 모두는 강력한 국가 관료제의 역할로 인해 지방정부와 관료들이 실질적 자율과 자치는 낮은 수준에 머물고 있다. 한편 이러한 현상은 한국에서 좀 더 특징적으로 나타난다. 한국의 지방정부는 자치 및 자립에 필요한 재정 수단의 부족을 겪고 있기 때문이다.

미국의 사례를 살펴보면, 미국에서는 1935년 이래로 사회보장 이슈가 사회적으로 난감한 문제로 여겨지고 있다. 가령 미국에서는 아동부양가족보조제도(Aid to Families with Dependent Children: AFDC)와 같은 겉으로 유용하게 보이는 사회복지 프로그램들이 작동했다. 그러나 이들은 실제로는 수혜의 과지급, 비용 상승, 사기 행위, 세대 간 복지 형평, 수혜자의 과다 증가 등 해결이 어렵고 항구적인 다양한 행정적 문제를 아울러 야기하기도 했다. 1996년까지 아동부양가족보조제도는 빈민 가정에 현금 수혜를 보장하는 국가적으로 가장 오래되고 대규모인 복지 프로그램이었다. 그러나 1996년 대폭적인 복지 개혁의 기세와 클린턴(Bill Clinton) 대통령이 이를 결핍 가정만을 대상으로 한 일시적 지원 프로그램으로 전환하면서 사실상 폐지되었다. 이후 현재에 이르러 대부분의 복지 혜택 프로그램은 주정부로 이관되었다. 지방정부는 중앙으로부터 교부금(block grant)을 받아 자체적으로 복지 프로그램을 개발하고, 복지 비용을 관리하는 책임을 담당한다. 이러한 변화는 복지 프로그램의 개발, 직업 훈련, 구직 지원 등에서 혁신을 장려하기 위한 목적을 반영하고 있다. 한편 지방정부 중심의 프로그램은 관할지역의 시민 이외에는 그 혜택이 거부되는 지역 성향을 보이며, 수혜 대상이 되는 경우에도 신체 건강하고, 근로가 가능하며, 자녀가 없는 경우에는 2년의 시간 제한을 두고 있다. 그러나 여기에서 직업훈련 프로그램은 아직까지 그렇게 성공적이지 못한 것 같다. 이 책을 쓰고 있던 당시, 직업훈련 프로그램을 통해 숙련된 근로자들이 실제 구할 수 있는 일자리는 많지 않기 때문이다. 예를 들어, 2002년에 캘리포니아 주에 속해 있는 58개 카운티에서는 일자리보다 구직자가 더욱 많았다. 또한 부녀자를 대상으로 했던 직업훈련 프로그램은 심지어 가장 재정 지원이 풍부하게 이뤄졌음에도 불구하고 의도한 효과를 크게 달성하지 못했다. 이에 더해 직업훈련 프로그램의 핵심 중 하나였던 10대 미혼모를 대상으로 한 프로그램의 경우에는 심지어 어떠한 성공 사례도 입증된 것이 없었으며, 역설적이게도 의도했던 비용 절감을 초래하지 못했다. 예를 들어, 해당 프로그램에 따르면 부녀자가 전일근무 직업에 종사하게 되어 자녀들을 돌보아 줄 사람이 아무도 없는 경우에는 정부가 그 어머니와 아이들을 위해 보육 서비스 보조금을 지급하도록 규정되어 있다. 그러나 최근의 연구에 따르면 이러한 복지 개혁이 겉으로는 부녀자들이 일자리를 갖도록 유도함으로써 이민자, 소수 인종, 저소득 계층 등에게 긍정적인 영향력을 제공할 수 있을 것으로 보이나, 실제로 장기적인 효과는 부정적이라고 한다(Weil & Finegold, 2002).

정부 시책의 역설이 드러나는 미국 사회복지 프로그램의 또 하나의 사례는 공공주택 프로그램에서 찾을 수 있다. 이는 합리주의에 바탕을 둔 의사 결정 과정과 정치적 이기주의에 그 원인을 두고 있다. 루스벨트(Franklin D. Roosevelt) 대통령의 제1기 행정부(1933~1937) 시기 동안에는 연방정부가 일자리 제공, 빈민가 청소, 거주지 제공 등의 공공주택 개발 영역에서 주체적인 역할을 담당하는 것이 당연하게 여겨졌다. 1933년 이래로 이러한 지배적인 경향은 큰 반성 및 수정 없이 소위 "의식 없는 점증주의"의 모습을 보이며 유지되었다(Meehan, 1979). 한편 1937년에는 주택법(1937 Housing Act)의 통과와 더불어 연방정부가 다주택 건설 프로젝트, 신규 프로젝트에 대한 자원 배분, 예산, 감사 및 운영의 감시에 대해서는 책임을 유지했으나, 주택관리의 권한과 기능은 지방정부의 관련 당국에게 위임했다. 당시 지방정부의 주택정책 관리 당국은 주로 백인 및 보수적 중산계층으로 이뤄진 기업인, 법조인, 그리고 부동산업자로 구성되는 경향을 보였다. 이는 주택 프로그램이 본질적으로 최극빈층을 대상으로 하고 있음에도 불구하고, 지방 당국의 구성은 정책 대상과 이질성을 보이고 있음을 함의한다. 지방 당국은 주택의 위치, 건축의 설계, 사업 규모, 시설 및 인력 충원 등의 요소에 대해 영향력을 가지고 있었다. 또한 그들은 유지 보수, 입주자 선정, 수리, 법률 행위, 그리고 일반적인 관리 업무 등 운영관리에 대해서도 책임을 지고 있었다. 주택관리에서 지방 당국이 이렇게 다양한 영역에 대해 권한과 기능을 부여받고 있었음에도 불구하고, 관리 비용은 전적으로 임대소득에 의존했다. 한편 프로젝트를 통해 마련된 주택은 대부분 설계나 위치 선정이 열악했고, 관리도 부실했으며, 전적으로 빈민들의 거주를 위해 지어진 대단위 고층아파트의 형태를 띠고 있었다. 이는 이후 관리 및 운영 비용의 증가를 초래했고, 결과적으로 임대료를 아울러 증가시켰다. 많은 가난한 임차 입주자들은 결국 월세를 감당할 수 없게 되었다. 그럼에도 불구하고 주택 당국은 입주자들을 퇴거시킬 대책을 가지고 있지 못했다. 주택은 더 이상 수리할 수 없을 정도로 상태가 악화되어 갔다. 지붕은 새고, 수도관과 유리창은 파손되었으며, 인근은 쓰레기로 넘쳐나게 되었다. 이들 주택은 낙서 등 기물 파손의 표적이 되었고, 결국 지역의 골칫거리로 포기 대상으로 여겨지게 되었다.

이러한 황폐화의 연방정부 측면의 원인은 연방주택관리청(Federal Housing Authority: FHA)의 비효율적 행정에서 찾을 수 있다. 당시의 정책결정자와 참모들은 주택 프로그램을 다루는 데 경험을 가지고 있지 못했다. 게다가 비리 공무원들은 청부업자, 투기꾼, 도시재개발업자와 결탁해서 주택 금융과 부동산 사업에서 발생하는 이윤을 거둬들였다. 결국 1972년 봄, 당시 주택 및 도시개발부(Housing and Urban Development) 장관이었던 롬니(George Romney)는 빈민을 위한 주택 금융 및 보조금 프로그램을 마침내 중단시켰다. 정책의 비효율은 빈민의 탓이 아니었음에도, 빈민을 위해 마련된 프로그램이 중단을 맞이한 것이다. 이후 1972년 후반까지 약 24만에서 25만 정도의 가구가 유질(流質) 처분되었다. 디트로이트 시 한 곳에서만 채무 불이행인 가구가 2만 5천에 달했다. 이에 대해 보이어(Bryan Boyer)는 "연방정부는 이제 "7백억 달러짜리 빈민촌"의 임대주 노릇을 하게 된 것과 마찬가지의 상황이며, 부자들에 대한 담보권, 채무 불이행, 이자보조금, 세금 등의 대책을 고려해야 할 것"이라고 주장했다. 1975년의 연방정부 주택 프로그램은 의심의 여지없이 실패로 귀결되었고, 많은 건물이 철거되었다(Boyer, 1973: 6-8). 공공주택에 관한 연구들은 일반적으로 지난 반세기 동안 많은 연방정부의 주택 프로젝트를 실패로 규정하고 있다. 그리고 그 원인을 프로그램 자체의 본질적인 결함에서가 아니라 행정적 무능에서 찾고 있다. 이러한 무능은 빈민 입주자들의 문제에 대한 도외시, 재정 부족, 관리 실책, 지방정부의 여건에 대한 간과 등을 들 수 있다. 사실상 1950년대와 1960년대 건축된 고층 아파트들은 미국 주택정책 실패의 상징인 것이다. 그러나 1940년대 지어진 저층의 타운하우스나 전원형 아파트들은 1970년대 이후에도 많은 사람을 위한 괜찮은 삶의 공간으로 기능하고 있는데, 이러한 주택들은 매력적인 조망과 탁 트인 공간을 갖춘 작은 규모의 건물 형태를 띠고 있다.

사회적 성공의 의도하지 않은 결과

여기에서 논의하는 의도하지 않은 결과를 사회적·제도적 차원에서 이해하는 가장 용이한 방법은 우리 사회의 다양한 기술적 성취(사회적 성공)와 이들이 초래한 의도하지 않은 결과의 사례들을 살펴보는 것이다. 확실히, 사회적·제도적 차원에서 기술적 진보가 미치는 의도하지 않은 결과와 그 영향은 평가하기가 어렵다. 이는 이 결과들이 종종 다른 이슈들과 연계되기 때문에 그 파장이 다방면에 미치게 되기 때문이다. 이에 대해 하먼(Willis W. Harman)은 <표 2-1>과 같이 우리 사회의 기술적 성취와 의도하지 않은 결과의 사례를 목록의 형태로 개발해 제시했다. 그리고 그는 제시된 결과들은 오늘날 우리들의 세계관으로는 궁극적으로 해결하기가 어렵다고 말한다(Harman, 1974).

그 이유는 그러한 의도하지 않은 부정적인 결과들의 기원, 축적, 영향 등이 결국 세계관 내의 패러다임에 특정되며, 따라서 세계관에 틀 지어진 해결 방안은 결국 궁극적인 해결 방안이 되지 못하기 때문이다. 한편 제시된 표의 우측 열에 열거된 의도하지 않은 결과들의 사례는 의학, 물리학, 산업기술, 생산 시스템, 경제 개발, 관리 경영 등의 영역에서 이뤄진 산업사회적 성공의 부산물들이다. 이러한 요소들은 브라질, 멕시코, 한국, 중국 등 산업사회에서 잘 발견된다. 이들은 급속한 경제 성장을 달성했으나, 이후 사회적 갈등과 같은 예기치 않은 부정적인 결과와 많은 모순 및 불평등을 아울러 경험했다. 아니 역설적으로 현재 그들이

표 2-1 사회적 성공 사례와 이에 따른 의도하지 않은 결과들

성공 사례	의도하지 않은 결과들
생물공학의 진보	연장된 인간 수명, 국지적 인구과밀화, 노인의 의료 문제, 사회보장기금의 부족
최첨단과학의 진보	핵 또는 생물학 무기기술로 인한 대량살상 위험
단순 반복 수공업의 기계화	도시화와 실업 문제, 서비스산업 중심의 직업화
교통과 통신의 발달	공기, 소음, 토양 오염, 몰락하기 쉬운 유약하고 복잡한 사회
인터넷·정보기술의 발전	정보 격차, 정보 과잉, 사생활 침해, 개인 인권의 점진적 상실
효율적 생산 시스템	일상 작업의 탈인간화, 인간적인 직업 창출의 어려움
물질적 풍요	높은 소비자중심주의, 에너지와 재화의 소비 증대, 공해, 지구자원의 고갈, 환경 파괴, 불평등
생물적 기본 욕구의 충족	기대치 상승이라는 전 세계적 혁명, 의미 없는 작업에 대한 반란, 자유와 사회 참여에 대한 열망, 개인 인권에 대한 요구
국가의 선진화와 국부 증대	부유한 나라와 빈곤한 나라와의 격차 증대, "기대치 상승이라는 혁명"에 대한 실망
국가기획의 중앙집권화	전문적 지배, 시민 참여 결여, 신뢰 부족, 지역적으로 집행의 문제
세계화와 경제 성장	선진국에서의 일자리 없는 성장 문제
경영관리의 전문화	합리적 분석에 대한 지나친 의존성, 참여적 관리의 결여, 소비자의 수동성, 세분화와 부문화, 개인적 경쟁

가지고 있는 사회 문제의 대부분은 오히려 그들이 경험한 산업사회적 경제 성장의 결과에 해당한다. 그러므로 이들 산업국가가 향후 지속적인 성공을 달성하기 위해서는 바로 그러한 성공에서 야기되는 문제들을 어떻게 잘 대처하는지가 중요한 요소로 작용하게 될 것이다. 한편 선진국의 경우에도 세계 경제의 불가피한 급속한 변화 속에서 적어도 두 가지 달갑지 않은 경제적 현실의 도래가 예상된다. 첫째, 경제 성장이 반드시 실업률 감소를 보장하는 것은 아니다. 둘째, 해고를 통한 고용 감축을 통해 기업이나 경제의 경쟁력 제고를 추구하는 경우 해고 근로자들이 자신이 현재 지닌 기술을 활용하거나 동등하게 좋은 직업을 다시 찾기는 일반적으로 어렵다. 현대의 경제적·사회적 문제들의 복잡성은 이에 효과적으로 대응하기 위한 정부조직과 사회 부문의 긴밀한 협력과 혁신을 요청하고 있다.

제 2 절 새로운 세기를 향한 교훈

이 장에서 논의한 의도하지 않은(부정적인) 결과에 대한 한 가지 이론적인 설명은 머턴(Merton, 1957: 60-84)의 "잠재적 체제 기능" 개념에서 찾아볼 수 있다. 체제로서 조직은 구성원들로 하여금 특정한 성과, 행태, 조정 등 객관적인 공통의 결과물을 기능적으로 달성하는 것을 목적으로 한다. 그러나 조직의 목표 달성 능력은 조직을 구성하는 개인들의 개성, 고객들의 인식, 구성원들의 순응 등과 같은 주관적인 고려 사항 등 내재된 다양한 인간적 요소에 대한 관리 능력과 관련된다. 예를 들어, 관료제 조직의 하급계층의 직원 및 참모가 상급 본부의 정책과 과정을 항상 따르는 것은 아니다. 구성원들은 최고위 실무진이나 의사결정권자들의 기대대로 행동하지 않는 경우가 많으며, 이 경우 예기치 않은 결과가 불가피하다. 공공기관이 문제를 효과적으로 해결하고, 그 방안의 집행을 효율적으로 유지 관리하기 위해서는 이러한 잠재적 체제 기능을 함양해야 한다. 효과적인 문제 해결은 행정가로 하여금 목적한 결과만을 추구하기 위한 실행전략을 강행하도록 하는 대신에, 설정된 목적 그 자체, 방안과 결과에 대한 이론적 가설, 문제와 방안을 둘러싼 가치의 문제 등을 비판적으로 분석함으로써, 의도하지 않은 결과들에 대한 본질을 연구할 것을 요구한다. 숀(Danald Schön)과 아지리스(Chris Argyris)에 따르면 이러한 과정은 다른 형태의 조직학습, 즉, 쌍고리 학습(double-loop learning)을 필요로 한다(Schön & Argyris, 1978). 이는 조직에 주어진 문제, 목표, 가정, 규범 등이 문제 해결 과정에 고정된 것이 아니라, 상황에 따라 다르게 나타나는 것이라는 점을 인지하고 이를 비판적 시각으로 재조명할 것을 요구하는 관점이다.

행정가는 새로운 문제를 확인하고 새로운 목표를 개발하기 위해 주어진 해결방안이 야기할 수 있는 성공과 실패를 이해하고, 때에 따라 과정에서 융통성 있게 새로운 대안으로의 전환을 꾀하는 등의 방법들을 익혀야 한다. 문제를 지속적으로 새롭게 바라보고 창조적 변화를 지지하는 태도는 행정가로 하여금 복잡한 문제를 유연하게 재구성할 수 있도록 함으로써 좀 더 광범위하고 지속 가능한 해결책을 찾는 데 도움을 줄 수 있을 것이다. 이러한 학습 및 변화 과정은 관심 이슈가 무엇인가에 따라 그 양상을 달리하겠지만, 문제 해결 과정이 더 많은 사람의 참여와 소통을 통해 이뤄질 때 좀 더 효과적일 것이다. 가령 지속 가능한 지역사회 개발 같은 이슈는 광범한 시민 참여를 통해 이뤄질 때 좀 더 효과적일 것이다. 그 이유는 지역사회 (재)창조가 효과적으로 실행되기 위해서는 지역사회 시민들 일반의 목소리가 반영되어야 하기 때문이다. 여기에서 다양한 목소리와 관점들을 소통과 참여를 통해 합의된 의사로 변증법적으로 도출해 내는 방법을 사회적 과정과 상호작용을 통한 '사회적 구성'이라고 부른다.

공공정책의 맥락에서 하나의 해결 방안을 실행하는 과정에서 야기될 수 있는 예상하지 못한 결과는 다음과 같은 일들이 생길 때 갑자기 나타나는 경향을 보인다.

- 예상하는 문제들에 대한 해석과 이해가 잘못된 경우
- 문제가 지나치게 단순하고 편협하게 개념화된 경우
- 문제와 해결 방안이 상호간 모순된 경우
- 정책이나 결정이 실행되기에 여건이 적절치 않은 경우(예: 재정자원의 결핍, 관리적 지원의 부족, 또는 정치적 지원의 부족 등)
- 정책의 목표나 목적이 비효율적인 경우
- 정책이나 결정의 부정적 효과를 예견하지 못한 경우, 갈등이나 비정상적인 행태처럼 조직 내 보이지 않는 기능들을 관리할 수 없는 경우
- 최첨단 기술이 허용하는 문제보다 예측해서 계획을 세우는 과정이 적절하지 못한 경우
- 변화와 개발의 목표 설정 과정에 전문가나 관리자들이 중심적 역할을 담당하는 경우
- 의도하지 않은 결과를 초래하는 가장 중요한 요인으로서 대중의 참여·협력이 결여된 경우

21세기 행정에서 공공의 가치를 촉진하는 데 필요한 것은 적극적인 시민 참여라 할 수 있다(Gawthrop, 2002; King & Stivers, 1998; Box, 1998; Denhardt &

Denhardt, 2003; Kettl, 2002). 사회와 세상의 변화를 도모하는 데 우리가 계속 정부와 관료의 권력에 의존한다면, 사회적 평등성, 형평성, 정의성, 포용성, 다양성, 참여성, 지속가능성, 삶의 질 등과 같은 가치들을 간과하기 쉽게 될 것이다. 그리고 이를 가능하게 하는 협력적 집단행동의 중요성과 바람직한 거버넌스 시스템을 창출하는 동력으로서 인간의 잠재력을 지각하지 못하게 될 것이다. 국민들에게 계속해서 정치적으로 계산되고, 관리적으로 직조된 프로젝트를 강요하기보다는, 우리 자신과 조직구성원을 위한 정책을 설계 및 재설계해야 한다. 과거 실패의 경험을 비판적으로 반성해 본다면, 이러한 행정의 학습, 재학습, 그리고 재창출의 의미를 도출할 수 있다.

제 3 절 행정의 의미에 대한 재해석

지난 반세기 동안 서구 선진국 및 신흥개발국(NICs)에서의 행정학 연구는 하나의 커다란 '전문가적 기획'의 형태로 발전했다. 이러한 경향은 지난 몇십 년 동안 행정학에서 가장 특징적인 것이라고 할 수 있다. 앞서 살펴본 대로 대규모 관료제 행정은 급속한 개발과 근대화 과정에 대응해 좀 더 나은 경제성, 효율성, 그리고 생산성에 대한 요구에 기인하고 있다. 이에 행정 및 행정학의 영향력은 계속 증가해 공공 서비스 분야의 학회와 학술지의 발전 역시 아울러 이뤄졌으며, 실무적 교육 및 훈련 프로그램의 강화를 통한 전문직업화와 관리 기법의 발전 역시 아울러 확산되었다. 어느 특정한 국가에서 수년간 어떻게 행정이 발달했는가를 이해하기 위해서는 그 나라의 사회적, 정치적, 그리고 경제적 상황에서의 행정의 역할을 주시해야 한다. 행정은 전통적으로 국방, 경제, 사회 영역의 문제들을 다루는 분야로 여겨져 왔다. 행정 기능 확장의 원동력은 따라서 이러한 영역의 문제들과 궤를 같이했다고 보는 것이 일반적인 관점일 것이다. 대규모 관료제 행정조직의 역할과 권력이 증가함에 따라, 공공(public)과 시민은 행정의 기획, 설계, 관리의 과정에서 그 역할이 축소되었고, 심지어 걸림돌로 여겨지게 되었다. 게다가 국민은 경험과 인식에 관한 주관적인 현실을 넘어서 존재하는 하나의 객관화된 실체로 인식되는 것이 일반적이었다. 관료제의 행정가가 사회를 행정과 유리된 객관화된 대상으로 인식할 때, 행정이 시민과 시민사회의 현실을 이해하고 민주적 의사 결정을 촉진시키는 데는 어려움이 따르기 쉽다. 아울러 행정가는 시민이나 비정부조직(NGOs) 등 사회적 주체들의 역량을 부정하게 되기 쉽고, 이들의 사회적 실체에 기초한 대안을 창출하는 힘을 과소 평가하게 되기 쉽다.

진정 행정의 가장 심오한 의미를 이해하고자 한다면, 그 어떠한 여타의 개념화 과정에 앞서 국민의 중요성을 고려해야 한다. 행정이 하는 모든 일은 본질적으로 국민을 위해 공공성을 함양하기 위해 이뤄지는 것이라는 데에는 논란의 여지가 없을 것이다. 그러나 행정 교육과 연구에서 지배적인 도구주의, 합리주의 성향은 복잡한 사회 현상 이면의 의미에 대한 이해의 부족을 야기한다. 그리고 이는 종종 예상치 못한 부정적인 결과를 초래하곤 한다. 따라서 행정과 국민의 관계에 관한 명료하고 생생한 개념적 구현을 위해서는 이러한 현상과 의미에 대한 이해가 필수적이라고 할 수 있다. 국민은 다양한 사람, 집단, 그리고 조직들의 연결망으로 구성되어 있다. 이에 그들 간의 상호작용의 복잡한 역학 관계를 예상하는 것은 어렵다. 게다가 이러한 상호작용은 끊임없이 변화한다. 따라서 행정을 둘러싼 교육 및 연구의 논의는 정적이고 고정적인 것이 아니라, 상황에 따라 유연한 실용주의적인 것이 되어야 마땅하다. 그러나 주류 행정학은 인식론에서 실증주의 및 기능주의 전통에 근거한 행정 지식과 개념을 선별적으로 반영하는 성향을 보인다.[1] 그렇지만 사회적 현실과 인간 관계에 대한 진정한 이해를 위해서는 인간사에 대한 도구적이고 합리적인 방식 그 이상의 상상력과 탐구 방법론을 필요로 한다. 그럼에도 불구하고, 행정학의 주류적 경향은 프로그램과 기능을 실행하고 관리하는 접근 방법에서 관리적 측면을 지나치게 강조함으로써 사회적 혁신과 상상력을 도외시하고 있다는 비판에서 자유로울 수 없다. 많은 사례연구는 지역사회 문제의 혁신적 해결과 변화가 행정관리자, 시민, 경영조직, 시민조직 간의 협동적 노력의 결과로 나타나고 있다는 것을 보여 주고 있다. 여기에서 행정

1) 베버(Max Weber)는 기능적 합리성, 혹은 도구적 합리성은 상위계층으로부터 모든 행태를 효율성 극대화를 위한 방향으로 이끌어가려는 규칙(규정)을 과학적 지식에 기초해 공들여 만듦으로써 얻어진다고 본다. 베버의 합리화는 서양문화 특유의 과학적 특성화(전문화)와 기술적 차별화의 산물이며, 베버는 종종 그것을 지성화라는 용어와 연관(associates)짓는다.

은 행정조직 외부의 행위자들을 의사 결정 과정에 포함시킴으로써, 행정관리자로 하여금 의사 결정에서의 공적 의무를 윤리적이고 책임감 있게 수행할 수 있는 올바른 방향으로 이끌어갈 수 있도록 하는 지침을 삼고 있다. 이러한 현상의 변동은 행정 현상에 복잡성을 더한다. 그리고 이러한 복잡성을 이해하기 위해서는 행정학 연구의 접근 방법을 재구조화할 필요가 있다. 이에 대해 우리가 고려해야 하는 요소로 다음의 두 가지를 들 수 있다. (1) 행정은 민주주의와 시민사회라는 공공의 맥락 속에서 이뤄져야 한다. (2) 행정적 활동이나 정책적 설계는 이에 영향을 받는 대상들의 참여와 상호작용을 통해 이뤄져야 한다.

행정조직이란 공적 영역의 특별한 도전에 대응하거나 특별한 문제를 해결하기 위해 구성된 조직을 의미한다. 이러한 조직은 공적 규칙과 의무에 영향을 받는 개별적 지위와 역할로 구성되며, 각 지위와 역할을 점하고 있는 개인들의 정치, 상징, 관계 등 행태와 행동들이 나타나는 일종의 인간집단의 성향을 지닌다. 한편 공적 영역은 행정조직 외에도 시민, 자발적 조직, 비영리집단 및 비정부조직(NGOs) 등의 행위자를 포함하고 있으며, 공공의 문제, 의견, 방안, 실험 등을 통해 변화의 가능성을 모색하는 그러한 장이라고 할 수 있다. 여기에서 행정조직은 서비스를 제공하고, 사회 질서를 유지하며, 국민으로부터 학습하는 과정을 통해 사회적으로 형성되어 간다. 행정조직은 이렇게 공적 영역에 유일한 단독자가 아니기 때문에, 행정조직의 관리자는 공공가치의 실현에서 강력한 행정주의적·관리주의적 사고에서 스스로 벗어나기 위해 노력해야 하며, 관련 실무자나 학자들도 해당 분야에 제도화된 전문론적·인식론적 편견에 대해 비판적인 열린 사고를 견지하고 있어야 한다.

행정(학)의 취약성

주류 행정학은 '공공성(publicness)'보다 관리주의(managerialism)를 강조하는 경향을 지닌다. 효율성, 도구적 합리성,[2] 전문직업화, 실증주의 및 기능주의 인식

---

2) 맥휘니(Will McWhinney)는 저서 『변화의 경로에서: 조직과 사회를 위한 전략적 선택(*Path of Change: Strategic Choices for Organizations and Society*)』(1992)에서 관습화(conventionalization)의 과정은 변화를 초래하기 위한 지식의 집중화 경향이라고 밝혔다.

론, 관리적 리더십 등의 원리에 대한 강조가 바로 관리주의의 토대이다. 이러한 가정들은 행정조직의 기능상 관리에서는 목적에 부합하는 바가 있다고 할 것이나, 공적 영역의 다양한 행위자들과 이슈들의 총체적 현상의 복잡성을 잡아내지는 못한다. 경제성, 효율성, 성과, 목표관리, 갈등관리 등에 초점을 두고 있는 주류 행정학의 이론적 근거는 이러한 요소들이 행정조직으로 하여금 국민에게 더 나은 서비스를 제공하는 데 도움이 된다는 것이다. 그러나 이러한 근거는 시민과 기업, 비영리조직, 그리고 뿔뿌리 조직이 지역사회 문제에서 지니는 역할과 기능을 과소 평가하거나 고려하지 않은 관점이라고 할 수 있다. 관리주의적 시각에서 이들은 행정조직의 서비스와 규제 대상이 되는 수동적인 존재로 간주되고 있다.

행정이 사회 부문의 행위자들의 역할과 기능을 간과하는 가장 본질적인 논거는 행정이 사회에 비해 좀 더 전문성을 지니고 있다는 개념에서 비롯한다. 기능적 전문화는 행정의 기본 원리에 해당한다. 가령 행정조직의 관리자는 조직의 생존, 기능, 기술, 정보 등 영역에서의 의사 결정에서 전문성을 근거로 삼을 것을 전제로 하며, 행정조직의 조직적·사회적 관심은 바로 이러한 전문성의 강화에 주로 놓이는 경향을 보인다. 그러나 불행하게도 이러한 전문성은 참여성을 희생한 대가에서 나온다. 행정의 관리주의적 경향은 행정관리자들이 시민 참여와 사회적 네트워크 형성 등의 참여적 가치에 대해 자각하지 못하기 때문에 비롯된 것이 아니다. 그들은 이러한 가치에 대해 충분히 자각하고 있음에도 불구하고, 전문성에 대한 사회적 요구와 기대로 인해 소극적·반응적으로만 수용해 왔던 것이다. 그들은 단지 실질적인 정치적 부담이 존재하는 경우에만 외부의 행위자들과의 참여와 소통을 수행해 왔다. 이러한 현상은 비(非)서구 지역의 국가들에서 특히 잘 나타났다. 이들 국가에서 행정관리자는 흔히 국민의 중요성을 중대하게 취급하지 않았고, 국민들의 강력한 요구가 정치적으로 대두되기 이전까지는 가능한 행정을 가능한 국민들로부터 떼어놓기 위해 노력했다. 물론 이전의 아프가니스탄과 이라크처럼 저개발되고 혼란한 사회에서의 정부는 민주적 참여와 소통보다는 기본적인 서비스 제공과 사회 질서 유지와 같은 중립적인 기능에 좀 더 역량을 집중해야 하는 것이 사실이다. 그러나 한 사회가 좀 더 질적으로 성숙한 사회로 발전하기 위해서는 활기찬 시민사회와 효율적 행정조직이 함께 교호하는 것이 중요하다. 가령 아프가니스탄 정부와 이라크 집권당 의회 의원들은 최근 미국의 영향을 받아 민주정부를 구축하려고 애를 쓰는 과정에서 지역사회에 질서를 제공하고, 시민들에게 더 좋은 행정 서비스를 제공하기 위해 나름의 길을 모색하고 있다. 이러한 작업은 시민 관점에서 정통성을 확보하려는 노력의 일환으로 이해할 수 있으며, 이는 이들 정부가 국민의 중요성을 고려하고 이를 통해 더 좋은 행정을 만들어 가기 위해 노력하는 사회적 구성을 위한 하나의 점진적인 과정으로 이해된다.

'행정'은 관리적 성격을 지닌다. 행정이 수행하는 분석, 집행, 기획, 목표관리 등의 기능과 여기에서 요구되는 전문성 요소들은 행정의 관리적 효율성과 합리성을 제고하기 위해 필요한 것들이다. 행정은 본질적으로 이러한 관리 기능과 더불어 국민을 지배하기 위한 정치 권한을 아울러 가진다. 여기에서 시민의 참여, 심의, 개입 등과 시민의 역량, 민주적 절차 같은 개념들은 부차적인 것으로 여겨진다. 매일의 일상적 행정행위에서 이러한 개념들은 행정실무자에게는 단지 지엽적으로만 고려되는 것이다. 물론 전통적인 행정의 논리에서도 참여적 과정과 같은 논점이 아예 규범적으로 논의되지 않았던 것은 아니다. 그러나 현실적인 차원에서 행정은 관리 중심적인 프로젝트에 대해 좀 더 높은 관심을 부여해 왔으며, 지역 수준의 근로자나 시민의 참여는 그럴듯한 의례로만 제한적으로 이뤄져 왔던 것이 사실이다.

행정은 위에서 아래로 통치한다. 행정은 위에서 부여된 내·외적 사안에 대한 공약을 주어진 업무로 효율적으로 충실하게 달성하고 관리하는 것에 초점을 둔다. 여기에서 의사 결정, 행정 개혁, 그리고 문제 해결은 대부분 계서적이며, 비참여적이고, 또한 현상 유지를 깨뜨리지 않는 성격을 지닌다. 대규모 조직에서 관리자와 전문가들은 자신의 전문화된 영역을 넘어서는 일은 생각하지 않는다. 조직 변화는 점증적이며 관례화되어 있다.[3] 전통적인 가정에 따라 많은 국가에서 관료조직은 경직적이고, 자신들의 관할지역 내에서만 작동하고자 한다. 따라서 행정이론은 국민의 특성과 그들이 국가기관에 미치는 영향보다는 행정조직 내부의 현상 그 자체를 서술하는 데 더 중점을 둔다. 따라서 통치와 관리에 대한

3) 데리다(Jacques Derrida)와 푸코(Michel Foucault)와 같은 몇몇 포스트모더니스트들이 주장한 것처럼 해체 구축(deconstruction)은 "부정적 비판 능력"을 강조하지만, 여기서 논의된 바와 같이 재해석은 의미의 긍정적 재구조화를 의미한다.

이론적 접근은 수평적 상호 관계, 참여, 의사 결정에 접근성, 의견 교환, 담론, 공공 토의, 시민 참여 등의 중요성에는 별로 관심을 두지 않는다. 주류 행정학의 행정이론은 그러한 민주적 요소들이 단지 조직 목적을 위한 수단으로 의미를 지닐 때에 한해서 참작을 하는 모습을 보인다.

공공의 부흥

실제 지역사회의 통치 및 관리에서 '공공'은 실무자들과 학자들이 부여한 것보다 훨씬 더 넓은 의미를 지닌다. 행정관리자들은 종종 국민의 요구와 수요에 무신경하다. 그리고 사회적 혁신의 가능성에 대해 잘 알지 못한다. 이러한 현상은 특히 비(非)서구 지역 국가들에서 더 잘 나타나고 있다. 예를 들어, 최근 일본과 한국 등 몇몇 아시아 국가의 비정부조직은 정부 관료, 정치인, 그리고 정부정책 그 자체를 비판하는 역할을 담당하고 있으며, 사회 변화를 위한 중요한 세력으로 부상했다. 이들의 등장과 부상이 의미를 가지는 것은 이러한 국가들이 이전에는 이들의 의미에 대해 상대적으로 무신경해 왔던 탓이 크다. 반면 서구의 국가들은 공공을 통치와 관리의 대상으로보다는 평등적 특성을 지니고 있는 것으로 인식했다. 즉, "공공의 구성원들은 특권적 소수로가 아니라 평등한 지위에 놓여 있다"고 여기고 있는 것이다. 따라서 "실제로 서로의 호칭을 부를 때에도 공공의 구성원들은 본래의 권위에 대한 주장 없이 서로를 평등한 존재로 지칭한다" (Richardson, 2002: 184). 이러한 이상적 개념은 다문화적 · 민주적 사회에서 다양한 배경을 가진 사람들이 함께 어우러져 권리와 자유를 담보해야 하는 상황적 맥락에서 유래한다.

최근의 담론 민주주의, 시민 참여, 참여적 관리 등에 관한 문헌들이 부활하고 있는 상황이 시사하는 바는, 행정의 변혁이 공공의 요구와 기대를 거버넌스 과정에 반영하는 사회적 구성 방법을 통해 가능하다는 전망이 함의되어 있다는 점이다. 행정의 전통적 의미를 확장하기 위해서 행정관리자들은 시민사회의 부흥과 함께 시민 측에서의 시민 참여를 수용하기 시작했다. 비록 1980년대와 1990년대에 많은 나라의 행정관과 관료들 사이에서 신공공관리론과 정부재창조를 위한 관리 지향적인 프로젝트가 상당한 인기를 얻었지만, 동시에 상급관리자층으로부터의 상당한 비판과 혁신 프로젝트에 부과된 한계점도 확인했다. 많은 연구 결과가 변화하는 조직에 대한 관례적인 접근으로부터 상향식 변화와 함께 수평적 상호작용을 통한 르네상스식(다양한) 접근으로의 분명한 변동을 보여 주고 있다.

이러한 논의가 아주 가까운 장래에 행정에서 관리주의와 전문직업주의가 완전히 소멸할 것이라고 주장하고 있는 것은 아니다. 사실 최근의 추세를 보면, 대부분의 대규모 조직은 앞으로도 계속해서 20세기 조직의 이론과 기법의 관성에 따라 운영될 것임을 시사하고 있다. 가령, 최근 미국 연방정부가 성과측정, 성과예산, 인적 자원 관리 기능 등을 강조하고 있는 것은 관리주의적 측면의 역할이 계속해서 증대될 것임을 뒷받침하는 것이다. 그러나 동시에 그 반대되는 추세 역시 사회적 지지를 받고 있는 것이 사실이다. 가령 참여와 민주와 같은 다른 사회적 원리들이 최근 관심을 받고 있다. 많은 조직이 조직 및 인사관리에서 조직구성원들로 하여금 어떠한 의미 있는 공동체를 형성하도록 유도하고 이를 통해 조직의 구조와 과정을 변화시키는 방향을 모색하고 있다. 또한 이러한 변혁은 조직 외부의 시민, 비정부조직, 민중조직, 그리고 시민사회 등 대변 단체들의 역할을 강조하게 된다. 특히 행정조직에서 시민사회는 건재하고 필수불가결한 것이다. 시민사회는 민주사회를 창조하는 데에 중요한 토양 역할을 담당하는 때문이다. 참여와 민주에 대한 필자의 이러한 낙관론의 근거는 무엇일까? 다음은 공공 부문에서 일어난 몇 가지 의미 있는 변화의 목록이다.

- 비판적 의식 있는 시민들이 민주적 절차와 민주적 수단이 민주적 기관을 강화시킬 수 있는 최선의 방법임을 인식하고 있다.
- 효과적이고 대응성 있는 정부는 시민들이 '공공'의 시작점이며 시민들의 영향력과 참여가 효과적인 공공정책과 프로그램에 필수적임을 자각하고 있다 (O'Connell, 1999).
- 정책 심의가 점차 국민들에게 개방되고 있다(Bohman, 1996; Richardson, 2002; Dryzek, 2000).
- 비록 대다수의 시민이 지역사회 현안의 문제 해결을 위해 참여하는 경향을 아직 보이고 있지 않다고 하더라도, 많은 양식 있는 시민은 공청회 등 참여 기회에 동참하기를 원하고 있다. 이들은 참여의 기회가 정책 결정에 수단적

인 가치를 가질 뿐 아니라, 개인에게도 본질적인 가치를 가질 수 있다는 점을 자각하고 있다(Christiano, 1997; Gutmann & Thompson, 2004).

- 지역 주민들은 지역사회 기획, 지속 가능한 개발, 그리고 지역의 민주적 거버넌스 등과 같은 이슈에 관한 비판적 담론에 특별한 관심을 갖는다.
- 공공관리의 가정에 대해 비판적인 지역 세력이 민주적인 대안을 찾는 사람들을 지원하고 있다.
- 많은 선량한 시민이 경제적 세계화, 지속 가능한 개발, 인권, 지구온난화, 기아, 공해 등 글로벌 이슈에 관심을 갖는다.
- 강력한 권위의 중심이 없이 이뤄지는 활동적인 연결망 형성이 네트워크 참여자, 사회 문제의 인식 증대, 그리고 수평적 관계 형성의 발전에 도움이 된다.
- 시민사회에 대한 경험이 강한 민주주의를 이룬 나라가 왕성한 시민 공화정치를 할 가능성이 크다는 사실을 입증하고 있다.
- 기술적 혁신은 멀리 떨어져 있는 사람들에게 세상의 변화에 관한 정보를 제공할 뿐만 아니라, 이를 통해 사람들이 연결되고 그들의 아이디어와 경험을 공유하는 매개체 역할을 한다.

위에 제시한 추세들은 미래의 행정이론과 기법에서 새로운 대안 모색의 가능성과 함께 심오한 함의를 제시한다. 필자는 제시한 추세들에 대해 이 책의 다른 장에서도 논의를 할애하고 있다. 이러한 추세들에 대한 경험적 지표들을 제시한다면 좀 더 설득력 있는 입증 증거로 받아들여질 수 있을지 모르겠으나, 제시한 추세들은 적어도 최소한 변화하는 행정의 책임성에 대한 규범적인 함의에 대한 방향성을 제시하고 있다. 이러한 방향성의 변동은 행정에 대한 연구에서 새로운 개념화와 방법론을 요청하게 된다. 급변하는 국내·외 정치를 감안하고, 증대하는 민주적 변화에 대한 요구를 고려할 때, 많은 산업화된 국가에서 장차 강력한 행정국가의 역할을 감소할 것이라는 예상이 가능하다. 그러나 동시에 아직 산업화를 달성하지 못한 저개발국이나 개발도상국에서는 기본적인 공공 서비스를 충족시키기 위해 행정집권화와 효율성을 강조하는 강력한 행정국가의 구축을 여전히 주요한 어젠다로 가지게 될 것이라는 사실도 예견해 볼 수 있다. 그러나 이들 국가의 행정국가화 경향은 현재의 아시아 선진국이 경험했던 독재 시대, 개발 실험 등 비민주적 통치의 양상과는 아마도 다를 것이다. 이들 국가의 경험은 하나의 사회적 지식으로 저개발국이나 개발도상국들에게 전이될 수 있기 때문이다.

제 4 절 행정행위에서의 변증법

행정과 국민이 다른 사회 영역에 존재한다 하더라도, 만일 행정이 국민과 연계되어 있지 않으면 행정은 단지 관료제의 목표만 충족시킬 뿐이고 그 내재된 한계점을 극복할 수 있는 어떤 기회도 잃게 될지 모른다. 물론 효율적인 행정이 없다면 시민들은 좋은 행정 서비스를 제공받지 못할 것이다. 모셔(Mosher, 1968), 레드퍼드(Redford, 1965), 왈도(Waldo, 1948)가 지적하듯이, 행정의 효율성이라는 반석 없이 민주주의는 제대로 작동할 수 없다. 그러므로 행정에서 국민이나 민주주의의 중요성을 지나치게 강조하는 데 따르는 문제점을 인식하는 것이 중요하다. 이는 구체적 현실화에서 행정적 효율성과 강력한 행정국가에 대한 과장된 강조로 인해 국민에게 초래된 해악만큼이나 큰 부작용을 낳을 수 있기 때문이다. 그러나 행정의 내부관리 기능이 강할 때 국민이 더 나은 행정 서비스를 제공받을 수 있다는 가정은 다른 대안이 구축되었을 때 공공 부문에 등장할 수 있는 변혁의 기회를 놓치게 하기도 한다. 강력한 내부 관리에 대한 요구는 최근 많은 아시아 국가와 스칸디나비아 국가로부터 지지를 받는 강한 정부와 강한 행정으로 이어지게 된다. 그러나 이는 정부와 민간, 그리고 정부와 시민 간의 불균형을 초래한다. 균형감을 상실한 행정은 제대로 작동할 수 없다. 행정은 국민을 벗어나 이해될 수 없으며, 국민은 행정을 벗어나 그 수요를 충족할 수 없다(Ventriss, 2002).

도구적, 기능적, 합리적 측면에 초점을 두고 행정의 원리를 효율성의 측면에서 좁게 이해하는 관점은 행정과 국민 간에 이원론적 사고를 가정하게 되기 쉽다. 이는 국민의 중요성을 상대적으로 간과하고, 행정과 국민 사이의 변증법적 관계를 간과하는 방향으로 행정을 오도하게 되기 쉽다. 또한 국민의 사회적 대안 구성의 가능성을 무시하게 되기 쉽다. 따라서 대규모 관료제 조직 내의 구성원들이 항상 합리적이고 예측 가능하게 행동할 것이라는 가정은 비현실적이기 때문에, 도구적 사고에 근거한 합리성은 결코 실현되지 못했다. 이것이 프로그램의 성과 측정과 객관적이고 계량화가 가능한 지표 사용이 프로젝트의 진정한 성공과 실패의 원인을 규명할 수 없는 한 가지 이유가 된다.

많은 행정학 문헌에서 행정을 둘러싼 이러한 역동성과 이에 대한 거시적이고 미시적인 이슈들에 대해 수많은 토론을 시도해 왔다. '시민 참여', '고객 지향', '역량 강화' 등 행정학에서 최근 활용되고 있는 많은 개념적 용어는 이러한 노력의 산물이다. 그러나 이러한 용어들은 종종 공허하다. 그에 상당한 행동이 좀처럼 취해지지 않기 때문이다. 그러므로 개념과 현실 사이에는 일종의 거리감이 상존한다. 또한 개념이 현실로부터 소외되는 일종의 사물화가 나타난다. 가령 시민 참여를 설명하기 위한 언어는 그 현상을 추동하고자 하는 의지를 담고 있다. 그러나 많은 경우 시민 참여라는 용어는 현실로부터 소외된다. 우리는 세상의 다양한 측면을 반영하고 특성을 나타내기 위해 언어에 의존한다. 그러나 이러한 언어는 그 자체로 구체화된 사회적 현실로 이어지지 않는다. 언어는 실천의 동학을 통해 그 현실적 의미를 낳게 되기 때문이다.

이 책을 통해, 필자는 조직구성원들에게 구조적 변화를 강요하기보다는 행정과정에서 개인의 성장과 책임성을 강조함으로써 행정학의 변증법적 본질을 강조하고 싶다. 변증법적 이해 없이는 행정의 작동에서 실용적 민주주의가 독자적으로 발전하기 어려울 것이다. 행정을 구성하는 인간이 비판적이고 의식적으로 행동할 수 있을 때, 행정은 비로소 인간적으로 의미 있는 이해, 통합, 협동을 가능하게 할 수 있다. 이러한 관점은 비판적이고 의식적으로 철학하는 인간이 주체가 되는 행정의 의미를 환기한다. 이와 유사한 관점에서, 디목(Marshall Dimock)은 행정을 과학이나 기술 그 이상의 것, 즉 철학이라고 역설함으로써 행정학을 철학적 관점에서 재구성하고자 시도했다. 그는 다음과 같이 밝히고 있다.

> 철학은 더 나은 성과를 성취하는 데 목적을 둔 믿음과 실천의 본체이다. 행정철학은 개인과 조직을 위한 생존과 영향력에 관한 통찰력 있고 실용적인 모형이다. 그것은 훌륭한 정책이며 훌륭한 기술이다. 대체로 그것은 진정한 융합이며 중요한 모든 것의 합성이

다(Dimock, 1957: 1).

디목(Dimock, 1957: 6)의 목표는 행정에서 조직과 개인을 결합하는 데 있었다. 즉, 조직이 목표를 달성하는 것과 더불어 "개인이 자신의 가치를 실현하고 개인적으로 성장하는 것을 아울러 달성하는 것을 행정의 궁극적인 지향"으로 보았다. 또한 그는 행정을 구성하는 각 계층의 사람들이 나름의 행정철학을 발전시키는 데 자신감을 가져야 한다고 주장한다. 그의 이러한 관점은 직관력을 지니고 있다. 그러나 그의 행정철학에 대한 설명은 조직이 목표를 달성하기 위해 나아가는 데 나타날 수 있는 예상치 못한 결과나, 조직과 개인 또는 개인과 개인 사이에서 나타날 수 있는 상충하는 인식의 틀(frame)과, 이에 대한 비판적 숙고 및 소통의 중요성을 제기하고 있지 않다는 점에서 한계가 발견된다. 더구나 하나의 일원적인 조직의 목표가 모든 대립적인 이슈들을 통합할 수 있을 것이라고 가정하는 것은 매우 나이브하다. 한편 디목의 관점이 지니는 의의는 조직과 개인 사이에서의 통합의 필요성과 상반된 요소들의 상호성에 대한 이해를 강조하는 데서 찾을 수 있다.

이 책의 여러 장에서, 필자는 서로 다른 개념적 이슈들의 한계에 대한 비판적 인식의 필요성과 사회적 상호작용을 통해 대안을 구축할 필요성을 강조하고 있다. 이는 다른 사람들의 아이디어와 경험에 대한 우리의 이해와 올바른 인식이 공공선을 촉진하고, 행정 과정을 개선시킬 수 있는 새로운 방법으로 인도할 수 있다는 것을 가정한다. 예를 들어, 행정학 연구에서 이론과 실제, 사실과 가치, 객관성과 주관성, 목표와 수단, 효율성과 효과성, 설명과 이해 등을 둘러싼 이원적 사고는 상반된 것처럼 보이는 이들 요소에 대한 비판적 분석을 요구한다.

마지막으로, 행정관리자들이 국민들과 상호작용하면서 갖는 수많은 책임성 중에는 시민, 비정부조직, 단체, 그리고 공동체 기반 조직이 공공 담론에 적극적으로 참여할 수 있도록 시민적 역량의 성장을 촉진시켜야 하는 시민적 의무가 있다. 공공 부문의 잠재력은 상호 관계, 참여, 담론, 그리고 토의 등을 통해 훨씬 더 개발될 수 있다. 따라서 행정관리자는 시민의 자각을 유도하고, 시민의 협력적 행동에 참여해야 한다. 이를 통해 시민들이 그들의 시민적 의무에 충실하도록 기여할 수 있다. 현대에는 인터넷 등 매체의 발달과 비정부조직(NGOs) 등의 조직을 통해 시민들이 공공의 문제에 참여할 수 있는 지식과 기회가 늘어나고 있다. 제도적인 측면에서도 공청회 등 시민 참여의 기제가 늘어남으로써 시민이 공공정책 결정 과정에서 역할을 담당할 수 있는 기회의 창이 커지고 있다. 아울러 공공정책 결정자 역시 시민에 대해 더욱 온정적인 태도를 견지할 수 있는 환경적인 여건이 마련되고 있다. 일견 참여적 민주주의와 강력한 행정국가는 종종 상호배타적인 개념으로 보이기 쉽다. 그러나 이들 사회의 두 가지 힘이 서로 연계하려는 노력은 행정의 운용에 중요한 의미를 갖는다. 만일 그 변증법적 연계가 체득되지 않으면, 사람들의 아이디어와 에너지의 활용 잠재력은 여전히 실현되지 않은 채로 남게 될 것이다.

제 5 절 결론

전통적으로 행정학은 분명히 관리의 중요성을 강조해 왔다. 그러나 행정관리가 국민을 관리하고 지배하는 데 과도하게 몰입함으로써 스스로를 희화화시키고 한계지어 왔다는 점에 문제의 핵심이 있다. 20세기 주류 행정학은 행정 운영에서의 관리적 · 기술적 측면에 매여 있었기 때문에 가치, 복잡한 현실, 조직생활의 감춰진 문화적 · 상징적 측면, 사회적 평등, 공공선, 민주적 거버넌스, 또는 다른 가치 내재적인 좀 더 광범한 이슈들에 관심을 갖지 못했다. 최근 행정학의 주류적 경향은 주로 관리주의적 기법의 개발을 지향해 왔고, 행정가는 좀 더 기법상의 전문가의 이미지로 대별되어 왔다. 예를 들면, 학위 프로그램의 명칭이 행정학(public administration)에서 공공관리(public management)로 일반적으로 변화하고 있는 추세는 행정관리자의 전문성, 권력성, 책임성의 범위가 증대한다는 언질이 될 것이다. 학위 과정을 "공공관리"라고 칭하는 것은 조직의 효율성, 생산성, 성과측정 등에서 행정관리자들의 역할을 강조하는 것이 될 것이다. 그러나 강력한 전문적 관리의 부정적인 면은, 그것이 시민을 수동적 존재로 인식해서 그들의 잠재력과 자치 능력을 강화시킬 기회를 놓치는 경향이 있다는 점이다. 행정관리자의 책임성을 증진시키는 것은 의심의 여지없이 중요하지만, 다가오는 시대에 그들의 새로운 역할은 사회적으로 의미 있는 대안을 구축하기 위해 국민과 함께 일해야 할 것이다. 행정행위의 예기치 않은 결과를 이해하기 위해 행정관리자는 시민들을 참여시키고 그들과의 대화와 담론을 통해 문제점과 이슈에 대한 그들의 해석에서 배우기도 하는 촉진자 역할을 담당해야 한다.

행정학에서의 "공공성"의 개념은 관리주의의 편협함을 극복하고, 그 한계를 넘어서 공공 부문에서 새로운 가능성을 탐색하도록 요구하도록 한다(Jun, 1986: 27-28). 국민이 행정에 미치는 영향력의 의미와 중요성을 고려하는 것은 20세기 초반 이래 행정학의 주류적 관점인 통치나 관리 중심적 사고에서 벗어나 행정의 개념을 확장시키는 단초를 마련해 주게 될 것이다. 우리는 민주적 거버넌스 과정에서 국민을 그 상황 속에서 명백히 자리매김할 수 있도록 행정이론을 재구축해야 할 것이다. 현대 행정에서 국민, 문화, 조직구성원과 시민들의 좀 더 광범한 참여는 가장 덜 연구된 주제가 아닌가 한다. 만일 행정학이 국민을 그다지 중요하게 여기지 않은 채 계속해서 행정과 관리에 역점을 두고, 실증주의 및 기능주의적 입장에 머무른다면, 공공 분야에서 사람들과 조직이 형성하는 사회적 혼합과 문화적 구성의 역동성을 이해하는 데 행정학의 개념을 사용할 수 없을 것이다. 그러므로 행정학의 부흥을 위해서는 그 학문 분야를 공공 서비스 촉진에 대한 전통적인 몰입을 경시하지는 않으면서 국민과 사회적 관계라는 정황 속에 자리매김시켜야 한다.

새로운 사회적 힘과 상호 관계를 접하게 될 민주적 경험의 새로운 시대가 시작되고 있다. 우리가 매일 접하는 언어, 소통, 담론, 문화, 그리고 지방적 지식 등에 대한 관심은 가능성과 상호 관계를 탐구하는 방법을 제시해 준다. 행정학은 비효율적이고, 관료적이며, 국민의 요구에 둔감하고, 국민 참여의 가치를 과소평가한다는 점에서 많은 비판을 받아 왔다. 그러나 행정학은 사회의 광범한 세력에 대응해 천천히 변화하고 있다. 시민적 심성을 가진 행정가 등에 의한 효과적 행정이 시민과 시민단체로 하여금 자치가 가능하도록 할 수 있다. 그러므로 이제 국민을 이론적으로 정당하게 행정학 연구에 가지고 와야 할 때이다. 아마도 이 책 전반에 걸쳐 강조하는 사회적 구성이라는 틀이 국민의 협력을 추구하는 데 가장 효과적으로 사용될 수 있는 접근이라 할 수 있다.

제3장

사회적 구성 접근 방법

행정학의 주류적 경향은 실증주의, 경험주의, 그리고 관료주의 문화에 강조점을 두는 모습을 보인다. 이는 행정관리자의 실용적 이해에 기여하는 것들만을 중요하게 고려하는 양상을 반영하고 있는 것으로 판단된다. 이렇게 실용성이 지배적인 준거로 여겨지게 됨에 따라, 행정학의 이론과 기법에서 접근 방법은 주로 행정조직의 효율성 및 생산성 등 실용적 가치에 무게 중심을 두게 된다. 또한 고객 서비스 증대 및 성과관리와 같은 당면 문제들을 둘러싼 해결에 판단의 논거가 놓이는 모습이 발견된다. 그 결과 주류 행정학은 이러한 기대되는 가치와 문제와 이를 성취하는 수단 간의 인과적 고리를 설정하고, 이를 구조적·기능적·경험적, 그리고 합리적으로 접근하는 실증주의적 인식론을 주로 채택하게 되었다. 그러나 공공성을 다루는 행정의 이론과 방법은 적당한 결과를 내기 위한 객관적이고 실증적인 수단 그 이상의 것이 되어야 한다. 이에 대해, 행정학의 주류적 시각이 강조하는 즉각적인 결과에 대한 요구와 조직에 대한 실용적 관심들을 잠시 접어둔다면, 좋은 대안적 아이디어들이 떠오를 수 있을 것이다. 행정행위자들은 그들의 생각과 대화, 그리고 담론을 정해진 또는 의도한 결과의 틀에 맞추는 것을 지양하고 마음을 열어 가능성을 모색하는 태도를 견지해야 할 것이다. 이러한 문제 의식에 대한 대답으로 이 장은 사회적 구성 접근 방법을 소개하고자 한다. 이 접근 방법은 우리 자신에 대한 더 나은 이해를 도모하고, 그러한 이해에 기초해 또 다른 대안들을 설계하는 데에 도움을 줄 수 있을 것이다. 이러한 이해와 설계는 주로 사람들 간의 사회적 상호작용과 소통적 담론 과정을 기초로 이뤄진다. 한편 이러한 방법은 실용적인 해결책을 즉각적으로 도출하지 못할 수도 있다. 그러나 참여한 행위자들은 변증법적 과정을 통해 그들이 당면하고 있는 문제와 이슈에 대해 더 나은 이해를 습득할 수 있다. 필자는 사회적 구성의 접근방법이 즉각적 결과나 실용적 해결책에 전혀 관심을 가지지 않는다고 말하고 있는 것이 아니다. 실제로 한 명의 관리자나 작은 규모의 전문가 집단이 독점적으로 대안을 제시하는 것보다, 조직구성원들이 집합적으로 토론을 수행했을 경우 실용적인 해결책이 좀 더 잘 발견되는 모습이 발견된다. 또한 많은 이해관계자가 공유하는 지식에 근거해 내리는 결정일수록 더 성공적으로 집행될 수 있다.

제 1 절 기능주의적 시각의 한계

최근 수년 동안, 행정학자들 사이에는 상이한 이론적 기초에 내재된 전제와 가정을 둘러싸고 과도한 혼동과 긴장이 있어 왔다. 가령 자유주의적 이론가들은 현재 행정학의 관리주의적 지향과 전제의 주류화에 대해 부적절함과 우려를 표명해 왔으며, 행정의 복잡한 차원을 이해하기 위한 대안적 방법을 모색하고 있다. 반면 주류 이론가들은 기능주의, 제도론, 체제론, 합리적 의사결정론, 공공선택론, 다원적 점증주의, 상황-관리론 등 이론들이 취하는 인식론적 시각에 기초한 이론적 지향, 그리고 관리적 처방에 상당한 편안함을 느끼고 있다. 이러한 기능주의와 실용주의 시각은 20세기 내내 주류적 지위를 풍미했다. 이는 아마도 현대 관료제의 강력한 영향력과 인간에 대한 제도의 강제성 때문인 듯하다.

행정의 범위와 방법론의 측면에서 행정학계와 실무가들이 채택하고 있는 가장 지배적인 시각은 제도적, 합리적 또는 기능적 접근이다. 여기에 내재된 실증주의적이고 관리 지향적인 사고는 행정학의 연구와 저술의 다수에서 두드러지게 확인된다. 이러한 관점은 국가의 기능을 정부간 맥락에서의 행정 효율성, 성과성, 그리고 합리성을 제고하기 위해 충실하게 규칙과 법규를 집행하는 데에서 찾는다. 이는 헌법적 틀 안에서 행정국가의 역할을 강조해 온 행정학적 전통과 매우 밀접한 관련을 지닌다.

1887년에 윌슨(Woodrow Wilson)의 논문 「행정의 연구(The Study of Administration)」가 발표된 이래, 실용주의적·기능주의적인 사고는 행정철학에서 지배적인 영향력을 행사해 왔다. 이 시각은 행정의 효율성과 생산성은 과학적 방법의 적용, 회계·예산 통제, 기획, 체제분석, 조직자원의 배분, 그리고 최근의 성과측정, 결과 지향적 관리 등과 같은 일련의 관리 원칙과 결부될 때 그 성취도를 더욱 향상시킬 수 있다는 가정에서 출발한다. 기능주의자들은 조직관리 맥락에서 행정 부서들 사이의 제도적·구조적·기능적 조정을 강조하는 한편 조직의 환경에의 적응을 강조한다. 그리고 이들은 조직의 의사 결정 과정을 계층적 관계 속에서 이뤄지는 것으로 이해한다. 또한 실증적이며 기능주의적인 행정 연구 방식은 사람들은 본래 합리적이며 사익 추구적이기 때문에 사람들의 동기와 행태는 예측 가능한 성격을 지니며, 현상은 일련의 가설과 변수 간 관계를 검증함으로써 경험적으로 설명될 수 있다고 가정한다. 이 시각은 또한 외적 요인이 사회적 실재를 결정한다고 가정하며, 현상에 대한 합리적인 설명이 가능할 것이라고 본다. 따라서 행정학자가 해야 하는 일이란, 객관적 실재 속에 존재하는 인과적 관계를 확정함으로써 진실을 밝혀내고 측정하는 것이다. 이 시각에서는 변화를 일반적인 것으로부터 구체적인 것으로, 또는 이론으로부터 행동으로 움직이는 선형적 과정으로 간주하며, 따라서 일반적인 이론과 원칙으로부터 사람들의 행동을 연역적으로 유인하고 이끄는 것이 가능하다고 판단한다.

실증주의와 기능주의는 객관적 실재(예를 들어, 어떤 행정문화 내에서 구체화된 요소)를 이미 주어진 것으로 당연하게 받아들인다. 그리고 이러한 실재는 현재의 조직구성원 개개인이 조직의 구성원이 되기 이미 오래전에 조직의 역사를 통해 형성되어 주어진 것으로 강조한다. 여기에 깔려 있는 가정은 개인에게 행정문화는 역사적으로 구성되어 주어진다는 것이다. 이러한 소위 "구성된 문화(culture-as constituted)"로서의 행정에 대한 행정이론적 관점은 다음과 같은 특징들을 제시하고 있다(Sahlins, 1982: 35-44). (1) 계층적 관계, (2) 조직의 공통목적의 달성에 지향된 조직구성원들의 집합적 의식, (3) 기능적 조정에서의 상징과정, (4) 조직언어, 의식 및 행위규범, (5) 안정적 조직구조 등이다. 끝으로 주류행정학의 철학적 기초로서의 실증주의·기능주의적 시각은 질적이고 겉으로 드러나지 않는 암묵적 지식과는 대조되는 명시적 지식을 생산함으로써 사회 현상을 설명하고 예측하고자 한다.

행정학의 중요한 이론적 기초가 된 기능주의적 시각은 많은 결점을 가지고는 있으나, 그렇다고 잘못 이해되어서는 안 된다. 즉, 기능주의적 시각의 결점에도 불구하고 일상 업무를 포함한 행정 기능의 상당 부분은 규칙, 절차, 계층적 관계를 통해 유지되고 있으며, 조직의 책무성 또한 관료제의 하위 직원들의 충성과 의무감에 의존하고 있다. 또 다른 대안적 지식 추구 방식으로 탐구하기 위해서는, 먼저 기능주의 시각의 이러한 긍정적·부정적 측면 모두를 이해해야 하며, 그러한 방식으로 행정조직을 관리할 때 우리가 명백하고 당연하게 여겨왔던 것들이 의문스러운 것으로 변화할 수 있음을 깨닫게 될 것이다.

제 2 절 해석적 비판이론과 탈근대주의 시각들

행정에 관한 연구와 조직이론에 관한 사회적 구성의 접근 방법은 해석적 비판이론(interpretive and critical theory)에 많이 의존하고 있다. 여기에서 해석학의 시각은 조직구성원, 이해관계자, 시민의 경험과 가치, 대화와 담론에 초점을 맞추고, 그들의 언어와 이야기를 해석함으로써 이들의 관점에 기초해 복잡한 현상을 이해하고자 하는 대안적 시각이라고 할 수 있다. 해석적 탐구의 강한 지적 영향은 사회과학 전반에 걸쳐 면면히 흘러 왔다. 한편 행정에 관한 해석적 연구를 수행하는 학자들은 대체로 자유주의 이론가들인 경향을 보인다. 이들은 민주행정의 주관적·상호주관적인 본질을 탐구하는 데에 주된 관심을 가져왔다. 따라서 비판적 시각은 제도와 권력에 대한 객관적이고, 가치중립적이며, 합리주의적인 가정을 비판적으로 검토함으로써 사회적 실재의 가치 지향적이며, 사회적으로 근거하고 있는 사회적 실재의 측면들을 통합하고자 한다. 동시에 이 시각은 해석적 시각을 바탕으로 한 해석적 탐구에서 공통적으로 나타나는 주관성의 경향에 대해서도 비판적이다. 전통적 행정이론을 비판하는 방안의 하나로서 탈근대주의적 견해도 여기서 소개한다. 탈근대주의적 시각이 사회적 구성주의에 끼친 영향은 단편적이나, 이 견해는 행정에 대한 전통적으로 왜곡된 가정과 규범을 비판적 · 성찰적으로 검토하는 데서 출발하고 있다. 사회적 구성(주의)의 시각은 논의한 해석적 시각과 비판적 시각을 통합함으로써 해석적 시각의 주관주의와 상대주의 함정을 극복하고 하는 노력을 보이며, 실증주의와 객관주의의 주류적 관점에 대한 비판적 · 성찰적인 검토를 아울러 추구하고 있다.

해석의 필요성

해석적 접근 방법은 사회 현상을 설명하고 예측하기 위한 일련의 개념들과 가정을 가지고 있지 않다는 측면에서 명시적 패러다임은 아니다. 그러나 해석적 접근 방법은 우리가 다양한 수준의 조직분석에서 사회적 실천을 이해할 수 있도록 도움을 주는 일련의 아이디어와 방법이라고 할 수 있다. 따라서 업무 수행자들의 관점에서 보면, 해석적 접근은 얼핏 그들이 일상 업무에서 부딪히는 (비사회적) 기능적 · 관리적 문제들을 해결하는 데는 어떤 실용적인 지침도 제공하고 있지 못한 것으로 보이기도 한다.

해석적 접근 방법을 이해하기 위해서는 사회적 실재를 설명하는 실증적 · 과학적 방식의 한계를 먼저 깨달아야 한다. 독일의 해석학적 철학자 딜타이(Wilhelm Dilthey, 1833-1911)는 학자들이 사회 현상을 연구하는 데 사용하는 방법론적인 측면에서 자연과학과 인문사회과학 사이에는 근본적인 차이점이 있다고 주장했다. 그에 따르면, 자연과학자들은 일반 법칙을 적용해 현상을 설명하려 하고, 인문사회과학자들은 연구 대상에 따라 달라지는 일종의 어떤 경험이라는 수단을 통해 현상을 이해하려고 한다(Dilthey, 1961; 1977; 1996). 딜타이는 그의 해석학적 이론을 "역사지식 철학과 인간과학"에 반영할 것을 주장하며, 인간의 행위를 설명하는 방법은 근본적으로 심리적이거나 직관적이라고 주장했다(Gunnell, 1987: 106). 딜타이는 이해의 중요성을 강조하지만, 가다머(Hans Georg Gadamer)는 가치, 목적, 가정, 상식 등의 측면에 영향을 미치는 역사적 맥락의 의미를 이해하는 데 관심을 갖는다(Gadamer, 1977). 가다머에 따르면 이해의 본질은 원본(text)을 '해석'하는 것이다(Gadamer, 1989: 252). 가다머는 또한 원본을 해석하는 해석자 간에도 의견의 불일치가 발생할 수 있다고 주장하며, 이러한 불일치로 인해 생기는 오해는 인간의 삶에서 의견 일치에 대한 이해만큼이나 중요한 영향 요인이라고 주장했다. 가다머의 해석학적 탐구는 우리와 타인, 그리고 세상과의 관계의 언어적 본질을 강조하면서, "언어는 나와 세상이 만나는 하나의 매개체(*eine Mitte*)이거나 또는 나아가 그들의 본래적인 공동 소유를 입증하는 것이다"라고까지 주장한다(Gadamer, 1989: 474). 이를 통해 우리는 행정인들이 상호작용하는 데 언어를 매개체로 사용하고 있음을 유추할 수 있다. 따라서 행정인들에게 중요한 과제는 과거와 현재의 맥락에 반영된 언어적 표현의 의미를 이해하는 데 있다고 할 것이다.

현상학자 후설(Edmund Husserl, 1859-1938)은 사회과학 경험 연구에서 자연과학적 방법을 원용하는 것에 대해 "순진한 객관주의 또는 순진한 실재론적 견해"인 것으로 여기고 이를 비판했다(Husserl, 1973). 그는 특히 인식론과 방법론적 경향에서 '자연주의'(경험주의/실증주의)에 비판적이었다. 후설은 '생활세계(life-world)', 즉 지각 수단을 통해 경험하는 일상적이며 현재 경험하는 세계에 대한 이해의 중요성을 강조했다. 후설은 생활세계를 현재 살고 있는 일상 영역으로 간주하고, 이를 맥락으로 묘사했다. 우리들은 이러한 맥락 안에서 사물의 변화, 기대, 감정, 그리고 아이디어 등을 경험한다고 한다(Husserl, 1973; Natanson, 1973). 이러한 일상세계 또는 생활세계는 모든 반영(reflection)에 우선하며, 생활세계는 그 안에서 발생하는 다른 모든 가능한 경험적 영역들에 대해 의미를 부여하는 것으로 이해될 수 있다.

해석학적 철학자로서 딜타이와 가다머, 그리고 현상학적 철학자로서 후설은 모두 해석학적 시각을 더욱 발전시킨 것으로 평가된다. 해석적 입장을 취하는 다른 서구 사상가들로는 베버(Max Weber), 하이데거(Martin Heidegger), 사르트르(Jean-Paul Sartre), 메를로 퐁티(Maurice Merleau-Ponty), 슈츠(Alfred Schutz), 가핑클(Harold Garfinkel), 리쾨르(Paul Ricoeur) 등을 들 수 있다. 이들은 과학적 실증주의와 객관주의가 정초하고 있는 철학적 전제를 비판하고, 역사, 문화, 언어, 전통 등 인간 현상 일반을 이해하기 위한 새로운 방식을 제안했다. 이를 통해 이들은 자연과학과 인문(사회)과학의 차이점을 주장했다. '해석적 접근' 방법을 다른 방법들로부터 독특하게 하고, 특히 행정학에 적실하게 하는 것은 해석적 접근 방법이 사회세계와 관련해 취하는 구성주의적 입장에 있다고 할 것이다. 이러한 구성주의적 관점은 비결정론적(비인과론적) 방식의 변증법적 가능성을 강조하는데, 이러한 방식에 따라 목적이나 사업 또는 해결책이 참여자들의 아이디어와 경험이 근거하는 집합적 행위를 정당화하는 것으로 보고 있다(Schutz, 1967; Berger & Luckmann, 1967; Winch, 1958; Douglas, 1970; Garfinkel, 1967; Habermas, 1984; Ricoeur, 1991; Collin, 1997; Polkinghorne, 1983; Yanow, 1996).

해석적 접근 방법은 사회(행정) 현상을 이해하는 데 도움을 주는 많은 아이디어를 제공하고 있다. 우선 해석적 시각, 특히 현상학에 근거하는 해석적 시각은 어떤 사회적 상황에 처한 행위자의 관점에서 사회세계를 이해하고 설명하고자 한다. 이 시각은 개인의 의식과 주관성의 영역에서, 즉 행위의 관찰자가 아닌 참여자의 준거틀 안에서 설명을 추구한다. 이 시각은 사회세계를, 관련 개개인들에 의해 창조되는 발현적 사회 과정으로 간주한다. 사람들이 사회적 실재의 창조자라는 것이다. 사람들이 사회적 상호작용을 통해 사회세계에서의 의미를 구성하고, 사회적 상호작용과 의미를 공유함으로써 행위에 대한 수정된(협상된) 의미가 밝혀진다.

또한 사회적 실재에 대한 이해는, 성공적으로 수행되기만 하면 이해를 할 수 있게 하는 해석행위와 함께 시작한다. 이에 대해 실버만(H. J. Silverman)은 "해석의 과제는 해석 대상을 이해하는 것이다. 어떤 해석을 한다는 것은 해석 대상에 대해 어떤 이해가 따라야 하는 것이다"(Silverman, 1984: 21)라고 주장했다. 한편 해석적 접근은 의미를 만들고 소통하는 인간의 역량에 초점을 맞추기도 한다(Yanow, 1996: 5). 가령 현상학적 또는 해석학적 연구 방법의 한 경향은 의사소통의 내용을 해석하고, 의미를 도출하며, 이를 통해 의사소통 주체들 간의 의사소통 경험의 의미를 이해하는 데 관심을 갖는다. 해석이란 원본(또는 메시지)에 대한 해석자의 관계에 따라 의미가 드러나고 묘사될 수 있다는 측면에서 하나의 질적인 묘사이다. 이러한 원본과 해석자의 관계로부터 의미가 생산된다(Jun, 1997: 22).

또한 개인은 자신과 그리고 타인과 함께하는 공동체를 위해 존재하기 때문에, 비록 그가 다른 사람들과 자주 갈등 상황에 있다고 하더라도, 모든 형태의 조직과 공동체를 구성하는 상호 주관적 관계에 대한 이해가 필수적이다. 예를 들어, 직장에서 개인은 자신의 이익에 부합하는 행위를 할 뿐만 아니라 다른 사람들과 관계를 가져야만 한다. 왜냐하면, 그는 하나의 원자적 존재일 뿐만 아니라 사회적 존재이기 때문이다.

마지막으로, 해석적 이론가들은 인간 행위에 대한 기능주의적 설명은 실증주의 및 경험주의 인식론의 이론적 전제 조건과 한계에 대한 충분한 이해에 기반하지 못하고 있다고 비판한다. 이들은 기능주의자들이 사람과 행위에 대해 잘못된 가정을 전제하고 있다고 본다. 인간에 대한 기능주의적 관점은 인간이 조직적·경제적·정치적·사회적 측면의 환경적 영향에 종속되는 피동적이고 반응적인 존재인 것으로 가정한다. 그러나 해석적 이론가들에 따르면, 인간은 오히려 활동적이고, 의도적이며, 창조적인 주체이다(Harmon, 1984; Silverman, 1970). 해석적 접근 방법은 인간 활동에서 나타나는 언어, 이야기, 이론, 사고, 상징, 다양한 인간 활동과 같은 실질적인 요소들을 다루기 때문에 인간의 활동, 의도, 창조의 과정을 이해하는 데 '실용적'인 것으로 여겨질 수 있다. 이러한 이해의 타당성을 높이기 위해 상황에 따라 다양한 해석 방식이 적용될 수 있다(Hiley et al., 1991: 11-13). 하지만, 해석은 또한 해석자가 동등하게 그럴듯한 해석들 가운데 선택해야 한다거나, 잘못 해석하거나, 또는 오해하는 것과 같은 심각한 문제를 갖고 있기도 한다.

요약하면, 해석적 접근 방법은 발생한 사건에 대해 그것이 왜 그렇게 발생했으며, 사람들은 다른 상황에서는 어떻게 행동할까 등과 같은 (비록 종종 암시적이긴 하지만) 공유된 가정들을 이해하고자 한다. 이에 대해 메를로 퐁티는 "이해한다는 것은 궁극적으로 언제나 현재 여기서 대상을 구성하고(construct), 형성해서(constitute), 통합(synthesis)해 내는 것이다. 어떤 사람의 몸과 인식에 대한 우리의 분석은 우리에게 대상에 대한 어떤 관계, 예를 들어 그 자체보다 더 깊은 의미를 밝혀 준다"고 주장한다(Merleau-Ponty, 1981: 428-429). 해석적 이론가들에게 주체의 입장에서 사회세계를 이해한다는 것은 모든 인간 활동에 근본적인 것이며, 사회생활과 집합적 행동을 실현시키는 수단이다.

비판적 성찰의 필요성

비판이론(critical theory)은 정치적·경제적·제도적 현상에 대한 관심뿐 아니라 복잡한 사회 현상을 둘러싼 인문적·문화적·사회적 차원에 대한 검토 역시 수행하도록 하는 이론적 시각을 제공한다. 비판이론은 관리 업무, 근대화, 발전, 환경과 지속가능성, 세계화, 공공 영역에서의 시민사회 등과 같은 넓은 영역에서 사회적 실천을 추동했을 뿐 아니라, 이론적 측면에서도 기능주의, 구조주의, 해석주의 등을 둘러싼 학제적 대화의 초점이 되기도 했다. 비판이론은 주류 사회이론의 전제 조건들에 대해 비판적 재검토를 수행했고, 이를 통해 하나의 중요한 지적인 세력으로 자리 잡았다. 이러한 비판적 시각은 탈구조주의 및 탈근대주의의 사회이론과 조응하는 지점을 가지고 있기도 하다(Kellner, 1990: 12). 켈너(D. M. Kellner)가 함축한 바와 같이 (원조 프랑크푸르트 학파를 포함한) 비판이론과 탈근대주의 사회이론은 철학, 사회학, 정치학, 심리학, 문화이론, 정치경제학, 역사학 등 다양한 시각을 아우름으로써 행정이론에 다학제적 정향을 제공하고 있다. 게다가 비판이론은 (이에 대해 논란의 여지가 없지는 않지만) 주류 행정이론과 방법을 비판함으로써 행정학에서도 중요한 공헌을 하고 있다(Harmon, 1986; Abel & Sementelli, 2003; Forester, 1985; Zanetti, 1997). 또한 비판이론은 행정의 종사자와 시민들 간의 집합적 이해에 근거한 민주적 행위를 촉진시킬 뿐 아니라, 오늘날의 제도들을 변혁시킬 새로운 이론적 대안을 제공함으로써 변화를 촉진시키기도 한다.

비록 행정학에서 비판이론이 아직 충분히 개발되지는 않았을지라도 아도르노와 호르크하이머(Adorno & Horkheimer, 1979), 하버마스(Habermas, 1984), 매카시(McCarthy, 1981), 제이(Jay, 1973) 등 다양한 이론가들이 옹호하는 아이디어는 행정의 문제를 이해하는 데 매우 높은 접합성을 가진다. 비판이론의 시각에 근거한 행정은 제도적 이슈와 인간 가치 관련 이슈, 주체와 객체, 경험적·분석적 과학과 해석학·역사적 과학, 가치 중립적 입장과 가치 개입적 입장, 그리고 인간 본성의 능동적 측면과 수동적 측면 등을 비판적으로 통합할 것을 주장한다. 그리고 이를 통해 근본적인 제도적 변화를 가져올 수 있는 노력들을 지지한다. 또한 비판이론은 주체와 객체 또는 연구자를 연구 대상으로부터 질적으로 구분하는 것을 거부한다.

비판이론은 행정 연구를 수행하는 데 가치 비판적이다. 예를 들어, 이론적 틀을 선택하거나 설계하는 것과 사실을 분석하는 것은 모두 연구자의 개인적 가치에 의해 영향을 받고, 궁극적으로 사회적 실재를 객관화하기 때문에, 이론(또는 가설) 검증과 연구에서 도출된 경험 자료의 한계들을 객관적으로 해석하는 것이 필요하며, (베버가 지적한 바와 같은) 가정된 가치중립성을 비판적으로 재검토하는 것이 필요하다(Weber, 1947). 이러한 목적에 대해 비판적 시각은 행정의 제반 이슈에 대해 현실적 대안을 제시하는 공헌을 할 수 있을 것이다. 비판이론의 또 다른 중요한 점은 비판이론은 문제를 보는 다양한 시각의 강점과 한계를 인지하고, 이들을 좀 더 포괄적인 해석적 틀 안으로 비판적으로 통합할 수 있다는 점에 있다. 이러한 측면에서 비판이론은 사람에 대한 제도의 비인간적 지배와 행정인들의 습관적 행태를 배격함으로써 행정에 해석적 특징을 제공하고자 한다(Schroyer, 1973). 여기에서 비판이론적 행정은 현존하는 행태와 행위들이 얼마나 윤리적인지, 그리고 어떠한 책임성을 담보하고 있는지의 측면에서 이해하고 해석하고자 한다. 변화는 낡은 해석적 도식과 새로운 해석적 도식이 상호작용하고 통합되는 변증법적 과정을 거쳐 발생한다.

요약하면, 해석주의 인식론이나 기능주의 인식론은 그 어느 것도 복잡한 사회적 실재에 대한 종합적인 모습을 보여 주지 못한다. 기능주의 이론은 행정의 객관적 요소의 영향력에 대해 초점을 맞추지만, 해석주의 이론은 개인들의 행태와 행위에 관해 실재(객관적 현상)를 본질적으로 주관적인 과정으로 이해할 것을 강조한다. 기능주의 이론과 해석적 이론은 그 어느 것도 행정의 전체성에 대해 적절한 그림을 보여 주지 못하기 때문에, 해석주의 인식론과 기능주의 인식론은 단독으로는 단일 차원적 행정이론으로 보여질 수 있다(Alexander, 1982). 따라서 만약에 오직 기능주의 인식론과 해석주의 인식론 가운데 어느 하나만으로 행정을 접근하려고 하거나, 또는 행정국가의 기능주의적 필요성만이 효율, 질서, 생존의 이름으로 정당화된다면 행정이론의 총체적 발전은 거의 이뤄지지 못할 것이다. 이러한 논의가 그러나 조직 생존을 정당화하는 기능주의 이론이 중요하지 않다고 주장하고 있는 것은 아니다. 기능주의 이론과 해석주의 이론 모두는 복잡한 행정 현상의 단지 일부분만 설명하고자 하기 때문에, 각 이론이 단독으로는 경험적·개념적 문제점을 가지고 있음을 말하고자 하는 것이다(Laudan, 1977).

비판이론적 시각은 이론적 대안을 발견하고, 공공 문제의 해결과 조직 변동에 좀 더 적합한 행위의 가능성들을 탐색할 수 있는 틀을 제공한다. 필자는 변증법적 시각을 가진 행정이론이 우리들을 단일 차원의 인식론(이론)으로부터 해방시킴으로써, 현대 행정이론의 부적합성을 뛰어넘을 수 있게 하는 대안적 접근 방법이라고 여기고 싶다. 설령 우리가 창조적이고 비판적인 통합을 이뤄 내지 못하게 된다 하더라도, 서로 다른 시각 간의 반목과 갈등에 대한 성찰은 우리들의 이론적 이해를 한 단계 높은 수준으로 이끌 수 있을 것이다. 의사소통 행위(Habermas, 1984)를 통해 상호주관성을 개발하는 것과 같은 비판이론의 변증법적 측면은 행정의 역동적인 과정을 이해할 수 있게 하는 구성적 접근 방법이다.

변증법은 사회(행정)세계의 모순, 갈등과 불연속성들 사이에서 비판적 통합을 찾는 과정이다. 이는 서로 다른 인식론, 사회적 관계, 방법과 기술들을 비판적으로 검토함으로써 대안적 가능성을 생각하게 하는 방법이다. 이는 플라톤(Platon)의 대화와 아리스토텔레스(Aristoteles)의 비판에 고전적으로 제시된 방법이기도 하다. 또한 (이 책의 뒷부분에서 논의될 바와 같이) 변증법은 동·서양 모두에서 오랜 철학적 전통을 가진 개념이기도 하다. 비판적·변증법적 분석은 서로 반대적인 요소, 갈등, 유형과 무형의 것, 사실과 가치를 설명하고, 해석하며, 이해할 것을 요구한다. 이는 또한 자연과 인간 간의 관계에도 적용된다. 행정 현상을 이해하는 과정은 기능주의적 인식론과 해석적 인식론, 실증주의와 반실증주의, 객관성과 주관성, 효율과 참여, 집권과 분권, 안정과 변화, 그리고 수동과 능동 등과 같이 서로 대조적인 시각들을 해소하고자 함으로써, 풍요로워질 수 있다. 비록 비판적 통합을 이루지 못하더라도, 우리는 여전히 우리들의 문제점과 차이점, 그리고 사회적 실재를 좀 더 잘 이해할 수 있게 될 것이다.

탈근대주의의 아이디어

하나의 이론적 아이디어로서 합리주의(rationalism)는 현대의 행정 역사를 관통하며 놀라운 지속성을 보여 왔다. 합리주의에 대한 무수한 논의들이 제도와 인간에 대한 행정학과 조직학 이론의 문헌들에서 발견된다. 한편 맥스위트(O. C. McSwite, 1977), 파머(David Farmer, 1988), 폭스(Charles Fox)와 밀러(Hugh Miller, 1996), 하몬(Michael Harmon, 1995) 등의 행정학자들은 이러한 합리주의에 내재한 도구적 합리성, 합리적 담론, 비맥락성의 오류를 지적해 왔다. 탈근대주의 아이디어는 행정합리성에 대해 일종의 비판적 성찰을 제공하고 있다고 여겨진다. 다른 학문에서도 이러한 반합리주의적 경향이 발견된다. 탈근대주의 시각의 학자들은 전통에 대한 비판을 주요한 골자로 하고 있다. 탈근대주의자들은 합리주의, 실증주의, 대서사(大敍事, metanarratives), 합리적 의사소통, 그리고 행정의 집권화 경향 등에 대해 비판적이다. 반합리주의자들은 반전통의 역할을 한다. 반합리주의자들은 비합리주의들의 이론적 함정을 극복하는 데 실패했지만, 행정의 전통에 대한 그들의 회의와 부정적 해석은, 학자들이 '행정적 · 관료적 권력을 부정하는' 일에 부닥뜨릴 때, 지적 활기를 불어넣어주는 힘이 되고 있다(Farmer, 1998: 5). 한편, 반합리주의자로서 탈근대주의자들은 전통적인 아이디어를 비판적으로 재구축하는 데는 관심을 갖지 않고, 대신 해체, 다중성, 차이, 분열, 권력 관계, 그리고 비판적 성찰 등과 같은 이슈에 관심을 갖는다. 행정학에서 탈근대주의자들은 구성주의적 시도를 추구하지는 않는다. 그러나 필자는 그들이 반합리성을 주창하는 것이 아니라, 행정의 근본적인 문제점을 비판함으로써 합리성에 대해 좀 더 적절한 이해를 추구하고자 한다고 여기고 싶다(McSwite, 1996).

다소 파편화되어 있는 탈근대주의 아이디어들을 이해하기 위해서는 근대성에 대한 탈근대주의의 비판을 경청해야 할 필요가 있다(Hassard & Parker, 1993; Marsh, Caputo, & Westphal, 1992; Rosenau, 1992; Albrow, 1996; Jun & Rivera, 1997). 18세기 칸트(Immanuel Kant) 등 계몽주의 철학자에 의해 시도된 근대성 기획은 객관적 과학 및 보편적 도덕과 법 그리고 자율적인 예술과 관련이 있다. 이러한 근대성 기획은 실증주의 인식론을 바탕으로 과학적 방법을 통해 인간 행태를 이해하고, 사회적 현상에 대해 인과론적 설명을 축하는 계몽주의 정신을 바탕으로 한다. 이는 인간적인 사회를 건설하는 데 이성(reason)의 역할에 대한 믿음을 근거로 하고 있기도 하다. 그러나 탈근대주의자들은 경력, 사무실, 개인적 책임성, 관료제, 인문주의, 평등주의, 평기 기준, 중립적 절차, 몰개인적 규칙, 합리성 등과 같은 근대성의 주요 요소들을 비판한다(Rosenau, 1992: 4-6).

탈근대주의는 합리주의에 대한 반전통으로 나타나기는 했으나, 정작 그 자신들은 원본(text)을 해체하고 해석하는 일 등과 같은 해석의 문제에 더 관심을 갖고 있었다. 데리다(Derrida, 1973; 1981)와 리오타르(Lyotard, 1984)의 연구에 따르면, 해체는 원본을 비판적으로 해석하는 과정으로서, 하위 원본(subtext)들을 밝히기 위해 원본(text) 자체의 용어와 모순을 사용하고, 그럼으로써 역설적으로 다양한 원본들을 드러내어, 그러한 원본들에 대해 어떤 최종적인 의미를 부여하지 않으면서 역동성을 제공하는 것이다. 여기에서 원본은 단순히 글자로 이뤄진 문학 등의 인문 자료들만을 대상으로 삼지 않는다. '원본성(textuality)'의 개념은 세계로 확장되어, 우리가 사는 이 세상을 하나의 원본으로 간주할 수도 있으며, 사람들 간의 대화뿐 아니라, 사회적 관행도 하나의 이야기(narrative)로 간주될 수 있다. 이에 대해 데리다(Jacques Derrida)는 "모든 가능한 해석 가운데 하나의 해석 방식에 고착해 의미를 최종적으로 결정하려는 노력은 궁극적으로 실패한다. 왜냐하면, 원본의 의미는 최종적인 것이 아니라 역동적이어서 본질적으로 결정할 수 없기 때문이다"라고 주장했다(Hoy, 1985: 54). 탈근대주의의 한 요소로서 해체는 근대 행정에 현존하는 기능주의의 거대 담론(grand narratives)에 대해 대안적 시각을 제시한다(Linstead, 1993). 이러한 관점을 행정에 적용해 보면, 행정 과정에 참여하는 행정인과 시민들은 정책과 행정의 해체 과정에서 능동적인 역할을 수행할 수 있다.

탈근대주의적 사고가 가장 크게 공헌한 부분은 아마도 인간의 사회적 경험에서 다양성과 차이점 및 다중성과 복잡성이 존재함을 강조하는 데 있을 것이다. 현상학은 이를 성찰적인 주체와 객체(또는 타자)가 일상 경험에서 서로의 차이점을 인지하는 것으로 묘사한다. 탈근대주의 이론가들은 행정은 갈등과 복잡성, 그리고 차이점을 수용할 수 있도록 분산되고 분할되어야 한다고 말하며, 분권과 자율성을 주장하고자 할 것이다. 여기에서 리오타르(Jean-François Lyotard), 데리다, 보들레르(Jean Baudrillard), 푸코(Michel Foucault) 등과 같은 탈근대주의자들은 논의한 분산과 분할에서 발생할 수 있는 파편화의 문제들에는 큰 관심을 두고 있지 않다. 오히려 그들은 비록 명시적으로 표현하지는 않았을지라도 파편화와 복잡성이 오히려 창조성을 촉진한다고 암묵적으로 가정한다.

대부분의 탈근대주의 아이디어들은 실용주의와 사회적 구성주의를 지지하는 듯 보인다(Bogason, 2002: 70). 그러나 탈근대주의는 실증주의와 기능주의가 관심을 기울이고 있는 문제들, 가령 사회 질서, 권위 관계, 효율성, 생산성, 정책 설계, 조직 변동, 문제 해결 등에 대해 구성적 대안들을 제대로 제공하지 못한다.

그러기보다는, 성찰적이며 비판적인 질문 과정을 새로운 제도 변혁의 가능성을 탐구하는 출발점으로 삼고 있다. 탈근대주의자들이 권위 관계, 합리성, 반행정, 집권적 근대화 기획 등에 도전하면서 이처럼 성찰적·비판적으로 문제를 제기하는 것을 피터슨(R. T. Peterson)은 탈근대주의자들의 "자의식 아이러니(self-conscious irony)의 문제"라고 하고 있다(Peterson, 1996: 194). 필자는 공적 제도 형성 과정을 좀 더 민주적으로 만들기 위해 탈근대주의적 사고가 조직 인간의 비판적 역할, 담론분석의 포괄성, 다양성과 차이의 중요성, 그리고 시민 참여의 중요성을 재강조함으로써, 전통적인 제도적 관행을 실용적이며 문화에 근거하는 대안으로 변화시킬 수 있는 세력으로 재구축될 수 있기를 기대한다.

제 3 절 사회적 구성주의 접근 방법의 이론화

지금까지 사회적 구성주의 접근 방법에 대한 본격적인 논의에 앞서 지난 세기 동안 행정 분야의 사상적 사조로 영향을 끼쳐 왔던 다른 경향들을 논의했다. 그렇다면 우리는 왜 여기에서 사회적 구성을 논의해야만 하는 것일까? 행정은 사회적 실재, 즉 사람들의 아이디어와 상호작용으로부터 구성되는(constituted) 실재와의 관계 속에 존재한다(Roy, 2001: 6). 사회적 실재가 사회적으로 구성된다고(socially constructed) 여기게 되면, 하나의 실재만 있다거나 또는 한 가지 진리만 있는 것이 아니라는 것을 받아들이게 된다. 사람들의 일상적 상호작용 속에는 그들이 경험하고 구성하는 다수의 실재와 진실이 존재한다. 따라서 실재의 본질을 이해하는 데는 다양한 방법이 있을 수 있다. 그리고 상황에 대한 해석도 다양할 수 있다. 이를 받아들이게 되면, 행정적 관리란 하나의 원리와 원칙에 기댄 통치 과정을 의미하는 것이 아니라, 다른 조직 및 사회구성원들의 다양한 관점의 가치를 인정하고 이를 반영하는 과정을 의미하는 것으로 이해하게 된다. 이러한 다양성의 구성적 반영은 사회적 구성주의가 전제하고 있는 아이디어로 많은 효과적인 조직에서 실제로 발견되는 현상이다. 사회적 구성주의의 시각에서 관리자는, 비록 자신이 어떤 문제에 대한 최상의 유일한 해결책을 가지고 있다고 생각하더라도 동일한 문제에 대해 다른 구성원들은 달리 해석할 수도 있다고 생각한다. 따라서 사회적 구성주의 행정은 정책결정자와 관리자가 어떻게 결정을 내리며, 조직구성원들을 통제하는가 하는 일에는 별 관심을 두지 않는다. 오히려 조직의 구성원이 자신들의 경험을 어떻게 구성하고, 의미를 부여하며, 그러한 의미들이 규칙, 규정, 지위, 역할, 제도, 조직 약어, 상징, 분류, 특정 과업 등으로 구체화되어 반영되는가에 더 관심을 갖는다. 행정의 실재 과업들이 행정을 구성하는 사람들의 의미와 경험을 반영하지 않는다는 것은 어불성설일 수밖에 없을 것이다.

사회적 구성주의의 행정은 조직구성원들이 상호작용하고, 대화하고, 토론함으로써 조직의 실재를 만들어 낸다고 본다. 그리고 이들의 일상의 상호작용 속에서 그들 자신과 그들을 둘러싼 환경의 의미에 대한 끊임없는 연구와 이해에 근거해 대안적 해결책을 구성할 수 있다고 생각한다. 사회적 실재 및 조직적 실재는 객관적 실체로 존재하는 것이 아니라, 인간으로서 우리가 이를 어떻게 정의하고, 이해하고, 또 해석하는가에 따라 새롭게 구성 및 창조된다. 이러한 구성 및 창조는 실재를 공유하고자 하는 당사자들 간의 의사소통과 의미 공유를 선행 조건으로 전제해야 한다. 우리 인간들은 이러한 의사소통에서 우리의 세계와 우리의 관계를 묘사하고, 다른 사람들과 관계를 형성하기 위해 언어를 사용한다. 언어적 매개를 통해 우리는 우리의 세계와 관계에 대한 각자의 이해를 공유하고 표현한다.

필자는 사회적 구성주의 행정을 논할 때 비판이론과 민주주의 행정이론이 받아들인 일련의 개념들을 통해 논지를 전개하고자 한다. 이에 대해 기초적인 개념적 자원들은 행정학과 기타 학문의 다양한 문헌에 이미 소개되어 있다. 사회적 구성주의 접근 방법의 많은 특징은 참여 민주주의, 숙의 민주주의, 거버넌스, 지식사회학 등의 문헌에서 이미 논의되었다(Pateman, 1970; Guttman & Thompson, 1996; Bohman, 1996; Dryzek, 2000; Berger & Luckmann, 1967; Gergen, 1999; Searle, 1995; Young, 2000; Collin, 1997; Roy, 2001). 여기에서는 구성주의(constructivism)[1]를 지지하는 학자들의 다소 단편적인 관점들에 대한 논의로부

1) 종종 '사회적 구성주의(social constructionism)'와 '사회적 구상주의(social constructivism)'는 서로 혼용되지만, 그들의 의미는 서로 다르다. 거겐(Kenneth Gergen)은 그 차이를 다음과 같이 서술한다. "구성주의자(constructivist)들에게 세계 구성(construction)의 과정은 심리적인 것이다; 이는 '머릿속에서' 일어

터 사회적 구성주의를 특징짓는 일련의 본질적 가정들을 간략히 소개하고자 한다.

사회적 지식의 가치

사회적 지식이란, 우리가 삶을 어떻게 살고 세계의 의미를 형성하는지에 대한 일상적 지식을 의미한다. 사회적 구성주의는 이러한 지식은 조직, 공동체 등 세상 어디에나 분포되어 있다고 주장한다. 이러한 사회적 지식 또는 일상적 지식은 특정한 공동체 내부에서는 일상적 행동에 통합된 일종의 상식으로 여겨지기 때문에 일반적으로 당연한 것으로 취급된다. 우리는 우리의 지적 감각을 통해 타인과 의사소통하며, 우리를 둘러싼 세계를 이러한 지식틀 안에서 우리의 삶을 조직화한다. 지식은 복잡하고 모호한 존재여서 우리가 "참 지식"(사회적 상황에 근거하는 지식)이라고 부르는 지식과 다른 지식(객관적인 사물에 대한 지식)을 분별하는 데에는 많은 논란이 존재한다. 사람들은 실재적이며 참된 지식 영역에 속하는 개인적 지식을 가지고, 자신이 살아갈 세계와 관계맺을 타인들에 대한 하나의 실재를 구성하고자 한다. 버거(Peter L. Berger)와 루크만(Thomas Luckmann)에 따르면, 단지 소수의 사람들만이 특정 세계에 대한 "이론적 해석"에 관심을 가질 뿐, 일반 개개인들은 각자의 사회적 지식 속에서 살아간다. 버거와 루크만은 지식사회학은 무엇보다도 먼저 사람들이 그들의 비이론적 또는 전(前)이론의 삶인 일상생활에서 '실재'라고 '알고' 있는 것에 관심을 가져야 한다고 주장한다(Berger & Luckmann, 1967: 15). 사회적 지식은 혼돈스럽고, 다양하고, 변화하는 사회적(조직적) 상황을 반영하고 있으며, 또한 사회적 지식을 낳게 된 사회적 맥락과 인간 사고와의 관계에 대해서도 관심을 갖는다. 따라서 사회적 지식은 사회적 실재에 대한 사회적 구성의 기초라고 할 수 있다.

과학적 지식은 전통적으로 관료조직의 효율적인 작동에 중요한 것으로 여겨져 왔다. 그러나 일상적 상식이나 사회적 지식은 이러한 논의에서 자주 배제되어 왔

난다. 반면에 사회적 구성주의자(social constructionists)에게는 우리가 실재라고 받아들이는 것은 사회적 관계의 결과이다." K. Gergen, *An Introduction to Social Construction,* Thousand Oaks, CA: Sage, 1999] 236-237).

다. 그러나 일상적·사회적 지식은 조직과 사람에 대해 심화된 이해(理解)를 제공함으로써 행정 지식의 질과 범위 모두를 증대시킨다. 이러한 지식에 대한 이해가 깊어질수록 사회를 구성하는 사람들을 이해할 기회가 커지게 되며, 이를 통해 사람들의 사회적·정치적·문화적·인간적 조건들을 반영하는 더 나은 결정이 가능하게 된다. 비록 우리가 참여자들의 차이점을 완전히 해결할 수는 없을지라도 적어도 우리는 일상적이고 사회적인 지식을 통해 갈등하는 참여자들의 입장을 좀 더 잘 이해할 수는 있을 것이다. 이러한 지식을 널리 공유함으로써 우리의 이해를 증진시키는 것은 조직의 관리 및 정책의 운영에서 구성원들의 몰입과 수용을 개선시킬 수 있는 최선의 방법으로 생각한다. 행정세계의 복잡한 본질을 이해하려고 노력하다 보면, 우리는 우리가 견지하는 이론적 분석의 한계 또한 좀 더 잘 인식하게 된다. 버거와 루크만은 지식사회학에 대한 그들의 논의에서 행정 현상에 대한 이론적 분석은 앞으로도 중요한 기능을 계속하겠지만, 그것이 그 자체로 가장 중요한 활동이라고 할 수 없으며, 민주주의, 인간, 상호의존성, 다양성에도 관심을 갖고 있다고 보고 있다. 개인들이 사회적 상호작용을 통해 공유한 지식은 행정의 갈등 해결 등의 문제에서 가능한 대안의 범위를 양적·질적으로 확대한다. 비전과 미션 등 조직의 목표 설정과 추진 전략에서 이러한 사회적 상호작용의 방법론을 효과적으로 적용할 수 있다면 우리는 우리의 집합적 운명을 결정하는 데 현재와는 사뭇 다른 미래 지향적인 행동을 취할 수 있을 것이다.

많은 나라에서 주류적 조직 설계의 원리로 자리 잡고 있는 정부기관의 수직적 통치는 조직과 인간의 네트워크 속에 내재된 미묘한 사회적 지식의 활용을 경시하고 있는 처사로 판단된다. 사회적 상황에서 개별적 인간 관계는 다양한 가치, 사실, 경험, 활력, 그리고 창조의 힘을 동학으로 작동한다. 비일상적 의사 결정에 당면한 행정관리자가 구성원으로부터 최대의 협력을 끌어내는 행동 방침을 찾고자 한다면, 사회적 지식을 우선 최대한 활용하고, 좀 덜 위계적인(또는 비위계적인) 상호작용 과정을 통해 집행의 가능성을 탐색해야 한다.

관계를 통한 사회적 질서

타인과의 갈등, 모호함, 위기 등의 사회적 상황에 대해 우리는 과연 어떻게 대응해야 하는가? 한 가지 우세한 견해는 권위를 가진 관리자로 하여금 조직구성원들의 순응을 끌어낼 규칙, 규정, 절차의 시행을 통해 조직 질서를 유지하거나 회복할 수 있도록 하는 것이다. 모든 공식조직은 이러한 견해가 반영된 결과물로 이해된다. 공식조직에서 조직구성원들은 주어진 절차와 형식을 충실하게 따를 것으로 기대된다. 이를 통해 효율성 및 통일성의 질서를 달성할 수 있을 뿐 아니라 조직의 구성원과 고객을 보호할 것으로 여겨진다. 이러한 조직적 질서 유지의 필요성의 기원은 홉스(Thomas Hobbes, 1588-1679)의 사회계약의 견해와 가깝다. 홉스는 사회적 질서의 확립을 위해 통치자와 피통치자 간에는 일종의 계약이 맺어지고, 이를 통해 절대적인 권위가 통치자가 위임된다고 주장한다(Hobbes, 1946). 이러한 관점을 행정의 맥락에 적용해 생각하면, 개인이 조직에 소속된 후에는 그는 관리자의 통치 권위에 따를 것이 기대된다. 여기에서 사회적 계약의 무게 중심은 사회의 질서와 안정을 목적으로 한다. 따라서 민주적인 거버넌스가 설 여지는 없다.

한편 사회적 구성주의 접근 방법은 홉스의 정부의 합리적 권위(예를 들어, 관리자의 권위)에 대한 견해와 반대적 입장을 취한다. 사회적 구성주의는 조직구성원들의 자치 능력을 강조하기 때문이다. 즉, 자율적인 개인이 상호작용을 통해 사회 질서를 유지하는 과정을 중시한다. 우리들은 혼자서는 혼돈 상황에 있는 실재를 이해하거나, 조직 질서를 재구축할 수 없다. 그러나 우리가 다른 사람들과 함께 행위에 간여함으로써 무질서와 긴장을 다룰 수 있는 방법을 함께 발견할 수 있다. 다른 사람들과 서로 관계하고 반응함으로써 우리는 우리가 속한 세상의 무질서와 차이점을 다룰 수 있는 새로운 방법, 새로운 가능성과 새로운 해결책을 창조해 낸다. 인간으로서의 우리는 세상을 창조하고 또 세상에 의해 재창조된 세상 속에서 서로의 공동 노력과, 사고와 지식을 통해 그리고 다른 사람들과 상호작용을 하면서 살아간다. 사회적 존재와 사회적 질서에 대한 우리의 의식은 인간 활동의 산물으로서만 존재한다. 우리는 사회적 상호작용, 즉 면대면의 접촉을 통해 이러한 사회적 질서를 구성해 간다. 우리가 어떻게 다른 사람들과 관계하느냐 하는 것은 우리가 어떻게 사회 질서와 우리가 살아갈 미래 세상을 구성하느냐 하는 것이다. 사회(또는 행정)세계 속의 한 사람(하나의 존재)으로서 행정인은 다른 사람들의 세계를 공유하고, 그럼으로써 행정인이 다른 사람들을 돌아볼 수 있게끔 한다.

사회적 학습과 가치의 다양성

이와 대조적으로 합리적이며 도구적인 기능주의적 접근 방법은 결정론적인 학습관을 견지한다. 이러한 관점에서 조직학습이란 이론적 지식과 바람직한 결과 간의 인과적 관계(예를 들어 어떤 기술의 사용과 생산성 증가 간의 관계)를 설정하는 과정으로 이해된다.

반면 사회적 구성의 학습관은 조직구성원들이 아이디어와 경험을 지속적으로 공유하기 위해 참여함으로써, 타인은 견해를 더 잘 이해할 수 있게 하는 학습 과정을 강조한다. 이러한 사회적 학습 과정에서는 과거와 현재의 사건들이 참여자들의 다양한 가치와 신념의 관점에서 재해석된다. 이렇게 다른 사람들의 경험과 아이디어들을 비판적으로 성찰하고 해석함으로써 "자신의 가치와 신념을 보완할 수 있는 대안적 가치와 신념 체계를 창조"할 수 있을 뿐 아니라, 다른 사람의 세계에 대한 이해를 새롭게 할 수도 있다(May, 1996: 20). 이 관점에 따르면, 다른 사람들의 가치에 자신을 노출시키는 것이 조직학습에 필수적이다. 숀(Donald Schön)은 공공조직은 "사회 전체에 영향을 끼치는 공공 문제를 조사할 수단 또는 대행자"로 간주되어야 한다고 본다(Schön, 1971: 176). 그리고 한 조직의 문제해결의 효과성은 조직이 "공공학습에 참여할 수 있는" 조직의 학습 능력에 달려 있다고 말한다. 이러한 목적을 달성하기 위해 사회적 구성주의 접근 방법은 구성원들이 능동적인 학습과 참여를 통해 혁신과 창조성을 꾀할 수 있는 기회를 제공한다. 사회적 구성주의 접근 방법은 사회 지식과 합리적 지식 모두에 대한 비판적 성찰을 강조함으로써 학습과 이해, 갈등 해결, 그리고 문제 해결이 가능하다고 가정한다. 사회적 학습은 끊임없이 진화하기 때문에 그 학습 과정은 비선형적이고, 개방적이며, 변증법적이다. 조직학습은 일반적으로 실제적 경험과 가능한 지식이 상호작용하면서 일어난다. 복잡하고 비일상적인 문제를 이해하는 데서 확증된 이론을 사용하는 것은 사실상 그리 유용하지 않다.

따라서 조직이 효과적으로 기능하느냐의 여부는 조직구성원의 학습 능력에 크게 달려 있다고 할 수 있다(Williams, 1982: 91). 민주적으로 설계된 조직에서의 학습은 조직구성원들이 그들의 일터에서 새로운 의미를 창조하기 위해 신중하게 기존의 절차, 과정, 그리고 과제를 재구성하는 의식적인 창조적 과정을 포함한다. 조직구성원들이 조직 외부의 문제와 부정적인 환류에 반응하면서 그들은 안정성을 유지하는 메커니즘에 대한 관심을 가지게 된다. 그러나 그들에게 좀 더 중요한 것은 그들이 가정하고 있는 것과 규범을 비판적으로 성찰함으로써, 오류를 수정할 수 있는 새로운 가능성을 발견할 수 있는 기회를 가지고 있는가 하는 점이다. 경직된 관료제의 경우, 조직구성원들이 이를 민주적이고 분권화된 조직제도로 변혁시키기 위해 주체적인 학습자로서 높은 책임감을 가지게 되면, 경직되었던 조직은 혁신적이고 창조적인 인적 상호작용을 가능하게 하는 조직체로 변모할 수 있다.

다양한 문화와 복합적 실재들에 대한 자각

사회적 구성주의 시각에서 보면 모든 행정(사회) 문화는 사람들이 서로 달리 인지하는 복합적 실재의 다면성과 조직 맥락에 따라 구성된다. 가령 우리가 한 문화에서 다른 문화로 이동하는 경우, 우리는 상이한 타인과의 관계적 양상을 경험하게 된다. 이와 유사하게, 한 개인이 어떤 조직에 참여하다보면 사람들이 제기하는 아이디어들이 서로 다름을 인지한다. 어떤 조직(사회) 상황에 대한 각자의 주관적 해석은 서로 다를 수도 있다. 이러할 때 각 개인이 타인들과 상호작용하고 대화를 함으로써 자신의 사고를 뛰어넘는 새로운 이해를 얻을 수도 있게 된다. 현상학자 메를로 퐁티는 이러한 이해의 과정을 "분석적 성찰(analytical reflection)"이라고 하는데, 이는 "세상에 대한 우리의 경험에서 시작한 지각을 그와는 다른 가능한 조건에 대한 경험을 통해 주체로 되돌아가 주체의 인식력을 활용해 모든 것을 아우르는 통합을 밝혀내는 과정"이다(Merleau-Ponty, 1962: ix-x).

관료주의적 문화에서의 관리자는 확립된 목표를 달성하기 위한 목적으로 구성원들의 서로 다른 경험과 아이디어들을 최대한 억제하고 동화시키고자 한다. 그러나 구성적으로 다양성을 내포하고 있는 조직환경에서 중요한 이슈는 구성원들을 하나의 지배적·위계적 문화로 동화시키는 데 있는 것이 아니라, 서로 다른 사람과 집단들이 기여할 가능성이 있음을 인식하는 동시에 이러한 차이점을 존중하는 어떤 공통점을 발견하는 데에 있다(Jun, 1996: 350). 메를로 퐁티의 관점에서 조직을 해석하면, 조직세계는 구조, 계층, 규칙, 절차, 그리고 사람들과 같이 명백히 인식할 수 있는 객체들로 구성되어 있다. 이러한 환경 속에서 조직구성원 각자는 조직이란 어떤 것이고, 이 같은 객관적인 요소들이 자신에게 의미하는 바는 무엇이며, 그들 간에 어떤 종류의 관계가 존재하는지 등에 관한 서로 다른 견해를 가지고 있다(Merleau-Ponty, 1962: 71).

현대의 다문화주의 아이디어는 대체로 합리주의와 보편적 진리에 대해 의문을 제기하는 데 기여한 탈근대주의적 사고에 뿌리를 두고 있다(Melzer, Weinberger, & Zinman, 1998: 1-2; Glazer, 1997). 탈근대주의적 사고는 우리로 하여금 지배적인 문화가 다른 문화들을 억누르고 지배하는 방식들을 폭로할 것을 제안한다. 다문화주의자들은 인종적 소수자들과 소수집단의 행정에의 참여와 대표는 다양한 관점과 경험을 배울 기회를 제공하기 때문에 사회 전체와 민주적 거버넌스에 이점을 가진다고 주장한다(Boxill, 1998). 우리가 이렇게 다양성과 다중적 실재에 대해 적극적인 관심을 가지는 것은 이것이 "입헌민주주의의 근본적인 목적을 지켜내고", 다수의 폭정이나 조직 상층부에 있는 사람들에 의한 위계적 지배를 방지함으로써, 참여적 조직을 촉진할 수 있는 수단으로 기여할 것이라는 기대에 유래한다(Boxill, 1998; Cox, 1993). 디츠(Stanley Deetz)는 이에 대해 '균형 잡힌 대응성'의 방법을 제안한다. 예를 들어, 어떤 사람이 다른 사람에게 반응해 행동할 때, 결정규칙을 찾기보다는 배려와 도덕적 지시의 순간을 찾는 것을 뜻하는 "대응적 의사 결정(responsive decision making)"이 그것이다(Deetz, 1992: 337-338).

대화, 담론, 그리고 상호주관성

사회적 구성은 상호작용적이다. 사회적 상호작용을 통해 사람들이 실재에 대해 어떻게 서로 공유하는 의식을 갖게 되는지에 초점을 두기 때문이다. 여기에서 상호작용은 모든 형태의 의사소통, 예를 들어 면대면 대화, 인터뷰, 해설, 그리고 연설, 대담 또는 글 속에서의 아이디어의 공식적 표현 등과 같은 것을 포괄적으로 포함한다. 부버(Martin Buber)의 "상호성의 원리"에 따르면, 자신과 타인 간의 관계가 반드시 대칭적일 필요는 없는 호혜 관계를 통해, 서로 수동적 방식과 능동적 방식으로 소통한다(Buber, 1961). 비록 부버가 다문화적 맥락에서와 같은 다양한 대화의 존재를 가정하지는 않았지만, 그의 대화적 접근 방법은 조직세계에서 관계성과 호혜성의 중요성을 강조하고 있다. 이러한 관점에서 변화의 가능성은 자신과 타인 간의 대화 속에서 생겨난다. 대화적 의사소통은 참여자들이 그들의 아이디어를 표현하고 다른 사람들의 견해를 듣는 과정을 통한 대안들의 형성 과정에 중점을 두기 때문에 사회적 구성 과정에서 필수적인 요건이다. 소통과 대화를 통해 새로운 이해가 발생하고, 새로운 이해는 변화를 추동하며, 변화는 대안을 형성한다. 따라서 대화 과정은 상호 주관적 실재를 구성하는 데 필수적이다.

상호 주관적 실재에 대한 사회적 구성은 서로 다른 두 가지 관점에서 살펴볼 수 있다. 먼저, 후설(Edmund Husserl, 1859-1938)은 개인의 상호 주관적 삶의 구성에 관심을 갖는데, 이는 선험적 자아는 다른 자아들의 경험, 또 다른 자아, 그리고 다른 삶들과 연결되기 때문이다. 후설의 주요 관심사는 어떤 사람이 자신의 선험적 경험, 즉 선험적 주관성을 발견할 수 있도록 하는 데 다른 사람의 경험이 어떻게 도움을 주는지에 두고 있다(Husserl, 1962; Ströker, 1999). 후설은 사람들의 상호 주관적인 경험의 본질을 살피지만, 언제나 그것을 주관성 속에 근거를 둔다. 후설의 관심은 다른 사람이 어떻게 한 사람의 의식 속으로 들어가는가에 두고 있다. 후설의 "생활세계"[2)]관은 주체 의식에서 항상 중요한 부분이다. 그러나 그는 사람들이 어떻게 함께 상호적으로 공유된 실재를 갖게 되는가에까지는 나아가지 않았고, 자신과 타인들 간의 대화와 실제적 담론을 통해 상호주관성을 구성할 수 있는 가능성을 간과하고 있다.

상호주관성 밑에 깔려 있는 또 다른 가정은 사람들은 아이디어와 경험을 공유함으로 인해 변화할 것이라는 것이다. 조직은 이러한 점에서 개인이 상호 주관적 실재를 구성할 수 있는 장소로 가능성을 제공한다. 개인들은 조직생활을 통해 상호적으로 서로의 의식으로 들어감으로써 아이디어와 경험을 공유할 수 있다

2) 생활세계는 개인의 살아 있는 경험인 구체적인 실재로서, 과학자가 만들어진 그 실재에 대한 해석과는 대조된다.

(Zanner, 1970). 서로의 편견과 경험을 숙고함으로써 행위자들은 사회적으로 의미 있는 사업을 만들어 낼 수 있다. 후설의 제자인 슈츠(Alfred Schutz, 1889-1959)는 상호적이며 호혜적인 과정에서 상호주관성을 강조한다. 슈츠(Schutz, 1969)에 따르면, 면대면 상황에서 사회적으로(상호적으로) 공유하는 현상, 즉 면대면 만남을 통해 구성원들이 "우리-관계(we-relation)" 의식을 공유하는 사회적 실재를 만들어 낼 수 있다고 보았다.

행정조직의 기초는 조직의 목표와 수단에 대해 구성원의 합리적 행위를 가정하고 있기 때문에, 하버마스(Jürgen Habermas)는 그의 비판 이론에서 이성은 과학적 합리성에서 명백히 드러난다는 베버의 견해를 넘어서서, 의사소통 행위를 통해 합리성을 달성하고자 한다. 상호 주관적 관계는 사회적 상황과 공공적 영역에서 대화와 담론을 통해 개발될 수 있다고 보았다. 하버마스(Habermas, 1987; 1998)의 담론 윤리는 기술적·도구적 학습보다 도덕적 학습을 강조하기 때문에, 이러한 담론 윤리의 사회적 실천은 행정인들로 하여금 그들의 행위가 다른 사람들에게 끼치는 부정적 효과를 깨달을 수 있도록 도와 줄 수 있다. 하버마스에게 개인들의 성찰적인 행위와 소통은 중요한 의미를 지녔다. 그러나 탈근대주의적 시각은 상호 주관적 의사소통에 근거해 실재를 구성할 수 있는 가능성을 부정하며, 탈근대적 담론에서의 주체(개인)들의 역할에 의문을 제기한다. 예를 들어, 푸코(Foucault, 1969; 1981)는 각 주체들은 위계적 권력 관계뿐만 아니라, 모든 사회적 관계에 내재하는 권력 관계에 의해 구성된다고 주장한다. 이처럼 양자간에 차이점은 있지만, 하버마스의 상호 주관적 담론의 견해와 푸코의 경제 구조, 사회 및 행정 구조 그리고 다양한 담론 간의 관계분석 두 가지는 모두 정부, 기업, 시민 간의 변화하는 관계들의 양상을 이해하는 데에 도움을 준다. 여기서 필자는 개별 행정인들이 각 조직과 공동체 내에서 다른 사람들과 함께 일하고 상호작용하기 때문에, 그들의 책임성을 강조하고자 한다.

결과를 무시하지 않는 과정 촉진하기

사회적 구성주의 접근 방법은 사람들이 경험을 공유하고 인적 협동을 위한 전략을 개발하기 때문에 의미와 지식을 창조하는 과정에 관심을 가진다. 사회적 구성은 언제나 인간 관계를 포함하기 때문에 그 과정은 행위와 목적(또는 목표), 그리고 의도하는(또는 바람직한) 결과들을 연결하는 또 하나의 중요한 수단이 된다. 그들 간의 상호작용은 새로운 행위와 변화의 가능성을 낳기 때문에 그 과정은 진화적이며 변증법적이다. 과정은 또한 의도하는 목표의 실현을 향한 하나의 결정론적인 경로로 간주되기도 한다. 에드워즈(David Edwards)에게 '과정'이라는 용어는 대체로 "어떤 형태의 도달이나 완성을 향해 연속적 행위나 단계를 거쳐 움직이는 개인이나 집단의 행위"를 함의한다. 그는 과정을 "어떤 일정 형태나 규칙성, 그리고 효과적인 자동성, 때론 역동성을 띠는 일련의 행위나 사건들"로 본다(Edwards, 1973: 61-62). 과정은 어떤 해결책을 완성하거나 결과를 실현하고자 하는 수단이며, 결과는 조직 목표나 공공사업 목표를 실현하는 것으로 볼 수 있다.

과정은 공공정책의 형성과 집행 과정 등과 같이 눈에 띄는 진행 중인 행위, 조직학습과 적응 과정과 같이 느리고 식별하기 어려운 행위, 예산 결정과 정책 결정과 같은 정치적 행위, 또는 협상 과정과 같은 집단적 흥정과 논쟁 해결 행위 등을 포함한다. 한편, 과정을 결과의 측면에서 이해하는 것은 설정된 좌표를 향해 나아가는 선형적이고 합리적인 모습을 상정한다. 따라서 의도하는 결과는 행위자 신념의 본질과 이미 결정된 행동 방침을 실현하는 것이다.

사회적 구성주의가 강조하는 과정도 대화에 참여해서 조직의 관심 사항이나 외적 관심 사항과 문제와 이슈에 관해 서로 다른 견해를 교환하는 데 관여하는 사람들 간의 비선형적이고 개방된 상호작용으로 여겨질 수 있다. 한편 공공문제의 해결에서 때로는 이러한 과정 그 자체가 가장 중요한 결과일 수도 있다. 과정은 결코 정상적인 목표 달성을 저해하는 것이 아니다. 목표 달성 역시 중요한 인적 경험이며, 가치있는 사회적 자산이다. 그러나 많은 목표는 일상적인 방식으로 달성된다. 가령, 복지기관에서의 인적 서비스의 제공, 제조업 조직에서의 생산 할당량 달성, 사무실에서의 우편물 배달 등의 사례를 일상적인 방식으로 목표가 달성되는 실례로 들 수 있다. 반면 비일상적인 상황에서는 과정이 의도하는 결과로 이어지지 못할 수도 있다. 상호작용과 대화 그리고 사용하는 언어의 명확성을 특히 강조하는 과정이 설령 어려운 쟁점에 관해 동의를 끌어내지 못한다고 하더라도, 참여자들은 적어도 다른 사람들의 반대 의견을 알 수 있게 될 것이며, 이를 통해 그들의 원래 입장을 초월할 수 있다. 우리는 사회적 구성의 모두 과정이 모든 상황에서 모든 면에 긍정적인 영향을 끼치거나 모두 의도한 목적을 항상 달성할 것이라고 기대할 수는 없다. 달리 말하면, 과정이 항상 효율적인 결과로 이끄는 것은 아니다(Wildavsky, 1979). 가령 조직에서 어떠한 과정은 때로는 긍정적이거나 부정적이기도 하며, 투명하거나 비밀스럽기도 하며, 포용적이거나 차별적이기도 하며, 촉진적이거나 파괴적이거나, 또는 그 중간의 어떤 것일 수도 있다. 따라서 효과적인 과정이 바람직한 결과를 가져올 것이라는 가정과 관련해서 사회적 구성의 과정은 다양한 행위자 간의 광범한 상호작용과 협동의 경험을 촉진하고자 한다. 참여적 과정에서 참여자는 그들의 아이디어를 표현하고 그들의 견해를 공개적으로 다른 사람들과 공유해야 할 책임이 있다.

개인과 조직 그리고 사회 사이의 변증법

행정은 외부 조건들에 의해 영향을 받는 동시에, 현재와 미래의 문제들을 해결하면서 사회에 영향을 끼친다. 행정의 실재는 행정인의 주관적 행위뿐만 아니라 객관화된 사회적 요소들에 의해 결정된다.[3] 행정은 사회세계의 맥락(예를 들어, 대중) 속에 존재한다. 행정은 사회로부터 격리되어 있는 존재가 아니다. 사회환경은 행정인의 생각과 계획의 방향을 바꿀 수 있으며, 행정인은 자신들의 인식과 지식, 그리고 경험에 따라 그 사회환경을 해석한다. 행정은 환경 그리고 시민들과 상호작용함으로써 사회적 환경에 대한 의미를 구성한다. 따라서 행정은 사회, 제도, 행정 지식, 그리고 개인들 사이에 존재하는 진행 중인 일종의 변증법적인 과정이다. 사회와 행정은 분리될 수 없고 서로 영향을 끼친다. 개인들이 사회적 과정을 통해 제도와; 공동체를 변화시키는 데 중요한 역할을 하는 것과 똑같이 그들 자신도 그러한 사회적 과정에 의해 변화될 수 있다.

개인과 조직 간의 관계는 또한 변화하고 진화하는 조직 실재들, 예를 들어 조직의 예산 부족과 이의 직원들에 대한 영향, 직원의 이직과 이의 조직 성과에 대

3) 버거와 루크만이 서술한 바와 같이, 우리는, 자신들의 삶을 살아가며 주위 환경을 주관적으로 해석하는 대로 사람들에 의해 창조되고 유지되는 사회인 객관화된 세상에 태어난다. 이러한 객관화된 세상이 일상언어와 사회적 실천에 의해 유지되고 수정될 때, 이는 종종 "실재"하는 것으로 당연하게 받아들여진다.

한 영향, 관리자와 직원의 관계, 그리고 변화하는 조직에서의 행위 연구 등과 같은 조직 실재들을 통해서도 변증법적으로 이해될 수 있다. 관리자는 구조, 목표, 정책, 기술, 과업, 기능 등을 강조하지만, 직원 개개인들은 관계, 권한 강화, 직무 만족, 자기 개발 등과 같은 개인적인 욕구를 만족시키는 데에 관심을 갖는다. 효과적인 관리자가 되기 위해서는 갈등을 해소하고, 변화하는 작업 과정 속에서 다른 구성원들과 함께 일을 할 수 있는 능력을 가져야 한다(Bolman & Deal, 1997, Argyris, 1964).

개인, 조직, 그리고 사회 간의 관계는 가치, 갈등, 긴장, 위기, 불확실성, 분열 등을 담고 있으며, 그런 관계는 새로운 사회적 실재와 현재와는 다른 미래를 창조할 수 있는 가능성을 제공한다. 예를 들어, 예산 위기를 헤쳐 나가는 것은 우선순위를 재조정하고 변화된 의식으로 다른 사람들과 함께 일하는 새로운 방식을 탐색하도록 이끌 수도 있다. 악화되어가는 자연환경에 대해 사람들의 의식이 고양되는 것은 시민들로 하여금 지속 가능한 환경을 달성하기 위한 행동을 하도록 도움을 줄 수도 있다.

행정에 대한 주류적 이론은 고도 성장과 산업화 시기에 조직의 욕구를 반영하기 위해 개발되었기 때문에, 개인-조직-사회(그리고 개인과 조직) 간의 관계가 부적절하게 다뤄진 측면이 있다. 관료제 이론과 근대적 관리 접근 방법은 효율성과 생산성을 유지하기 위한 수단적·기술적 합리성을 확보하는 데 그 목적을 두고 있다(Ramos, 1981). 정책분석에서 합리적 선택이론은 정책 선택을 기존의 자원과 구조를 고려하면서 경제적이고 정치적인 방식으로 극대화(또는 만족)하는 것으로 가정한다. 그러나 변화하는 사회(그리고 변화하는 조직)를 제대로 이해하기 위해서는 해석적이며 비판적인 시각에서 특히 강조되는 변증법적 사고가 요구된다. 개인, 조직, 그리고 사회 간의 진화하는 관계에 관한 변증법적 시각은 사람들의 아이디어와 가치에 영향을 끼치는 역사적·문화적 맥락들을 인식할 뿐만 아니라, 전통을 새로운 사회적 조건과 사람들의 새로운 경험을 고려하며 비판적으로 검토한다.

제 4 절 사회적 구성으로서의 세계화

모든 수준에서 전 지구적 정치와 행정이 거대한 변화를 겪고 있다는 무수한 징후들이 발견되고 있다. 경제, 사회, 정치적 구조와 행정 개혁들이 나타나고, 기술과 정치가 더욱 역동적이게 되면서 이전의 접근 방법들이 변화를 겪고 있다. 세계 문제에서의 행동과 상호작용이 국민국가에 의해 지배되는 국가 중심적 구조는 이제 초국가적 집합체들이 - 다국적 기업부터 소규모 도시들, 그리고 매우 다양한 새로운 종류의 행위자들이 결합된 전 지구적 네트워크까지 - 국가의 경계를 넘어서는 일에 관여하게 되는 새로운 구조와 과정으로부터 도전을 받고 있다.

세계화는 제도적·사회적 관계를 연결시키는 다양한 방식에 영향을 끼치고 있다. 경제학자들과 기업 분석가들은 소규모 기업과 지역의 산업집단을 장려하는 새로운 전 지구적 기업 전략의 향상뿐만 아니라 다국적 기업의 확산에 대한 경제적 영향을 살피는 데 열심이다. 정치학자들은 초국가적 정치 기구의 부상과 이들이 지역과 국가의 제도와 세계정부의 자율성과 주권에 던지는 함의에 초점을 맞추고 있다(Luard, 1990; Rosenau & Czempiel, 1992).

또 다른 하나의 가능성은 세계화를 각 지역의 문화적 다양성과 이질성이 유지된 채로 세계가 하나의 단일의 장소로 변모되어 가는 과정으로 생각하는 것이다. 이러한 관점에서는 동질화를 가정하고 있지 않으며, 정치와 사회의 민주화 등 환경의 변화로 인해 예술과 문화의 상호 교류와 같은 상호작용이 증대되는 상황을 상정하고 있다. 이에 로버트슨(Roland Robertson)은 "모든 국제정치는 상당히 문화적이다. 우리는 "전 지구적 문화의 정치 시기"에 살고 있다"고 주장한다(Robertson, 1992). 그는 세계 체제의 관점보다는 세계화의 과정에서 문화 영역에 초점을 맞춘다. 로버트슨은 "국가적으로 구성된 사회(nationally constituted society)"의 실재에 대한 중요성과 "인류뿐 아니라 개인과 개인들의 구성이 전 지구적인 변화의 그림 속에서 어디에 적합한지를 알아야 할" 필요성을 강조하면서, 문화의 상대적 자율성에 대한 아이디어를 중심으로 전 지구적 사회 변화에 대한 종합적인 분석을 보여 주고 있다(Robertson, 1992: 5). 전 지구적 분석에 나타난 문화적 변화는 해외 관광, 빠른 교통, 전 지구적 원격통신, 전자적 대중매체 등에 의해 영향을 받은 것 또한 명백하다.

우리가 주지한 세계화 담론을 비판적으로 검토해 본다면, 세계화는 비단 국제적 환경에 적응하는 과정으로서만이 아니라, 사람들이 사회문화적, 경제적, 정치적, 그리고 기술적 영역에서 상호작용을 함으로써 새로운 가능성을 창조하는 것으로 이해될 수도 있을 것이다. 이 경우, 세계화는 사회세계에 대한 인간의 사회적 구성(human construction of social world)의 한 형태로 이해될 수도 있다. 이는 전 지구적인 사회경제적, 그리고 정치적 상황에 더해 지역적 상황을 개선할 대안들을 발굴하는 방법론으로서뿐 아니라, 상호 의존의 의미를 공유하는 방식을 구상하고 또 재구상하는 지속적 동학으로 이해될 수도 있다. 이러한 점에서 세계화 과정은 근대화의 지속이 아니라, 오히려 사람, 공동체, 제도, 그리고 사회가 주체가 되는 세계의 개방형적 변혁에 해당한다. 앨브로(M. Albrow)가 적절히 지적하듯이, “세계화는 비확정성과 모호성이 내포되어 있다”(Albrow, 1996: 94).

그러나 경제적 세계화는 대체로 근대주의적 발전의 연장이었다. 근대주의는 경제적, 사회적, 그리고 과학적 진보를 향한 선형적 투영이라는 측면에서 발전과 혁신과 관계가 있다. 그러나 세계화는 경제적 세계화 이상의 것이다. ‘전 지구적(global)’이라는 용어는 하나의 지구 공간(하나의 세계적 공간)을 포괄적으로 함축하며, 그 공간 내에서는 국제적인 공공 영역 상의 정치적, 경제적, 문화적, 그리고 사회적 상호작용이 일어난다. 우리가 세계화에 대한 접근 방법들을 개념화할 때, 우리는 사회적 현상과 세계 현상을 관리할 수 있는 방법들로 변화시키는데 따르는 복잡성을 강조한다. 사람들 사이의 상호작용을 다룰 때 우리는 위로부터의 세계화와 아래로부터의 세계화라는 두 가지의 상반된 시각이 있음을 본다. 세계화가, 신생 산업국가에서 그런 것처럼, 중앙의 정책과 규칙에 의해 결정될 때, 탈근대주의자들이 묘사하듯이, 근대주의 계획의 목표를 합리화하기 위해 “거대담론(grand narratives)”이 광범위하게 사용된다. 위로부터의 정책결정자에 의해 통제되는 이야기와 담론은, 근대주의가 주창하는 것처럼, 사회 변동에 대한 결정론적인 견해와 합리성의 아이디어를 강조한다. 가령 세계무역기구(WTO)의 창설과 국제무역협정들은 위로부터의 세계화의 산물로 이해된다.

한편 세계적으로나 지역적으로나 변혁에 중요한 것은, 모든 수준에서 사회적 상호작용에서 비판적 담론이 지니는 필요성이다. 1990년대 중반에 우리는 세계적 자본주의, 산업주의 그리고 합리주의에 관한 보수적 담론들이 사회적 상호작용과 참여적 문제 해결뿐만 아니라 지역 수준에서의 사회 혁신의 가능성을 억누르고 있음을 깨닫게 되었다. 1990년대 말 아시아와 남미에서 발생한 경제 위기는 경제적 세계화에 대한 담론이 국제무역 이슈에 초점을 맞춰 온 경제 강국들에 의해 크게 좌우되어 왔다는 사실을 입증한다. 부유한 국가가 더욱 풍요로워짐에 따라 빈국은 더욱 뒤처지고 세계 시장에서 경쟁을 할 수 없게 되며, 더욱 심각한 빈곤과 불평등에 처하게 된다. 위로부터의 세계화를 비판하는 사람들은 정책결정가들과 고위직 전문가들이 경제 발전을 위한 그럴듯한 주장을 제시하기 위해 정보를 조작해 세계화를 향한 국내 정책들을 설계해 왔다고 주장한다. 이러할 정도로, 경제 세계화는 비판사회이론과 위계적으로 협상된 세계무역정책과 경제적 상호작용에 대한 재고의 대상이 되고 있다.

하버마스(Habermas, 1984)의 비판이론은 세계화 정책을 분석하는 데 활용될 수 있다. 그의 의사소통 행위이론은, 만약 사람들이 가능한 결과들을 이해하면 거대담론조차 받아들여, 변증법적 이해와 상호 학습을 통해 공동 비전을 찾아낼 수 있는 수단이다. 하버마스는 정책결정가의 상징적 비전이 진정으로 소통되고 공유되는 한 행정행위는 정당화될 수 있다고 가정한다. 게다가 리오타르(Lyotard, 1984)와 같은 많은 탈근대주의자는 거대담론보다, 근대적 제도에 의해 통제되지 않은 '지역담론(local narratives)'을 활용할 것을 강조한다. 탈근대 실용주의자인 로티(Rorty, 1982) 역시 단일적 속성의 거대담론을 거부하고, 특히 지역 행위자들 간의 대화를 통해 지역 문화를 이해하는 실용적인 방식을 주장한다. 하버마스는 주체들의 통합 가능성뿐만 아니라 상호 주관적 학습에 대한 구성주의적 관점을 강조하지만, 비판사회이론가로서의 탈근대주의자들은 "인간 공동체를 민주화하는 방법의 하나로서 자신을 비판적으로 이해할 것"을 강조하는 듯하다(Keyman, 1997: 4). 그러나 하버마스의 비판이론과 탈근대주의자들의 거대담론에 대한 비평은 모두 세계화 정책과 같은 정책 결정을 도구적·경제적 합리주의로 환원하는 것을 반대한다. 규범적 관점에서 보아, 비판적 담론과 대화는 시민들과 지역의 정책행위자들이 그들 자신들의 상황과 관련한 결과들을 이해하고 공공선을 발견하는 과정에 관여하게 됨으로써 정책 내용을 더욱 좋게 한다. 달리 말하면,

광범위하게 대표되는 행위자들 간의 참여적 담론과 대화가 없이는, 경제적 합리주의는 불완전할 뿐만 아니라, "전 지구성(globality)", 즉 인적 상호작용과 세계적 세력을 지닌 집합적 행위를 촉진하기 위한 "공적인 이성(public reasons)"을 만들어 낼 수도 없다(Albrow, 1996: 82-85).

물론 세계화의 결과가 어떠할지는 모른다. 세계화의 목표(또는 의제)가 표명되더라도 이는 그저 미래의 비전일 뿐이다. 근대화와 경제 발전의 국내 목표가 특정 기간 내에 형성되고 집행될 수도 있으나, 서로 다른 문화적 배경을 가진 사람들이 어떻게 행동할지 예측하기 어렵기 때문에 세계를 지향하는 행위들은 더 많은 신축성과 다양성이 요구된다. 이에 더해, 세계화 행위들은 담론과 대화를 통해 집합적 의식을 형성하는 복수의 행위자들 사이에 좀 더 많은 협업이 필요하다. 세계화 행위는 국민국가와 지역사회 간의 상당한 법적 · 문화적 차이로 인해 예견하기 어려운 문제들에 직면하기도 한다. 세계화 전략은 점진적인 방책일 뿐이며, 그 결과는 예측할 수 없다. 하나의 가능한 미래를 만들어가는 과정에서 국민국가와 제도와 사람들은 인지한 이해 관계의 공통점을 탐색함으로써 하나의 다른 경험을 만들어 낼 뿐만 아니라 옛 경험과 새로운 경험을 계속해서 해석하고 또 재해석한다.

요약하면, 세계화는 국민국가, 문화, 인간 행위, 사람들의 생활 경험, 그리고 경제적 · 물질적 교환의 상호 의존이며 상호 연결이라는 것이다. 세계화는 국민국가, 제도, 그리고 사람들 사이에 문화적, 사회적, 정치적 그리고 경제적 상호작용과 상호의존성이 강화된 것이다(Jun & Wright, 1996: 1-8). 세계화에 포함된 각 개체와 개인은 과정에 관해 각자 특유의 시각을 가지고 있다. 각자는 특정의 렌즈를 통해 분화된 세계적 변화들의 일부분을 설명하고, 다른 곳에서는 얻을 수 없는 통찰력을 제공한다. 경제 세계화는 계속 증가해 강화되고 있으며, 비대칭적이며 단속적인 사회문화, 경제, 정치 발전이 경제 세계화의 공통된 특징이다. 전 세계적으로 사람들은 풀뿌리 수준에서의 더 많은 자율과 참여를 요구하고 있다. 예를 들어, 경제 세계화의 부정적인 결과들은 하나의 동질적이고 법인화된 경제를 건설하고자 하는 소위 워싱턴 합의(Washington Consensus)에 대해 전 세계적으로 비정부조직(NGOs)과 수백만의 사람이 조직적으로 반대하는 일을 초래했다. 시애틀, 워싱턴, 칸쿤 등에서의 WTO 회의에 반대하는 길거리 시위는 경제 세계화의 동력을 확실히 둔화시켰다.

세계화의 바람직하지 않은 다양한 결과가 나타나는데 대해 역설적인 쟁점들을 비판적으로 검토하고, 이해하며, 해결하는 하나의 방안은 빈국과 부국 사이, 중앙과 지방정부 간, 그리고 정책결정자와 시민 간의 대화적 상호작용을 강화하는 것이다. 만약, 세계화(특히 경제 세계화)가 사람들에게 의미 있는 것이 되려면, 이는 지속 가능한 발전과 지역의 민주적 거버넌스를 향상시키는 데 기여하고, 비판적 담론에 근거하는 하나의 참여적이며 구성적인 과정의 부분이 되어야 한다. 세계화, 특히 경제 세계화의 미래는 위로부터의 행동과 아래로부터의 목소리 사이의 변증법적 과정을 요구한다. 즉, 미래는 관계하고, 공유하며, 학습하고, 절충하는 과정들을 통해 비판적이고 민주적인 가능성들을 모색하는 사회적 구성의 과정을 향해 나아가야 한다.

제 5 절 성찰

이 장에서 필자는 사회적 상호작용과 민주적 참여 수단들을 통해 우리들이 문제를 더욱 잘 이해하게 되면 새로운 공동체와 새로운 행정을 만들어 낼 수 있다고 주장했다. 전통적 행정은 우리의 사고 양식과 관계들을 실증적이고 위계적인 틀 속에 한정하는 경향이 있으며, 그로 인해 우리들이 문화, 사회, 그리고 정치적 맥락에 근거한 사회적 실재와 사회 지식의 활용, 그리고 민주적 가능성을 이해할 수 있는 기회를 막고 있다. 공공 제도들을 관리하는 데 기능주의적·실증주의적 정향의 영향력이 너무 지배적이어서 공공 제도들이 민주적인 대안들을 발굴하는 것을 방해하고 있기 때문에, 언뜻 보면 사회적 구성주의 접근 방법은 비실용적이거나 또는 불가능하게까지 보일 수도 있다. 그러나 사람들이 과대화된 행정국가의 비효과적인 통치에 대해 더욱 비판적이게 되면, 그들은 비판적 의사소통과 토론을 촉진하는 대안들을 찾게 될 것이다. 이러한 새로운 행정은 과거의 행정과 몇 가지 측면을 공유할 것으로 예상된다. 행정인들이 오랜 기간에 걸쳐 구성해 온 객관화된 제도적 요소들이 모두 폐기되지는 않을 것이다. 행정에서의 사회 구성적 아이디어들은 민주행정의 개념적 기초로 쓰일 수 있을 것이다. 사회적 구성주의 접근 방법은 비판적인 근대 및 탈근대적 행정이 충실히 성찰적·비판적으로 사고하며, 관계하며, 살아가고 그리고 일하는 데 관여할 필요성을 채워 줄 합리적인 후보이다.

필자는 행정에서 사회 지식을 조직 차원에서, 국가적으로 그리고 전 지구적으로 활용할 것을 강조해 왔다. 이러한 사회 지식은 대체로 사람들의 가치, 경험, 신념, 아이디어 등을 담고 있다. 또한 이는 고려되어야 할 필요가 있는 어떤 상황에 대해 다양한 견해와 해석이 있음을 함축하고 있다. 이에 더해 사회 지식은 사회정치적, 경제적, 문화적 환경의 상황들을 반영한다. 이러한 상황들을 이해하는 것이 사회적으로 받아들일 만한 대안과 결정을 설계하는 데 필수적이다. 또한 사회 지식은 조직 내에서의 혁신은 지도자, 관리자, 전문가 그리고 기타 조직구성원들이 지식을 공유함으로써 일어날 수 있다고 가정하며, 조직 외부에서는 사람들이 그들의 지식을 공유하고, 공식·비공식적으로 결합된 네트워크를 통해 상호작용하고 소통하며, 관계와 학습에 관여하고, 기업, 비영리조직, 단체, 집단, 그리고 시민들과 상호작용을 할 때, 사회 혁신은 일어날 수 있다고 가정한다.

행정은 상호작용과 대화, 그리고 담론을 통해 사회적으로 구성되고 또 재구성된다. 우리는 변화를 야기할 수 있는 능력이 있음을 스스로 깨닫게 됨으로써, 그리고 비판적 성찰을 통해 기존에 확립된 관료문화에 대한 가정들과 규범들을 검토함으로써 제도, 규칙, 기능, 역할, 그리고 절차 등 주어진 구체적 요소들을 해체할 수도 있다. 만약 우리가 이러한 재구성의 과정이 결국 우리의 책임이며, 우리의 힘으로 스스로 할 수 있음을 깨닫지 못한다면, 행정은 더욱 황폐화될 것이다. 그 결과는 공공 제도들이 제대로 기능하지 않고 비인간적으로 실행되는 상황으로 나타나게 될 것이다. 현재와 같은 방식으로 제도들이 비신축적이고 통제 지향적이도록 만든 것은 결국 사람들이다. 따라서 행정의 사회적 구성(또는 사회적 해체)은 행정인들이 의심의 여지가 없다고 받아들여지는 신념들을 비판적으로 검토하고, 전 지구적 도전에 대응할 뿐만 아니라 비효과적이며 엉터리인 제도적 실행을 변혁할 새로운 방안을 탐색하는 행정인들의 성찰적 행위이다. 상층부에 있는 사람이 하층부의 사람에게 귀를 열지 않고 중요한 정책을 마련하는 한, 세계화는 불안정할 수밖에 없다. 만약 행정인들이 공허한 질서를 유지하고 힘없는 개인들이라는 존재를 넘어 의미 있는 존재로 거듭나고자 한다면, 그들은 의미 있는 실재를 적극적으로 구성하는 데 참여해야 한다. 우리가 기본적인 문제들을 이해하고 바람직한 결과들을 얻고자 한다면, 정책 개발은 그것이 한 국가의 정책 개발이든 또는 전 지구적 정책 개발이든, 변화를 추구하는 정책결정자, 최고책임자, 관리자들의 관심과 욕구, 그리고 변화의 대상이 되는 시민들의 관심과 욕구가 모두 매우 진지하게 다뤄져야 하는 하나의 사회적 구성 과정으로 여겨져야 한다.

제4장

사회적 설계로서 행정*

전통적으로 행정은 과학 또는 기술로 간주되어 왔으며, 이는 행정학 분야의 이론과 실천의 정향에 상당한 영향을 미쳐왔다. 가령, 행정을 과학으로 간주한다면, 행정은 과학적 방법론과 계량적 정보 등 객관적 정향에 좀 더 가깝게 연계될 것이다. 반면, 행정을 기술로 간주한다면, 행정은 관리자가 현장에서 겪는 다양한 문제들을 헤쳐 나가기 위한 기능적 조정, 리더십 기술, 갈등관리 및 협상, 의사결정 등 문제 해결의 노하우의 이미지로 좀 더 잘 이해된다. 필자는 행정을 과학 또는 기술로 바라보는 이러한 두 가지 관점의 이분법적 시각을 경계한다. 그리고 특정한 하나의 시각 단독으로는 까다로운 행정의 문제를 이해하고 해결하기에 충분히 만족스럽지 못하다고 생각한다. 이에 이 장에서는 행정과 정책을 일종의 사회적 설계(social design)로 이해하는 대안적인 관점에 대해 논의하려고 한다. 사회적 설계는 앞 장에서 논의한 사회적 구성주의의 개념을 실제 현실 문제에 적용하기 위한 실용적인 고민을 반영하고 있는 관점으로, 참여자들의 소통과 참여의 과정을 어떻게 설계할 것인가에 대한 개념이라고 할 수 있다. 이러한 새로운 접근 방법 제시의 당위는 다음의 세 가지 근거에서 찾을 수 있을 것 같다. (1) 행정(학)을 과학 또는 기술로 단순화해서 이해하는 일차원적 접근 방법에 대한

---

* 이 장은 전종섭의 저서 『행정: 설계와 문제 해결(*Public Administration: Design and Problem Solving*)』(New York: Macmillian, 1985) 가운데 "사회적 설계로서 행정"(Public Administration as Social Design)을 다시 편집한 것이다.

과신의 위험이 알려질 필요성, (2) 우리가 일상적으로 사용하는 개념적 접근들과 실제 사회적 현상 간에 존재하는 격차에 대한 논의의 필요성, (3) 무엇보다 중요한 것은 사회적 구성주의의 관점을 행정(학) 분야에 적용할 수 있는 실천적 논리를 제공한다는 점이다.

제1절 은유의 사용과 남용

우리는 종종 현상에 대한 이해를 돕기 위해 수사적 은유(metaphor)를 사용하곤 한다. 은유는 사회적 현실을 이해하고 해석하는 데 하나의 기본적 틀을 제공한다는 점에서 기능을 지닌다. 우리가 현실을 보는 한 가지 방식을 제시해 준다는 점에서 은유는 패러다임(paradigm)과 유사한 의미를 지니기도 한다. 반면 동시에, 은유는 우리가 복잡한 현실 가운데 단지 선택된 측면만을 반영시킨다는 점에서 현상에 대한 포괄적인 이해를 방해하기도 한다. 이에 대해 랜다우(Martin Landau)는 다음과 같이 지적한다. "은유는 인식을 구조화하고, 타당성을 확립하며, 해석적 체계를 제공한다. 그러나 은유는 완전한 인식과 함께 사용되어야 하며, 완벽하고 명확히 만들어져야만 한다"(Landau, 1972: 100). 은유는 지식이 유형화된 형태이고, 주어진 현상의 상징적 표현이며, 언어적 기술의 동반자이다. 은유는 사회세계의 특징들을 설명하는 데 유용하게 사용된다. 이러한 상징적 도구들은 매우 유용하다. 그러나 화이트헤드(Alfred North Whitehead)가 지적했듯, 은유는 "단지 현실을 특정한 방식으로 이해하는 데에만 유용한" 불완전하고 제한적인 인식적 도구라고 할 수 있다(Whitehead, 1927). 현실의 개념들을 상징적 형태로 유형화하는 경우, 개념의 총체성은 필연적으로 희생되기 마련이기 때문이다. 따라서 은유는 우리가 개념을 발전시키고, 직관적으로 표현하는 데 사용하는 절차로서 유용한 하나의 도구일 뿐 현실 그 자체라고는 할 수 없다.

은유는 어떠한 의미에서 거짓을 만들어 내기도 한다. 은유는 남용되는 경우 하나의 은유를 또 다른 은유로 설명함으로써 순환 논리의 오류에 빠지기도 한다. 이때 두 번째 은유는 은유가 아니거나, 제한적인 인식적 기능을 가진다. 터베인

(Colin Turbayne)은 은유의 남용에 대해 다음과 같이 이야기한다. "현실을 인식하기 위한 틀로서 모델을 사용하는 것과, 모델 그 자체가 현실이라고 오해하는 것은 다른 것이다. 은유를 사용하는 데는 이러한 오해는 경계되어야 한다" (Turbayne, 1971: 22). 은유의 사용과 이해에 결정적으로 중요한 것은 은유의 선택적 사용과 구성은 현실에 대한 잘못된 인상을 만들 위험을 내포하고 있다는 점을 인식하는 것이다. 라코프(George Lakoff)와 존슨(Mark Johnson)에 의하면 우리는 은유의 사용을 통해 세계의 많은 것을 인식하고 경험할 수 있다. 은유는 우리가 대상과 교감하는 데서 중요한 기능적 부분이다(Lakoff & Johnson, 1980).

한편 대부분의 은유는 현상의 한 측면을 강조하는 반면, 다른 요소들은 경시하는 경향을 지닌다. 은유의 이러한 측면은 자주 왜곡과 거짓에 이르게 한다. 행정조직에 대한 대표적인 은유인 기계 은유(as machine)와 유기체 은유(as organism)는 이러한 한계를 잘 예시한다. 관리자는 행정조직에 대한 특정 은유에 크게 의존하고 고착한 나머지 현상에 대한 다른 비전이나 인식의 방법을 배제하는 행태를 보일 수 있다.[1] 은유적 틀의 남용은 조직을 한 가지 행동 패턴으로 가둘 수 있어, 조직의 선택을 위축시키고 기회와 어려움에 대한 조직의 대응성을 제한한다. 필자는 행정학 분야가 이런 문제로부터 상당히 고통받는다고 믿는다.

은유는 이론의 패러다임적 구조화를 강화한다. 예를 들어, 행정조직에 대해 관료제적 경직성을 주된 은유로 사용하는 것은 행정조직의 통제적, 목적적, 지시적, 조정적, 규제적 측면을 부각시킴으로써 행정조직의 기능주의 패러다임을 강화시키는 결과를 초래한다. 이러한 은유는 우리에게 현실을 그러한 방식으로 조직화하도록 함으로써, 우리의 사고와 행태를 결정한다. 이러한 점에서, 은유는 "조직 세계를 이해하고 형상화하는 방법을 만들어 내는" 능력을 가지고 있다(Morgan, 1997: 348). 그 결과 우리는 조직을 더욱 기능적이며 기계적으로 변모시키려 하고, 인간의 독특한 본성이나 욕구는 무시된다. 한편 현실은 편협하고 단조로운 은유에 의해 좀 더 잘 설명된다는 점을 알 수 있다. 넓은 다차원적 현실을 반영

---

1) 그들의 저서 『조직의 재구성(*Reframing Organizations*)』(1997)에서 볼먼(L. Bolman)과 딜(T. Deal)은 조직을 설명하기 위한 은유로서 네 가지 틀을 제시한다. 모건(G. Morgan)은 그의 저서 『조직의 이미지(*Images of Organizations*)』(1997)에서 조직 본질에 대한 이해를 돕기 위해 사용한 여덟 가지 은유를 제시하고 이를 논의했다.

한 은유는 발전시키기도 어렵고, 이해하기는 더욱 어렵다. 그러나 은유는 적절하며, 건설적이고, 믿을 만한 구조를 지니고 있을 때, 우리가 현실을 이해하고 문제를 해결하도록 더 잘 도울 수도 있다. 사회적 구성주의 견해에 바탕을 둔 사회적 설계 접근 방법은 이러한 바람직한 은유를 제시할 기본 틀을 제시함으로써 다양한 현실의 이해와 논쟁, 문제 그리고 가능성을 다룰 혁신적 방법을 찾아 줄 기회를 모색하도록 돕는다.

이 장에서 필자는 행정 분야의 많은 중요 활동을 포함해서 행정의 이미지를 심각하게 왜곡한 행정 연구의 개념적 방법으로 자주 사용되는 두 가지 은유 -과학으로서의 행정과 기술로서의 행정-에 대한 분석을 전개해 본다. 두 가지 은유는 행정의 이론과 기법에서 모두 잘못된 연구 정향을 제시하는 것으로 보인다. 이러한 문제는 두 가지 은유 모두 행정을 지나치게 좁게 정의함으로써 사회적 구성에서 사용하는 관계, 행위, 대화, 담론 등의 방법을 배제하는 문제를 낳기 때문으로 판단된다. 과학 은유나 기술 은유에 대한 부분적 의존은 행정의 특정한 측면을 선택적으로 제시한 것과 같다. 이 장은 이러한 은유가 행정에 대한 이해를 어떻게 왜곡했는지를 논의하고, 훨씬 포괄적인 은유로서 사회적 설계를 소개한다.

제 2 절 설계의 기본 개념

은유는 행정을 이해하고, 행정의 방향, 과정, 범위를 수립하는 데 필수불가결한 중요성을 갖는다. 여기에서 필자는 이러한 방향, 과정, 범위를 제안하는 일반 은유를 제시하는 방법으로서 '설계'의 개념과 과정을 제시하고자 한다. 설계라는 개념을 제안함으로써 필자는 거버넌스 과정의 중요한 부분인 행정이론과 실제에 대한 사회적 구성의 개념을 논의하고자 한다.

오늘날 행정관리자의 중요한 역할은 능동적 문제 해결과 변화(또는 변화 조성)에 참여하는 것뿐 아니라 정책, 프로그램, 구조, 기능, 그리고 공공 프로그램 과정의 기획 등에 관여하는 것 못지않게, 사회적·인간적 문제의 해석과 비판적 이해에 관심을 기울여야 한다는 것이다.[2] 변화를 유발 및 관리하기 위한 행정관리자의 활동은 행정과 사회와의 관계 등 다양한 요소에 실질적 영향을 미치게 된다. 고위급 행정관리자들은 그들 시간의 대부분을 이러한 변화를 유발 및 관리하기 위한 설계를 위해 사용한다. 이러한 의미에서 현대의 행정관리자들은 혁신적이고 유연한 사회적 설계자로서 이해될 수 있다. 이들은 행정을 둘러싼 갈등 해소 등 문제 해결을 좀 더 효율적으로 하기 위한 조직 과정의 패턴을 조직화하고자 하며, 조직의 사업이나 목적을 효과적으로 완수하도록 하기 위한 계획의 수립에 관여한다. 이에 대해 처치맨(C. West Churchman)은 "사회적 설계는 지적 정신으로 하여금 무한한 조직화 가능성에 대한 추측을 가능하게 하므로 지적 정신을 해방한다"라고 말했다(Churchman, 1971). 처치맨에 의하면 설계란 다음과 같은 특징을 가지고 있다.

1. 설계는 선험적으로 (행정조직에서의) 상이한 행태적 패턴들을 구분하는 작업을 수반한다.
2. 설계는 선험적으로 의도된 조직의 목표(1의 과정을 통해 구분된)와 특정한 행태적 패턴이 얼마나 잘 연계되는지를 측정하고자 한다.
3. 설계는 조직의 목표와 행태적 패턴의 일치도를 증대시키기 위해, 조직구성원의 행동을 촉구할 수 있는 방식으로 의사소통하는 것을 선험적으로 구상하는 과정을 수반한다(Churchman, 1971: 5).[3]

처치맨의 설계 활동은 구체적으로 정의된 목표와 실행에 필요한 행태와 행동을 유도하는 것을 목적으로 하므로, 그의 견해는 근본적으로 합리주의적이다. 그러므로 합리적 설계 과정을 따르는 관리자는 다른 사람들이 그가 수립한 기획의 가치를 따르도록 유도하고자 하는 목적을 견지하고 있는 것이다.

---

2) 변화 조성과 구상에 대한 생각은 1976년 5월 6일 뉴욕 시라큐스에서 개최된 ASPA 전국학술회의에 제출된 카본(Allan Carbon)과 레빈(C. H. Levin)의 논문 "Designed Change: A Post Minnowbrook Perspective for the 'New' Public Administration(구상된 변화: 신행정을 위한 후기 미노브룩 견해)"에서 강조되었다.

3) 조직 목표 달성을 위한 관계 체제를 인용하려면 처치맨(C. W. Churchman)의 저서 『체제접근(*The Systems Approach*)』(1968)을 찾아보라.

반면, 설계를 관련된 행위자들이 함께 작업하고, 이념과 경험을 공유함으로써 사회적 현실을 더 정확히 정의하도록 하는 인간 상호작용의 과정으로 간주할 수도 있다. 얀치(Erich Jantsch)는 설계를 다수의 상호 환류 관계를 통한 지속적 학습 과정으로 묘사한다(Jantsch, 1975: 100). 이러한 견해는 의사소통 과정과 이념의 공유를 통해 사회세계를 창조하고 또 재창조하는 과정을 통해 사회적 설계가 구성된다고 말한다. 이런 맥락에서 목적과 대안들은 선험적으로 정의되는 것이 아니라, 그 자체가 사회적으로 구성되고 유지된다. 여기에서 설계는 사회적 상호작용의 과정으로부터 나타나는 하나의 지속적 성과물이다. 이러한 의식적·목적적 창조 활동은 왕성한 행정의 동력을 만들어 낸다.

설계의 또 다른 중요한 특징은 설계의 사회적 과정에 있다. 숀(Donald Schön)과 라인(Martin Rein)에 의해 토의된 사회적 설계의 개념은 다음과 같이 요약될 수 있다.

1. 설계자는 집단적 행위자건, 개인적 또는 제도적 행위자건, 사회적 상호작용을 통한 "설계 체계"를 개발하는 일에 관여한다. 예를 들어, 설계자는 노인, 무주택자, 교통 체계, 그리고 범죄 예방 등을 돕기 위한 조정 프로그램을 책임진다. 한편 다수 행위자 간의 상호작용은 협동적일 수도, 때로는 비우호적일 수도 있다.
2. 사회적 설계 과정은 토의되고 구성된 사업, 가치, 그리고 불만의 의미를 통해 만들어진 광범위한 여론을 포함한 외부 환경을 필연적으로 수반한다.
3. 사회적 설계는 필연적으로 의사소통적이다. 다수 행위자는 언어, 대화, 담론, 그리고 행위의 형태로 타인과 의사소통해야 한다.
4. 사회적 설계는 참여자들이 그들 자신의 이해, 지식, 경험, 자원, 그리고 권력을 가지고 있으므로 불가피하게 정치적이다(Schön & Rein, 1994: 167-168).

마지막으로, 설계는 문제의 해결과 이해를 위해 대안을 고안해 내는 데 관여하는 행위자의 비판적 의식이 관련된 신중한 과정이다. 특히 설계에 대한 사회적 구성주의자의 관점은 참여자들의 비판적 의식이 발현되는 과정 그 자체에 의미를 둔다. 여기에서 설계의 효과성은 설계의 과정이 얼마나 잘 갈등을 화해시키고, 서로를 이해하도록 도왔는지의 여부로 판단된다. 그러므로 설계의 효과성은 다른 이해와 생각을 가진 사람들이 얼마나 함께 일을 잘 할 수 있는지에 달려 있다. 이를 행정 분야에 적용시켜 보면, 사회적 설계는 종종 외부 정치를 포함시킨 상호작용 과정을 통해 갈등, 가치 그리고 문제 해결 등을 이해시키는 하나의 준거의 틀로 기능한다.

제 3 절 과학 또는 기술로서 행정, 그리고 사회적 설계

사회적 설계는 상호작용적이며, 대화적이고, 또 창조적이기 때문에 명령이나 통제 그 이상을 의미한다. 한편 과정과 목적을 지속적이고 역동적으로 발전시킬 필요가 있는 곳이나, 무질서하고 불안정하며 통제가 가능하지 않은 곳, 그리고 해법 탐색에서 가능성 모색이 어려운 상황인 곳 등에서 설계의 개념은 가장 도전적이 된다. 이러한 맥락에서 간주관적 관계, 개인과 조직 학습, 전문직업가적 견해, 의사소통, 탐구, 그리고 상상력 등은 사회적 설계의 효과성을 증대시키는 가장 중요한 가치와 활동이 된다.

반면 합리적 설계를 추구하는 사람들은 이런 환경 속에서 어려움을 겪게 된다. 문제는 과학적 지식과 기술에 의해 해결되어야 한다거나, 해결책은 분석적이고 체계적이어야 한다거나, 단지 선택된 몇몇 해법만이 유용한 공헌을 한다는 합리적 설계가의 신념은 다양한 가능성을 지각하고 발전시키고 사용하는 능력을 방해하는 결과를 초래한다. 합리적 분석 과정에 참여한 전문가들에게 불확실성은 명백히 위협이다(Schön, 1983: 69). 이들은 전문적 이해와 교육 배경을 통해 문제를 가치 중립적인 합리성의 기준에서 정의하거나 목적을 선정하는 데는 그다지 어려움을 겪지 않는다. 그러나 합리성의 기준을 벗어나는 가치 내재적인 또는 가치 경합적인 문제에서 이들은 어려움을 겪게 된다. 이러한 문제에 대해 비교적 능숙한 대응 행태를 보이는 것은 아마도 점증주의적 설계자일 것이다. 이들은 기존의 의사 결정에 대한 보수적인 고착을 통해 최소한의 변화만을 의도함으로써 가치의 문제를 우회적으로 접근하고자 한다. 그러나 이들 역시 맥락의 급격한 변화와 같은 변동적 상황에서는 그 한계를 드러낸다.

그러나 사회적 구성주의자는 과학적 지식, 전문가의 기술, 정치적 설득, 그리고 개별적 정보 등의 수용에 개방적이다. 이들은 행정 문제의 해결 과정에 광범위한 사회적 상호작용과 다른 행위자들과의 대화를 통해 얻은 지식, 직관, 참여 등을 사용한다. 합리적이며 기술적인 행정과학은 설계와 문제 해결 과정에서 잠재적 반대자들을 편의주의적으로 격리시켰다. 행정과학의 소위 과학주의는 복잡한 문제들을 합리성과 과학성의 은유로만 특정함으로써 현상을 편의적으로 제한하는 모습을 보인다. 여기에서 전문가란 각자의 합리성과 과학성에 수렴된 좁은 시야를 의미하는 것에 다름아니게 된다. 반면에 사회적 구성주의자는 행정의 세계를 타인의 생각과 경험들, 그리고 환경으로부터 무언가 새로운 것을 배울 다수의 기회를 제공하는 넓은 맥락으로 바라본다. 설계자가 사회적 구성의 시각에서 행정세계를 더 명확히 인식할수록 설계는 고용인, 의뢰인, 그리고 대중에게 의미 있는 방식으로 다가가게 된다. 따라서 개인과 조직의 학습적 태도가 가장 중요하다고 할 수 있다. 이러한 접근은 열린 의사소통, 사회적 관계, 그리고 참여를 장려함으로써 사람들이 가능성과 한계를 포함해 정치적·경제적 측면의 문제들을 더 잘 이해하도록 돕는다. 행정관리자들은 이러한 변화 전략을 실행하기 위해 촉진자의 역할을 담당해야 한다. 이런 방식으로 집합적 문제 해결에 대한 사람들의 관심은 커지고 유지된다. 사회적 구성의 관점에서 유도된 사회적 설계 관점은 <표 4-1>에 약술했듯이 다양한 대안 가운데 어떠한 것이 인간 행위에 대한 의미를 부여하는 데 가장 바람직한 것일지를 의식적·전략적으로 선택하는 과정에 중점을 둔다. 이 견해는 조직의 욕구와 개인의 가치를 통합하고자 한다. 사회적 구성은 문제 해결 과정을 통한 대안 마련과 결정을 목적으로 하며, 과정 그 자체에서 발현되는 역동성에 중점을 둔다. 조직에서 새로운 프로그램을 설계하거나 하는 일은 그 자체로 조직 자체에 역동성을 부여한다. 사회적 설계는 "이해를 위한 질문"에 초점을 맞춘다. 조직의 구성원들은 긍정적 설화나 가치 있는 이야기에 초점을 맞춰 그들이 어떻게 긍정적 경험을 증진할 수 있는지 직시함으로써 앞으로 나아갈 미래를 앞서서 생각하도록 해 준다. 이것이 이행되지 않으면 자동적으로 이전의 문제들은 해결되지 못한 채 모호함 속으로 표류하게 된다(Gergen, 1999: 176-178; Schön, 1983: 272-273). 조직과 사회는 타인과의 협업에 관한 긍정적 이야기와(부정적 이야기조차) 설화를 공유함으로써 이해를 돕기 위한 질문으로부터 이익을 얻을 수도 있고, 그것에 의해 연민, 배려, 그리고 상호 관계에 바탕을 둔 유대가 생성된다. 타인과 긍정적 측면을 토론하는 것은 더 많은 대화가 학습으로 인도되어 정확하게 어떻게 긍정적 경험이 만들어지고 재창조될 수 있는지 알 수 있는 기회를 준다. 미래 탐색 회의와 행위 연구의 방법은 참가자들 사이에서 경계를 뛰어넘는 협동과 학습을 매우 강조한다. 이러한 방법들의 의도는 방법을 통해 직접적으로 문제를 해결하고자 하는 것이 아니고, 토론회를 만들어 실행 가능한 미래의 공통된 비전을 구체화시키는 과정을 함께 경험하고자 하는 것이다.

사회적 설계는 가능성을 강조하는 사회적 구성으로부터 유래하기 때문에 사실과 가치를 통합하려 하며 서술적(무엇인가?), 규범적(무엇이어야 하는가?) 차원 모두를 주제로 다룬다. 레인(Martin Rein)은 가치 비판적 접근 방법은 목표, 사회의 목적, 정책 관련 쟁점, 그리고 사회적 과정을 이해하는 데 도움을 주며 "가치를 받아들여진 정책 목표로뿐만 아니라 토론과 분석을 위한 주제"로 다루기 때문에 사실과 가치는 통합될 필요가 있다고 주장한다(Rein, 1976; 1983). 사실과 가치에 대한 비판적 평가는 하버마스(Habermas, 1984; 1998)에 의해 채택된 중

표 4-1 과학과 기술로서의 행정과 사회적 설계로서의 행정의 비교

행정	과학적 인식	기술적 인식	사회 구성적 인식
개념적 지향	합리적 구상: 기술적 합리성: 정치경제학: 규범적	점증적 구상: 비합리성: 다원주의와 점증주의: 서술적	사회적 설계: 의사소통 행위를 통한 합리성: 서술적, 규범적
질문 방법	이론과 경험적 검사: 가치 중립적: 계량적 실증주의적 질문: 설명과 예측	상황적 맥락의 이론화: 가치 내재적: 질적, 인간과학 질문: 서술과 이해	사실과 가치 비판적: 양적·질적 분석의 이해를 위한 질문: 해석과 이해
현실의 개념	과학적 연구자와 기능주의 관리자에게 보여지는 객관적 현실	주관적 현실과 간주관적 현실의 좁은 견해	간주관적 현실과 진실한 상호작용
활동	과학적·경험적 연구: 이론의 적용 측정: 표준화	지지: 리더십 기술: 합의 형성: 거래와 타협	대화와 담론: 공유와 학습: 참여와 토의: 행위연구: 미래 탐색 회의
과정	합리적·기계적: 결정론의 과정	신화학적·적응적: 분해된 과정	진화적·창의적: 변증법적 과정

요한 인식론적 입장에서도 발견된다.

행정을 과학으로 간주하는 경우 객관성의 존재적 실체를 가정하게 된다. 이 경우, 행정과학은 설계 과정에서 합리적 접근을 채택한다. 행정을 과학으로 인식하는 행정관리자는 실제 정보를 바탕으로 문제를 논리적으로 정의하려 하며, 현실은 이미 외부 세계에 존재하는 것이므로 그들의 기본 업무는 그들이 할 수 있는 한 객관적으로 진실을 밝히는 것이다. 예를 들면, 공원, 다리, 댐 등을 건설하는 새로운 사회사업을 개발 중인 비서구 국가(그리고 서구 국가에서조차)에서 정부의 계획자와 건축가는 시민들의 견해를 반영하지 않고 단지 그들이 사회구성원을 위해 최선책이라 여기는 생각에 따라서 사회의 욕구를 결정하고 청사진을 구상해 버릴 수도 있다. 정의에 의하면, 합리적 구상의 연구 활동은 논리적이고 계량적이며, 또 통제적이다. 사실에 입각해 서술될 수 있는 현상은 측정될 수 있다는 것이 합리적 구상의 전제이다. 이 시각에 따르면, 행정적－인간의－행태는 예측될 수 있으므로 계량적으로 규정되고, 검증되고, 설명될 수 있다.

행정(학)을 기술로 간주하는 경우, 행정관리자는 각 행위자가 자신의 이해(利害)에 따라 문제를 인식하고 해석한다고 가정한다. 그러므로 사회 현실의 해석은 누가, 어떤 시기에, 어떤 맥락으로 인식하느냐에 달려 있다. 이런 주관적 견해는 상황의 객관적 요소가 중요하지 않다는 것을 의미하는 것이 아니라 개인의 행위는 마치 입법기관의 정치처럼 이미 확정된 그의 이해, 지식과 개성을 반영한다는 것을 의미한다. 그러나 행위자들은 그들의 본래 생각을 재구성하거나 형성하는데 다른 사람의 견해를 고려한다. 어떤 특정한 쟁점을 협상하는 행위자들에 의한 합의적 의사 결정은 하나의 간주관적 현상으로 보일 수 있다. 그러나 그들의 합의는 몇몇 유력한 행위자들에 의해 영향받는 경향이 있다. 흔히 타산적 단체들 가운데 공유된 이해의 관념은 거의 없다. 그래서 간주관적 현실의 구성은 편협하게 이해된다.

행정(학)을 사회적 구성의 대상으로 바라보는 경우, 조직 현실에 대한 주관적·객관적 견해 모두가 중요성을 지니게 되며, 구성원들의 사회적 학습이 강조된다. 사회적 구성주의 견해에 의해 제기된 질문은 “우리가 어떻게 현실에 대한 공동의 이해와 문제에 대한 공유된 견해에 도달할 수 있을까?”이다. 서로 다른 행위자와 집단이 다양한 현실의 본질을 깨달을 때 사회적 현실은 공유된 세계 속에서 행위자의 간주관적 경험에 따라 구성된다. 행위자의 공유된 의식은 궁극적으로 특정한 문제의 본질을 확인하고 정의하기 위한 공동의 토대를 제공한다. 참여자들은 그들의 사고와 경험을 공유함으로써 이전에는 이해되지 않던 쟁점에 구조와 의미를 주기 시작한다. 이 과정은 학습, 미래 대안 발굴과 행위전략 평가 등을 위한 기초를 형성한다.

행정에서 이런 시각들이 가지는 의미를 구분하고, 더 잘 이해하기 위해 각 접근 방법을 서로 비교해 보는 방법론을 적용해 볼 수 있다. 비교를 위해 얀치의 예시를 적절하게 활용할 수 있을 것이다. 그는 체계(systems)의 자기조직화(self-organizing) 행동과 환경과의 상호작용 방식에 대해 기계적, 적응적, 창의적의 세 가지 체계 유형이 내부 변화에 대해 어떤 태도상 차이점을 보이는지를 비교·제시했다(Jantsch, 1975, 제5장). 우선, 경직된 기계적 조직구조를 가진 체계는 내부 변화에 저항한다. 그리고 적응적 체계는 조직 틀 안의 유연성을 유지한 채 환경 변화에 적응하고자 한다. 창의적 체계는 "환경이 그들에게 부여하는 요구에 대해 새로운 정보를 내부적으로 생성해서 그들의 구조를 변화시키고자 한다"(Jantsch, 1975: 66). 따라서 창의적 체계의 경우, 그들의 구조는 더 복잡하며 다양화된다.

얀치는 인간-체제 단계에서 사회적 설계의 과정을 설명할 때 합리적, 신화적, 진화적 세 가지 접근 방법을 소개한다. 이런 접근 방법은 객관성과 주관성, 그리고 관찰자와 피관찰자 간의 관계에 관해 서로 다른 가정을 바탕으로 한다.

1. 합리적 접근 방법은 관찰자와 피관찰자 간의 분리를 가정해서 외부 관찰자의 관여 없이 객관적으로 평가된다고 여겨지는 비정의적 "그것"에 초점을 맞춘다. 여기에서의 근본적 조직화 원리는 논리이며 결과는 양적 용어로 표현되고 가변적 측면은 변화라고 인식된다.
2. 신화적 접근 방법은 관찰자와 피관찰자 간에 환류 고리를 확립하고 개인적인 "나"와 개인적인 "너" 사이의 관계에 초점을 맞춘다. 이것의 근본적 조직화 원리는 감정이며 결과는 질적 용어로 얻어지고 가변적 측면은 과정 또는 변화의 질서로 인식된다.
3. 진화적 접근 방법은 관찰자와 피관찰자 간에 유대를 형성하고 관찰자와 피

> 관찰자 세계에서 움직이는 힘의 정체성 "우리"에 초점을 맞춘다. 조직화 원리는 덕성이란 정체성에 의해 조화되는 것이며 결과는 과정의 보편적 질서 속의 공유로 표현된다(Jantsch, 1975: 84).

행정(학)의 과학주의, 기능주의 견해는 인간 상호작용의 동태적 과정과 참여적 문제 해결에 초점을 두지 않는다. 대신 이 견해는 조직의 생산성과 효율성을 측정하고 분석함으로써 질을 양으로 설명한다. 반면에 행정 기술은 외부 세계의 행정관리자의 주관적 관계를 가정한 적응적 과정으로 보여진다. 그래서 우리들의 사회적 설계에 대한 인식은 공유된 현실(또는 간주관성)의 구성과 주관과 객관 간의 "우리" 관계의 확립에 기여한 상승 작용적(그리고 통합적) 과정으로 보는 것이다. 이것은 상호 참여가 있을 때에만 의미를 얻는 과정이다. 질은 종합적 또는 전체적 경험의 산물이다. 그 경험 속에서 행정관리자는 행정 활동을 공유하고 협상하며 조정하는 일에 종사한다. 사회적 설계는 상황적 맥락과 관련된 안목 있는(또는 "자기 균형적") 활동을 포함한다는 측면에서 진화적이다. 사회적 설계는 구상이 목적, 의미와 미래 방향에 초점을 맞추고 있다는 점에서 발전적이며, 학습하고 새로운 사고를 창출하며 잠재적 관계를 탐구한다는 면에서 창의적이다.

요약하면, 사회적 설계로서 행정의 과정은 의식, 의도, 참여적 계획, 다른 의견에 대한 숙고, 그리고 합목적성 등과 관계가 있다. 이것은 또 구성, 형태, 과정, 정책과 목적을 형성하는 데 관련이 있다. 사회 구상의 시각은 창출, 진화와 자기 통치의 과정에 국민과 정부 모두를 포함시킨다. 행정을 위한 은유로서 사회적 구상은 변화하는 세계와 공공 부문의 환경과 관련된 현재와 미래의 욕구를 위해 행정을 적절히 작동하도록 만들려는 우리들의 시도로 가장 잘 묘사된다.

제 4 절 행정 및 정책 설계의 양식

행정적 설계와 정책적 설계에는 수많은 다른 접근 방법이 가능하다. 비교를 용이하게 하기 위해 여기서는 위기, 합리, 점증, 그리고 사회의 네 가지 유형을 통해 설계의 방식을 소개하고자 한다. 비록 모든 설계 활동은 어느 정도의 상호작용을 포함하지만 사회적 설계 과정은 많은 행위자를 포함해 다른 방식들보다 더 개방적이며 포괄적이다. 다른 방식의 설계 활동은 두 가지 중요한 차원과 연관시켜 <표 4-2>에서 분류한다. (1) 관련된 행위자의 가치 이해, (2) 갈등 해결 및 문제 해결과 변화에 대한 지향. 첫 번째 차원은 다른 의견을 듣고, 다른 이의 경험을 공유하며, 새로운 지식을 얻으려는 행정관리자의 노력에 의해 다른 행위자의 가치를 이해하는 것과 관련이 있다. 다른 의견을 이해하려는 행정관리자는 이런 의견들을 결정을 실행하기 위한 전략뿐 아니라 상황, 문제 정의, 의사 결정의 형성 등으로 통합한다. 두 번째 차원은 갈등 해결, 문제 해결과 변화에 대한 행정관리자의 지향점을 서술한다. 행정관리자의 행위는 적극적 변화로부터 반응적 변화에 걸쳐 있다. 여기에서 논의한 네 가지 일반 설계 접근 가운데, 합리적 양식과 점진적 양식은 행정(학) 분야의 과학성과 기술성의 은유와 각각 대응한다. 각 범주의 장단점은 뒤이은 토론에서 살펴보겠다.

표 4-2 **설계의 네 가지 방식**

		타인 의견의 이해 (듣고, 묻고, 이해하고, 공유하며 학습하기)	
		높은	낮은
갈등 해결, 문제 해결, 변화	적극적인	사회적 설계	합리적 설계
	반응적인	점증적 설계	위기적 설계

위기적 설계

타인의 가치에 대한 낮은 인식과 이해, 갈등 해결, 문제 해결, 그리고 변화 전략 등에 대한 반응적 지향은 1970년대 중반 이후 공사 조직에서 더욱 진부해졌다. 오늘날 많은 공공관료조직은 희소자원과 격변하는 외부 조건 때문에 관리의 위기를 경험하고 있다. 그들의 조직관리의 어려움은 다른 많은 것 가운데 치솟는 사회적 요구, 예산 적자, 감세, 혼란스러운 정책 방향, 떨어지는 생산성, 시민들의 분노, 그리고 불경기 등에 기인한다. 많은 지방정부, 학교구역과 대학들은 위기관리의 사례 연구로 쓰인다. 1970년대 중반부터 1980년대 초반 사이의 학교 등록자 수는 감소했다. 교육 예산은 최근 수년 동안 삭감되어 왔다. 그리고 주정부와 지방정부는 낮은 경제 성장과 줄어든 세입 때문에 2003년에서 2004년 회계연도의 예산이 크게 삭감되는 것을 목격했다.

캘리포니아에서 일어난 두 차례의 위기는 정부기관의 반응적 대응을 예시한다. 그 첫 번째는 캘리포니아의 세금 반란이다. 1978년 6월 보수적 부동산 단체는 감세를 위한 주민발의를 투표에 부치기 위해 시민 100만 명의 서명을 받았다. '주민발의 13(Proposition 13)'으로 불리는 이 주민발의는 "재산세는 낮춰야 하고 정부는 축소되어야 한다"는 간단한 메시지를 담고 있다.[4] 1978년 6월 6일 캘리포니아 유권자들은 투표장에 나가 찬성 65% 대 반대 35%라는 압도적 표차로 주민발의 13을 통과시켰다. 이 투표는 재산세 경감에 대한 캘리포니아 유권자들의 태도뿐만 아니라 어떻게 정부가 총체적으로 잘못 작동되어 왔는지에 대한 불신을 반영한다. 유권자들은 정부가 세금 사용에 비효율적이었다고 확신했다. 세금 반란은 위기관리와 지방자치단체에 대한 의도치 않은 결과로 귀결되었다. 매일 해결해야 할 문제는 점점 더 증가해서 지방정부는 중요한 결정을 내려야 하는 결정적 순간에 도달했다. 이것은 주로 불확실한 세입원, 증대되는 서비스 수요, 그리고 학교, 교통 수단, 사회 서비스와 같은 기능의 유지를 주정부에 의존한 결과이다.

주민발의 13이 통과된 이래 25년을 되돌아보면 개선된 효율성과 생산성의 요구는 관리자들과 전문가들로 하여금 더 큰 권력을 행사하도록 허용했다. 이것은 주와 지방정부 사이의 집권적 관계와 맞물려서 하급 공무원들의 조직 의사 결정

---

4) '주민발의 13'은 다음과 같은 내용을 담고 있다.

1. 재산세는 재산의 전체 현금 가치의 1%로 제한한다.
2. 카운티가 1%의 세금을 징수할 수 있도록 요구하고 그 세금을 법에 따라 카운티 내 관할구역에 배분한다.
3. 재산의 전체 현금 가치의 산정을 위해 1975년 3월 1일을 기준으로 (재산이 이후에 팔렸거나 자산 가치가 높아졌다면 재평가될 수도 있음) 카운티 세액사정관이 평가한 가치를 설정한다.
4. 공정 시장 가치에서의 한계 증액은 연간 2%로 한다.
5. 시, 카운티, 또는 특별구의 세금을 올리려면 모든 해당 세무 지역의 자격 있는 유권자 3분의 2의 찬성 투표를 요구한다.

주민발의 13의 배경과 함의에 대한 상세한 토론을 위해서는 전(Jun, 1985: 202-205)을 참고할 것.

참여를 제한했다. 대학행정 역시 자원 분배에 훨씬 더 관료주의화(그리고 수직적 지배)되었다. 그러나 동시에 많은 도시는 주립대학 체계와는 다르게 대안적 문제 해결 방법과 시민 협조를 구하는 데 더욱 혁신적이고 적극적이었다. 주민발의 13의 수혜를 받는 주택 소유자와 더 높은 재산세를 내는 새로운 주택 소유자 사이에 세금 비율의 불공평 같은 예상치 못한 결과가 발생했다. 비록 주민발의 13이 나오도록 자극했던 문제는 주택 소유자들의 정당한 관심사였지만 그 해법은 훨씬 더 큰 문제를 만들었다. 역설적이게도 오늘날 불공평한 재산 세제를 종식시키기 위해 주민발의 13을 개혁하기 위한 운동이 일고 있다.

또 다른 주요 위기는 미국 주정부들의 2003-2004 회계연도의 예산 적자에 관한 것이다. 이 위기는 주로 감세, 지출 증대, 그리고 경제와 주식시장의 침체에서 비롯된 세입의 감소 때문이다. 47개의 주정부가 예산 부족에 직면했다. 지난 반세기 동안 최악의 재정 위기를 헤쳐 나가기 위해 예산 삭감은 각 주마다 다양했다. 몇 가지 공통된 조치는 죄수 방면, 도서관 폐쇄, 대학등록금 인상, 몇십만 명의 저소득 주민에게 주던 의료 보조금의 삭감, 그리고 심지어 학대받은 배우자나 들치기 같은 경범죄의 기소중지 등이었다. 『LA타임스』는 최소한 12개 주가 그들 주의 1년 예산의 15% 또는 그 이상의 예산 적자에 직면했다고 보도했다. 캘리포니아, 네바다, 오리건, 텍사스 그리고 위스컨신과 같은 주의 예산 적자는 예산의 25%로 추정되었다(*Los Angeles Times*, 2002년 12월 29일). 당시 캘리포니아 주지사 데이비스(Gray Davis)와 주 의회 의원들은 경제가 번창하던 1990년대 말엔 큰 세입원이었던 자산 매각 소득과 스톡 옵션의 어마어마한 세금 손실에서 야기된 380억 달러의 재정적자를 다뤄야만 했다. 재정적자를 처리하기 위해 주지사 데이비스는 12,000개 이상의 주정부 일자리를 없앴으며, 많은 계약을 취소했고, 장비 구입을 멈추었으며, 불필요한 여행을 없앴고, 의료보험과 저소득층 주민을 위한 필수적 공공 서비스를 삭감했다. 캘리포니아의 재정 위기는 보수적 공화당 정치인들에게 보궐선거를 치를 요건을 위해 필요한 백만 명의 서명을 받음으로써 주지사 데이비스를 소환할 기회를 주었다. 소환선거는 2003년 10월 7일에 열렸고 등록된 유권자 1,540만 명 중 55.4%가 그의 파면을 선택했다. 유권자들은 그의 후임자로 할리우드 영화배우인 슈와르제네거(Arnold Schwarzenegger)를 47.8% 대 상대 후보 32%라는 확실한 표차로 선택했다.

위기를 수반하는 환경 변화에 직면해서 많은 행정관리자는 적극적이고 혁신적이기보다는 보수적이고 수동적인 행태를 보이게 되기 쉽다. 예산 적자에 대한 그들의 접근은 소집단의 정책결정자, 전문가, 그리고 고위 행정관리자가 포함된 조직과 지역사회의 생존에 초점을 맞춘다. 그들의 목적은 당해 연도로부터 다음 회계연도까지 기존의 체제와 그들이 해오던 일을 보수적으로 유지하는 것이다. 설계의 위기는 단기적 필요에만 주의를 집중하고, 장기적 · 지속적인 장기적 위기 해결을 간과하는 문제를 야기하게 되기 쉽다.

설계의 위기는 하급 공무원이나 시민의 참여뿐 아니라 조직 학습에도 장애가 된다. 위기 관리자는 형식주의, 규칙, 규제, 그리고 표준운영절차 등의 중요성을 강조한다. 그리고 그들의 결정은 공식적 권위와 권력의 행사에 의해 이뤄진다. 많은 사람에게 영향을 주는 결정은 종종 단지 몇몇 관리자에 의해 만들어지며 위기 상황은 즉각적 반응을 요구한다. 문제들은 그 바탕에 깔려 있는 원인과 장기적 잠재력의 불충분한 이해 속에 단기적 토대 위에서 다뤄진다. 예를 들면, 예산의 위기를 지나치게 단순화하는 점증주의적 해법은 캘리포니아 주정부로 하여금 사회 침체의 근본 원인을 파악할 수 없게 한다.

비록 고위 관료들이 위기의 순간에 책임을 질 것이라 가정하지만, 과도하게 억제된 연방과 주정부의 관료제는 흔히 지방 단위에서 일어나는 비극적 상황에 적절히 대응하는 것을 자주 방해한다. 2005년 8월 29일 태풍 카트리나는 미국만(America's Gulf) 해안으로 상륙해 인구 약 50만 명의 뉴올리언스 시의 여러 개의 제방을 파손하고 홍수를 일으켰다. 홍수 직후 뉴올리언스 시의 대부분은 해수면 아래에 잠기게 되었고, 결과적으로 수많은 사망자와 피난민을 만들어 냈다.

음식, 생수, 의료 지원 없이 6만 명의 인원은 루이지애나 수퍼돔에 또 약 2만 명은 뉴올리언스 컨벤션 센터로 보내졌다. 비록 CNN, FOX 그리고 다른 TV 지방방송국 등에 필사적으로 도움을 간청했지만 연방재난관리청(FEMA)장인 브라운(Michael Brown)조차도 9월 1일 오후까지 문제를 어떻게 대처해야 할지에 대해 판단을 내리기 못하는 모습을 보였다. 당시 뉴올리언스 사태에 대해 국토안보부 장관 체노프(Michael Chenoff)는 브라운(Mr. Brown)의 보고에 정보를 의존하고 있었는데, 체노프는 뉴올리언스에서 무슨 일이 벌어지고 있는지 제대로 파악하지 못하고 있었다. 피난민들의 요구와 간청은 이틀간 무시되었다. 부통령

체니(Dick Cheney)는 와이오밍에서 휴가를 즐기고 있었으며, 국방부 장관 럼스펠드(Danald Rumsfeld)는 이라크 문제에 여념이 없었으므로 이 문제에 소극적이었다. 나중에 텍사스 휴가지에서 돌아온 대통령 부시(George W. Bush)는 이 위기에 대한 연방정부의 대응이 완전히 불만족스러운 것이었다고 인정했다. 뉴올리언스에서 일어난 일은 비효율적 관료제뿐만 아니라 인종적 분열과 대비 태세의 부족에 대해 충격적 진실을 드러냈다. 연방, 주, 그리고 지방정부의 일련의 명령 체계는 위기를 관리하기에 신뢰할 수 없었고, 준비되어 있지도 않았다. 연방정부는 지방정부를 비난했고 지방정부는 연방관료들을 책망했다. 의사소통의 연결망은 느렸으며, 아무도 책임지려는 것처럼 보이지 않았다. 하부 관료들은 살아남으려고 필사적이었던 사람들을 돕기 위한 어떠한 행동도 취하지 않은 채 상부의 명령이 내려올 때까지 기다렸다. 그러나 정부기관이 사람들을 구조하는 데 실패한 반면 사조직과 미국 적십자사와 같은 비정부기구, 그리고 수천 명의 자원봉사자들은 재빨리 행동하며 난민들을 도왔다.

계속된 설계의 위기는 또 근로 생활의 질에 대한 뚜렷한 악화와 시민을 위한 서비스 감소로 이어진다. 조직구성원들은 저하된 효율성, 생산성, 사기와 구성원 간 협동 등과 함께 감소된 직무 만족, 불화, 근심, 무기력, 그리고 적개심 등을 경험한다. 시민과 지역사회를 위한 서비스는 지연되기 쉽다. 회생전략이 적절히 분석되고 토의되지 않았기 때문에 한때 해결된 문제는 이후에 새롭게 그리고 어쩌면 더욱 두려운 형태로 또다시 문제로 떠오를 수 있다.

합리적 설계

20세기 초는 행정 효율성에 대한 증대된 관심이 나타났던 시기이다. 이러한 관심은 행정으로부터 정치를 분류해 내는 작업으로 이어졌다. 행정조직은 가치 중립적인 합리적 설계의 실험 대상이었다. 합리성에 대한 지향은 환경이 부여하는 모든 상황을 조정하고 관리할 능력을 조직이 지니고 있으며, 과정과 행태에 대해 객관적이고 예측 가능한 방식으로 통제력을 지닐 수 있다고 보는 관점에서 유래한다. 이런 각본대로라면, 전문가들은 합리적으로 부여된 목표를 달성하기 위한 방법을 모색하기 위해 지식 기반의 전문적 기법을 사용한다. 갈등 해결, 문제 해결, 그리고 변화에 관련된 전문가들의 태도는 그들의 설계 활동의 범위인 미래 문제 해결에 적극적이다. 전문가는 대체로 그들의 기술적 지식에 의존한다.

1960년대 초반 이후 관리과학(management science)의 출현은 많은 행정관리자를 유혹하거나 위험에 빠뜨렸고, 합리적 설계에 자연스럽게 영향을 끼쳤다. 관리과학의 학자와 실무자는 행정 체제를 합리적으로 구조화하는 것이 가능하다고 보았으며, 인간의 행태를 보편적으로 이해할 수 있다고 믿었다. 그들은 행정을, 과정을 결정하고 문제를 해결하며 효율성과 생산성을 측정하고 그 밖에 수행되어야 할 많은 것을 위해 적용되어야 할 과학적 방법론의 활동 무대로 인식했다. 관리과학의 중요한 한 가지 목표는 행정 현상을 객관적이고 편견 없이 설명하고 조직행위 안에서 정치와 인간 행태의 비합리성을 명백히 밝힘으로써 이것들을 통제하는 것이다.

관리과학은 계획과 의사 결정을 용이하게 할 지식 창출을 위해 엄격한 절차와 기술을 사용할 것을 강조한다. 객관적 척도들은 갈등 해결, 문제 해결, 그리고 변화를 위한 기반 전반에서 사용된다. 행정관리의 합리적·과학적 시각은 점증적 구상이나 사회적 구상과는 다르다. 합리적 행정관리자들은 그들의 관찰을 이끌어 낼 질문의 형식을 사용하며, 그들이 관찰한 것을 조직화하기 위해 이론적 유형화를 사용한다. 그리고 그들이 관찰한 것은 그들의 가치에 의해 영향받지 않는다고 보았다. 과학적으로 편향된 행정관리자들은 종종 다른 사람들이 하는 것처럼 그들 자신의 믿음과 훈련에 의해 질문과 발견의 중요성을 판단한다. 그 결과 행정 범위 안에서 그들 자신의 전제 또는 사고 방식은 강화된다(Taylor, 1947; Simon, 1957; 1977; Quade, 1975; Allison, 1971; Stokey & Zeckhauser, 1978).

합리적 설계의 한 가지 예는 정책분석 전문가의 역할에서 찾을 수 있다. 그 이유는 그가 "현명한 의사 결정"을 위해 적절한 기술적 지식과 기능을 적용하기 때문이다. 일반적으로 분석가는 정책 변화를 위해 예견된 문제를 접할 장기적 목적 설정을 선호한다. 목적의 선택은 전문가적 시각과 가치를 반영한다. 시민들의 견해나 경험에는 거의 중요성을 두지 않는다. 합리적 설계자들은 그들 자신의 기준 틀에 따라 사회의 가치 선호를 확인하려 한다. 갈등 해결에 관한 그들의 접근 방법은 계산적이며 종종 게임이론의 논리적 규칙을 따른다. 문제 해결과 변화 전략은 자주 과학적·합리적 기술과 체제분석, 편익-비용 측정과 다양한 예산 기술을 포함시킨다. 최근 공공정책 연구에서 합리적 절차의 사용은 정책 선택과 평가를 위한 이론과 실재의 시도 모두에 보편적이다. 합리적 설계는 예를 들면 베트남전쟁과 최근의 아프가니스탄과 이라크 침공 기간 동안 보았듯이 체제분석과 기획계획 예산제도를 사용하는 신무기 체제 개발과 같은 국방정책 결정과 관리에 폭넓게 사용된다.

합리적 의사 결정에서 분석가나 의사결정자는 합리적 원리 사용을 "극대화"하기 위해 몇 가지 단계를 밟는다.[5] 합리적 선택의 강조점은 "경제적"이면서 동시에 "합리적"이기도 하다는 "경제인"을 상정하는 것이다. 의사결정자들은 환경과 관련된 측면의 지식을 가지고 있다고 가정되며, 지식은 비록 전혀 완벽하지는 않더라도 최소한 인상 깊이 명백하게 구조되어 있다. 또한 그들은 잘 조직화되고 일관된 선호(정책과 목적을 포함해)의 도구와 이용 가능한 일련의 행동 대안의 영향을 측정할 합리적 계산의 기술도 가지고 있다고 가정된다. 만일 그들의 측정과 판단이 충분히 정확하다면 그들은 최고의 목적을 달성할 것이다.

합리적 구상 과정의 합리적 선택에서 합리적·경제적 기준은 계산, 예측, 선택, 그리고 선순위 선택을 확보하기 위한 기본 지침이다. 이런 기준들은 환경 속의 모든 관련된 지식을 요약해야 한다. 사이먼(Herbert A. Simon)은 이것은 환경의 불확실성 때문에 정말로 불가능하다고 인식했다. 이후 그의 저서 『행정행태론(*Administrative Behavior*)』(1957)의 개정판에서 "극대화모형" 접근보다 "만족모형" 접근 방법에 주목한다.

사이먼은 의사결정자가 문제 해결 과정에서 완전히 합리적일 때 직면할 한계

---

5) 합리적·경제적 모형은 일반적으로 합리적 행위자가 취하는 다음과 같은 일곱 단계를 포함한다.
1. 해결할 문제를 정의하라.
2. 달성할 목적과 목표를 정의하라.
3. 추구된 목적과 목표에 관련된 모든 정보를 탐색하라.
4. 정보를 의미 있는 범주로 조직화하고 분석하라.
5. 가장 경제적이고 효율적인 대안의 순서를 찾아라.
6. 각 대안의 인지된 결과를 평가하고 비교하라.
7. 주어진 목표에 비춰 최상이거나 차선의 선택을 고르라.

합리적 설계에서 유사한 단계를 찾으려면 사이먼(H. A. Simon)의 『행정행태론(*Administrative Behavior*)』 2nd ed.(New York: Macmillian, 1961); 퀘이드(E. S. Quade)의 『공공 결정을 위한 분석(*Analysis for Public Decision*)』 2nd ed.(New York: Elsevier, 1982); 앨리슨(G. T. Allison)의 『결정의 정수(*Essence of Decision*)』(Boston: Little Brown, 1971)를 참고.

를 명백히 알고 있다. 합리성은 모든 적절한 데이터를 이해하거나 가장 유망한 대안을 탐색할 개인의 능력에 의해 필연적으로 제한적이다. 그러나 그의 만족모형의 해석은 여전히 행정적 의사 결정에서 일종의 합리모형으로 간주된다. 사이먼의 저서들은 정책분석 분야에 커다란 영향을 주었다.

정책분석가의 가정과 편견은 상반되는 가치가 포함된 문제의 정의 과정에 개입한다. 분석가는 시민의 가치와 지각을 고려할 수도 있으나 무엇이 중요한 실천인지에 대한 그들 자신의 해석은 대안 결정 과정에 더 영향을 준다. 시민의 가치와 지각은 합리적 분석가들이 생각하는 것만큼 획일적이지 않다. 시민의 가치, 욕구, 의견, 그리고 감정과 같은 질적 요소들을 평가하는 것은 합리적 선택을 위해 그런 요소들의 중요성을 측정하는 민감성을 요구한다. 사실과 가치는 상호 관계적이다. 가치를 의식하지 않고 사실을 조사하는 것은 시민들에게 영향을 줄 정책 구상의 결정적 요소를 부인하는 것이다.

결론적으로 합리적 설계는 정치적, 경제적, 그리고 사회적 실제 세계에서 무슨 일이 일어나는지 서술하기보다 전문가적 견해에 따라 어떻게 의사 결정이 이뤄져야만 하는지를 서술한다는 점에서 근본적으로 규범적이다. 결과적으로 목표와 대안에 관한 갈등은 피할 수 없고 계속된다. 구상 과정 부문을 위한 은유인 '과학으로서의 행정(학)'은 효과적인 행정을 위해 필요한 많은 것을 제공하기도 하고 또 제외시키기도 한다. '기술로서의 행정(학)'의 경우에서처럼 과학 은유는 행정학도와 실무자들 모두에게 눈가리개를 씌워 그들의 비전과 행정 분야에서 필수적으로 필요한 많은 것의 사용을 제한한다.

점증적 설계

기술로서의 행정(학)을 표명하는 점증적 설계는 행정에서 기술, 창조, 성과, 경험, 상상력, 미학 등 인간적 요소를 중요하게 다룬다. 이는 또한 협상, 거래, 교환, 그리고 적응적 흡수와 같은 정치적 기술과 역사적 신뢰를 포함한다. 기술적 차원에서의 행정은 과학성 및 전문성 등 20세기 실증주의적 요소들에 배타적이지는 않지만, 부차적인 것으로 여긴다. 기술로서의 행정학은 과학이라기보다는 주어진 일을 기술적으로 처리하기 위해 지식, 재능, 기술이 요구되는 업무를 담당하는 일종의 기예로 본다. 행정의 창조적 기술은 마치 교향곡의 화음처럼 소리에 귀 기울이고, 감정을 느끼고, 복잡한 요소들을 조화롭게 하여 완제품을 하나의 단일체로서 산출하는 과정으로 이해된다.

합리적 설계자는 행정에서 정치행위자들의 가치와 권력을 분석의 대상에서 제외함으로써 행정의 정치적 현실에 대해 둔감한 모습을 보인다. 반면 점증적 설계자는 결정의 만족도를 증대시키기 위한 쟁점을 둘러싼 가치와 권력의 다양성을 중요하게 다룬다. 그러나 점증적 설계자들은 이러한 결정을 둘러싼 객관적 사실과 기법에 대해서는 둔감한 모습을 보인다. 미국 정부의 다원론적 본질은 믿음과 이해의 다양성에 기인한다. 이런 맥락에서 점증적 설계에서 행정관리자와 정책결정자의 역할은 거래와 협상을 통한 합의를 위해 노력하는 집단과 개인의 광범위한 상호작용을 포함시키는 것으로 인식된다.

행정(학)을 기술로서 인식하는 사람들 가운데 실험과 관찰을 통해 지식을 발견하는 이론적 혹은 과학적 연구에 단지 흥미를 갖지 않거나 과학적 방법론이나 심지어 행정이론을 거의 받아들이지 않는 사람이 많다. 그들은 대개 그들의 관리적 역할에 대해 행위 지향적이며 숙련된 사람들이다. 그러나 기술적 부문의 점증적 설계자들은 그들 자신이 직관, 개인 간 기술, 카리스마, 상상력, 창의성, 타이밍, 협상, 그리고 다른 유형의 정치적 행위 등과 같은 비합리적 본질을 폭넓게 느낌으로써 합리적 효용성에 비판적이다. 그러므로 행정적 합리주의자로서 합리적 설계자는 사실, 법칙, 그리고 원리의 발견에 더 관심이 있다. 반면 기술로서의 행정은 개인 간의 차이, 행정적 상황의 맥락, 특별한 이해, 권력 그리고 의사 결정을 해야 할 행위자들 간 지각적 변이성 등에 초점을 맞춘다. 이 과정에서 창조적 기술은 기술적 행정관리인이 갈등과 문제를 해결하기 위해 힘쓸 때 만들어지는 도전 과정에서 발생한다. 이 과정은 효과적 리더십, 정치적 기술, 그리고 기술적 구상을 포함하며, 조직적 과정은 조정, 타협, 교환, 조직적 욕구의 범위에 주목하는 것과 생존 전략 등을 포함한다.

점증적 설계자는 빠른 변화는 대개 의도되지 않은 결과를 초래할 수 있기 때문에, 너무 빠른 변화를 추구하는 것이 현명하지 못하다고 믿는다. 그리고 문제에 대한 단기적인 대처와 해결은 바람직하지만, 근원적이고 급진적인 대처를 추구하는 것은 무익하고 심지어 위험하다고 인식한다(Lindblom, 1968: 109; 1965).

이러한 맥락에서 전문가의 역할은 최소화된다. 점증적(또는 다원주의적) 설계에서는 누가 의사 결정할지가 크게 중요하지 않으나 의사 결정 참여자들은 다른 행위자들을 끊임없이 설득하는 일에 몰두해 상호 조정이 전개되고 쟁점에 대한 다양한 시각을 이해하며 이러한 다양성 속에서 타협이 발전된다. 이것이 행정 행태의 기술적 가능성이다. 점증적 설계는 믿음, 가치, 태도, 그리고 정치의 다양성을 내포하는 정책 결정 과정에서 가장 흔히 나타난다. 정치적 과정에서 문제는 쉽게 파악되지 않는다. 대신 정책결정자들은 합의와 거래와 협상에 의해 문제 형성을 추구해야 한다. 정치적 합의는 합리적 접근보다 더 높은 가치를 가지게 된다.[6]

(다원성이 높은) 미국 내의 많은 현실 정책은 점증적 결정의 결과물로 간주된다. 실제 이러한 결과물은 이례적이지도 않고, 다원주의와 민주주의의 일반적 산물로 여겨진다. 다원주의는 그 자체가 점증적 의사 결정을 적합하게 하므로 점증주의는 정책 체제의 일부분이 되었다. 정부가 매우 독재적이며 관료적인 중국은 정책이 흔히 포괄적이어서 극단적 수단에 의한 대담한 변화를 장려한다. 예를 들면, 비록 인구정책이 최근 약간의 변화를 겪기는 했지만 도시지역에서 인구 성장을 억제하기 위해 가구당 한 아이만을 갖도록 강제했던 과거 정책은 수많은 강요된 낙태와 그들 부모에 의한 여아 살해라는 결과를 가져왔다. 이러한 무조건적인 정책은 다원주의적 정치 체제에서는 거의 발전될 수 없다.

갈등과 문제, 해결 그리고 변화를 위한 전략으로서 그리고 어느 정도 합의의 맥락 속에서 변화에 초점을 둔다면 점증적 설계는 반응적이다. 그 형식은 흔히

---

6) 이러한 그리고 다른 비판들을 고려할 때 린드블롬은 "분해된 점증주의(disjointed incrementalism)"를 고안해 냈다.(찾아보라: The Science of Muddling Through," *PAR*. vol. 19, Spring, 1959: 79-88). 그는 점증주의를 문제 해결, 의사 결정, 정책 구상과 분석 등에 사용되는 전략으로 간주한다. 점증적 전략의 핵심은 다음과 같다.

1. 강조점은 이미 존재하는 구조 내의 작은 변화에 둔다. 그런 변화는 계속 되풀이되는 것이므로 반복적이며, 또는 반복적이지 않은 연속된 작은 단계들이 무한하다.
2. 정책분석은 현상 유지를 위한 사소한 조정을 포함한다. 비교되고 고려되는 유일한 대안은 현존하는 정책과 유사한 것들이다.
3. 대안과 그들이 예상하는 결과는 단지 점증적으로 서로 다르다.
4. 수단과 목적은 분리할 수 없다. 합리적 문제 해결의 목적/수단의 이분법은 제한적이거나 이치에 맞지 않는 것으로 생각된다.
5. 점증적 정책 또는 결정은 반응적·주관적이며 가치를 매우 중요하게 여긴다.
6. 미래는 느리고 조심스럽게 다가오는 경험과 과거 정책의 연장으로 생각된다.

장기적으로 모든 대안을 탐색한 후 결정하려는 최고의 선택이라기보다 단기적으로 작은 변화를 수용하는 만족스러운 결정을 제공한다. 이것은 점증적 설계가 불안정하게 임시적 후원 구조에 의존해 정책의 계속성, 전문가 의견, 실험, 그리고 다른 가치들을 더 큰 위험에 빠뜨린다는 것을 의미한다. 단지 작은 변화에 초점을 맞춘 전략인 점증적 설계는 확실한 장점을 가진다. 린드블롬(Charles E. Lindblom)은 모든 정책 결정에서 "무슨 정책이 결정되든지 이 결정은 일반적으로 어떤 집단의 목표나 목적에 적합할 것이다. 그러나 그것들은 다른 사람들의 목표나 목적에는 적합하지 않을 것이며 그러므로 비합리적이라고 비난받을 수 있다는 것" 또한 사실임을 의미한다(Lindblom, 1968: 109). 이런 상황에 대한 점증주의자들의 반응은 무엇일까? 정책을 조사할 때 부적당한 과거의 결정은 반드시 조사되어야 한다. 약간의 정책 수정으로 가끔 정책 집행에서 야기되는 작은 혼란은 개선의 과정을 더 단순하게 만든다. 점증적 접근의 중요 특징 가운데 하나는 이것이 거대한 도약이 아닌 작은 적응에 의해 변화를 만드는 데 있다. 그래서 변화의 과정은 때때로 일어나는 것이 아니라 계속적으로 일어난다.

점증적 설계의 형태는 정책 틀 안에서 행위자들 간에 작은 의견 일치를 얻을 수단을 제공한다. 그러나 이것은 혁신 또는 창의적 정책 형성을 특징으로 하지 않으며 폭넓은 공익을 반영하지도 않는다. 다원주의에 대한 최근의 비판은 분명한 이익의 욕구를 만족시키는 것이 반드시 사회가 직면한 더 일반적 문제를 해결한다거나 공익을 신장하는 것은 아니라는 주장을 포함한다. 어떤 권력기관만의 더욱 강력한 요구를 충족시켜 주는 것은 그 기관의 다른 의뢰인뿐만 아니라 일반적으로 대중을 위한 서비스를 제한할 위험이 있다.

점증적 설계의 접근 방법은 매우 복잡한 현대 행정의 환경에서 변화를 만들고 문제를 해결할 수단을 분명하게 제시한다. 그러나 이 접근 방법에 부족한 것은 분석가, 전문가 의견, 경험, 그리고 과학적 탐구에 의해 나타난 대안들에 충분히 주목하지 않는 것이며, 권력의 장에서 덜 분명하고 덜 강력한 의견에 충분히 민감하지 않은 것이다. 행정을 위한 은유인 기술로서의 행정은 계획, 결정, 또는 프로그램을 개선시킬 수 있는 다른 많은 가능성을 고려하지 않는 반면, 적절한 사안의 한 범주에 수용적 관심을 갖는다. 과학 은유와 마찬가지로 기술로서의 행정(학)을 수행하는 것은 행정학도와 행정실무자가 공공정책의 형성과 집행을 공부하고 실행할 때 이들에게 눈가리개를 씌우는 것이다.

많은 비평가는 점증적 정책 결정이 선천적으로 보수적이며 수동적이라고 본다. 한편, 점증적 정책 결정은 정치 과정 속에 내재된 고유의 지혜를 유지하고 사용한다고 가정한다. 린드블롬은 행위자들의 지식이 허락하는 만큼의 크고 중요한 변화를 가져오기 위해 합리적 구상을 사용하는 것이 가능하다는 것을 인정한다. 그러나 그는 정책분석가들의 제한된 지식을 가지고는 더욱 다루기 쉬운 정도의 증가, 즉 작은 변화를 가져올 더욱 합리적 전략을 제의한다. 그는 만일 더 빠른 변화가 요구된다면 연속 결정 간의 시간을 줄일 수 있다고 언급한다. 그래서 빠른 정책 혁신과 적응은 점증적 구상을 사용함으로써 달성될 수도 있다.

사회적 설계

합리적 설계의 틀과 점증적 설계의 틀(과학과 기술)의 비판적 합성은 정치적·사회적 기술과 함께 상호작용 과정을 변화시키는 개념적 렌즈를 제공한다. 어떤 사람들은 행정(학)을 단지 과학 또는 기술로 이해해야 한다고 주장하지만, 행정이 현실에서 다루는 문제는 좀 더 복잡한 차원에 해당되기 때문에 협애한 은유적 틀로 재단하기에는 한계가 있다. <표 4-3>의 가장 오른편에 위치한 사회적 설계는 다른 두 개념보다 넓은 범위의 의미와 활동을 함의한다. 사회적 설계는 행정의 실제 세계를 더 잘 설명해 줄 철학적·사회적 원리들을 제공하고, 이를

표 4-3 설계의 형태 비교

	위기적 설계	합리적 설계	점증적 설계	사회적 설계
행위자/설계자	정책결정자/관리자	전문가/분석가	영향력 있는 행위자	복수의 행위자
시민 참여	배제 폐쇄	배제 폐쇄	제한된 포함	포함 개방
목적	즉시적 목적	장기적 시각	단기적 시각	단기적/장기적
권력의 기반	공식적 권위	기술적 지식	정치적 합의	책임의 공유

통해 앞선 두 접근 방법의 범위를 뛰어넘기 때문에 필자는 더 나은 개념적 은유로 사회적 설계를 제안한다.

사회적 설계는 조직적 · 사회적 관계(그리고 행위 상황) 속에서 해석, 이해, 공유, 그리고 학습에 초점을 맞춤으로써 그리고 갈등 해결, 학습, 문제 해결과 변화에 대해 적극적 태도를 취함으로써 관련 행위자가 가치에 대해 더 넓게 이해하도록 돕는다. 사회적 설계를 지향하는 행정관리자에 의해 장려된 회합과 토론은 점증적 행위자와 합리적 행위자에 의해 소유된 가치의 표현을 받아들인다. 이것은 논쟁 속에서 찬성 또는 반대로 끝날 수도 있다. 사회적 설계는 복수의 가치를 추가하므로 훨씬 더 포괄적 은유를 제공한다. 필자의 주장은 우리가 행정(학)을 개념화하기 위해 사용한 은유는 행정(학) 분야를 위한 한계, 과정, 신뢰, 그리고 행태를 확립한다는 것이다. 커다란 의미나 함의를 가진 은유는 정부 관리의 이론과 실제를 확장하고 풍요롭게 할 방법을 제공한다. 위기적, 합리적, 점증적 설계는 넓게 공유된 선택과 정책대안들을 창의적으로 생각할 때 사용하기에는 부적절하다는 단점을 가지고 있다. 이런 설계들 가운데 어떤 것도 공공정책의 발전이나 특히 지역사회 문제 해결에서 시민집단, 전문가, 개별 시민들, 그리고 집단 이익의 폭넓은 상호 교환을 만들어 내지 못한다. 이런 설계들은 가치의 이해나 갈등 해결 차원(<표 4-3>)의 목적이 낮기 때문에 그들이 제시하는 문제에 대한 해법은 종종 목표 시행에 필요한 효과적 집단행동을 자극하지 못한다. 위기적 설계와 합리적 설계가 조직구성원과 고객의 가치를 반영하지 않는다는 측면에서, 그리고 위기적 설계와 점증적 설계가 미래 문제에 대응할 기술적 · 합리적 가능성에 적절히 연계될 수 없다는 측면에서 이러한 구상 과정들은 복잡한 사회 현실을 이해하고 대응하는 데 부적당하다. 가치를 기반으로 하는 점증적 정치와 기술적 지식을 기반으로 하는 합리적 선택은 상황에 관련된 행정관리인과 당사자에 의해 비판적으로 평가될 필요가 있다. 이런 점에서 대중 심의와 비판이론의 사용은 사회적 설계를 위한 중요한 개념적 기반이 된다.

상호작용과 참여를 촉진시키는 과정을 기획하고 운영하는 것이 사회적 설계의 은유가 내포하고 있는 핵심적인 내용이다. 실행 가능한 대안으로서 만들어진 과정은 특별한 쟁점과 문제에 관련된 행정관리자, 전문가, 정치인, 사회집단, 고객, 그리고 시민 등 다양한 행위자들의 사회적 상호작용과 연결망을 통해 형성된다.

사회적 설계는 이러한 과정을 사회적으로 설계하면, 참여자들이 스스로 문제와 관련된 해법과 시행의 수단을 아울러 모색하려 할 것이라고 가정한다. 이러한 소통과 참여는 지속성을 띨 때 상호학습의 발전으로 이어지고, 변증법적인 사회적 구성의 동학으로 나타난다. 여기에서 주의할 점은 사회적 설계가 단순히 정치적 합의를 목표로 삼고 있지 않다는 것이다. 오히려, 다른 생각, 경험, 기술, 지식에 대한 이해와 소통을 통해 공유된 책임을 사회적으로 발전시켜 가는 과정 자체에 그 초점을 맞춘다. 과정에서 전문가의 지식은 물론 중요시된다. 그러나 다른 은유들과는 다르게 전문가의 지식이 의미를 가는 것은 다른 참여자들의 경험적 지식과 직관적 감정과 상대성을 띠는 조건을 전제한다는 점이다.

함의

오늘날 서구와 비서구 국가들의 행정의 상태는 안정과 질서보다 위기와 변혁의 개념으로 더 잘 설명된다. 이에 대해 우리는 대부분 정치적, 재정적, 그리고 인도적 문제 해결 방법의 결여로 인해 위기와 혼동의 고통을 겪고 있다. 그러므로 공공조직의 모든 계층에서 창의적이고 참여적이며 효과적이고 효율적인 치료법을 개발하지 않는다면 설계의 위기는 당분간 계속될 것 같다. 위기의 환경은 필연적으로 조직 내부관리의 질에 영향을 준다. 게다가 중요한 결정은 상부 관리자들에 의해 일방적으로 만들어진다. 이러한 결정이 고용인들의 근로 생활에 영향을 줌에도 불구하고 그들은 의사 결정 과정에 참여하지 못한다. 이것은 고용인 자신이 하는 일에 대한 더 큰 심리적 주인 의식의 결여를 가져오므로 조직의 목적과 업무의 집행에 덜 전념하게 만든다.

비록 과거 정책과 행위의 의도하지 않은 결과 때문에 이러한 위기를 피할 수 없을지라도 이는 또한 새로운 행동을 유도한다. 위기가 자극해 만들어진 도전은 어떤 상황에서 견딜 대항 기제를 가져올 수 있고, 개인의 적응력을 강화시킬 수 있으며, 개인의 정신 건강을 향상시킬 수도 있다. 같은 방법으로 조직은 세입 창출과 공공 서비스 제공의 대안 구상과 같은 위기를 다룰 새로운 대처 방법을 배울 수 있다. 개인들과 마찬가지로 다른 조직들은 다른 방식으로 위기에 반응한다. 모든 조직은 다양한 반응적 문제 해결과 갈등 해결 전략을 통해 또는 위기에 대한 비판적이며 역행적 분석 후 혁신적 해법을 개발함으로써 균형과 타당성의 감각을 유지하려 노력한다.

그러나 여전히 점증주의에 결여된 것은 폭넓은 참여이다. 우리가 언급했듯이 참여는 사회의 실제 욕구를 대변하지 않는 현재 존재하는 다원론적 틀을 통해 특징적으로 수행된다. 정말로, 다원주의에 대한 더욱 실질적인 비난 가운데 하나는 만일 정책 체제가 개인 각자가 나타낸 이익의 욕구를 해소한다면 그것은 사회 전체의 욕구를 해소시킨 것으로 여기는 안이한 전제에 있다. 대부분의 후기산업 국가들에서 많은 공익조직과 미디어는 일반 시민의 문제와 욕구를 알리는 데 중요한 역할을 한다. 그러나 산업화된 국가나 비서구 국가의 비정부조직이나 비영리조직은 단지 최근에 정책 결정 과정에 영향력을 행사하기 시작했다.

비록 합리적 정책분석가는 정책대안 개발 업무에서 선천적 문제에 직면하지만 그들의 전문직업가적 지식이 과소 평가되어서는 안 된다. 관료제의 합리적 접근 방법의 정당성을 부정하는 것은 전문직업가들이 기술적 지식과 경험을 적용할 기회 자체를 거절하는 것일 수도 있다. 공공관료제는 더욱더 미래를 예측하고 계획을 세울 방법을 배워야 한다. 정책 집행을 방해하는 의도하지 않은 문제들은 합리적 정책 설계뿐만 아니라 점증적으로 발전된 설계로부터도 전이된다. 기술적이며 탈근대주의적 사회에서 전문직업가적 도움 없이 중요한 정책을 설계하는 것은 위험하다. 만일 정책이 효과적이려면 정책 과정이 합리적 설계나 점증적 설계 접근 방법에 그 과정을 한정해서는 안 된다. 대신 두 접근 방법은 상호 의존적임을 보여 주어야 한다. 이것은 장시간에 걸친 대중의 심의와 논쟁을 포함할 수도 있다. 예를 들어 지방 수준(카운티나 시)의 행정관리인은 연방정부나 주정부에 의에 공급된 프로그램들의 세입 감소와 예산 삭감 때문에 반응적이어야 한다. 동시에 그들의 목표 순위를 다시 매기거나 새로운 세입원을 만들 대안을 발굴하거나 공공 서비스의 적정선을 유지하기 위한 향후 계획을 세우기 위해 그들은 적극적이어야 한다. 이렇게 되면 사회적 정책 설계는 분쟁, 문제, 변화를 다룰 세 번째 시각으로 나타난다.

사회적 설계는 규범적이며 기술적이고 비판적 전략이다. 이것은 합리적·분석적 전략과 점증적·정치적 전략 모두를 고려하도록 규정하기 때문에 규범적이다. 특정한 정책 결정에 의해 영향받을 의뢰인과 외부 집단의 지식이 전문가들과 행정관리인들의 지식과 서로 맞서는 문제 상황 속에서도 정책은 참여자들의 공유된 가치 위에 기반해야 한다. 이 과정에서 토론은 경제적·정치적 고려뿐만 아니라 사회적 수용을 얻을 정책의 실현가능성(정책을 집행하는 과정 동안 조직과 고객의 협동) 역시 고려해야 한다.

마지막으로, 사회적 설계는 과정과 상호작용을 발전시키고, 참여자 간 대화를 촉진시키며, 의도하지 않은 결과로부터 학습해 책임질 수 있는 행정관리인의 의식을 강조하는 비판적 접근 방법이다. 그들은 전문가들에 의해 추천되고 이익집단과 시민들에 의해 요구되는 대안들의 측정에 날카로운 비평적 태도를 견지해야 한다.

제 5 절 결론

이 장에서 토론한 행정에 대한 과학, 기술, 그리고 사회적 설계의 세 가지 은유적 시각은 각각 명백히 다른 관리적 사고와 행위 양식을 보여 준다. 더 큰 개념 차원에서 바라보면, 이런 시각은 얼핏 보면 어느 정도 서로 개념적으로 중첩되는 것이 사실이다. 그러나 좀 더 구체적인 측면에서 이들은 그 전제와 결과에서 현저한 차이를 드러낸다. 특히 과학 또는 기술의 은유에 전념하는 행정관리자는 공공의 문제에서 좀 더 포괄적인 시각을 결여한 채, 행정과 정책을 다소 좁게 바라보는 경향을 보이기 쉽다. 이러한 태도를 견지한 채, 이들이 계속해서 행정관리자와 행정학도를 가르치고, 훈련하며, 양성하는 것은 이들 후속 세대의 시각을 좁히고, 전문가적 성장을 방해함으로써 결국 이들의 잠재적 기여를 제한하게 되는 결과를 초래할 수 있다.

행정에 대한 사회적 설계의 은유는 행정의 대상이 되는 지역과 조직에 실제로 무슨 일이 일어나고 있는지에 대한 이해의 필요를 촉구한다. 실무자들뿐 아니라 학자들은 이러한 사회적 설계의 은유를 통해 좀 더 맥락적이고, 실용적인 대안을 모색할 수 있다. 이제 사회적 설계의 은유를 선택할 시간이 도래했다. 사회적 설계 접근 방법의 중요한 장점은 이것이 참여, 관계, 대화, 논쟁, 그리고 다른 배경을 가진 복수 행위자의 매일매일의 살아 있는 경험에 초점을 맞추고 있다는 것이다. 반면 행위자들에 대한 그들의 분석과 비평에는 아직 발전시켜야 할 비판적 전략의 여지가 남아 있다.

사회적 설계의 은유를 현실에서 구현하는 방법적 열쇠 가운데 하나는 공적인 의사 결정에 모든 이해당사자와 비판적 시민을 관여시키고 공개 토론을 벌이는 것이다. 그렇다면 여기에서 실천적으로 고려해야 할 사항은 어떻게 이들로부터 참여에 대한 관심을 이끌어 내고, 또 관심을 유지시킬 수 있을 것인가 하는 점이다. 이러한 문제에서 중요한 역할을 담당하는 사람은 누구보다도 행정관리자이다. 이들은 지역사회의 대화를 이끌어 갈 대표성을 지니고 있다. 한편 또 다른 고려 사항은 이러한 참여와 대화가 형식적이어야 할 것인지, 아니면 심각하게 이뤄져야 할 것인지의 여부일 것이다. 따라서 이러한 참여와 대화를 이끌어 갈 행정관리자를 어떻게 교육시킬 것인지의 고민도 아울러 수반된다. 그 밖에도, 만일 시민들이 제공된 기회에 대응하지 않는다면 어떻게 할 것인가? 우리는 다른 사람들의 생각과 경험에 대한 오해와 오역의 문제를 어떻게 피할 수 있을까? 사회적 설계의 은유를 실천으로 이끌어 가거나 이론을 현실로 구현하는 데 이러한 것들은 해당 접근 방법을 적용할 때 중요하게 고려해야 할 문제이다.

제5장

사회적 설계의 사례

그동안 행정학의 발전은 문제 해결을 위한 접근 방법의 범위를 확대했다. 정책결정과 관련된 변수들에 대해 더 많은 이해를 가능하게 했으며, 이에 행정가와 시민들에게 긍정적인 방향으로 자극을 주었다고 평가된다. 이러한 발전은 결국 행정학 분야의 이론과 실천 양 측면을 강화할 수 있는 다양한 가능성을 제공했다. 행정학 분야의 발전으로 인해 좀 더 정교하게 성립된 사회적 설계(social design) 전략은 지역사회 수준에서 혁신적인 사업을 실천하고자 하는 행정가들의 노력으로 폭넓게 이용되고 있다.

이 장에서는 앞서 논의한 사회적 설계 개념을 몇 가지 정책 이슈들에 적용해 보도록 한다. 이를 통해 개념이 가지는 가치와 의미를 몇 가지의 가이드라인과 은유로 설명하고자 한다. 사회적 설계에 대한 접근은 일반적으로 아래와 같은 방식으로 실행된다.

1. 사회적 설계 과정은 참여자들이 가지는 가치의 다양성을 고려하는 데서 출발한다. 그뿐만 아니라 사람들이 토의의 결과물이나 해결책에 의해 영향을 받는 것도 아울러 고려해야 한다. 다양한 행위자들의 아이디어의 타당성은 토론과 논의의 과정을 통해 평가되어야 한다.
2. 참여자들은 이익집단 정치를 초월해야 한다. 사회적 설계의 참여에 중요한 것은 사적 이익보다 공적 이익에 우선 관심을 두어야 한다는 것이다.

3. 행정가나 정책 입안자는 사회적 설계 과정을 디자인하고 참여자들의 상호작용을 용이하게 함으로써 효율적으로 역할을 수행하게 하도록 하는 데 책임을 지닌다.
4. 대안은 정치적·경제적·사회적 가능성에 대해 비판적으로 검토되어야 한다.
5. 미래를 위한 정책 설계나 정책 결정은 분석적이면서 다양한 지식을 요구하지만, 각각의 적용은 대화와 담론을 통해 비판적으로 검토되어야 한다.
6. 소수집단의 목소리는 커뮤니티의 문제 해결 과정에 반영되어야 한다.

사회적 설계의 틀은 지역사회의 문제를 해결하는 데 협력적인 접근법으로 이용될 수 있다. 이 민주적인 틀은 행위자들의 자발적인 공동 참여를 가능하게 한다. 행위자들이란 관리 자원과 권한을 가진 도시 행정가, 전문 지식과 기술을 가진 전문가를 포함한다. 그리고 지역사회 문제에 특별한 관심을 가진 시민도 포함한다. 이러한 환경에서 공식적인 권위와 권력은 참여자들 사이에서 발생하는 문제를 해결하는 원천이 되지 않는다. 행정가의 책임은 문제 해결을 위한 다양한 상호작용을 용이하게 하고 문제 해결을 위한 도움을 주는 것이다.

제 1 절 공동 생산과 지역사회 경찰 활동

지역사회 문제 해결에서 가장 흥미로운 발전 중 하나는 아마도 행정가와 시민 간의 "공동 생산"을 향한 움직임일 것이다. 전통적으로 공공관리자들은 일상 활동의 수행에서 위기 지향적, 이익 지향적, 그리고 합리 지향적 경향을 보여 왔다. 그리고 시민의 참여를 경영의 "기술"과 정부의 "기능"의 장애물인 것으로 간주해 왔다(Gawthrop, 1984: 105). 행정관리자들은 프로그램의 목적을 행정조직의 효율적인 운용과 공공 서비스의 효율적인 전달에서 찾았다. 행정 책임에 대한 이와 같은 좁은 시각은 그러나 "공공 서비스가 시민과 공무원의 공동 활동의 산물이라는 인식"에 기초한 공동 생산이라는 더 넓은 관념으로 전환되고 있다(Sharp, 1980: 110). 공동 생산은 "시민이 공공기관의 활동을 확대시키거나 기여하거나 공동 행위에 참여하는 목적을 가지고 참여하는 행동"으로 정의할 수 있다(Warren et al., 1982: 43). 바람직한 사회 변화를 가져오는 것은 사실상 시민들의 노력이다. 행정가들은 이러한 생산적인 노력에 단지 시민을 돕거나 충고할 수 있을 뿐이다. 시민들은 공공 서비스의 중요한 평가자로 행동할 수 있고, "서비스 조건"을 만들 수 있기 때문에, "그들의 행동은 서비스 전달이 발생하는(사회적·물리적) 환경을 변화시킬 수 있다는 점에서 공동 생산자"로 보아야 한다(Sharp, 1980: 112). 그러므로 최근 몇 년 동안의 공공정책과 행정은 시민 참여(그리고 자발적 행동)를 재조명해 참여 민주주의에 대한 관심을 불러일으켰고, 시민 참여는 국정 수행에서 열정적인 원동력이 되었다(Box, 1998).

지역사회 문제 해결에서 사회적 설계는 도시지역들의 지역사회 중심의 경찰활동의 발전에 흥미롭게 적용되고 있다(Thurman, Zhao, & Giacomazzi, 2001; Peak & Glensor, 1996; Goldstein, 1990). 경찰 서비스 제공에서 가치 지향적 접근법은 이웃 간 수준에서 기능하고 이것의 성공은 경찰 조직문화의 변화에 달려 있다. 이러한 프로그램들은 "공동 생산적"인 노력으로, 그들의 지역사회의 미래를 관리하고자 하는 주민 조직과 경찰서 간에 특별한 상호작용을 제공했다. 이웃 간 활동은 개인의 안전을 향상시키고 시민들과 공공기관이 상호작용하도록 하기 위해 의식적으로 계획되고 있다.

수년 간, 특히 1940년대부터 1970년대까지, 경찰 관리자는 그들 기관의 효율성과 통제를 높여 줄 다른 기술의 개발에 주력했다(Goldstein, 1990: 7). 이러한 과정에서 경찰 관리자는 그들이 봉사하는 사회와 사람들에 대한 시각을 잃게 되었다. 1960년대와 1970년대에 일어났던 인권 시위, 인종 갈등, 폭동 그리고 정치적인 시위는 시민과 경찰 사이에 긴장 관계를 만들었다. 더구나 1980년대 초에 생겨난 대중의 범죄에 대한 우려의 증가는 이러한 단절을 심화시켰다. 1967년부터 1973년까지 경찰의 관행이나 근본적인 사회 문제들을 평가하기 위해 5개의 전국적인 연구를 시행했다(Goldstein, 1990: 9). 연구 결과에 따르면 경찰 활동을 향상시키기 위한 방법은 전문화, 효율성과 통제, 과학적인 기술의 사용, 경찰 공무원의 사회적 직업 역할을 계속 강조하는 것이다.

그러나 범죄, 시민 소요, 이웃 관계의 붕괴, 지역 무질서와 더불어 시민들의 경찰 활동에 대한 불만이 높아지면서 이러한 직업적인 성향이 비난을 받게 되었다.

1979년에 골드스타인(Herman Goldstein)이 문제 지향적 경찰 활동(Problem Oriented Policing: POP)을 제안했는데, 이것은 경찰기관 전체가 주어진 전 도시의 문제를 분석하고 대응하는 방식을 다루고 있다(Goldstein, 1979). 골드스타인의 주장은 다음과 같다. "문제 해결은 진정한 의미의 경찰 활동이고 경찰 활동의 실질적인 업무이다. 경찰이 경찰 서비스에 대한 호출을 반복하게 만드는 문제의 근본적인 원인을 찾아 내어 다룰 것을 주장한다. 문제 지향적 경찰 활동은 사후 반응적, 사건 지향적 태도로 인해 경찰 자원을 계속해서 소모하는 문제들을 활동적인 태도로 변화하기를 요구한다"(Goldstein, 1979: 241). 골드스타인은 이를 "경찰 활동의 예방적인 측면과 반응적인 측면 간의 더 나은 균형"으로 생각했다. 그는 문제 지향적 경찰 활동이 "경찰 직무가 잘 이뤄지게 하도록 지역사회와 일반 경찰의 효과적인 사용"을 가능하게 한다고 말한다(Goldstein 1990: 3, 32). 1980년대 초반 무렵, 많은 경찰서장과 관리자들은 경찰 기관의 목표를 '지역사회 중심 경찰 활동'으로 알려진 철학에 근거하기 시작했다. 이러한 예방적인 접근은 문제 해결 전략의 개발과 경찰 권력의 분산에 초점을 맞추고 있다. 지역사회 중심 경찰활동(Community Oriented Policing: COP)은 경찰과 시민들과의 연계를 향상시켜 경찰이 그들이 돕는 지역주민과 함께 일하는 것을 강조한다. 현재 지역사회 경찰 활동이 많은 나라, 특히 미국에서 시행되고 있다. 프로그램들은 "지역사회의 요구, 정치적 견해, 사용 가능한 자원"을 고려한다(Peak & Glensor, 1996: 71).

2000년에, 미국에서 인구가 5만 이상인 도시 중 절반 이상이 지역사회 경찰 활동 프로그램을 개설했다. 프로그램의 효과는 도시마다 다양하다. 전반적으로, 경찰서장은 지역사회 경찰 활동이 시민과 경찰의 유대감 형성에 중요하다고 생각한다. 시민들은 범죄 예방을 포함해서 범죄자의 수사와 체포, 평화 유지, 법집행, 생명과 재산의 보호, 지역사회의 안녕, 범죄에 대한 두려움 감소 등 지역사회가 직면한 문제에 대해 경찰과 함께 일한다. 경찰서는 그들의 강령을 만들 때 이러한 문제의 해결에서 지역사회와의 협력 관계를 강조한 요소들을 포함시킨다.

인기가 많은 프로그램 중 하나는 바로 이웃 간 감시 프로그램(Neighborhood Watch)이다. 이 프로그램은 형식적인 것(자문위원회 회의, 월별 지역회의)과 비형식적인 것(점포 전방에 본부 설치, 지역사회를 위한 서비스를 강조하는 것, 비폭력적 순찰)을 통해 경찰과 지역사회가 긍정적으로 일할 수 있는 관계를 맺고자 한다. 시민단체에서는 기술적인 도움과 적극적인 지도력을 통해 그들만의 이웃 간 감시 프로그램을 시작할 수 있다. 이 프로그램의 의의는 크게 두 가지로 나눌 수 있는데, 첫 번째는 지역과 이웃을 협력과 참여를 통해 지키는 것이고, 두 번째는 지역사회에서 의심되는 행동들을 바로 경찰에 보고하는 데 있다. 이러한 지역사회의 노력이 이웃의 범죄율을 줄이는 데 큰 역할을 할 수 있다.

예를 들어, 최근 샌프란시스코－산호세－오클랜드 만 지역에는 경찰과 민간범죄 예방단체의 사전 대책을 강구하는 노력에 따라 수백 개의 주택 경보와 이웃감시 단체들이 있다. 경찰과 민간단체들이 시행하는 이 프로그램은 범죄의 문제점을 밝히고 범죄 예방에 대한 계획에 힘쓰고 있다. 이들 대도시의 범죄율은 상대적으로 다른 소도시에 비해 높지만 경찰은 시민의 범죄 예방 프로그램이 다양한 범죄를 줄이는 데 큰 역할을 하고 있다고 믿는다. 지역사회 경찰 활동만으로는 범죄 문제를 해결할 수는 없지만, 그것은 법 집행의 다양한 측면 중 하나이다. 경찰관과 시민의 협력의 필요성은 많은 미국 도시에 대한 연구로 문서화되어 있다.[1)]

사회적 설계는 지역사회 경찰 활동의 토대이다. 이것은 법 집행에 광범위한 접근이 가능케 하고 한때 경찰을 엄격하게 폐쇄적으로 만들고 시민과 거리를 두게 만들었던 계급 체계를 탈중앙화시킨다. 경찰관은 지역사회와의 상호작용을 통해 시민들이 범죄가 일어나는 곳에 거주하며 알게 된 중요한 지식을 배우고 있다. 법집행자와 경찰관이 아닌 시민들도 전문가라는 사실을 깨달았을 때 지역사회를 더 좋게 대하는 방법을 찾게 되었다. 지역사회 경찰 활동이 실제로 범죄율을 줄이는지에 대해서는 아직까지도 논란이 있다. 하지만 시민과 경찰이 함께 협력하기 위해서는 경찰관이 그들이 가진 권력, 거친 이미지, 비밀주의에 대해 좀 더 벗어나야 한다. 그리고 경찰 활동 서비스에 중점을 둠으로써 주민들에게 서비스를 제공하고 시민의 요구 사항을 충족시키며 대중이 생각하는 경찰 시스템에 맞출 수 있도록 노력해야 한다(Wilson, 1968).

---

1) 1829년에 영국 의회의 내무장관인 필(Rohert Peel)은 수도경찰법(the Metropolitan Police Act)이 국회에서 통과되는 데 큰 영향을 미쳤다. 그는 "경찰은 곧 공공이며, 공공은 곧 경찰"이라는 원칙을 강조했다. 그의 신념은 경찰이 처음부터 끝까지 광범위한 사회의 일원이라는 것이었다.

제 2 절 실리콘 밸리에서 정보 격차 줄이기

정보 격차(digital divide)는 디지털 기술과 경제의 많은 측면을 반영하는 세계적인 현상이다. 오늘날, 우리 사회와 조직에서는 정보의 습득, 교환과 전달을 위해 컴퓨터와 인터넷에 대한 의존도가 나날이 높아지고 있다. 이러한 새로운 기술은 일상 생활에 중요하게 영향을 끼치고 있다. 많은 사람이 쇼핑, 인터넷 뱅킹, 정보 습득, 연구 목적, 교육 프로그램 신청 등을 위해 기술에 의존하고 있다. 사회와 그 사회에 속한 여러 조직은 전기 통신 장치가 없었더라면 제 기능을 해내지 못했을 것이다. 선진국에 사는 시민들은 정보통신기술(ICT)에 더 쉽게 접근할 수 있고 그런 나라의 가구들은 대부분 컴퓨터 시스템에 연결되어 있다. 가난한 나라와 부유한 나라의 정보 격차는 계속해서 벌어지고 있다. 노리스(Pippa Norris)는 각각 다른 세 가지 격차를 설명한다. "국가 간 격차"란 선진국과 개발도상국의 인터넷 접근성의 차이이다. '사회적 양극화'는 정보가 많은 나라와 그렇지 못한 나라의 격차를 의미한다. 그리고 온라인상에서 '정치 활동의 격차'는 공적 생활에 관심을 갖고 동원되고 참여하는 사람과 그렇지 못한 사람 간의 차이를 상징한다"(Norris, 2001: 3).

실리콘 밸리(Silicon Valley) 내에서의 정보 격차는 그 지역에서의 인종과 지리적 차이에 의한 사회·경제적 차이에서 비롯된다. 샌프란시스코-오클랜드 만 지역 남부에 위치한 실리콘 밸리는 지난 십 년간 급속도로 발전했고, 이로 인해 심각한 문제에 직면하고 있다. 이 지역은 전 세계적으로 기술 발전의 중심지로 알려져 있다. 그러나 실리콘 밸리의 성공과 성장은 의도하지 않은 결과를 많이 초래했는데, 그 결과물 중에는 심각한 주택난, 교통 체증, 환경오염, 물가 상승, 그리고 사회·경제적 불균등의 확대 등이 있다. 이런 당혹스러운 문제들은 급성장하고 있는 실리콘 밸리의 경제가 지속 가능한 것인지, 이 지역의 경제가 삶의 질에 미치는 영향은 무엇인지, 그리고 주민들이 어떻게 하면 기술적 능력을 습득해 성공할 수 있는지에 대해 질문을 던지고 있다. 다른 심각한 문제점은 학교 간의 학업 성취도 능력의 차이가 점점 벌어지고 있다는 것이고, 이 현상은 학생들이 수요가 많으며 보수가 높고 최첨단 기술을 요구하는 직업을 선택하는 데 걸림돌이 된다는 것이다. 특히 저소득층의 라틴계, 아프리카계 미국인 학생들이 영향을 받는다. 더욱이 실리콘 밸리 내에서 기술 접근성의 격차가 존재한다. 이것은 많은 실리콘 밸리 주민들이 인터넷과 같은 정보기술 애플리케이션을 가지고 일할 줄 모르며, 이런 새로운 경제에 부합하는 직업에서 일할 수 있는 필수적인 능력을 보유하고 있지 않다는 것을 의미한다. 아이러니하게도 세계적인 기술 발전의 장이라 불리는 실리콘 밸리의 주민들은 정보 격차의 영향을 느끼고 있다. 소수집단, 저소득층, 교육을 많이 받지 못한 사람들, 편부모 가정의 구성원들은 정보시장에서 접근성이 부족하다.

조인트 벤처(Joint Venture)는 25개에서 30개에 이르는 기업, 정부, 교육위원회, 그리고 지역사회 대표자들이 이끄는 실리콘 밸리의 네트워크이다. 이사회는 회사 직원, 정치인들, 교육자들, 시와 국가 공무원과 비영리기관의 대표들과 같은 다양한 사람으로 이뤄지며 매년 다섯 번씩 만난다. 이 비영리단체는 대기업, 중소기업, 지방정부, 주정부, 연방정부, 전문직 연합회, 재단, 기업들로부터 투자를 받고 있다. 오늘날 조인트 벤처에는 "핵심(집단)"과 11개의 실천 지향적 계획들이 포함되어 있다. 그 핵심(집단)은 계획의 발전을 지지하고, 그것들의 진행 기준을 세우며, 내부와 외부 소통을 가능하게 하고, 경제 변화와 실리콘 밸리에서의 삶의 질을 파악하며, 지역의 새로운 문제를 다루는 역할을 한다.

조인트 벤처는 비영리단체인 데이비드와 루실 패커드 재단(David and Lucile Packard Foundation)과 제임스 어바인 재단(James Irvine Foundation)의 후원으로 천여 명의 주민과 근로자가 참여하는 실리콘 밸리 시민행동 네트워크(Silicon Valley Civic Action Network: SV CAN)를 설립했다. 2000년 4월 8일에는 '실리콘 밸리 시민행동 네트워크'는 산호세에 있는 멕시칸 헤리티지 플라자(Mexican Heritage Plaza)에서 두 가지 중요한 주제－정보 격차를 줄이는 것과 살기 좋은 지역사회를 만드는 것－에 대한 지역사회 포럼을 주최했다. 지역사회 포럼은 합작 투자의 관심을 지역사회 아웃 리치와 시민 참여로 넓혔다.

약 200여 명의 사람이 포럼에 참석했고 정보 격차에 대한 다양한 의견을 발표했다. 이것은 큰 그룹의 사람들이 합작 투자를 도와 지역사회의 문제 해결에 대한 목표를 세우는 것을 가능하게 했다. 각각의 참가자는 작은 그룹 토론에 참가했고 점심 시간 이후에 진행되는 총회를 위해 자료와 아이디어를 준비하는 데 3시간을 보냈다. 그룹 보고서는 기획위원회에 제출되었다. 점심 시간에도 사람들은 다양한 그룹으로 나뉘어 사회의 문제와 해결 방안에 대해 토론했다. 점심 시간 이후에는 모든 참가자가 총회를 위해 한 곳에 모였고 참가자들의 생각을 분류하고 정보 격차를 줄이는 것에 관한 의견이 담긴 발표를 들었다. 회의에서 나온 의견에는 멘토 프로그램, 어린이를 위한 워크숍, 교실에서의 기술 활용, 선생님들을 위한 양질의 훈련, 정보 격차에 관한 시민의 의식을 높이는 것과 학교나 어린이를 위해 기술적인 도움을 줄 수 있는 자원봉사자를 모집하는 것들이 있었다.

하루 동안의 포럼은 미래를 탐색(탐색 회의)하는 회의였고, 조직과 지역사회의 계획 과정에 관련된 시민들도 참석했다. 이 회의에서는 아이디어를 탐구했고, 쟁점에 대해 이야기했으며, 경험을 공유했고, 공통된 관심사를 배우는 것과 발생한 일들에 대한 책임을 다하는 것을 강조했다. 참가자들은 사회의 쟁점에 대해 이해하고 있었으며 좋은 교육을 받은 사람들처럼 보였다. 참가자들은 다양한 민족으로 구성되었다. 이들의 50%는 남아메리카계 주민이었다. 보통의 미래 탐색 회의는 참가자들이 미래에 대한 생각을 구축하기 위해 하루 반에서 이틀 간 운영된다. 이번 회의는 비록 하루밖에 운영되지 않았지만 시민들이 서로 대화를 나눴다는 측면에서 가치가 있었다. 총회에서는 산호세 시의 시장, 캘리포니아 주 상원의원, 조인트 벤처의 집행이사가 지지 발언을 했다. 그들은 특히 시와 주정부, 기업과 비정부조직이 갖는 책임에 대해 강조했다. 대화는 협력, 인적 관계와 사회단체에 대한 지지에 집중되었다. 이 회의 이후로, 합작 투자의 기획팀은 구체적인 변화 활동을 시작했고 성과와 배움을 공유할 수 있는 과정을 만들었다. 정보격차라는 것이 워낙 논란의 여지가 없는 쟁점이어서 회의 중에 의견 충돌은 없었다. 지역 회의에 참가하는 것에 함축된 의미는 참가자들이 쟁점을 이해하고 인터넷을 사용할 수 없는 사람들을 위한 프로그램을 통해 격차를 줄이는 방법을 찾고자 하는 의지를 가졌다는 것이다.[2]

2) 회의 참석자들은 각기 다른 도시에서 왔기 때문에 회의는 미래 탐색 회의에 걸리는 이틀 또는 하루 반나절이라는 통상 시간보다 짧았다.

제 3 절 노숙자 돕기

노숙자들은 지난 20년이라는 짧은 시간 동안 미국에서 가장 중요한 사회적 문제로 대두되어 왔다. 100년이 넘게 진행되어 온 연구와 프로그램 및 정책 개발을 통해 우리는 노숙자의 원인과 영향을 찾아내는 데 성공했다. 그리고 이러한 연구나 서비스와 관련된 사람들은 노숙자가 되기 전에 막을 수 있고, 지금 존재하는 노숙자도 없앨 수 있음을 증명해 왔다. 노숙자와 관련된 정부기관의 임원을 맡고 있는 망가노(Philip Mangano)는 노숙자 문제를 "복잡하지만 해결할 수 있는 문제"라고 단언했다. 문제 해결을 위한 합의는 최근의 문제에 대한 접근, 펀딩, 개혁, 그리고 리더십 등에 중점이 두어졌다. 이를 통해 사람들은 행동할 수 있는 조직을 만들어 낼 수 있다. 사람들은 노숙자 문제를 해결하기 위해 "지역사회에 영향력을 주는 의제"를 설정해 일해야 한다. 의제는 포괄적이고 지속적으로 제공되는 서비스들의 내용을 담고 있어야 하고, 오랫동안 개발되어야 한다(*San Francisco Chronicle*, 2003. 12. 24). 노숙자 문제를 해결하기 위해 많은 공공 부문의 협력이 필요하다는 교훈을 과거의 경험을 통해 얻을 수 있었다. 하나의 조직이 홀로 활동하는 것은 노숙자와 같은 복잡한 사회 문제에 영향력을 끼치기 힘들다. 정부, 기업, 그리고 자선사업과 시민단체가 조화롭게 힘을 모아 노숙자를 없애기 위한 다양한 시도를 해야 한다. 좋은 예로서, 샌프란시스코/산호세/오클랜드 지역의 위탁 청소년을 위한 주거 프로그램(the Housing for Emancipated Youth: HEY)이 있다. 이 프로그램은 36개의 정부와 개인들, 그리고 시민단체의 공동 작업을 통해 만들어졌고, 비영리단체인 만(灣)지역의 자선단체(United Way of the Bay Area)로부터 개발되고 고안되었다. HEY의 파트너 기관들은 "성인의 나이인 18세가 되어" 보호기관에서 나가야 하는 청소년들에게 주거와 사회적 서비스를 제공했고, 이는 그들이 성공적으로 독립하는 것을 도왔다. 위탁 청소년들의 50% 이상이 기관에서 나간 지 2~4년 안에 노숙자가 되기 때문에, 그들을 위한 주거와 서비스의 제공이 매우 필요했던 것이다(*San Francisco Chronicle*, 2003. 12. 24).

노숙자는 미국뿐만 아니라 다른 많은 국가에서도 발생하는 광범위하고 복잡한 문제이다. 신뢰할 만한 통계 자료를 모으기는 힘들지만, 『이코노미스트(*The Economist*)』지에 따르면, 미국에서 70만~80만 명의 사람이 노숙자이고 250만에서 350만 명의 사람이 하루라도 노숙을 경험해 본 적이 있다고 한다(*The Economist*, 2003). 암울한 경제 상황 때문에 대부분의 측정 결과에서 노숙 경험자에 대한 수치는 증가하고 있다(*The Economist*, 2003. 8. 23: 19-20). 다양한 설문조사에 따르면, 노숙자들은 대부분 알코올 중독, 마약 중독, 정신질환자, 혹은 단순히 실직된 독신의 성인들이다. 또한 U.S. Conference of Mayors는 노숙자 중 1985년에는 27%, 1998년에는 38%가 아이가 있는 집안의 부모라는 것을 알아냈다(U. S. Conference of Mayor, 1998. 12). 그들이 요구하는 필요와 도움은 다른 노숙자들의 경우와는 매우 다르다. 많은 사람에게 노숙자는 자신들의 어려운 상황을 벗어나기 위해 잠시 동안 긴급 보호소에 머무르는 상태로, 가끔씩 특별하게 발생하는 일생의 사건이다. 하지만 그렇지 못한 나머지 사람들에게 노숙자는 장기적인 상태이다. 심각한 약물 남용 장애이거나 신체적 · 정신적 장애를 가지고 있는 사람에게는 더욱더 그렇다. 따라서 이러한 개인들에게는 주택 지원뿐만이 아니라 집중적이고 지속적인 정신 건강을 위한 치료나 약물 남용 치료와 같은 서비스 제공이 필요하다. 그러한 도움이 그들이 다시 노숙자가 되지 않도록 예방해 줄 것이다.

1987년 미 의회는 '맥킨니(Stewart B. McKinney) 노숙자 지원 법안'을 제정했다. 이 법안은 주와 지방, 그리고 개인의 노력으로는 미국의 증가하는 노숙자 문제를 해결할 수 없다는 문제 의식에서 나오게 되었다. 맥킨니 법안이 통과되고 나서 노숙자 문제를 완화하는 데에 쓰이는 연방 재원은 급격하게 증가하고 있다. 또한 노숙자 문제를 해결하기 위해 여러 가지 연방 차원의 프로그램이 만들어지고 있다. 연방 수준에서는 연방기관에 의해 운영되는 50여 개의 프로그램이 노숙자를 위한 서비스를 제공하고 있다. 이 연방기관들은 농림부, 보건 관련 부처, 교육부, 노동부, 보훈부, 그리고 연방 비상관리부와 사회보장부 등으로 이뤄져 있다. 연방정부는 노숙자 문제 해결을 위해 2002년부터 2003년 동안 220억 달러를 사용했고, 같은 기간에 샌프란시스코, 로스앤젤레스, 시카고, 필라델피아, 애틀랜타, 마이애미 등의 도시들도 수억 달러를 사용했다.

노숙인들이 직면한 가장 시급한 문제는 바로 거주 공간의 부족이다. 특히 한부모 가정이나 혼자 사는 성인들이 적절한 거주지를 찾는 데 가장 큰 어려움을 겪고 있다. 비록 국내에 있는 사람들을 위해 거주지를 제공하는 책임은 도시, 주, 연방정부 등이 나눠 가지고 있지만, 연방 차원에서 거대한 지원금이 나오지 않는다면 이 문제가 해결될 수 없을 것이다. 영구 주택에 대한 연방 예산이 줄어들었을 때 노숙자 문제는 나라 전체에서 더욱 커졌고, 예산 삭감이 29억 달러에 이르렀을 때 또한 노숙자 문제는 더욱 심각해졌다. 1970년 포드 정권 시절에 마지막으로 저임금 가정을 위한 주택 건설이 대대적으로 이뤄졌다. 이후 2003년에 주택 건축을 위한 종교 지도자들의 모임, 노숙자와 함께하는 종교 연합, 다양한 노숙자 연합회가 현재 국회에서 진행 중인 지속 가능한 주택을 위한 신탁기금(National Affordable Housing Trust Fund)에 대한 예산 통과를 위해 다시 힘을 합쳤다. 이러한 법안은 미국 주택도시개발부가 영구적이고 지속 가능한 집을 짓도록 요구함으로써 국가가 주택 위기 문제에 대해 고민하게 했다.

노숙자 무료급식소나 쉼터, 직업 훈련, 건강 서비스, 직업 위탁과 같이 새롭게 개발되거나 시행되는 노숙자 도움 프로그램들을 위해서는 정부 정책의 기여와 함께 자원봉사자, 자원단체, 종교단체, 기업의 기여와 협동이 필요하다. 정부는 단독으로 노숙자 문제 같은 복잡한 문제를 해결할 수 없다. 이성적으로 경제 분석을 하거나 예산을 증대시키는 정책만으로는 노숙자 문제를 풀 수 없기 때문이다. 오랫동안 해결되지 못한 사회 문제는 공동 작업과 단체들의 네트워킹, 그리고 현장의 활동가들을 통해 의미 있게 해결될 것이다. 정부가 종종 강하게 시행한 정부의 계급적 프로그램은 역효과를 부를 수 있다. 프로그램을 시행하기 위해서는 도시 간에 평등한 협동이 필요하기 때문에 계급 논리에 의해서는 운영되기가 힘들다. 게다가 만성적인 노숙자 문제들은 정신의학, 사회학, 심리학, 인류학을 포함한 많은 분야의 폭넓은 지식과 기여가 요구된다. 노숙자 문제를 분석하고 해석해 왔던 학자들은 노숙자들의 실제 경험들을 반영해 매우 귀중한 프로그램의 디자인을 제공한다. 그리고 공공행정이 담당할 수 있는 시설적인 역할은 노숙자들에게 제공될 수 있는 자원과 정책, 서비스 제공 구조에 대해 알려 준다. 불행하게도 노숙자 서비스를 직접적으로 제공받는 사람들은 종종 그들이 어떤 자원을 이용할 수 있는지에 대해 잘 알지 못한다. 그 중 한 가지 자원은 미국 에너지부(Department of Energy)가 제공하는 노숙자 쉼터의 방음, 절연 서비스이다. 다른 하나의 자원은 미국 보훈청과 농림부의 농촌주택 부서인데 주택 대출을 갚지 못해 압수된 주택을 노숙자를 위한 집으로 사용하게 하는 것이다.

제 4 절 대중교통 체계의 설계

미국 대도시의 대중교통 체계는 사회적 설계가 실제로 도입되는 방식을 보여주는 훌륭한 사례이다.[3] 미국 대도시 지역의 다양한 환경에서 효율적인 교통 시스템을 만드는 것은 매우 어려운 일이다. 미국의 모든 대도시에는 다수의 인구 집중 지역은 있지만 절대적인 중심지는 없다. 따라서 대중교통과 관련해서는 다양한 이해와 문제점이 존재한다. 다양한 지방정부와 도시정부, 수천 개의 회사 및 공장, 많은 이익단체와 전문 분야, 부동산과 관련된 정상을 벗어난 충족 조건과 비용, 기술에 대한 수요와 변화, 자금 부족 및 기타의 문제점 등. 이러한 환경에서 과학과 같은 합리적인 계획을 행정의 모델로 도입하려는 사람들은 기술 및 엔지니어링의 측면에서 문제에 접근하다. 그들이 보유하는 일종의 가이드라인은 신뢰성, 안전성, 적절한 기술 응용 프로그램(보수적인 관점에서 볼 때)과 각 주요 부처의 서비스를 포함한다. 교통량, 속도, 위치 및 통행권의 비용 등도 관련이 있다.

점진적인 변화를 추구하는 도시계획가들−행정의 예술가−은 대중교통 시설의 사용자들에게 더 많은 초점을 맞춘다. 그들은 도시계획의 정치적인(그리고 사회적인) 측면에 관심을 기울인다. 그리고 이들의 결과물은 어떠한 측면에서는 결과물의 영향을 받는 사람들과 지역에 더 적은 해악을 발생시킨다. 행정관리자들은 정치적인 고려 사항에 더 관심을 기울이고, 고객들의 수요에 대해 더 많은 변화를 수용하며 공공의 이익을 더 통찰력 있게 살핀다. 그들은 모든 대안의 결과에 더욱 민감할 것이다. 따라서 의도하지 않은 부정적인 결과가 발생할 가능성은

3) Catherine Burke, *Innovation and Public Policy*, Lexington, Mass.: Lexington Books, 1979. 특히 2, 4. 11장 참조. 여기에는 버크의 교통 체계에 관한 사회적 설계 과정이 잘 묘사되어 있다.

극히 적을 것이다.

이에 반해, 교통 체계의 문제에 대한 사회적 설계의 접근은 기술적 · 정치적 · 사회적이다. 그리고 사람들이 필요한 창의적인 결합물을 만들기 위해 모든 종류의 전문가들을 포함할 것이며, 이익단체 · 정치가와 대중의 필요까지도 고려한다. 단기적인 목표와 장기적인 목표, 그리고 가능한 결과들을 모두 고려한다. 사회 설계자는 시스템의 기본적인 기능(집중, 고속 교통, 분산)을 완전히 다루는 동시에 대도시의 조건에 맞는 더 크고 품격 있는 해결책을 제시해야 한다. 사회 설계자의 고려 사항은 다음의 내용을 포함한다.

- 어려운 사람들을 위한 빈민지역의 교통 체계; 중산층을 위한 통근 수송
- 에너지와 자연 보존; 환경 보호
- 물리적 설비의 의미가 아닌 더 광범위한 조건에서의 교통 서비스
- 대중교통을 단지 지역을 연결시킨다는 것으로 여기지 않고 사람들을 연결시켜 주는 것이라고 인식
- 투자를 최소화하는 것보다는 이익을 극대화
- 이웃 간의 신뢰를 중요하게 생각하고 그들의 필요를 제공
- 일, 쇼핑 그리고 오락에 대한 일반인 출입권; 삶의 질 개선
- 모든 교통 체계를 대도시의 문제(교통 혼잡, 토지 이용도, 환경의 질, 자원 사용, 개인 운송, 비용, 오락, 오염, 성장, 경제적 안정, 소수자 등)와 연결시킴
- 사회적 “자산”에 대해 모든 사회구성원이 접근 가능; 자가용을 소유하지 않은 자, 장애인, 노령, 어린이, 한 집에 자가용 한 대를 소유한 전업 주부, 관광객, 단기 여행객, 혜택을 받지 못하는 사람들 등에 “이동권”을 부여
- (대중교통) 체계의 비용에 대한 실질적인 평가를 도시지역의 자동차에 대한 개인과 사회적 비용으로 비교
- 고객, 이익, 이웃, 개인, 전문가, 그리고 다른 공동체들이 결정 과정에 참여
- 비용, 편리, 안전, 예술, 최신 기술, 그리고 이 밖에 다른 사유가 발생할 때 창의적인 고려가 필요
- 교통 체계에서 일하는 직원들의 직장 환경의 개선 필요

교통정책에서 사회적 설계의 접근을 통한 성공적인 사례 중 하나는 장애인을 위한 교통 체계의 개발로서 모든 민주적 절차 요소들을 결합해 만들어졌다. 미국의 지역 정부들은 장애가 있는 사람들을 위한 운송 수단 개발을 다른 국가들보다 잘 해오고 있다. 보조 교통기관은 장애인이 다른 지역으로 이동했을 때 일반적인 대중교통을 이용하지 않고 다른 수단으로 이동하는 기회를 주는 것이다. 원래 대중은 이미 노선 서비스로 정해진 길과 시간에 대중교통을 이용한다. 하지만 장애인들은 일반적으로 이러한 노선의 거리와 정해진 정류소를 이용하는 데 어려움을 겪는다. 보조 교통기관 계획을 통해 특정 계층(장애인)에 대한 혜택은 1990년에 제정된 장애를 갖고 있는 미국인에 관한 법률(America with Disability Act: ADA)로 가능해졌다. 현재 5천 4백만 명의 미국 장애인이 ADA의 혜택을 받을 수 있는 고려 자격을 갖고 있다. ADA는 명확하고 구체적으로 장애인의 장애에 대한 차별을 금지하고 있다. ADA의 Title II는 시정부, 주정부 그리고 다른 비연방 정부기관이 만드는 서비스, 프로그램, 활동과 같은 것을 ADA에 따라서 다룰 것을 요구한다. Title II는 장애를 가진 사람들이 대중교통 수단에 합리적으로 접근하는 것을 추구한다. 교통 체계 당국과 공급자들은 ADA 장애인들을 위해 정규 고정 노선 서비스에 부가적인 서비스를 제공해야 한다. 이러한 형태의 서비스는 "보조 교통기관(paratransit)"이라고 불리며 일반적인 버스 서비스 또는 다른 특수한 운송 서비스들을 포함하고, 집집마다 또는 곳곳마다 ADA 사용자들을 위해 서비스를 제공한다. 만약 이 서비스를 제공하는 것이 정부기관에 과도한 부담이 된다면 이 규칙에 예외가 있을 수 있다. 또한 Title II는 보조 교통기관 서비스를 제공하는 데 사용될 필수 장비의 개선을 다룬다. 이러한 필수적인 서비스 없이는 많은 장애인이 진료 약속, 수퍼마켓, 사교 행사 등에 참여할 수가 없다.

이해당사자, 노인, 장애가 있는 사람들의 참여가 지역 정책을 개발하는 데 도움이 된다. 이러한 사람들이 필요로 하는 대중교통 수단에 대한 필수적인 접근을 제공함으로써 많은 지역의 도시들에서 구성원들의 만족이 실현되었다. 보조 교통기관 프로그램의 힘은 지역사회의 정책에 대한 강한 지지로부터 나온다. 이것은 연방, 주, 시정부의 법률에 의해 지역사회의 참여와 지지로 설계된 시스템의 직접적인 결과이다. 보조 교통기관 프로그램의 지속적인 개선을 위해서는 시스템의 사용자로부터 직접적인 피드백을 받기 위해 이해당사자에 대한 조사가 필요하다. 도시 행정가의 역할은 적극적으로 지역사회의 목소리를 찾아내는 것이다.

제5절 클린턴의 의료 서비스 개혁 계획: 사회적 설계에서 점증주의까지

클린턴(Bill Clinton) 대통령이 도입한 1993년 의료보장법안은 의료 서비스 개혁에서 국가적 논의의 중요한 본보기의 역할을 한다. 그가 취임한 후 5일 후에 클린턴 대통령은 퍼스트 레이디인 힐러리 클린턴(Hillary Clinton)을 국가 의료 서비스 개혁(National Health Care Reform)의 태스크 포스 수장으로 임명했다. 태스크 포스에는 확실한 임무가 주어져 있었다. 미국 의회에 제출될 법안을 작성하는 것이었다. 정책 전문가이자 대통령의 친구인 매거지너(Ira Magaziner)는 보건복지부 장관인 샬랄라(Donna Shalala) 등 12명으로 구성된 태스크 포스의 조정자로 임명되었다. 정치와 선전 활동을 좋아하지 않았던 매거지너는 각별히 꼼꼼하게 주의를 기울여 조직화된 정책 수립 프로세스를 설계했다. 500명이 넘는 사람이 그의 지휘 아래 있었고 그들은 15개의 클러스터 그룹으로 조직되어 새로운 의료 서비스 시스템의 가격 조정, 보장 범위, 혜택, 장기적 관리, 윤리적 기준을 연구했다. 태스크 포스는 의료 서비스 재조직화를 위한 청사진을 만들기 위해 토론과 초안 작성을 하고 법안문을 수정하는 데 9개월을 소비했다(Morton, 2001: 72; Birenbaum, 1997).

1993년 9월 22일, 클린턴 대통령은 양원 협동 회의를 하기 위한 공식적 제안의 틀을 만들었다. 법안은 예방을 위해 우선적으로 그리고 정확하게 의료 서비스의 범위를 보장했고, 정신적 의료 서비스와 장기간 케어 서비스를 모든 미국 내 거주자로 한정했다. 고용주는 그가 고용하고 있는 인원의 최소 80퍼센트의 보험료를 내야 하고, 일반적인 보장은 1999년까지 완성되어야 한다. 대통령은 그의 의료보장법안을 1993년 11월에 제출했다. 이 법안은 광범위하게 논의되었다. 이해

집단, 전문가, 정치가, 노동조합, 대기업, 중소기업, 건강과 연관된 산업, 그리고 일반시민들로부터 지원을 받기 위해 클린턴 정부는 타운홀 회의, 각종 콘퍼런스, 포커스 그룹 미팅, 대학 포럼, TV 프로그램, 그리고 의회의 소위원회 청문회 등을 개최했다. 태스크 포스가 정책적 선택 사항들을 형성하는 동안 정치는 대통령과 영부인, 그리고 그들의 정치적 조언자들로부터 떠나 있었다. 힐러리 클린턴은 중요한 의료 서비스 자문 회사들을 만났고 국가적 건강보험에 관해 수많은 연설을 했다.

그러나 클린턴의 계획은 비즈니스 라운드테이블(약 200개의 미국의 상위 대기업의 의견을 반영하는), 자영업자 연합회, 미국 상공회의소, 제조업자 협회, 미국 보험업계 협회와 같은 다양한 반대자로부터 수많은 공격을 받았다. 어떠한 버전(version)의 법안이라도 영향을 받을 수 있고 이해 관계를 가진 모든 로비스트가 국회의사당으로 모여들었다. 1994년 8월 29일자 『뉴욕타임스』 잡지에 따르면, 반대자들은 5천만 달러 이상을 광고에 사용했고 그것들 중 많은 부분이 거짓이었다.[4] 예를 들어 보험산업에 의한 부정적인 상업 광고들은 법안의 통과가 10억 달러의 관료조직을 만드는 것을 의미한다고 대중이 믿도록 주도했다.

1990년과 1993년 초 사이에는 국가의 의료 서비스 시스템의 근본적인 변경에 흥미가 있는 수많은 사람이 있었다. 백악관은 새롭게 선출된 대통령이 연방 재정 적자를 감소시키고 의료 서비스 시스템을 재구성하는 권한을 가지고 있다고 추정했다. 그러나 대통령과 그의 태스크 포스는 의료 서비스와 같이 민감하고 엄청나게 복잡한 시스템의 점검에 대해 잘못 이해했다. 1993년 말에 태스크 포스가 1,342 페이지에 달하는 계획을 마련했을 때 대통령의 공약에 대해 지지하는 사람들이 별로 없었고 정치적인 저항이 발생하기 시작했다. 투표자들은 개혁을 원했다. 하지만 그들은 무언가 알기 쉬우며 클린턴 계획처럼 위협적이지 않아 보였던 것을 원했다. 태스크 포스의 멤버이자 클린턴 백악관 의료 서비스 부문의 법률고문이었던 페이튼(Sallayanne Payton)은 "의료보험 개혁(health care reform)이라고 묘사되던 것에 대한 분명한 공적인 지원의 필요성이 약했다"라고 말했다. 현재의 정세에 대해 불만을 가지고 있는 중산층들은 무슨 일이 있어도 보편적인

---

4) 클린턴의 의료 서비스 개혁 계획과 그 종말에 이르기까지의 과정은 『뉴욕타임스』 1994. 8. 29~1994. 9. 27의 기사에서 폭넓게 인용했다.

보장에 대해 잘 알려지고 활발한 지원을 확실히 약속하지 않았다(Payton, 1998: 221).

다른 수많은 실수, 판단 착오, 예상치 못한 정치적 장벽이 보편적인 의료 서비스 보장을 달성하려는 캠페인 주변을 둘러싸고 있었다.

- 보편적인 의료 서비스 보장을 개발하는 정책 전문가들은 건강 혜택과 가난한 사람들에게 주어지는 연방 보조금 등의 종합적인 패키지에 관해 재정전문가들에게 거의 말하지 않았다. 페이튼은 "의회에 제출되었던 클린턴 플랜은 논리와 보편적인 보장 사이에서 복합적인 합리성을 획득하기 위한 클린턴 인사들의 시도의 결과였다"라고 시인했다(Payton, 1998: 24).
- 많은 비즈니스 경영진은 클린턴 계획의 복잡성과 대통령이 제안하고 있었던 연방의 권한의 확장을 거부했다. 그들은 자신이 의료 서비스 가격을 연방정부가 할 수 있는 것보다 훨씬 잘 통제 가능하다고 생각했다. 그리고 클린턴 계획에 따르면 그들이 그들의 고객을 위해 의료 혜택을 계획하는 것에 대한 권한을 잃게 될 것이라고 두려워했다. 자영업자 연합회는 고용인이 그들 근로자의 건강보험을 구매하도록 돕는 것을 요구하기 위해 계획을 강하게 반대했다. 이런 조직체에 따르면 고용인들은 추가로 부가되는 보험료를 부담해야만 하고 그렇게 되면 많은 근로자를 해고해야 할 것이라고 했다. 거대 비즈니스의 지원을 잃는 것은 대통령에게 계획의 상당한 차질을 빚는 요소가 되었다. 왜냐하면 행정부는 이런 회사들이 작은 회사들의 로비와 반대를 상쇄시킬 것이라고 기대하고 있었기 때문이다. 자영업자 연합회는 만약 고용주들이 인상된 보험료를 부담해야 하게 될 경우 실업이 발생할 것이라고 강하게 주장했다. 이 작전은 대중이 (의료 서비스 개혁에 대한) 공포감을 갖도록 유도했다.
- 의료 서비스 개혁에 대해 이슈를 분석하고 대중에게 교육을 하는 대신 신문과 텔레비전에서는 대중의 의구심만 더욱 크게 만들었다.
- AFL CEO, 미국 소아과학회, 가톨릭 보건기구, 의료보험 개혁 프로젝트, 그리고 은퇴한 사람들의 협회와 같은 클린턴 의료 서비스 개혁 계획의 지지자들은 대통령을 반대하는 집단을 당해낼 수가 없었다. 시민 활동, 소비자 집

단은 보험회사에 의해 형성된 정치적 행위를 하는 위원회, 의사, 병원, 제약 회사와 나머지 의료보건 산업에 종사하는 부류들이 1993년 1월부터 1994년 5월까지 2천 6백만 달러 이상을 제공했다고 말했다.

- 대통령 지지자들은 대통령 계획의 특정 부분에 대해 관심을 표현함으로써 끊임없이 그들의 지원에 제한을 가했다. 노동자연합은 대통령 계획이 그들이 이미 단체교섭에서 얻은 몇몇 혜택을 없애버리려 한다고 우려했다. 내과 전문의들은 대통령 계획의 많은 부분을 지지했지만 메디케어(Medicare)의 감축과 몇몇 정부의 사적인 건강보험료의 제약에 대해서는 반대했다.

클린턴 행정부는 정치 과정을 형편없이 처리했다. 입법 책임을 공유하기 위해 의회는 5개의 위원회를 만들었는데, 그중 세입위원회, 에너지상업위원회, 교육노동위원회는 하원에 있었고, 노동인적위원회와 상원재정위원회는 상원에 있었다. 이 5개의 위원회는 단일 위원회보다는 의료 개혁을 위한 합동위원회라고 볼 수 있다. 각 위원회가 독립적으로 행동을 하면서, 보편적 보장을 위한 투쟁은 위원회 내에서 무너지기 시작했다. 독립된 위원회의 논의는 "더 큰 입법적 의견 충돌을 위한 기회"를 가능하게 했다(Heirich, 1998: 120). 페이튼은 "대통령 제안의 광범위함과 분열된 의회의 고려 사항"에 대해 지적했다(Payton, 1998: 211-212). 위원회들은 어떻게 모든 사람을 소기업 로비에 대해 적대감 없이 다룰지 합의를 보려고 노력했으나 항상 똑같이 설명할 수 없는 이슈와 충돌했다. 고용인의 지시와 광범위한 세금 인상 없이 어떻게 그 대금을 지불할 수 있을까?

1994년 8월 2일에 메인 주의 상원의원 미첼(George Mitchell)이 대안적인 의료 개혁 법안을 제안했다. 그것은 자발적인 측정과 보조금을 통해 2000년까지 95퍼센트의 미국인을 포함시키는 것이다. 미첼 법안은 그의 필요 조건을 충족시키지만, 의회 지도자와 백악관 임원들은 그 해 안에 의료 개혁 제정법을 통과시킬 기회가 없었다고 인정했다. 1994년 9월 26일 미첼은 "올해 안에는 의회에서 통과되는 중대한 의료 개혁 법안은 없을 것이다"라고 발표했다. 클린턴 행정부는 계속해서 공화당과 다른 야당을 어떻게 다룰지에 대한 불확실함을 보였다. 왜냐하면, 너무 많은 반대 세력이 일어서고 있었고, 이로 인해 대통령은 의료 개혁 계획을 포기해야 했기 때문이다.

함의

클린턴 계획은 시민 참여를 유도하는 정부적 절차를 위한 토대를 마련했다. 시민, 강력한 이익집단, 비정부단체, 정치인, 전문인, 그리고 미디어는 모두 의료 제도 개혁안에 연관되었다. 이건 아마도 미국에서 이뤄진 가장 열린 절차의 공공정책 수립일 것이다. 그리고 이것이 1993년 11월에서 1994년 9월까지 진행되었다. 클린턴 정부의 대중에 대한 호소는 사회적 설계 접근의 한 예이다. 하지만, 클린턴 정부는 사회적 설계 접근의 추구에서 몇몇의 중요한 단점을 입증했다. 더 나아가, 클린턴 의료제도 개혁안은 결국 증대하는 의회 정치의 희생양이 되었다.

클린턴 계획의 종말은 의회가 계획을 정치적으로 거의 잘 다루지 못해 야기되었다. 요컨대, 의회가 타협에 적극적이지 않았다는 것이다. 공화당 의원들은 합의를 이루는 과정에서 일찌감치 손을 뗐고, 민주당 의원들은 개혁안의 미래에 대해 의심했다. 만약 대통령이 그의 지위가 약해지고 반대파들이 동원되기 전에 신속하게 행동하고 타협했다면 그의 개혁안 목표에 훨씬 가까워졌을 것이라는 일반적인 견해가 있다. 몇몇의 정치분석가는 그가 지연한 것이 법안이 통과되기에 주요한 방해물, 근본적인 잘못이었다고 생각한다.

클린턴 의료보장법의 역사는 당파적 갈등이 심한 시대에 그리고 거대 관료제를 신뢰하지 않는 대중과 함께 정부가 커다란 변화를 만들려고 하는 것이 얼마나 어려운 일인가를 잘 보여 준다. 클린턴 정부, 특히 힐러리 클린턴은 개혁안에 대해 강한 신념을 가지고 있었고 타협하지 않기를 원했다. 한 예로, 힐러리 클린턴과 매거지너는 많은 외부 단체와 만났지만 그들을 믿지 못했다. 대중이 의료제도에 근본적인 변화를 원하기 때문에 정치 분석가들(그리고 태스크 포스)이 원하는 그런 변화라고 그들은 생각했다. 더 나아가, 행정부의 고위관리들과 매거지너는 정치가들의 관점을 무시함으로써 의회 내 잠재적 동맹자들을 멀어지게 만들었다.

아마도 실패한 개혁안의 가장 중요한 결과는 4,500만 명의 국민이 보험이 없고 의료보험비의 상승이 GDP의 14.5%와 동일하다는 것에 대한 국가적 자각이다. 그리고 의료보험에 관한 토론을 통해 대중은 의료보험 이슈의 복잡성에 대해 중요한 이해를 했다는 것이다.

제 6 절 사회적 설계의 한계

사회적 설계의 접근 방법은 이해 당사자들과 결정에 따라 영향을 받는 많은 사람 사이의 협동으로 문제를 해결하는 방식을 설명하고 강조한다. 4장에서 설명한 것처럼, 많은 효과적인 공공조직의 작업이 사회 건설의 과정을 통해 설명된다는 점에서 설명적이다. 그것은 또한 문제 해결에 대한 규범적인 접근 방법이다. 과정, 가치, 학습, 변화에 대한 강조는 현실을 창조하기 위해 상호작용하는 행동의 방향을 제공한다. 사회적 설계를 통해 행위자들은 대안적인 가능성을 탐색할 수 있고, 문제의 해결에 대한 전통적인 방법을 변화시킬 수 있다. 그리고 공유된 목표들에 대한 효율적인 집행을 위해 새로운 전략을 개발하게 해 준다.

여러 종류의 디자인과 문제 해결에 대한 사회적 설계의 개념적인 장점에도 불구하고, 사회적 설계가 융통성 없는 조직과 활동적이지 않은 커뮤니티에서 폭넓게 시도된 적은 없다. 만약 사회적 설계의 개념이 행정적인 현실과 관계가 없다면, 행정학과 학생들은 이 부분에서 논의되는 한계들을 비판적으로 검토하는 것이 요구된다.

특히 연방정부와 주정부 수준의 정부에서 정책 설계는 주로 점증하는 정치에 대한 산출물이다. 이것은 정부기관, 주요 행정부처(의회 기획예산처와 주지사실), 의회, 전문가집단, 특수 이해집단들을 포함한다. 제한된 자원들이나 정치적 영향력을 가진 시민과 이익집단은 정책 결정 과정에 거의 영향력을 행사할 수 없다. 클린턴의 의료 서비스 개혁 계획은 국내 수준의 사회적 설계 과정에서 정책 집행의 어려움을 입증했다. 하지만, 지방 차원에서는 사회적 설계 과정이 수많은 성공을 했다. 이는 지방정부가 시민들에게 가까이 다가가고 지역사회의 문제를 직접적으로 다루는 정책 결정 과정에 시민들이 다양한 방식으로 참여해 공무원과 시민 사이에서 효율적인 협력을 도출했기 때문이다.

정부기관의 전문가들은 시민 참여가 그들의 장기간의 목표에 대한 종합계획을 저해한다고 본다. 그들은 기술 정보 수집을 통해 문제 해결을 시도한다. 정책 설계와 커뮤니티 문제 해결에 시민과 이익집단을 참여시키는 것은 시간을 소비하고, 기꺼해야 과정을 더디게 한다. 참여는 종종 비효율적으로 보이기도 하고, 단기적으로 비생산적으로 보이게 한다.

그럼에도 불구하고, 사회적 설계 접근 방법은 지방정부 차원에서 더 많이 폭넓게 사용된다. 그것의 효율성은 도시 공무원과 카운티 공무원의 행위 지향성과 태도에 크게 의존하고 있다. 공무원과 국회의원은 시민의 요구와 지역사회 문제 해결에 대응하는 접근 방법을 종종 사용한다. 하지만 공무원들이 퇴행적일 때－혁신에 무관심하고 전통적인 통치 방식을 변화시키는 데 무관심할 때－시민은 결국 공무원의 행동에 변화를 주기 위해 주창자 역할을 맡게 될 것이다.

마지막으로, 많은 공공조직은 비생산적이고, 비반응적이며, 관료적으로 설계되었다. 그리고 그들은 혁신에 저항한다. 사회적 설계에서의 실험은 공무원들이 만든 상황을 앞서 주도하는 행동이 요구된다. 공무원은 공식적인 신분에서 더 벗어나야 하며, 그들의 권위와 힘을 미약한 개인과 기꺼이 공유해야 한다. 그리고 행정관리에 대한 참여 과정에서 중앙집권화된 체계가 분권화되어야 한다.

제 7 절 결론

사회적 설계의 바람직한 속성 중 하나는 많은 참여자를 포함한다는 것이다. 그리고 사회적 설계는 행정적인 형식과 정책 결정의 형식들이 좀 더 민주적이다. 조직 개발, 직장 생활의 질 개선, 조직 재설계, 참여 관리, 창조적 문제 해결, 팀워크, 행동 연구, 탄력 근무시간제, 직무 순환, 네트워킹, 경력 개발과 같은 조직 변화 프로젝트들은 사회적 설계의 확대된 관점에서 자연스러운 산출물이다. 에이즈(AIDS) 교육 프로그램 같은 사회정책 개발이 그러하며, 광범위한 커뮤니티 계획, 강령과 목표의 개발, 지속 가능한 사회, 도시기본계획의 개정이 더욱 그러하다. 이것들은 많은 사람과 집단이 결합한 노력과 광범위한 상호작용이 필요하며, 많은 종류의 자원이 소비된다. 정치와 토론에 연관된 사회적 설계와 지역사회 계획은 정보 공유와 규칙과 언어 사용의 명확함이 요구된다. 그리고 공무원과 시민 사이에 의사소통 행위를 통해 신뢰의 발전을 요구한다(Forester, 1985:

202-227). 이러한 문제 해결 활동을 수행하면서, 공공행정가는 지역사회 발전을 이끌어 내기 위한 목표를 설정할 때와 문제를 확인할 때에도 시민 참여를 활성화할 수 있다. 가장 중요한 함의는 정부 혼자서 노숙자 문제와 같은 여러 복잡한 사회 문제를 해결할 수 없다는 것이다.

현재, 지방 공무원들은 지역사회 기반의 건강보험 서비스 등의 지역사회 서비스를 제공하기 위한 대안적 방법을 설계하기 위해 자문위원회와 시민, 이익집단과 함께 작업할 수 있는 방법을 탐색하고 있다. 시민 참여는 예산 우선권의 설정과 같은 활동(범죄 예방 같은), 시민과 정부 간 공동 생산, 관심 있는 시민과의 사회 네트워크, 범죄 예방을 위한 이웃 간 활동, 노인을 위한 자원봉사 프로그램, 지역 교통 체계의 계획, 정보 격차 줄이기 운동과 같은 것으로 발전하고 있다. 어떤 경우에서든지, 이러한 과정에는 시민의 참여와 시민들의 "미래 의식(future consciousness)"이 요구된다.

제 6 장

행위, 실천, 변화에 대한 이해

조직을 변화시키는 것은 매우 어려운 작업이다. 변화는 자원을 필요로 할 뿐 아니라, 사람들의 지식에 대한 공유와 학습을 필요로 한다. 더욱이 계획과 변화 과정에 대한 몰입할 것을 요구한다. 한편 변화는 이론을 통해 인간 행태를 변화시키고자 할 때보다, 사회적 구성을 통해 야기될 때 좀 더 성취적이다. 변화의 참여자들은 이러한 사회적 구성의 과정을 통해 변화에 대한 새로운 이해를 공유할 수 있다. 이에 대해 제임스(William James)는 영적인 것은 변화 그 자체가 아니라, 변화의 과정을 통해 개인이 얻게 되는 존재에 대한 새로운 의식과 "세상에 대한 새로운 의미"(Wilshire, 1968)라고 지적했다. 이 장은 조직의 변화에서 중요하고 필수적인 측면인 인간 행위에 대한 이해에 논의의 초점을 두었다. 조직 변화의 전통적인 관점인 조직 발전(Organizational Development: OD) 방법은 변화를 하나의 대상 또는 기존의 이론을 따라 달성하는 합리주의적 과정으로 간주한다. 그러나 이 관점은 변화에 따르는 개인 참여자들의 실제 경험과 해석이 반영되거나 투영되는 상황을 잘 설명하지 못한다. 일반적으로 사람들은 변화의 과정에 직접 참여해 변화에 기여할 때, 창조와 성취를 경험하게 된다. 조직 내에서 인간의 행태를 변화시키는 것은 합리적 이론보다는 개인들이 얼마나 새로운 아이디어를 공유하고, 내화하며, 이를 상징적으로 의미 있게 운용하는가에 달려 있다. 이러한 점은 동·서양 국가 모두에서 일반적인 모습으로, 변화는 자신의 비판적 의식에서 유래한 성찰적 행위에서 출발할 때 좀 더 실천적이다. 인간의 이러한 측면에 대해 브라질의 교육철학가인 프레이리(Paulo Freire)는 "인간은 자기 자신 또는 자신이 관여하는 활동에 대해 좀 더 적극적으로 성찰적인 존재이다"(Freire, 1973: 105)라고 논의한다. 요컨대 조직을 변화시키는 과정은 참여자들이 행태, 행위, 문화, 동료, 그리고 환경 등에 대해 스스로 비판적으로 자신을 성찰하는 과정을 통해 좀 더 효과적일 수 있는 데, 여기에서 '실천(praxis)'의 개념이 강조된다. 실천은 행정관리자의 성찰적인 의미 구성 행위를 수반한다는 점에서 덜 비판적인 관례적인 행위와 구별된다.

이 장에서 탐구하는 질문들은 다음과 같다. 조직구성원의 행위(action)를 어떻게 내면화할 것인가? 관례적인 실행(practice)과 성찰적인 실천(praxis)은 어떻게 구분되는가? 이러한 질문들은 동·서양 국가를 막론하고 행정관리자에게 중요한 화두를 던져 준다.

제 1 절 조직행위의 변증법

'행위'라는 개념은 행정관리자가 일상적 세계에서 경험하고 나타내는 행동의 실제 현상을 의미한다. 이러한 행위에 대한 분석 및 이해가 없이 조직의 변화를 수행 및 완성하는 것은 불가능하다고 할 수 있다. 더욱이 행정이론은 인간 행위를 특정한 양식과 방식으로 유도하려는 것을 목적으로 하기 때문에 조직 내 개인들, 조직 외 시민 등 행위자들의 행위에 대한 적절한 이해와 준거틀을 필요로 한다. 행위이론은 역사적으로 사회학과 행정학에서 중요한 이론적 접근 방법이었다(Parsons, 1937; 1968; 1978; Parsons & Shils, 1951; Silverman, 1970; Harmon, 1981; Denhardt, 1981). 그러나 최근에는 행정학자들로부터 많은 관심을 받지 못했다. 이러한 최근의 경향 변화는 성과주의에 대한 강한 관리적 경향과, 조직관리에서 희소한 자원의 문제에서 연유한다. 또한 행정관리자들은 일반적으로 행위의 원리를 이해하는 데에 관심이 높지 않다. 좀 더 즉시적인 행태 변화를 야기하는 이론적 처방에 더 큰 관심을 갖는다.

이 장은 행위를 설명하고, 이해하는 데에 세 가지 접근 방법을 논의했다. 세 가지 접근 방법을 논의하면서 마지막에 논의할 변증법적 의미에서의 행정행위에 대한 견해에 특별한 강조점을 둘 것이다. 행위에 대한 변증법적인 관점은 개인은 다른 개인과의 상호작용에서 타인에 대한 가정과 해석의 탐구 과정을 통해 스스로에 대한 이해를 고양할 수 있다는 시각이다. 조직의 순응을 규칙으로 강제하고, 조직구성원들이 불복종할 권력을 가지고 있지 못할 때, 조직구성원들이 일반적으로 순응할 것으로 생각하기 쉽다. 그러나 그들은 어떤 형태든 관리자의 요구에 협력하지 않는 방법들을 고안해 낼 수 있을 것이다. 아니면 좀 덜 헌신적인 방법으로 요구에 순응하는 모습을 보일 수도 있다. 그러나 이러한 상황은 모두에게 바람직하지 않은 결과를 야기한다. 이러한 상황은 관리자와 부하 직원 모두에게 효과적 협력을 방해하는 제한으로 작용할 수 있기 때문이다. 즉, 규칙을 통한 강제나 개인 주관의 작동의 어느 한쪽에 대한 지나친 강조는 조직의 협력적·건설적 필요와 배치될 수 있다. 행정조직이 이러한 문제를 종합적으로 해결하는 특정한 기법적 수단이 존재하지는 않는다. 여기에서 행위의 변증법적 견해는 규칙과 주관 등 조직의 행위 요소들 간의 상호 의존, 상호 연계, 그리고 구성적인 종합의 불가피성과 필요성을 도출한다(Bernstein, 1983; Schein, 1970).

기능적 접근 방법: 객관적 의미 맥락

행정학 문헌에서 행위에 대한 지배적인 견해는 행정기관(agency)이 사회 영역의 고객(client)을 대상으로 특정한 의사 결정을 내리거나, 정책을 집행하는 것을 행정의 행위로 보는 것이다. 여기에서 행정행위의 주체는 주로 조직의 장(長)이다. 이러한 관점에서 행위는 행위자로서 행정조직이 대상으로서 행정환경에 대해 행하는 작용이며, 또한 행정조직의 상층에서 시작되어 기능적으로 연결된 하부 체제 간의 조직 관계로 구성되는 작용을 의미한다. 인간 행위에 대한 이러한 이해를 기능주의적 설명이라 한다.

행정행위에 대한 기능주의적 시각은 파슨스(Talcott Parsons)의 설명 방식을 참고할 만한데, 그는 칸트(Immanuel Kant)와 뒤르켐(Émile Durkheim)의 실증주의와 경험적 인식론, 프로이트(Sigmund Freud)의 정신분석 이론에 영향을 받았다(Münch, 1987). 파슨스의 행위이론은 이전의 학자들에 의해 강조되었던 방법론적 이원론을 극복하려 했다. 파슨스는 행위이론을 구성하고, 이론적 이상형(ideal-types)을 구축하는 데 베버(Max Weber)의 이념론(이상론)과 실증주의의 통합을 방법론적으로 활용했다. 파슨스의 행위이론은 문화 체제, 사회 체제, 그리고 개인 성격 등의 기능적 상호의존성과 상호 침투성(inter-penetration)을 통해 행정 조직에서의 행위를 설명한다(Parsons, 1951, 1949, 1978; Parsons & Shils, 1951).[1)]

파슨스에게 사회 행위는 모든 인간 행태를 말한다. 이는 행위자가 외부 세계로부터 인식하고, 고려하고, 반응하는 의미로부터 동기가 부여되고 지시된다. 인식과 행위의 기능적 연계에 대한 이러한 아이디어는 베버의 주관적 의미에서 그 유래가 발견된다. 파슨스의 행위이론은 사람이 외부 대상에 대해 해석하고, 부여하는 의미에 관심을 갖는다. 파슨스는 자신의 이론을 "자발적" 행위이론이라고 부른다. 그 이유는 행위자는 외부에 인식되는 여러 목표와 수단 중 자신에게 의미가 있는 것을 자발적으로 선택한다는 것이다. 그러나 행위자의 선택은 여러 물리적·사회적 요소에 의해 그 범위를 제한받는다. 가령 사회적 규범과 용인된 가치는 목표와 수단의 선택의 범위와 방법에서 선택을 제한한다. 행위자는 독립된 단독자가 아니라, 어느 사회 체계(social systems)에 반드시 구성원으로 포함되며, 특정한 사회적 역할을 담당하고, 대표한다. 따라서 다른 행위자와 행위를 통해 상호작용하는 데 소속된 사회 체계 또는 하위 체계가 부여하는 규범, 규칙 등에 의해 제한받게 된다.

인간 행위에 대한 행정학의 기능적 견해를 고려할 때 파슨스의 사회 체계 행위이론에 대한 분석을 빠뜨릴 수 없다. 왜냐하면, 행정행위를 구성하는 역할, 규범 등은 파슨스의 개념과 밀접히 관계되기 때문이다. 파슨스는 이러한 행위이론을 개인 수준에 대한 설명에서 조직 수준에 대한 설명으로 확장한다. 조직 역시 환경(사회)에 대한 행위에서 목표와 수단을 선택하고, 이러한 선택은 조직환경이 견지하고 있는 규범, 가치, 명제 등에 의해 제약받는다는 점에서 공통점을 지닌

---

1) 파슨스는 "사회 체계는 사회 행동을 완전히 구체적인 체제로 구조화하는 세 가지 측면 중의 하나이다. 다른 두 가지는 개인 행위자의 성격 체계와 행위에 내재된 문화 체제이다. 세 가지 각자는 행위 체계 요소를 조직화할 때 독립적으로 다루어지는데, 이는 이 세 요소 중의 어느 것도 다른 요소나 결합된 것으로 축소 환원될 수 없다는 것을 의미한다"고 말한다(Parsons, 1951: 6).

다. 행위자의 선택과 역할은 주로 기존 조직문화(인정된 규범과 가치), 경제·정치환경, 그리고 공식적 규칙·규정 등에 의해 제약되기 쉽다. 이러한 외부 요소에 동조하는 것은 사회적으로 기대되는 윤리적 의무에 해당한다. 전체 체계는 하위 체계들 간의 조정을 통해 집단의 목표를 달성하고 생존할 수 있다. 이를 위해 질서를 유지할 필요가 도출되는데, 이러한 질서의 근간은 규범, 규칙 등 행위의 코드들로 설정되기 마련이다.

한편 행위에 대한 기능주의적 설명은 행정국가 권력, 최고 관리자 및 전문 관리자의 역할에 초점을 두는 경향을 보인다. 이를 통해 집권화되고 권력화된 행정국가에서는 유능한 인재가 정부 관료제의 최고 고위직에 앉는 것이 정당화된다(역자 주: 기능주의적 설명은 조직의 기능이 최대화될 때, 조직의 생존과 번영에 가장 바람직한 것으로 가정하기 때문이다). 이러한 믿음을 바탕으로 정부조직은 효율적 리더십을 함양하기 위해 관리자를 훈련하는 데에 많은 노력을 기울이게 된다. 반면, 조직의 하부에 존재하는 하위직 직원들의 훈련에 대해서는 상대적으로 적은 노력을 기울인다. 복잡한 사회를 이끄는 데에서 정부 관료의 역할이 중대한 것은 사실이다. 그러나 기능주의적 시각은 기술주의적 시각과 등치된다. 한편 다원적인 사회에서 민주적 행정을 통치하는 데는 부드러운 엘리트주의(amiable elitist) 등의 다른 시각 역시 아울러 의미를 가진다.

기능주의의 전통에서 조직과 개인 행위의 통합은 당연시된다. 적극적 관리자의 역할은 수동적 인간을 동기 부여시켜 그들이 효율적이고 생산적이 되도록 하는 것이다. 적극적 관리자는 현실의 의미를 지극히 단순히 구성해, 직원들의 의미 구성 절차를 통제하고 영향을 주고자 한다. 단순화된 의미 구성은 의사 결정의 효율성을 의미하기 때문이다. 이러한 점은 관리자의 가치와 인지 정향에 반영된다. 최근 몇 년간 행정학 문헌에서 인기 있는 수사적 표현으로 "성과주의", "정부재창조론", 또는 "신공공관리론" 등이 대두되고 있다. 이는 기업가적 관리자의 적극적인 역할을 정당화한다. 이러한 아이디어는 조직구성원의 행위를 최적의 성취 수준으로 달성시키도록 하는 관리적 지향을 함의하고 있다. 여기에서 조직의 관리자는 조직의 수월성 및 성과를 달성하는 데 적극적인 요소로 간주된다. 또한 주어진 목표를 달성하는 데 관리자에 의한 기업가적 활동이나 근로자의 질적 통제는 주요한 방법으로 간주된다. 이러한 논의는 일견 타당성을 가지고 있다. 그러나 불행하게도 조직구성원은 조직의 요구에 적응하는 수동적 개인으로 간주되고, 조직의 임무를 도덕적 의무로 생각하는 피동적인 존재로 격하된다. 동시에 조직의 제도적 권력과 권한의 조건을 정당화하게 된다. 더욱이 조직 맥락에서 이뤄지는 정치·사회적 상호작용, 참여 민주주의의 문제는 매우 과소 평가된다. 아시아의 행정조직은 매우 관료적이고 비정의적(depersonalizing)인 모습을 보인다. 일본, 한국, 대만, 싱가포르의 정부 관료제를 이러한 예로 들 수 있을 것이다. 다만 이러한 기능주의적 경향은 최근 새로운 정보기술과 컴퓨터의 도입으로 어느 정도 투명하고 민주적으로 변모하는 모습을 보이기도 했다.

행위의 해석학적 견해: 주관적 의미 맥락

해석학 이론가들은 인간 행동에 대한 기능주의적 설명은 실증주의와 경험주의 인식론의 이론적 가정과 한계의 틀 안에서 인간 행위의 의미와 동기를 잘 보이지 못한다고 말한다. 이들은 인간 행위에 대한 기능주의적 가정에 한계가 있다고 말한다. 기능주의적 가정에서 개인은 주로 조직, 경제, 정치, 그리고 사회 요소 등 환경적 영향에 수동적이고 반응적인 대상으로 정의된다. 다른 한편으로, 해석학 이론가들은 개인을 적극적이고, 의도적이고, 그리고 창의적인 주체로 인식한다. 해석학적 견해는 개인의 의무와 행위를 객관적으로 규정하는 방식은 한계를 지니고 있다고 말하며, 주관적인 시각에서 개인의 일상세계를 이해하는 것이 더욱 중요하다고 논의한다.

베버가 소개한 사회행동 개념은 행위자의 주관적 의미에 초점을 둔다(Weber, 1947). 베버에게는 개인 및 개인의 행위가 조직분석의 기본 단위이다. 베버는 인간 행위를 둘러싼 원인과 효과의 의미를 설명하기 위해, 행위의 의미를 해석학적으로 접근했다. 행위에 대한 이유를 이해하기 위해서는 행위자의 행위를 기술하는 상징들과 언어들을 이해해야 한다. 이러한 해석학적 견해는 슈츠(Alfred Schutz)에 의해 더욱 발전했다(Schutz, 1962: 1967). 그는 파슨스의 구조기능주의를 버리는 대신, 후설(Edmund Husserl)의 현상학적 방법을 따랐다. 후설은 인간 의식의 문제와 그러한 현상에 대한 개인의 독특한 경험에 관심을 가지고 있었다(Husserl, 1962, 1965; Macann, 1993). 후설이 말하는 개인의 의식적 경험을 이해하는 방법은 “현상학적 판단중지(phenomenological reduction)”라고 부른다. 이 방법론은 개인이 대상에 대해 모든 선험적인 이론적·과학적 개념에서 벗어나 본인이 경험을 통해 현상의 의미를 해석하고자 하는 것이다. 현상학에서 지향성(intentionality)은 인간 행위뿐 아니라, 모든 의식은 대상에 대한 경험과 인식의 태도와 방향을 지니고 있다는 사실을 의미한다. 이리하여 의도성은 “주체와 대상 간의 어떠한 관계”를 전제로 한다(Phillipson, 1972: 124). 한편 소콜로프스키(R. Sokolowski)가 지적하듯이 현상학에서 “마음은 개인들의 의미를 공유할 수 있도록 한다는 점에서 공공의 의미를 지닌다”(Sokolowki, 2000: 12).

슈츠의 행위분석은 주관적 의미 맥락에 초점을 둔다. 즉, 일반적으로 상식으로 여겨지는 현상에 대해 개인이 부여하는 주관적 해석에 초점을 두고 있다고 할 수 있다. 슈츠에게 행위는 특정한 미래의 완료 시점을 기점으로 한 과업의 완성에 지향성을 보인다. 가령, “나는 다음 주까지 예산안을 완성할 것이다”라는 행위의 동기는 ‘다음 주’라는 완료 시점을 기점으로 예산안의 완성이라는 목적에 지향되어 있다고 말할 수 있다. 이러한 면에서 행위는 무엇인가를 야기하고자 하는 것이고, 항상 목적, 의지, 욕망, 그리고 의도를 포함한다. 행위는 또한 두 개의 다른 동기와 관련이 있는데, “목적(in-order-to)” 동기는 행위자가 활동을 과업과 연결시켜 무언가 만들려 하는 미래 상태를 말하고, “이유(because)” 동기는 과업을 과거의 경험과 연결시키는 것이다.

슈츠는 현상학의 중요한 역할은 이러한 사회적 행위의 의미와 일상 생활의 구조를 행위자의 시각에서 기술하는 데 있다고 말한다. 슈츠는 사회세계란 행위자가 만드는(주관적 의미 맥락) 복잡한 의미 체계라고 기술한다. 행위는 개인의 의식에 기초하고, 자의식적인 개인은 자신의 행동의 의미를 주관적으로 해석한다. 여기에서 의식과 의미의 상호작용은 성찰적인 관계를 가지고 있다. 이러한 점은 파슨스의 행위이론과 같은 기능주의적 시각의 행위에 대한 객관적인 견해에서 간과된다. 방법론적 입장에서 슈츠는 개인이 사회행동에서 겪는 사회 경험과 여기에 부여하는 주관적 의미와 해석에 주로 관심을 갖는다. 그러나 그렇다고 해서 그가 과학적 실증주의 방법의 공헌을 부정하는 것은 아니다. 사실, 슈츠는 주관적 의미 맥락을 객관적 의미 맥락에 연관시키기 위해 사회과학자는 모형이나 이상형을 구성해야 한다고 강조한다. 그는 모델을 구성하는 데 사회과학자는 세 가지 명제인 논리적 일관성, 주관적, 해석, 그리고 적절성을 고려해야 한다고 제안하고, 이러한 명제들이 인간 행위와 주관적 의미를 객관적으로 다루게 한다는 것이다. 베버와 슈츠는 모두 파트너나 무관심한 관찰자와 대비해 행위가 행위자에게 무슨 의미를 갖는가에 관심이 있다. 그러나 베버는 개인 행위의 주관적 의미가 사회적 상황에서 다른 사람들과 어떻게 공유될 수 있는가를 설명하지 못한다. 제3장에서 슈츠에 대해 간략히 논의했듯이, 간주관성(intersubjectivity)은 일상생활에서 경험을 나누는데 자신과 타인 간의 상호 관계성의 가능을 연다는 것이다. "시각의 상호성"에 대한 그의 논의는 간주관성을 말하는 것이다.

의미가 간주관적으로 어떻게 전달되고 이해되는가? 이러한 질문은 민속지학과 상징적 상호주의 이론가들에 의해 연구되어 왔다. 가핑클(Harold Garfinkel)의 연구는 일상의 흔한 활동과 현상에 초점을 두는 민족학 방법으로 널리 알려져 있다(Garfinkel, 1967). 가핑클은 다음 네 가지를 주로 연구한다. (1) 일상 대화, (2) 대화의 공통적 의미 맥락, (3) 대화와 간주관적 해석에서 나오는 공통 이해, 그리고 (4) 일상의 교환과 일들. 가핑클과 동료 연구자들은 사회 상호작용을 이해하는 핵심을 언어학적 의미의 언어에 있는 것이 아니라 행위자 간의 일상 대화의 의미 맥락에 있다고 주장한다. 대화의 상호작용은 상호작용의 친밀성과 아이디어와 경험의 상호 교환을 조장한다(Atkinson & Heritage, 1984).

상징적 상호주의 같은 민속지학 방법론은 행위의 경험에 영향을 미치는 사회적 구조를 면밀히 조사해 일상 생활의 역동성을 해석한다(Czarniawska-Joerges, 1992: 117-138). 사회적 구조와 행위의 연관성에 주목한다는 점에서 이는 얼핏 사회 체계에 대한 기능주의적 시각과 관련을 가지는 것처럼 보이기도 한다. 그러나 민속지학 방법론은 기능주의적 시각과 연관되는 어떠한 이론적 틀도 연계하지 못했다. 민속지학 방법론은 조직의 분석(사회 체계)에 대비해 개인 경험에 주로 관심을 갖는다. 그러나 행위는 거시적 구조 틀보다는 행위의 맥락(특정 상황에서의 행위)에서 이해되어야 한다. 대화(dialogue)에 대해 민속지학 방법론은 "맥락 제한적 의미"에 초점을 둔다. 반면 구조기능주의는 "구조 제한적" 의미에 관심을 갖는다. 가령, 가핑클과 같은 민속지학 이론가는 사람들은 규칙과 조직의 요구에 대해 의무성과 책임성 등 사회적 맥락이 부여하는 심리적 제약에 기초해 반응 행위를 선택한다고 본다. 물론 파슨스의 체제 기능주의적 시각 역시 사회적 맥락에 대한 관심을 갖는다. 그러나 민속지학 이론가와 상징적 상호작용 이론가는 기능주의적 시각은 개인들이 문화에 자발적으로 순응하려 한다는 생각을 무시한다고 지적한다. 개인들은 수동적 존재가 아니다. 따라서 무조건 규칙과 규정을 준수하고자 하지 않는다. 또한 개인들의 선택은 항상 합리적으로 결정되지 않는다. 사실 그들은 종종 의도적으로 기존의 규범을 벗어난다.

한편, 블루머(Herbert Blumer)와 같은 상징적 상호작용 이론가는 (사회적 맥락에 대해서보다) 타인의 행위에 대한 개인의 해석과 규정에 초점을 둔다(Blumer, 1969). 행위자는 단지 타인에 반응하는 것이 아니라, 행위의 의미를 평가하며 타인과 상호작용한다. 블루머는 상징적 상호작용 이론의 세 가지 전제를 논의한다. 첫째 전제는 인간은 어떤 일이 자기에게 갖는 의미에 기초해 행동한다는 것이다. 두 번째 전제는 그러한 일의 의미는 개인이 자신의 동료와 갖는 상호작용에서 생긴다. 세 번째 전제는 이러한 의미는 자신이 만나 거래하는 사람에 의해 사용되는 해석 과정에서, 그리고 이러한 과정을 통해 이뤄진다(Blumer, 1969: 2).

상징적 상호작용 이론은 개인이 타인의 반응을 자신의 행위에 통합함으로써 행위의 의미를 구성하는 방식에 관심을 갖는다(Becker & McCall, 1990: 3-4). 인간의 상호작용은 역설적으로 개인이 자신에 대한 상징적 상호작용의 과정으로도 이해된다. 블루머는 사람은 타인에 대해 행위하듯이, 자신에게도 행위한다고 말한다. 즉, 자기 자신을 행위의 대상으로 생각하기도 한다는 것이다(Blumer, 1969: 182). 행위는 상황에 대한 반응인 동시에 개인 성향의 표출이다. 상호작용은 타인에 대해서뿐 아니라 자신에 대해서도 이뤄지므로 자신을 변화시키고 자신의 세계를 구성하고, 또 재구성한다. 블루머는 개인이 조직, 구조, 그리고 기능적 요구와 같은 외부적 힘에 단순히 반응하기만 하는 것이라는 생각에 반대했다. 그는 또는 인간의 행위를 사물화하는 기능주의 설명도 반대한다. 블루머에 따르면, 조직이란 구조 없는 상황에서 상호작용하는 흩어진 자아의 집합체일 뿐이다. 행위하는 실체는 조직이 아니라, 개인이다. 요컨대 조직이 개인의 행위를 결정하는 것이 아니다.

행위 변증법: 의미 맥락으로서의 공적 영역

지금까지의 논의에서 인간 행위에 대한 기능주의 시각은 행위에 대한 "과도한 사회화"의 시각에 기초하고 있다고 평가된다. 이 시각은 자신의 행위 의미를 구성하고, 재구성하는 개인의 능력을 무시한다(Wrong, 1961). 기능주의자들은 동의, 순응, 충성, 그리고 역할 행태를 지지하는 인간 천성의 특질에 주로 관심을 갖는다. 개인들은 조직의 요구에 순응하는 방향으로 사회화 과정을 겪는 것으로 이해된다. 기능주의는 이에 사람의 윤리적 책임을 필요에 따라 조직 구조, 목적, 그리고 목표로 축소시킨다. 반면 해석학적 논의는 인간의 주관적 의미와 맥락에 관심을 갖는다. 이는 조직, 정치, 경제, 그리고 문화 측면을 사회적 상황에서 사람의 의식과 해석의 능력의 결과인 것으로 축소하려 한다. 해석학적 접근 방법은 그로 인해 개인의 외부 요소(조직, 경제, 그리고 정치)를 적절히 다루지 못하거나 회피하는 모습을 보인다.

결과적으로 기능주의와 해석학적 접근 방법 모두는 인간 행위와 사회 실천에 대해 일방의 시각만을 갖게 하는 환원주의적 경향을 보인다. 행정학에서 인간 행위를 이해하는 데 필요한 것은 변증법적으로 객관적 의미 맥락과 주관적 의미 맥락 모두를 포함하는 포괄적이고 비판적인 시각이다. 행정관리자들은 조직 규범, 가치, 언어, 그리고 업무가 인간 행태를 결정한다는 실증주의와 기능주의 조직문화에 살고 있다. 그러나 실제 행정의 세계에서 이러한 객관적 요구의 의미는 항상 해석과 가정의 개인적 협상 과정에 의존한다. 행정가의 행위는 항상 "무엇이 적절한 행위인가?"라는 성찰적 판단을 요구한다. "관리에 대한 나의 책임은 무엇인가?", "나 자신에 대한 책임은?", "내가 봉사하는 공공에 대한 나의 행위의 의미는?"과 같은 많은 질문이 제기될 수 있다.

행위의 변증법적인 시각은 인간의 주관성과 조직의 객관성의 연결을 시도한다. 사회 구성주의 시각에서 주관성과 객관성은 인간의 계속적인 외재화와 내재화의 결과로 인해 끊임없는 변증법적 변화의 상태에 놓이게 된다(Berger & Luckmann, 1967: 제3장). 인간 행위의 주관성과 제도, 개인, 그리고 조직의 객관성을 연결할 때 사회과학자들은 객관적 틀(예를 들어, 구조기능주의 또는 미시-거시 통합)이나, 주관적 요소의 한 가지를 특정해서 선택한다(Parsons, 1949, 1951;

Münch, 1987; Alexander, 1988). 그러나 변증법은 동시에 두 접근 방법을 비판적으로 조사하거나, 하나의 요소에서 다른 수준으로 올라가고자 한다. 왜냐하면, 모든 행위는 객관적 의무나 주관적 경험에 기초하는 개인 행위자로 성찰적인 판단을 반영하기 때문이다. 행위는 경험적(사실적) 지식이나 개인적 욕망과 관련해 가치 판단을 반영한다.

변증법의 어려움은 윤리 행위의 의미를 해석하는 데 있다. 행위자는 저마다 다르고 다양한 반대되는 견해를 가지고 있다. 기능주의자는 조직에는 어떠한 객관적인 요구 사항(예를 들어 질서, 생존, 효율성, 생산성, 업무 절차, 그리고 경제적 보상)이 있다고 믿는다. 이들은 이러한 요구 사항을 해결하고자 추구하는 것이 집단적으로 선하다고 생각한다. 반면, 어떤 사람들은 외재적 요소보다는 효과성, 질, 심리적 보상과 같은 업무의 내재적 요소에 초점을 둔다. 그러므로 무엇이 모든 구성원에게 좋은지를 결정하기 위해 하나의 객관적인 조건이 보편적으로 적용될 수는 없다. 기능주의 방법은 실증주의적이고 이론적인 반면, 해석학적인 방법은 반실증적이고 반이론적이다. 왜냐하면, 행위와 대상의 의미는 행위 주체의 해석에 달려 있기 때문이다. 행위에 대한 해석학적 견해는 기능주의 개념과 조직의 의미를 향상시키기보다는 대상의 의미를 이해하고자 한다. 왜냐하면, 역할과 행위는 행위 주체에 의해 계속해서 규정되고, 또 재규정되기 때문이다.

인간 행위에 대한 변증법적인 사유(reason)는 인간 행위의 객관론과 주관론 양단의 인식론적 한계를 비판적으로 이해하는 데 방법적 측면에서뿐 아니라, 실용적 측면에서도 유용하다. 대화와 상호작용은 변화하는 사회 현상, 이러한 현상의 모호성, 그리고 대상과 인간 경험 의미의 다양한 해석을 검토하는 데에 사용된다. 따라서 변증법은 개인에게 부과된 규범적 의무를 강조하고, 인간 경험을 요구하는 문제에 대해 생각하는 방법이다. 하버마스(Jürgen Habermas)가 논의하듯이(Habermas, 1984; Ingram, 1987), 행위를 선택이 아니라, 태도의 보완성으로 이해하면 객관적 지식과 인간 경험에 대해 다른 수준의 이해에 이를 수 있다. 또한 사람의 경험 및 조직의 의무 등 대립적 요소들 양자 간의 중요한 통합이 어떻게 이뤄지는가에 대한 이해가 향상될 것이다(Cooper, 1990: 223-232; Bosserman, 1968).

변증법은 조직 의무 내용의 의미를 해석하는 데 개인의 참여를 인정함으로써 조직 과정을 인간화하고 민주화하는 방법이다. 대화에서 참여의 내용과 과정이 인정되는 한, 공공조직에서의 행위가 변증법적이라고 말할 수 있다. 그러나 관리자가 조직구성원 행위의 주관적 성격을 이해하려 하지 않고, 대신 기대된 역할이나 행위에 대한 자신들의 규정을 고집한다면 경험을 나눌 때 상호성이 사라진다.

대화에서 참여의 내용과 과정이 인정되는 한, 공공조직에서 행위를 변증법적이라고 말할 수 있다. 그러나 관리자가 조직구성원 행위의 주관적 성격을 이해하려 하지 않고, 대신 기대된 역할이나 행위에 대한 자신들의 규정을 고집하면 경험을 나누는 데 상호성이 없어진다. 톰슨(Burke Thompson)은 "상대방이 사회현실에 대한 태도에서 교조적으로 반변증법적이면, 그들의 영향을 줄이기 위해 교조적으로 변증적(존재론적 의미에서)일 수 있다"(Thompson, 1982: 160)고 말한다. 따라서 관리자는 자신의 개인적 시각과 태도를 정당화하고 유리하게 하기 위해 "교조적 반대 조치"를 채택할 수 있다. 이리하여 반변증법적인 태도는 통치에서 조직을 좀 더 인간적이고 효과적으로 만드는 과정에 장애가 될 수 있다.

행위가 공적 영역에 놓이게 될 때, 도덕적 관심은 조직의 의사 결정을 나타내는 개인 행위나 행정행위의 토대가 된다. 한편, 때로 행위의 변증법을 통해 도출된 행정행위는 그 절차적 타당성에 의해 합법적 정당성을 인정받게 되는 경우가 있다. 예를 들어, 미국의 부시(George W. Bush) 대통령이 국가의 안보를 보호한다는 명분에서 이라크를 "악의 축(the axis of evil)"으로 규정하고 전쟁을 개시했을 때, 당시 대통령의 논리는 "합리적이고 매우 원칙이 있었다"고 판단되었다(MacIntyre, 1984).[2] 만약 부시가 애초에 계획한대로 전쟁 이후 이라크를 재건설하고 민주화하는 데에 성공했다면, 그의 행위는 별로 비판을 받지 않았을 것이다. 그러나 재건설 과정은 잘 진행되지 않았다. (이는 주로 이라크 국민의 저항, 재건설 비용, 미국 경제에 대한 커다란 부담이 되었다.) 부시 대통령은 많은 비판을 받았다. 비판가들은 부시의 합리적 결정은 믿을 수 없는 정보에 의존했고 국민에게 잘못 알렸으며, 후세인(Saddam Hussein)의 위협을 과장했고, 투명성과 공공 논의가 부족했으며, 그리고 9·11 위기를 이라크를 침략하는 구실로 사용

2) 매킨타이어(Alasdair MacIntyre)는 그의 저서 『덕의 상실(*After Virture*)』(1984)에서 도덕적 판단을 하는 데 사용되는 두 가지 경쟁적인 토대, 즉 "합리성 또는 원칙주의" 대(對) "정서" 간의 논쟁을 다룬다. 전자는 원칙의 보편성을, 후자는 도덕적 판단에서 주관적이고 개인적인 선호의 가정에 각각 근거한다.

했다면서 대통령의 결정을 비난했다.

행위에 대한 변증법적 시각은 사람들로 하여금 조직 현상을 좀 더 폭넓게 이해할 수 있게 해 준다. 그리고 인간 행위의 객관성과 주관성의 의미 맥락을 연결하는 과정으로서 간주관성과 상호성의 의미를 해석하고, 사고 방식을 변화시킬 수 있다. 행위의 변증법적인 견해는 도구적(또는 원칙적) 판단을 피하고, 공공의 담론을 통해 도출된 사회적으로 수용성이 높은 판단을 지향한다. 즉, 정책과 행정의 의사 결정에서 공공 담론의 중요성이 강조하고 있는 것이다. 민주주의는 서로 반대되는 논의의 경쟁을 명제로 운영되는 제도화된 담론의 과정이다(이 견해는 나중에 다시 논의된다). 우리는 효과적인 공공 담론을 하기 위해, 우리의 선택에 영향을 주는 객관적이고 주관적인 맥락의 경쟁하는 견해에 대한 소양을 키워야 한다. 더욱이, 공공 담론은 사람들이 관료조직에 대해 흔히 보이는 수동성과 방어성을 극복할 수 있도록 해 준다. 또한 공공 담론은 다양한 경험, 지식, 그리고 문화를 통합해 사람들이 집단적으로 행위하도록 돕는다. 담론 과정은 자기 표현, 개인 성장, 그리고 풍부해진 문화에 대한 욕구를 존중하는 것을 배우는 과정이다.

제 2 절 실천과 변화

소양 있는 철학자와 이론가들은 인간 행위를 논의할 때, '실천'의 개념을 선호한다.[3] '실천' 개념은 정치, 행정 사상의 전통에 내재적으로 매우 뿌리 깊고 중요한 위치를 점하고 있다.[4] 그런데, 실천은 이해하기에 자못 까다로운 용어이다. 이 개념을 효과적으로 이해하기 위해서는 다수의 병립 가능한 방식으로 접근해야 한다.

---

3) 여기서의 실천과 변화에 대한 논의는 전(Jun, 1994) 및 전과 버미어(Jun & VrMeer, 1994: 206-25)에 기초하고 있다.

4) 학술지 『행정이론과 실천(*Administrative Theory and Praxis*)』에 실린 많은 논문은 해석학과 비판 이론, 그리고 관련된 인간 관계, 행위, 담론, 성찰성(reflexivity), 거버넌스 등의 문제와 개념을 다룬다.

'실천(praxis)'과 '실행(practice)'은 상호 교환적으로 사용된다. 둘 다 공통적으로 '행위'의 개념을 내포한다. 그러나 영어에서 '실행'은 실천에 비해 제한된 의미를 지닌다. 가령, 실행은 행위의 반복적・습관적 수행이라는 의미를 내포하고 있고, 이를 통한 특정한 기술의 습득을 함의한다. 한편, 실천은 의식적・성찰적 지적 활동을 내포하고 있고, 이를 통해 어떤 결과나 대상을 만들어 내는 활동과 관계된다. 이에 바스케스(Adolfo Sanchez Vazquez)는 "모든 실천은 활동이나, 모든 활동은 실천이 아니다"(Vazquez, 1977: 149)라고 지적했다. 사실, 실천은 (성찰적) 공적 행위를 지칭하기 위해 새로운 생명이 불어넣어진 옛날 용어이다. 옛날 그리스 사람들은 실천을 "실용적 활동", "행위", 또는 "행함(doing)"이라고 정의했다. 당시 실천은 추상적 숙고나 논리(*theoria*)와 대비해, "정치적 삶에 헌신하는 특별한 종류의 인간 활동"을 의미했다. 이론은 사고, 추상, 성찰 같은 "지적 활동"을 의미했고, 정치적 삶은 "실천적 활동"을 의미했다. 여기에서 실천은 도덕적 주요성을 갖는 "활동의 수행"을 내포했다(Lobkowicz, 1967; Joachim, 1951). 과거 아리스토텔레스는 실천을 전적으로 정치에만 관련시켰다. 그러나 마르크스(Karl Marx)는 실천의 의미를 "사람의 인간화에 기여하는 모든 활동"으로 확대했다(Marković, 1974). 마르크스는 "삶의 물질적 조건을 변화시키고, 세상을 좀 더 나은 장소로 만드는 행위의 결과에 관심이 있었다. 그에게 좀 더 나은 장소란, 인간의 활동이 마침내 모든 곳에서 완전히 인간적인 것을 말한다. 마르크스에게 혁명적 실천의 목표는 인간의 활동을 손상시키는 힘으로부터의 해방되어, 숭고한 행위(acts)의 삶이 모든 인간의 숭고한 행위로 모든 이에게 접근 가능하도록 하는 조건을 실현하는 것이다"(Allan, 1990: 4).

인간 행위의 실천은 실존주의, 현상학, 비판 이론, 고전정치 이론, 마르크스 이론, 그리고 해석학 등의 시각에서 배타적으로 사용된다. 비록 실천 탐구가 여러 철학자와 사회과학자에 의해 다양하게 강조되긴 하나, 여기에는 행위를 인간 주체의 견해에서 이해하려는 공통점이 있다(이는 수동적이고 무비판적 의식에 영향을 받는 생물학적 또는 자연적 행위를 강조하는 것과 대비된다). 기능주의자나 구조주의 접근 방법은 실천에 대해, 조직구성원의 행위를 지시하고 영향을 끼치는 데 "강력한 의미 파악 도구"를 제공하나, 기능과 구조의 의미를 어떻게 해석해야 하는지를 반영하지 못한다고 했다.[5]

실행과 실천이 어떻게 다른지를 요약해 논하자면, 실행은 어떤 유형의 비판적 의식 없이 발생하는 반면, 실천은 개인의 주체를 중심으로 개발된 활동이고 이러한 활동을 통해 변화되는 대상을 향해 있다. 이리하여 '실천'은 "개인의 성찰적 의식을 사용하는 인간 활동"으로 정의된다. 개인이 시간이 지남에 따라 자신의 현실을 변화시키기 위해 다른 사람과 의사소통 행위를 할 때 개인 행위는 사회적 실천이 된다(Jun, 1994a: 201-207).

실천은 또한 상호 이익을 공유하는 사회적 과정에서 발생한다. 이와 같이 실천은 집단 목적을 달성하기 위해, 개인들이 다른 행위자와 비판적이고 성찰적으로 협동하는 사회적 활동을 함의한다. 사회적 실천은 행위자가 다른 사람과 관계에서 개인적으로 경험하는 의미 체계에 내재된 담론의 형태로 간주관적 실천을 포함한다. 간주관적 행위를 기술해 인간 행위의 사회적 개념을 이해하는 데 하버마스의 공헌이 크고 통찰력이 있다(Habermas, 1973; 1984). 하버마스에 따르면 실천적 이익이 사회 실천의 토대이고, 개인 간 의사 소통과 상호 관계의 정립의 조건이다. '실천적 이익'은 "공동체 사회와 상호성을 이루기 위해 간주관적 상황에서 공유된 이해를 만드는 지식과 행위의 측면"을 말한다. 대화와 언어의 사용이 실천적 행위의 기본 수단이다.

사회적 실천이 사회 현실을 바꾸기 위해 주체들이 개인적으로 집단적으로 관여하는 활동이고 조직 실천은 개인들이 조직과 개인의 현실을 변화시키고 새로운 대상의 창조뿐만 아니라 "새로운 욕구와 잠재 가능성을 만들어 새로운 간주관적 현실을 만들기 위해 시도하는 행위인 것이다"(Crocker, 1977: 18). 자아 성찰과 논리의 과정을 통해 개인들은 지식과 이익을 비판적으로 평가할 수 있고, 의미 있는 대안의 탐색을 통해 이들을 변화시킬 수 있다. 성찰적인 자아 탐구 행위는 개인의 의식을 변화시킬 수 있다. 자신의 의식을 변화시켜 개인은 조직 현실을 재구성하는 과정에 관여하게 된다.

---

5) 의미짓기(sensemaking) 개념은 웨이크(K. E. Weick, *Sensemaking in Organizations*, Thousand Oaks, Calif: Sage, 1995)에 의해 개발되었다. 차니아프스카(Barbara Czarniawska, A *Tale of Three Cities* (Oxford: Oxford University Press, 2000)는 기능주의(또는 기능주의적 장치)가 엔지니어들에게 매력적임을 논의했다.

제 3 절 실천 지향적 행정관리자

일반적으로 공공관리자들은 기본적 조직 욕구를 만족시키는 "실용적" 결과에 주로 관여하는 사람으로 여겨진다. '실행적'이라는 단어는 활동에 대한 비철학적이고 무비판적인 접근 방법을 내포한다. 실용적 관리자들은 일반적으로 조직이 규정한 목표와 목적에 대한 성취에 몰입하는 경향을 보인다. 한편 그들은 목적, 갈등 이익, 행위의 윤리적 결과를 다루는 철학적이고 규범적인 담론에는 관심이 덜하다. 실용적 관리자들은 가시적 결과의 성취에 좀 더 관심을 두기 때문이다.

조직구성원이 수행하는 많은 활동은 성가시고 비인간적(depersonalizing)이지만 이러한 활동은 반복적이고 많은 생각을 요하지 않는다. 때로 어떤 사람들은 이러한 이유에서 그들의 업무에 편안함을 느낀다. 많은 조직이론은 조직구성원이 반복적인 활동을 통해 표준적 절차를 습득해 성취 행태를 향상시킬 수 있다고 말한다. 조직구성원은 단기간의 훈련과 협력 등 사회화 과정을 거쳐 절차와 규칙을 적용하는 데 좀 더 효율적이 되기를 기대한다. 관리 지향적인 이론가와 실무행정가들은 실용적인 지식과 활동은 조직에게 높은 수준의 객관성을 부여하고, 결과적으로 생산성과 효율성을 증가시킬 수 있다고 주장한다.

하지만 어떤 사람들은 때로 상사에 의해 부과된 업무가 부적절하고 바람직하지 않은 결과를 낳을 수 있음을 비판적으로 인식한다. 의식 있는 행정가는 일상의 활동을 습관적으로 수행하는 대신에 비판적이고 성찰적 의식을 행사한다. 실천 지향적인 행정가는 자신 행위의 도덕적 결과에 민감하다. 그들은 고객이 느낌과 정서, 그리고 공공선에 좀 더 관심을 둔다. 실천 지향적 관리자는 자신의 행위를 성찰적으로 평가하고, 책임 있는 결정을 하며, 행정절차에 의문을 던지고, 개인과 조직의 실수를 수정한다. 자신의 개인적 실천은 자기 성찰과 자아 의지에서 유래하는 바른 정보를 통해 이뤄지는 행위이다.

조직을 변화시키는 상황에서 실천 지향의 관리자는 개인의 자유와 조직 통제의 모순을 인지하고 이러한 모순을 해결하려고 하는 현실개혁자이다. 비인간적 조건을 변화시키기 위해 개인은 조직 상황 내에서 해방시키는 실천을 행사한다.

성찰과 행위를 통해 개인은 공유된 욕구를 만족시키기 위해 조직을 변화시키고 재설계한다.

사회(조직) 상황에서 개인의 실천은 행위자가 같은 상황에 있는 다른 사람들과 자신의 이익과 경험을 나눌 수 있는 능력을 요구한다. 하버마스는 인간 활동은 개인의 실천적 이익과 매우 관련되어 있고, 지식은 간주관적 관계에서 공유된 의미와 인식의 사회적 생산물이라고 주장하며, 지식의 사회적 성격을 강조한다(Habermas, 1986). 슈츠는 "세상에 대한 나의 경험은 공통 의식, 공동의 일, 공통의 고통으로 상호 관계되어 있는 다른 사람의 경험에 의해 정당화하고 변화시킨다"(Schutz, 1967: 9)고 논의했다. 하버마스와 슈츠의 인간의 지식과 행위에 대한 견해는 공통의 분모를 지니고 있는데, 이는 외부 세계를 변화시키는 데 주체의 역할을 강조하고 있다는 것이다. 행위는 주로 인지된 욕구와 기대되는 산출물(또는 실제적 이익)에 의해 움직이고(실제적 결과나 이론적 활동의 하나와 관련 있는), 인간 지식은 상황에서의 "실제 욕구의 요구"와 연결되어 있다. 나는 인간 사회과학에서 모든 지식의 건설은 구체적·역사적 상황에서 실증적으로 결정된다고 강조하는 만하임(Karl Manheim)의 입장에 동의한다(Manheim, 1940). 개인은 궁극적으로 객관적·주관적 상황을 고려해 실천성의 내용을 결정해야 한다.

마르코비치(Mihailo Marković)가 지적하듯이 행위의 선택은 개인의 요구뿐 아니라, 일반 사회의 욕구와 이익을 표현하는 것이다. 이는 순수하게 이론적(객관적) 방식으로 만들어질 수 없다(Marković, 1974: 76).

실용철학자인 듀이(John Dewey)는 사람이 어떻게 지식을 생산하고 정당화하는지에 대해 비슷한 견해를 가지고 있다. 지식은 이전부터 존재하는 실제적인 것이 아니라, 인간의 활동을 따라 구성되는 것이라고 본다. 듀이는 "지식은 이미 세상에 존재하는 아이디어의 답습일 뿐이고, 우리에게 마치 사진과 같은 만족을 전해 주는데 그것이 전부이다"(Dewey, 1929: 137)라고 말한다. 그는 또한 지식과 행위 사이에는 자연적 관계가 있는데, "안다는 것은 외부 관찰자의 행위가 아니라 자연적이고 사회적 상황 내의 참여자의 행위로 본다면, 지식의 진실한 대상은 인도된 행위의 결과 속에 존재한다"(Dewey, 1929: 196)고 말한다.

하버마스(Habermas, 1984)에 의하면, 실천은 개인이 다른 사람들과 상호작용하는 의사소통 행위 자체를 의미한다. 개인은 의사소통 행위를 통해 대상을 변화시키기 위한 간주관성을 만들어 실천에 관여한다. 간주관적인 이해를 의미 있는 것으로 이끌어 가기 위해서는 관리자가 다른 조직구성원들의 간주관적 실천에 의미 있게 관여할 때 가능하다. 각 주체는 진정하고 비판적인 대화를 통해 다른 사람의 경험과 아이디어를 이해하고 공유함으로써 다른 사람의 의식에 관심을 갖는다. 이는 한 당사자가 열린 대화에 관심이 없고 다른 사람들로부터 학습할 수 있는 가능성에 무관심할 때, 간주관적 이해는 가능하지 않다는 것을 함의한다. 간주관적 실천은 사람 간의 상호 연결을 전제로 한다. 상호 방어성이나 무관심은 간주관적 실천을 유발하지 못한다.

실천지향성은 개인이 관계를 지속하기 위해 무엇이 필요한지를 단순히 질문하는 데서도 시작할 수 있다. 관계의 당사자는 이러한 질문에 답하기 위해 지속적인 정체성을 가져야 한다. 당사자가 대화의 다른 당사자를 인식하는 과정은 의식적 상호 연결의 실천을 가능케 하는 토양이다. 행정가들은 실천 담론을 통해 직장에서 일상 생활 경험에 근거한 행위의 의미를 이해하게 되고, 실증주주의 대(對) 해석학 인식론, 그리고 조직 목표 대(對) 개인 욕구 같은 두 가지 대립되는 지적 전통 사이의 다양한 모순적 갈등을 해결할 변증법적 가능성을 깨닫게 된다.

제 4 절 조직 변화와 행위 연구

변화와 행위의 관계를 이해하기 위해서는 '변화(change)'와 '변화하는 것(changing)' 사이의 엄밀한 개념 간 구분이 필요하다. 사실 이 단어는 사회 현실을 만드는 데 근본적으로 다른 양식을 취한다. '변화'는 발생할 사건의 사후적 목표에 대한 심리적 달성도를 지시한다. 조직이론 문헌에 기술된 변화의 개념은 특정한 목표를 달성하거나 변화의 이론을 검증하는 데에 목적을 둔 단선적 과정이다. 여기에서 변화 과정은 변화의 이론이 인간 행태를 어떻게 수정하는가를 예측한다는 의미에서 본질적으로 결정론적이다. 가령, 정부조직 개편 계획이나 다른 종류의 조직 변화 프로젝트를 채택해 제안될 때, 변화 설계자는 변화계획이 합리적으로 정당화되면, 사람들은 제안된 변화를 수용할 것이라고 가정한다(Chin &

Benne, 1984: 23). 시스템 공학자 관리자, 그리고 자문가들은 종종 미리 결정된 현실을 가정하는 경향이 있는데, 개인은 그들의 행동이 미리 가정된 변화 노력의 설계에 의해 주로 만들어진다는 단순한 수동적 인간이라는 것이다.

반면에 변화하는 것은 변증법적이다. 이는 새로운 조직 현실을 만들어 가고, 새로운 형태의 인간 결사체를 만들어 가며, 이들을 실현해 가는 끊임없이 진화하는 창의적인 과정이다. 변하는 것은 함께 목표를 달성하며 프로젝트를 공유하고 이해하는 데에 의미를 둔다. 변화의 과정은 사람이 적극적으로 환경과 끊임없이 상호작용한다는 가정에 기초하고 있다. 사람들은 변화 전략의 설계와 집행에 참여하며, 자신의 재교육에 관여한다. 친(R. Chin)과 벤(K. D. Benne)은 "재교육은 규범적 변화일 뿐 아니라 인지와 인식의 변화라고 말한다(Chin & Benne, 1984: 31). 우리는 어떻게 하면 우리의 사고와 존재를 변화시키는 변증법적이고 상호작용의 방법을 변화 과정에 통합할 수 있을까? 현존하는 제도와 구조의 구성에 대한 비판적 성찰이 그 출발점이다. 변하는 것은 존재와 행위(doing)의 현재 방식을 재(再)개념화하는 것을 끊임없이 고민한다. 이러한 과정은 과거를 근거로 현재에 뿌리를 두고, 상상의 미래를 향하는 지속적 학습 과정이다. 상상되는 미래는 현실의 재개념화나 새로운 방식에 마음을 여는 것이다.

고위직 관리자는 자신들의 방식으로 문제를 정의하고 탐구하는데, 사람들의 참여를 촉진하거나 또한 세상에 대한 집단적인 비전을 개발하도록 도와 준다. 행위 연구를 논의하며 스트링거(Earnst Stringer)는 다음과 같이 말한다.

> 사람들은 일상에서 삶의 세계를 구성하는 비전, 가정, 신념을 견지하게 된다. 이러한 요소들은 타인과의 상호작용을 통해 공개적으로 드러난다. 사람들이 세상에 대해 집단적인 비전, 가정, 신념을 구성하고 실현하려고 노력할 때, 문제를 해결하는 새로운 가능성을 여는 접근 방법을 발견하게 된다. 이러한 집단적인 비전은 사람들의 시각을 부분적으로 조정하거나 세계관을 급격하게 바꾸는 변혁에 이를 수도 있다. 최선의 경우는 사람들의 활동이 사람들이 세상을 다르게 보게 해 주는 해방을 성취하고, 이러한 능력 배양을 통해 가시적인 깨달음에 다다를 수 있게 하는 것이다(Stringer, 1996: 59).

조직을 변화시키는 과정에서 사람들의 경험이 반영되는 것은 중요하다. 관리자 주도의 변화 프로젝트는 의도된 결과를 달성하기 위한 결정론적이고 실증론적인 시각을 추구한다. 그러나 프로젝트의 집행은 일반적으로 미완성으로 남는다. 전 세계에 걸쳐 상명하달 방식의 개혁 프로젝트가 실패한 사례는 무수하다. 예를 들어, 1998년 새로이 선출된 한국의 김대중 대통령은 380만 달러를 들여 연구, 자문회사를 고용하고 이를 통해 행정부의 첫 조직 개편을 단행했다. 그러나 계획은 성급했고, 잘못된 방향으로 진행되었다. 결국 계획은 일 년도 못 가고 말았다. 두 번째 개혁안에서도 첫 계획안의 단점을 보완하지 못하고 장관급 기구의 통합과 축소에 초점을 두었다. 조직 개편안의 실패는 주로 조직의 근본 문제에 대한 오해에서 비롯된다. 예를 들어, 다양한 부처의 행정문화가 고려되지 못했고, 부처들이 개혁안 입안에 참여하지 않았으며, 부처들이 개혁에 협력할 인센티브가 제공되지 않았다. 많은 사람이 조직 개혁안은 공공 서비스의 실질적 향상을 가져오지 못할 것이라고 예측했고 이러한 예측이 맞았다. 대신, 이 개혁안은 새로운 구조 조정으로 더 많은 권력을 총리에게 주었기 때문에 부처 간의 권력 충돌을 낳게 했다. 조직 개편 프로젝트의 불완전성은 중앙정부 수준에서 매우 심하지만, 지방정부에서 흔한 현상이다. 특히 지방정부가 넓은 참여를 보장하지 않고, 상명하달 방식의 개혁안을 설계하는 경우 두드러진다. 개혁안의 효과적인 설계와 집행은 관리자들이 조직구성원의 일상적인 경험에 관심을 기울이고 개혁을 위한 문제 인식과 전략을 개발하기 위해 그들의 경험을 활용할 때 좋은 결과를 만들어 낼 수 있다.

학습과 변화를 위한 틀로서의 행위 연구

행위 연구는 반세기 이상 사회과학자들에 의해 실천되어 왔음에도, 과학적 엄격함, 구조, 그리고 보편적 이론 틀의 부족으로 행정가들 사이에 잘 알려지지 않았다. 그러나 행위 연구는 응용 사회과학자, 인간 지향의 훈련 전문가들(행정관리 전문가는 아니다), 해석학자, 그리고 질적 연구가들 사이에서 여전히 중요한 주제이다(Greenwood & Levin, 1998; Stringer, 1996; Argyris, Putnam, & Smith, 1985; Weisbord, 1992; Whyte, 1984). 행위 연구는 개인 행위 연구보다는 집단 행위를 강조하는 집단역학에 대한 레빈(Kurt Lewin)의 1940년대 연구에 기초하고 있다(Lewin, 1947; 1951). 레빈은 행위 연구를 변화의 전략으로 그리고 집단에의 참여를 교육과 학습의 매체로 강조한다. 행위 연구는 집단 과정이 집단 구성원에게 자신의 경험에 성찰하는 기회를 제공한다. 그리하여 자신의 행태와 행위에 대한 통찰력을 얻고 문제를 분석하고 목표를 달성하기 위해 행위 전략을 설계하고 행위의 결과를 평하게 한다.

행위 연구는 사회설계, 팀워크, 집단 문제 해결, 변화 전략을 위한 실천 틀을 제공한다. 이러한 틀 안에서 저자가 사회적 구성과 사회설계 전략에서 논의한 여러 개념이 통합되고, 조직될 수 있다. 첫째로, 트리스트(Eric Trist)가 말한대로 행위 연구는 미래를 설계하는 데 도움이 되기보다 미래에 적응하도록 도와 준다(Trist, 1976). 문제 해결 과정에 참여한 사람들은 반응적이고 수동적이기보다 다양한 아이디어와 경험을 가진 적극적인 행위자로 인식된다. 다음으로 행위 연구는 "갈등 분야에서 협동적인 관계를 촉진하는 방법"이다(Foster, 1976). 최고위 행정가, 관리자, 전문인, 직원, 고객, 그리고 정치가와 같은 다양한 협력자들이 함께 문제를 해결한다면, 대화와 피드백을 통해 지식을 공유하고 갈등 해결을 위한 매체로 활용할 수 있다.

또한 행위 연구가 기획된 조직 변화에 적용될 때 가까운 문제 상황에서 사람들의 실제적 관심과 변화 주도자나 외부 자문가의 이론적 지식을 통합하는 틀이 될 수 있다(Gardner, 1974). 문제와 실행 과제를 진단하는 과정에서 이에 추가로 사람들의 태도와 인식에 대한 적절한 자료를 수집하기 위해 분석적 방법이 보완될 수 있다. 또한 개방형 인터뷰 등 현상학적 또는 질적 연구 방법이 사용될 수 있다. 행위 연구팀은 이러한 사실정보의 타당성을 평가할 때 자신의 도덕 및 가치 경향에 대한 성찰을 반영할 수 있다. 마지막으로, 행위 연구는 지역사회 문제 해결을 위한 참여적 틀로 사용될 수 있다. 이스트 세인트루이스 행동연구 프로젝트(East St. Louis Action Research Project: ESLARP)에 대한 카올레미언(Anne Khaolemian)의 연구는 지역사회 중심의 참여적 문제 해결의 좋은 사례라고 생각한다. 1980년대 후반 일리노이 주는 병들어 가는 도심, 환경 오염, 높은 실업률, 가난, 그리고 범죄로 피폐해진 슬럼화된 도시였다. 빈곤과의 전쟁(War on Poverty), 모델도시(Model Cities), 그리고 지역사회 개발 프로그램(Community Development Block Programs) 등 어떠한 정부 프로그램도 이러한 사회·경제적 환경 조건을 개선하지 못했다. 한편, 1990년대 중반, 일리노이대학교(University of Illinois Champaign-Urban)의 리어던(Kenneth Reardon)은 일리노이 주를 대상으로 ESLARP 프로젝트를 시작했다. 이는 지역 주민, 조직, 학생, 그리고 교수들 간의 생산적인 파트너십 프로그램이다. 행위 연구팀은 파트너십을 통해 지역 동네 문제 규정, 의제 설정, 문제 연구, 그리고 해결책 개발을 위한 책임을 성공적으로 공유했다(Reardon, 2002: 1-14). 프로젝트의 성공은 촉진자의 효과적인 리더십뿐 아니라, 효능감 있는 주민 참여에 기인한다.

행위 연구의 설계와 문제 해결 과정은 상황에 따라 변한다. 다음 내용은 조직과 사회 문제 해결에 대한 적절한 기본 단계를 보여 준다.

1. 행위 연구 집단 구성: 문제 탐구와 행동 개시에 관심 있는 사람들로 구성된다.
2. 문제 진단: 행위 연구 집단구성원은 중요한 문제를 분석적이고, 현상학적으로 연구해야 한다.
3. 목표 개발: 문제 진단에 기초하여 행위 연구 집단은 집단 목표를 규정해야 한다.
4. 행동 단계 설계: 집단구성원들은 문제와 목표에 관해 공유된 책임을 분배해야 한다.
5. 평가와 피드백: 긍정적 부정적 결과를 분석해 평가와 피드백이 1~4단계에서 수행된다.

진행 단계에서 지속적인 환류에 기초해 인간 행위를 평가하기 때문에, 행위 연구 과정은 신축성과 적응성을 필요로 한다. 행위 연구와 문제 해결의 성공은 문제가 공개적으로 논의되는지, 행위 목적이 달성되는지, 과정이 참여적이고 조직이나 지역사회에 개방되어 있는지, 참여자들이 배우는지, 과정에서 관여된 개인들의 자유와 자가 발전이 있는지를 평가하기 위해 협력자(행위 연구 집단구성원들)의 적극적인 참여에 달려 있다(Gardner, 1974: 113).

조직의 문제를 해결하기 위해 행위 연구가 사용될 때, 예상할 수 있는 장애 요인을 인식하는 것이 필요하다. 집단구성원 사이에 협동적 관계 구축과 갈등 해결 과정의 정립은 상이한 이해와 가치로 인해 어려운 일이다. 아지리스(Chris Argyris)

가 말하듯이 문제 해결의 효과성은 구성원 간의 개인적 능력과 신뢰의 정도에 달려 있다(Argyris, 1970). 행위 연구 과정은 예기하지 못한 요소에 의해 장애를 받는데, 이에는 문제 해결 의제를 통치하려는 관리자의 시도, 어떤 구성원의 비윤리적 행위, 주어진 활동 진행의 지체, 또는 관리 자원의 부족을 포함한다.

제 5 절 결론

이 장에서는 인간 행위 기능주의적 시각의 전지전능한 가정이 어떻게 조직구성원을 단지 수동적이고 반응적인 존재로 간주하며 행태와 행위에 대한 실증주의적이고 결정론적인 접근 방법을 강요했는지를 논의했다. 해석학적 시각은 행위에 대한 객관적 요구는 일상에서 사람들의 주관적 경험에 대한 이해의 부족을 초래한다고 주장한다. 그러나 기능주의와 해석학적 접근 방법은 둘 다 행위를 설명하고 이해하는 데 환원주의적이다. 행위에 대한 이러한 일면적인 접근은 객관적·관리적 시각이나 주관적·개인적인 시각에서는 정당화될 수 있을 것이다. 그러나 이러한 일면적 접근을 행정활동에 무비판적으로 적용하는 것은 사회 현실과 행위를 부분적으로 이해하게 한다. 일면적인 인식론의 한계를 받아들이고, 변증법적인 가능성과 인간 관계의 복잡한 네트워크를 비판적이고 건설적으로 이해하려고 하는 것은 인간적이고 실제적인 문제이다.

이 장에서는 또한 비판적이고 성찰적인 행위의 행사를 통해 조직을 변화시키고 사회 현실은 구성할 때 행정관리자의 책임을 강조하고 실천의 개념을 소개했다. 변화 대상에 변화 이론을 적용하는 '기획된 변화'의 개념과 달리, 조직을 변화시킨다는 것은 문화, 자원, 사람, 그리고 복잡한 외부 환경을 이해하고 변혁하는 진화적(지속적으로 등장하는) 과정이다. 이러한 면에서, 행위 연구는 대화, 학습, 공유와 참여를 장려하는 틀이다. 다른 유사한 방법으로 "미래 탐색 회의(future search conference)"[6]가 있는데 이는 지식을 공유하고 참여자 간에 학습

6) '미래 탐색 회의' 방법에 대한 자세한 내용은 다음의 문헌을 참조할 것. M. Emery, *The Search Conference: A Powerful Method for Planning Organizational Change and Community Action*(San

하고 헌신을 개발해 가는 과정적 접근으로 사용된다.

Francisco: Jossey-Bass, 1996); M. R. Weisbord & S. Janoff, *Future Search*(San Francisco: Berrett Koehler, 1995).

제 7 장

사회적 구성 관점에서의 자아

행정의 사회적 구성에 대해서는 사회적·문화적 맥락 내에 놓인 개인의 본질에 대한 명확한 고려가 있어야 한다. 실증주의(기능주의)적 관점에서 보면, 조직은 경제적 이익을 얻기 위해 협력하는 자율적 개인들의 집합이다. 조직의 목표를 충족하기 위해 역할과 과업이 분배된다. 개인은 조직의 필요를 위해 그들의 자율성을 희생할 것으로 기대되며, 자아(self)는 조직에서의 그 사람의 역할로 환원된다. 이와는 달리, 사회적 구성주의자들은 자아 및 정체성이 우리의 사회적, 역사적, 문화적, 시간적 관계에 의해 창조되고 유지되는 것으로 본다. 이러한 관점에서 개인의 정체성은 사회에서 우리의 역할에 의해 결정되는 것이 아니라, 우리의 처지가 놓여 있는 다양한 맥락과 관계 속에서 우리(us)와 타인들(them)을 형성하는 지속적 과정이다. 어떤 이들은 이러한 자아 관념이 윤리적 상대주의로 이끈다고 주장하지만, 베버(Max Weber), 제임스(William James), 미드(George Herbert Mead), 슈츠(Alfred Schutz), 그리고 하버마스(Jürgen Habermas)와 같은 이들은 이러한 두 가지 대조되는 자아 관념 간에 균형 잡기를 시도하는 이론을 구성했다.

조직의 맥락에서 삶의 존재는 구성원들이 조직에 헌신하고 조직 규범을 수용하지만 여전히 개인적 자율성과 자유를 보유하고 있음을 전제한다. 이 장에서 필자는 개인이 역사적, 문화적, 사회적 맥락에서 어떤 식으로 '자아'의 개념을 구성하는지의 문제를 다룬다. 인간으로서 자아는 현상학적 객체들(타자, 역할, 그리고 외재적 사물들)과 개인 자신의 행태와 행동 사이에 개입하는 가장 중요한 요인이다. 1960년대와 1970년대에 조직과 사회에서 변화하는 사람의 의식에 대한 관심이 일었다(Reich, 1970; Bellah et al., 1985). 그러나 1980년대 초 이후로 우리의 관심은 국가 부채의 증가 및 예산 삭감, 사회적 사업의 비용, 더 나은 정부 성과에 대한 요구 등 복잡한 사회를 관리하는 거시적 문제로 이동했다. 관리의 위기와 이를 극복하기 위한 경제적 자원의 감소는 우리가 어떤 문제에 주목할지에 영향을 주었다. 이 장에서 필자는 또한 사회적 구성 과정에서 개인의 본질 및 그 역할에 대해 질문을 던진다. 이를 위해 동양과 서양의 자아관을 비교하고, 자아, 문화, 조직 및 사회 간의 변증법적 관계에 대해 논의한다.

제 1 절 자아의 사회적 구성: 동양 및 서양의 관점

최소한 세 가지의 중요한 인식론적·실용적 이유로 인해 동서양의 관점을 탐색하는 것이 필요하다. 첫째, 세계는 지리적 및 사회적 공간에서 점차 경계가 사라지고 있다. 사람, 조직, 그리고 국가 간에 증가하는 상호작용과 상호 의존의 연결망 때문에, 서구 국가들은 동양의 협조 없이 국가를 유지하기 어렵다. 반대로, 동양의 국가들도 서양과 협력하지 않고서는 진보할 수 없다. “근대적 서구적 사고 방식”은 도구적이고 합리적인 개인적 성취와 과학적 원리들의 기반 위에, 통제와 변화에 관심이 많다. 정체성에 대한 서양적 관점 역시 지배집단의 이익이 수용할 수 있는 행태, 역할, 의무가 무엇인지를 규정하기 때문에 지배집단의 이익을 위해 봉사한다. 그것은 또한 규범에 미치지 못하는 자들(비특권층, 다양한 소수자들)은 동기 부여되지 않거나 합리적으로 행동하지 않기 때문에, 지도자나 전문가에 의해 인도되어야 한다고 가정한다. 서구 사회 혹은 조직에서 발생하는 근본적인 변화로 인해 과학, 보건, 교육, 경제, 시장, 안전, 빈곤, 자연환경의 의미를 어떻게 해석할 것인지에 대한 생각의 전환이 요구된다.[1] 동양의 사고 방식은

1) 제도, 사회, 그리고 세계를 이해하기 위해 사람들은 자신의 사고(인간 의식)를 변화시킬 필요가 있다. 두 권의 흥미로운 책을 소개하고자 한다. H. Smith, *Beyond the Post-Modern Mind*(New York: Crossroad, 1982); W. Harman, *Gobal Mind Change*(San Francisco: Berrett-Koehler, 1998).

그 지향에서 좀 더 직관적이고, 덜 합리적이며, 비과학적이다. 그것은 개인적 연결을 중요시한다. 동양에서도 전문직이나 관리직에 종사하는 교육받은 현대적 사람들은 서구적 지향을 학습하고 받아들였지만, 대다수의 사람은 여전히 덜 합리적이고 비경험적 방식으로 사고한다. 서구적 지향을 수용한 전문가조차도 여전히 그들의 동양적 유산의 여러 측면을 유지하는 경향이 있다.

자아를 이해하기 위해 동서양의 관점을 모두 고려하는 또 다른 이유는 사람들을 보호하고 성장시키기 위한 통치의 책임성이 오로지 조직과 사회에 있다는 전통적인 관념을 극복할 수 있도록 돕기 때문이다. 이렇게 거시적인 개발과 관리철학을 설계하고 집행하는 이들은 사람을 대신해 합리적 선택을 할 때 풍요한 미래와 물질적 만족이라는 점에서 이를 정당화한다. 그러나 이렇게 집권화된 정책 결정과 위계적 통치는 다양한 집단 이익과 지역적 조건들을 무시하고 개인의 가치, 필요, 감정, 그리고 경험을 과소 평가한다.

마지막으로, 타인과의 관계에서 자아가 사회적으로 구성되는 것으로 이해할 때, 우리는 개인 대 조직, 주관 대 객관, 그리고 행정 대 대중이라는 이원론의 문제를 극복할 수 있다. 이러한 이원론적 경계는 자아에 대한 생각을 개인의 경계를 넘는 다른 영역으로 확장함으로써만 초월할 수 있다. 사람들은 의식이 변할 때 변화를 지지한다. 이러한 의식에서의 초월은 자신됨(자아의 의식적 및 무의식적 측면 모두)을 사회적 및 문화적 맥락에서, 특히 타인과의 의사소통을 통해 일어나는 것으로 보는 데서 발생한다.

근대 서구에서의 자아 관념

서양 사상에서 단일한 자아 개념은 발견되지 않지만, 데카르트식의 자아관은 경제, 정치, 법, 문화, 그리고 행정 체계에 대한 서구의 접근에 영향을 미쳤다. 이 관점은 매우 원자적이고, 분리적이며, 자율적인 개인 혹은 자의식(ego)을 묘사한다. 따라서 대부분의 근대적 자아 관념은 데카르트식의 인식론적 뿌리를 가지고 있다. 그러나 반(反)데카르트 관점이 후기 계몽주의 철학, 상징적 상호작용론, 민속학적 방법론, 인본주의 심리학, 그리고 탈근대주의의 발전과 더불어 등장했다.

데카르트(René Descartes, 1596-1650)는 근대 인식론의 아버지로 불린다. 그의 방법론상 가장 근본적인 실재는 '생각하는 자아(thinking self)'이다. 그의 생각하는 자아관은 합리적 사고를 지닌 분리되고 개인적인 자아이다. 데카르트는 "객관적인, 자의식 중심의 의미의 세계"가 개인이 합리적이 될 수 있도록 한다고 주장한다. 그의 원자적 자아관은 개인의 사회적 혹은 관계적 본성을 고려하지 않는다. 그는 "존재하는 것은 합리적이다. 우리가 좀 더 합리적이 될수록 우리는 실재에 좀 더 다가간다"고 주장한다. 따라서 어떤 합리적인 인간도 "개인적인 생각하는 자로서 자아의 존재"를 인정할 것이다(Allen, 1997b: 7). "생각하는 자"는 역사적으로도, 관계적으로도, 문화적으로도 구성되지 않으며, 실천이성과 과학적 수단을 통해 사회를 통제할 수 있다.

홉스(Thomas Hobbes, 1588-1679)와 로크(John Locke, 1632-1704)는 원자적 개인은 계약을 통해 혹은 신탁적 신뢰를 통해 정부를 설립하기 위해 모일 수 있다고 주장한다. 홉스는 개인에 대한 국가의 절대 권력을 강조한다. 사람들은 권력욕과 안전욕에 사로잡힌 결과 타인을 파괴하고 자신의 권력을 증진시키기 위해 타인의 소유를 빼앗기 때문에, 국가 권력은 필수적이라고 주장한다. 홉스에 따르면, 우월하고 강제적인 권력만이 개인의 반사회적 행태를 금지하고 처벌할 수 있다. 로크는 정부만이 공공 안녕과 질서를 유지할 수 있는 전권을 가지고 있다는 생각에 반대한다. 그는 시민들이 계약을 해지할 수 있다고 주장한다. "사람들은 정부를 해산시킬 수 있지만 여전히 사회에 머물 수 있다." 로크의 자유주의 정치이론은 "덜 정치적-덜 국가적-이고 더 사회적이고 개인적이다. 자유로운 사회, 정부의 개입으로부터 자유로운 사회는 자유로운 사람들의 피난처이다" (Hacker, 1961: 245-246).[2] 따라서 로크는 개인이 더 많은 자유를 누릴 수 있도록 국가의 권력을 제한해야 한다고 본다.

원자적 자아 관념은 경제학자들의 저작에 더 깊이 반영되어 있다. 자유주의 경제학자로서뿐 아니라 문학과 도덕철학에도 조예가 깊은 학자로 알려진 스미스(Adam Smith, 1723-1790)는 『국부론(*The Wealth of Nations*)』(1937/1776)과 『도덕감정론(*The Theory of Moral Sentiments*)』(1966/1759)이라는 두 권의 중

---

2) 홉스(Thomas Hobbes)와 로크(John Locke)의 사회계약론을 위해서는 Thomas Hobbes, *Leviathan*(1651; reprint, London: Penguin, 1968) 및 John Locke, *An Essay concerning Human Understanding*(1690; reprint. Oxford: Clarendon, 1957)을 보라.

요한 책을 썼다. 그의 경제이론은 근대 경제 사상의 기초가 되었다. 모든 개인이 신중한 사익을 추구한다는 그의 생각은 플라톤(Platon)의 '덕성(virtue)' 개념을 떠올리게 한다. 공화국의 모든 구성원은 자신들의 재능을 다듬는 과정에서 자신의 자연적인 성향을 따른다. 스미스는 (범죄 행위나 사기의 통제를 제외하고는) 사람들이 자신의 경제적 이익을 무제한적으로 추구하도록 허용한다면 자연스러운 경제적 균형이 형성되고 국가 전체는 그 인구의 전체적 이익과 노동으로부터 혜택을 받을 것이라고 보았다. 스미스는 국가의 부(富)는 노동의 숙련도와 효율성의 증대 및 인구의 생산과 소비 증가를 통해 성장한다고 인식한다(Smith, 1776/1937). 개인의 사익 추구에 기반한 스미스의 통일적인 경제발전론은 리카도(David Ricardo), 벤담(Jeremy Bentham), 그리고 밀(John Stuart Mill)과 같은 다른 사상가에게 영향을 미쳤다. 19세기 말부터는 이러한 원자적이고 자아 중심적인 개인의 이익을 조장하는 자아 관념을 비판하는 수많은 움직임이 등장했다. 이들은 공산주의자, 실용주의자, 여성주의자, 공동체주의자, 그리고 현대 덕성 이론가들이었다.

자아에 대한 동양의 관점

서구식의 원자적이고 사익 추구적인 자아 관념이 복잡하고 역동적인 동양 국가에 적용될 때 오해가 발생한다(다른 문화적 배경을 지닌 사람들의 얕은 이해는 협동 관계에서 불신뿐 아니라 의도하지 않은 결과를 낳는다). 이러한 오해는 종종 우리에게 알려진 개념과 논리로부터 알려지지 않은 문화를 이해하려 할 때 발생한다. 뮈르달(Karl Gunnar Myrdal)은 그의 책 『아시아의 드라마: 국가의 빈곤에 관한 연구(*Asian Drama: An Inquiry into the Poverty of Nations*)』(1968)에서 전통적인 아시아의 성격을 다음과 같이 묘사한다.

> 주된 주장은 아시아인들은 서구인들에 비해 더 영적이고 덜 물질적이라는 것이다. 그들은 타인 지향적·자기 희생적이고, 부나 물질적 안락을 중요하게 여기지 않는다. 그들은 가난에도 평정심을 잃지 않고 그것의 긍정적인 가치를 발견한다. 그들은 배움과 사색의 능력을 특히 존경한다. 그들의 지적 강점은 논리와 계산보다는 직관에 있다. 최근의

사안들에서 그들의 주된 기준은 사람이나 정책의 도덕적 가치이며, 그들은 정치에서 편법과 기회주의를 검열하는 경향이 있다. 영적 문제와 개인의 구원이 최고의 관심사이며, 따라서 외부 세계는 환영이고 덧없는 존재로 여겨진다. 환경에 대해서는 영원하고 무정형인 것, 따라서 근심도 없고 운명주의적이기까지 한 태도를 보인다. 이상적인 태도는 포기나 금욕은 아니더라도 무심함 혹은 침잠이다. 이러한 사고는 아시아인들에게 평온함과 극단적인 물리적 고난을 견디는 능력을 준다. 그들은 참을성 있고, 공격적이지 않으며, 그들의 사회적 관계와 국제 정치에서 비호전적인 사람들로 묘사된다. 이들은 결정적인 법적 원칙을 싫어하고, 공식적 절차보다는 상호 합의에 의해 갈등을 해소하는 것을 선호한다고 여겨진다. 또한 계약보다는 지위를 더 중요하게 여기고, 이웃과 세계와의 평화, 그리고 내면의 평화를 갈구한다(Myrdal, 1968: 23-24).

뮈르달은 위의 묘사가 편향적이고 일반화된 아시아인의 이미지라는 것을 함축한다. 오늘날 많은 아시아인이 여전히 이런 성품을 가지고 있기는 하지만, 근대화와 산업화의 영향으로 이러한 전통적 가치와 의식은 급격하게 변화해 왔으며, 점점 더 서구 국가들의 그것과 유사해졌다. 즉, 많은 사람이 물질주의적, 이기적, 개인주의적, 자기중심적이 되었고, 다른 사람들과 자신들이 살고 있는 공동체의 이해와 권리에 주의를 기울이지 않는다. 특히 젊은이들은 더욱 서구화된 것으로 보인다. 이러한 변화 현상이 자아에 대한 아시아적 가치와 개념이 서구 사람들과 유사해짐을 의미하지는 않는다. 물론 상호 영향은 일어나지만, 역사적·문화적·종교적 뿌리에 기인한 기본적인 문화적 규범와 가치는 오랫동안 사람들의 사고에 남아 있을 것이고, 어떤 이들은 결코 자신들의 전통적 신념을 바꾸지 않을 것이다. 오늘날 우리는 중동인들이 미국에 의해 강요된 민주화에 저항하는 것을 본다.[3)]

아시아 국가들에서 자아의 사회적 구성에 대해서는 광범위한 해석이 있기 때문에, 이 장에서 필자는 몇몇 주요한 아시아 사상(유교, 불교, 그리고 힌두교)을 간략히 소개하면서 대조적인 자아관들을 보여 주고자 한다.[4)] 나아가, 서양과 동

---

3) 헌팅턴(Samuel P. Huntington)은 "서구, 특히 언제나 선교 국가였던 미국은 비서구 사람들이 민주주의, 자유 시장, 제한 정부, 인권, 개인주의, 법의 지배의 가치에 헌신하고 이들 가치를 그들의 제도에 체화시켜야 한다고 믿는다." 그 결과 미국은 "비서구 사회에 대해 자신의 이익을 수호하는 데에 어려움"을 지속적으로 겪고 있다. Samuel P. Huntington, *The Clash of Civilizations and the Remaking of World Order*(New York: Touchtone Book, 1996: 184).

양의 관념들을 이해(혹은 혼합)하는 것은 좀 더 인간적이고 윤리적인 조직 거버넌스와 인간 관계로 이끌 수 있다. 여러 면에서 도덕적이고 윤리적인 삶에 대한 유교적 원칙들은 개인에 대한 서구의 사고 방식을 보완한다. 기원전 551년에 태어난 공자(孔子)는 51세에 노나라의 재상급 관리가 되었다. 이를 그만둔 후, 그는 제자들과 중국의 여러 제후국을 돌아다니며 여생을 학문에 바쳤다. 그의 업적은 중국 문화의 기초를 형성하는 데 도움을 주었고, 그의 철학은 많은 아시아 사회, 특히 동아시아 국가에 영향을 미치고 있다. 그는 인간 행동의 실천적 측면에 강조점을 둔 배타적인 윤리관을 주장했다. 공자에 따르면 "좋은 정부가 수반되지 않는다면 세상에서 최상의 개인적 도덕성도 실패할 것이다"(Feibleman, 1976: 91). 공자에게 도덕적 인간이 되는 것은 지속적인 평생의 과정이고, 이 학습의 과정은 특정한 도덕적 공동체에서 이뤄져야 한다.

공자는 여섯 가지 덕성과 여섯 가지 대응되는 폐단이 있다고 했다.

> 첫째, 어짊을 좋아하되 배움을 좋아하지 않는다면, 그 폐단은 어리석음이다. 둘째, 지식을 좋아하되 배움을 좋아하지 않는다면, 그 폐단은 탕진이다. 셋째, 신의를 좋아하되 배움을 좋아하지 않는다면, 그 폐단은 무정함이다. 넷째, 곧은 것을 좋아하되 배움을 좋아하지 않는다면, 그 폐단은 무자비함이다. 다섯째, 용기를 좋아하되 배움을 좋아하지 않는다면, 그 폐단은 무모함이다. 여섯째, 강함을 좋아하되 배움을 좋아하지 않는다면, 그 폐단은 기이함이다(논어 17: 8).

공자의 윤리관에 따르면, 군자는 도덕적으로 행동한다. 그러한 사람은 매킨타이어(Alasdair MacIntyre)가 "인물(character)"이라고 부른 것으로, 반드시 "우월한" 사람을 의미하지는 않는다. 매킨타이어에 따르면, 그러한 사람은 "그들이 속한 문화의 도덕적 대표자이며, 이는 그들을 통해 사회세계의 도덕적 형이상학적 이념과 이론들이 현신화하기 때문이다"(MacIntyre, 1981: 28). 어떤 사람은 그 가치에 대한 신념 없이도 그 인물의 역할을 담당할 수 있다. 예를 들어, 관리자들은 도덕적이고 합리적인 조직의 대리인으로서 이러한 "인물"을 통해 자신들의 역할

4) 이슬람이 동양권의 많은 지역에 영향을 미쳤으나, 필자의 지식으로는 이에 대해 광범위하게 논의할 수 없다. 종교로서 이슬람은 예식, 신념, 관습보다 "이슬람으로서 신에 대한 개인적 복종"에 더 초점을 둔다(Turner, 1994).

을 정당화한다. 매킨타이어는 이러한 인물과 관련된 문제는 이들이 성찰이나 도덕적 논쟁에 참여하지 않는 것이라고 한다. 이들은 객관적이고 합리적인 기준에 의거해 타인들을 위한 결정을 내릴 권리를 받아들인다. 대부분의 근대적 관리자들은 도덕적으로 중립적인 기술자들이다. 공자에 의하면 군자에게 도덕적 공동체의 "인물"로 산다는 것은 무엇보다 도덕적인 자기 계발과 인(仁)과 예(禮)를 통한 자기 정체성 확립 과정에의 헌신을 의미한다(Tu, 1985; Chong, Tan, & Ten, 2003).[5]

데카르트식 원자적 자아관과 대조적으로, 유교적 자아는 관계적이고 상호 의존적이다. 유교에 영향받은 동아시아 국가들은 인간 관계의 집합이 도덕 공동체의 기초라고 믿는다. 전통적으로, 이러한 관계는 (1) 군신, (2) 부자, (3) 부부, (4) 장유, (5) 붕우(즉, 연배 차이를 고려해)의 다섯 가지 위계적 쌍들로 묘사된다. 이러한 위계적 관계에서, 충성과 복종은 신뢰 관계를 유지하는 데 핵심적이며, 군주와 신하들은 올바름이나 정의에 대한 공동의 도덕적 목적을 공유한다. 따라서 수직적 관계는 유교 사상에서 근본적인 것이고, 이러한 위계적 성향은 동아시아 국가들의 사회철학, 행정, 그리고 경영에 반영되어 있다. 많은 경제학자와 사회과학자들은 한국, 일본, 홍콩, 싱가포르, 그리고 대만의 경제 발전은 국가와 사회에 대한 이러한 의무와 봉사의 관계의 덕이라고 믿는다. 충성은 특히 일본의 사회, 정치, 경영 관계에서 중요하다. 한국인은 사회적 상호작용에서 낯선 사람과 가까운 관계를 맺기 전에 연령, 가문, 교육, 그리고 직업에 따라 그들의 상대적 지위를 설정하려 한다. 아시아 국가들에서 가까운 관계는 서로에 대한 충성을 포함하지만, 연령과 사회적 지위에 차이가 있을 때면 그 관계는 가부장적이 된다. 유교 사상과는 대조적으로 불교는 인간 관계에서 위계적 질서의 관념이 없다. 따라서 불교는 우리 주위의 사물들과의 관계 속에서 우리의 존재에 초점을 둠으로써 비위계적인 방식으로 사유할 수 있도록 해 준다.

불교는 대부분의 아시아 국가들, 특히 중국, 일본, 한국, 베트남, 캄보디아, 네

---

5) 자기 계발의 미덕은 선과 예를 포함한다. 선은 개인의 자기 성찰로부터 나오는 개인적 자질이다. 그것은 생물학적, 사회적, 혹은 정치적 힘의 산물이 아니다. 그것은 "자기 소생적, 자기 완성적, 그리고 자기 충족적 개인 과정"과 연결되어 있다. 예는 예의, 좋은 매너, 공손함, 의식, 예배, 영원한 원리의 외부적 모범화, 존경과 존중의 감정이다. Tu Wei-ming, *Confucian Thought: Selfhood as Creative Transformation*(Albany: State University of New York Press, 1985)을 보라.

팔, 그리고 태국에서 지배적인 종교적·철학적·문화적·사회적·영적 영향을 미친다. 본명이 고타마 싯다르타인 붓다는 기원전 563년 인도 접경지인 네팔 남부에서 태어났다. 붓다는 "깨달은 자"라는 뜻이다. 고타마 붓다는 부유하고 강력한 귀족 집안의 일원이었다. 29세 쯤 되었을 때, 그는 삶이란 고통과 불행으로 가득하다는 확신에 사로잡혔다. 6년 동안 인도 북동부를 여행한 후 그는 깨달음을 얻었다. 그는 어째서 삶이 고통으로 가득하고 사람이 어떻게 하면 이러한 불행한 실존에서 벗어날 수 있는지를 깨달았다고 믿었다. 붓다의 교리는 오감이나 논리가 아니라 "의식의 변화 경험과 명상"을 통해 얻어진다. 붓다의 지식의 핵심은 오직 명상을 통해서만 얻어진다. 합리적 사고는 인간 실존을 이해하는 일에는 적절하지 않다(Jaspers, 1957). 명상, 요가, 그리고 축원을 통해 개인은 깨달음과 자유를 얻고, 우주와의 합일을 자각하게 된다. 사람은 "극단적 금욕주의와 쾌락 사이에서 중용(中庸)을 깨닫는다. 그것은 균형잡인 삶의 관념이다. 몸은 기능의 유지에 필요한 바를 얻지만 그 이상은 아니다"(Smith & Novak, 2003: 8).

붓다는 "자아를 부정(non-self)"한다. 자아니 개인이니 하는 것은 그의 교의에는 존재하지 않는다. 우주에서 존재 혹은 비존재는 자기만의 관념이다. 몰자아(no-self)는 근심과 보호 본능으로 가득한 인간 경험의 일반적 한계를 넘어서, 자신에 대한 직관적이고 주관적인 관념의 본질이다. 선불교에 따르면, "자아를 아는 것은 자아를 잊는 것이다." 자아가 근심으로부터 자유로울 때, 자발적으로 행동할 수 있다. 술러(J. R. Suler)는 이렇게 지적한다. "몰자아의 자발성에서 사람은 의식적 사고 없이 행동한다. 계획과 '사려 깊음'의 정확성은 남아 있음에도 불구하고 말이다. 경계도 없고, 압박이나 흔적이나 중개자도 없다. 당신이 처음 피아노를 연주하는 방법을 배울 때, 당신은 손가락을 올바른 위치에 놓는 것을 생각해야 한다. 그러나 이 기술을 습득하고 나면 손가락은 저절로 움직이고, 사실상 더 깊은 수준의 자기 표현이 저절로 일어나도록 만든다"(Suler, 1993: 54). 우리 인간들은 흔히 고통, 갈망, 증오, 그리고 망상 가운데 산다. 왜냐하면 우리가 우리의 진정한 자아를 잃고 유사한 자아에 매달리기 때문이다. 붓다는 "우리의 자아 개념은 허상이고, 자아에 의한 세계는 우리의 무지와 고통의 핵심이며, 자유는 자기 초월 혹은 자아라는 허상(실체적 자아란 없기 때문에)으로부터의 초월을 의미한다"(Allen, 1997b: 10-11). 야스퍼스(Karl Jaspers)는 이 개념을 더 자세히 보여 준다. “진정한 자아란 없다. 감각적 실존에서는 몸이 곧 자아이다. 명상의 첫 단계에서는 천상의 육체를 가진 영적 자아가 현실이 된다. 그 전의 자아는 무(無)로 사라진다. 그러나 더 높은 단계의 영적 자아는 스스로 무효화된다. 따라서 명상에서조차 자아는 부정되기보다는 상대적인 것이 된다. 진정한 자아는 열반과 동시에 일어나는 가장 높은 단계에서만 얻어진다”(Jaspers, 1957: 30-31). 붓다는 자아나 영과 같은 어떤 관념도 영원 불변하지 않다고 본다. 붓다에 의하면 “모든 것은 끊임없는 삶의 변화 과정 속에서 덧없는 것이다.” 그는 또한 “독립적인 분리된 자아라는 잘못된 믿음은 우리의 이기적인 욕망, 탐욕, 갈망, 증오, 그리고 자기 집착의 요체이다”라고 말한다(Allen, 1997b: 11). 불교의 함의는 타인에게 자비를 베풀고, 윤리적으로 규율된 방식으로 행동하고, 책임감으로부터 우리 자신의 행동을 삼가는 것이다(His Holiness the Dalai Lama, 1999: 81-131). 다른 종교적 가르침과 마찬가지로 불교는 자비, 사랑, 참을성, 관용, 인간성, 용서, 상호 존중과 이해, 조화 등의 인간성을 발견하도록 조장한다. 이러한 것들은 우리의 현대 사회에서 특별한 역할을 할 것이다.

힌두교는 인도 문화에서 가장 큰 영향을 미쳤다. 힌두교의 기본 교의는 카스트 제도로, 대부분의 인도 힌두인의 삶의 방식을 결정한다. 대부분의 종교와 마찬가지로, 힌두교는 신성, 죽음 이후의 삶, 그리고 어떻게 살아야 하는지에 대한 믿음을 포함한다. 힌두교인들은 개인의 업(카르마, Karma)－전생에 개인이 했던 나쁘거나 좋은 행동－이 그의 계급을 결정한다고 믿는다. 힌두교는 자아의 영적 본질에 관심이 있다. 힌두교는 다분히 신화적이고, 여러 초자연적인 사상들과 힘들을 다룬다(Feibleman, 1976: 74). 힌두교의 경전 중 하나인 바가바드 기타(Bhagavad-Gita)는 자아 없는 행동, 즉 “자신의 행동의 결과에 대한 어떤 자기 집착도 포기하는 것”을 강조한다(Allen, 1997b: 9). 바가바드 기타는 허상에 불과한 자기 중심적 자아를 초월하는 수단들을 제시한다. 이러한 자아의 초월은 영적 자유를 위해 핵심적인 것으로 본다.

비록 유교가 서구 사회에는 더 많이 알려졌지만, 노자(老子)의 가르침인 『도덕경(道德經)』은 자아와 사회의 관계에 관해 독특한 관점을 제시하는 도교의 경전이며, 중국 서적 가운데서는 가장 널리 번역된 책이다. 영어로만 15개 이상의 번역본이 있으며, 일본어, 한국어, 독일어로도 번역되었다. 영어로 정확히 번역하는 것은 어렵지만, 도는 "길"을 의미하고, 덕은 "덕성(virtue)"을 의미한다. 그리고 경(經)은 "책"을 의미한다. 『도덕경』의 대부분의 장은 "삶의 길"을 이야기한다. 도덕경에 따르면, 삶의 비밀은 우주의 궁극적 본성을 구성하는 위대한 근원적인 힘의 흐름(근원으로부터 흘러나오고 근원에로 흘러가는)에 우리를 맡기는 것이다(노자, Feng & English 역, 1989: xiv).

노자는 기원전 571년에 태어났으며, 왕실 서고의 관리직을 맡다가 그만두고 종적을 감췄다. 유가 사상은 사회 질서에 대한 사상이고, 위계적 관계의 유지를 통한 질서라는 것이 그다지 재미있지는 않다. 노자의 격언들은 유가의 상식적 격언들이 가지고 있지 않은 흥취와 시적인 맛이 있다. 유가는 문화와 이성을 존중하지만, 도가는 이들보다는 자연과 직관을 더 선호한다. 노자는 우주의 신비와 아름다움, 삶과 죽음의 의미, 내면적 자아의 흔들림, 드러난 것과 숨겨진 것, 작위와 무작위 등을 이야기하다보니 신비주의적이다. 필자의 생각에 도교는 (노자의 사상을 발전시킨 장자[莊子]의 사상과 함께) 21세기에는 동서양을 막론하고 많은 사람에게 받아들여질 것으로 믿는다. 왜냐하면 도교의 가르침은 자연적이고, 자유로우며, 변증법적이고, 역설적이고, 수평적 · 협력적인 관계를 강조함에 따라 민주적이기 때문이다.

노자의 역설적 표현은 대조되는 것들의 관계에 관한 그의 독특한 관점으로 말미암는다. 모든 것은 하나로 합쳐져 조화된다는 것이다. 와츠(Allen Watts)는 "자연 과정에 대한 중국적 이해인 도의 의미를 깨달으려면 모든 관점은 상대적이라는 근본 법칙을 이해해야만 한다"(Watts, 1997: 52)라고 했다. 노자의 다음과 같은 시구는 대조되는 것들의 관계가 무엇을 의미하는지 보여 준다.

> 이 우주에서 우리가 아름다움을 아름다움으로 볼 수 있는 것은
> 추함이 있기 때문이다.
> 덕을 덕으로 알 수 있는 것은
> 악이 있기 때문이다.
> 부자와 빈자는 함께 있다.
> 어려움과 쉬움은 서로 조화한다.
> 긺과 짧음은 서로 대조된다.

높음과 낮음은 서로 균형잡는다.
음악과 소리는 서로 조화된다.
앞과 뒤는 서로를 따라나온다.
고로 현자는 움직이지 않아도 일하고
말하지 않아도 가르친다.
만물은 끊임없이 소생한다.
조성하되 소유하지 않고
일하되 내세우지 않는다.
성취하되 이를 잊는다.
그리하여 영원하다.
(『도덕경』)

도교에서, 대조되는 것들의 상대성은 음(陰)과 양(陽) 같은 우주의 다른 측면에도 나타난다. 음은 여성, 부드러움, 어둠, 그리고 온순함이다. 양은 남성, 힘, 빛, 그리고 능동성이다. 음과 양은 상호 관계 속에 존재하고 서로를 강화한다. 삶은 죽음으로부터 일어나고, 그 반대도 성립한다. 가능성은 불가능성으로부터 일어나고 그 반대도 그러하다. 긍정은 부정에 기반하고 그 반대도 그러하다. 이러한 대조들은 매우 다르지만 분리할 수 없다. 이것들은 서로 갈등하는 것이 아니라 통일의 가능성을 담고 있다. 따라서 대조되는 것들에 대한 이해는 서양의 방식과는 다르다. 서양은 이원론이 강하지만, 대조되는 것들은 "내면적 통일을 표현하는 외면적 이원성"(Watts, 1997)이다.

도교에서 자아는 타자의 존재 없이 존재하지 않는다. 구별된 정체성을 지닌 자아는 음양의 변증법적 관계과 같은 "타자에 대한 동등하고 대조적인 감각"에 의해 지지된다(Watts, 1997: 68). 따라서 자아에 대한 지식의 개발은 자아와 타자 간의 상호 관계에 대한 인식이다. 도교에서 자연의 모든 변화는 다른 것으로 변화하는 과정에서 서로 영향을 미치는 "극단적 대조들 간의 역동적 상호작용"에서 유래한다. 동양에서는 극명한 대조를 넘어서는 것에 강조점을 두지만 "서양의 관점에서 대조되는 것들의 내면적 통일성이라는 사고는 받아들이기 매우 어렵다"(Capra, 1975: 114).

자아의 경계를 넘는 초월

동양 철학, 특히 불교와 힌두교에 대한 이 간략한 검토는 영적 해방을 통해 개인이 이기심에 기반한 자아의 경계를 극복하고 자신의 즉각적인 허상으로부터 초월할 수 있다는 공통된 믿음을 보여 준다. 기독교, 이슬람, 유대교, 그리고 도교는 또한 자아의 경계선을 넘는 길, 혹은 자아와 몰자아 및 자아와 외부적 존재들 간에 구분선은 없다는 것을 가르친다(Wilber, 1979).

종교는 개인 내면의 영적 힘이며, 인간의 경험과 사회의 조건을 이해하는 것을 돕는다(Smith, 2001; Lynch & Lynch, 1999). 제퍼슨(Thomas Jefferson)은 종교적 신념과 실천은 "개인의 지성과 양심의 자유로부터 나오며, 따라서 종교는 엄격하게 개인적인 영역"이라고 지적한다(Johnson, 1997: 25). 공공조직에서 영성에 어떤 역할을 부여하기는 상당히 어렵다. 그러나 필자가 보기에 개인의 영적 경험은 자아를 부정하고 초월하고자 하는 의지를 통해 자아에 대해 더 나은 자각을 하도록 돕고, 이기심과 탐욕을 넘어서 타인들과 공존하는 것을 돕고, 어려운 사람들을 돌보는 것을 돕는다. 나아가, 개인 삶의 영적 측면은 인간 의식의 고양을 통해 참을 수 없는 인간의 실제 본성을 초월하도록 도울 수 있다(Smith, 2001: 79-102).

자아로부터 몰자아로, 그리고 타자와의 관계에서 초월은 자아의 근본 경계를 변화시키고자 하는 의지로부터 나온다. 윌버(Ken Wilber)는 이를 모든 생명은 하나, 즉 "통일된 의식"이라고 불렀다. 나아가 그는 다음과 같이 말한다.

> 이 의식은 자아와 우주를 '분리'하는 근본적 경계가 사실인 것으로 오해되는 한 일어날 수 없다. 그러나 일단 그 근원적 경계가 허상인 것으로 이해되고 나면 개인의 자아감각은 모든 것을 포함하게 된다. 자아 외부에는 아무것도 존재하지 않고 따라서 경계지을 장소도 없다. 따라서 우리가 근원적 경계 너머를 보기 시작하기만 하면 통일된 의식에 대한 자각은 그리 멀지 않을 것이다(Wilber, 1979: 47).

요컨대, 도교는 자아와 타자의 문제에 대해 조금 다른 접근을 취하면서 이들을 비이원적 관계로 설정한다. 비록 경계의 초월적 측면을 다루지는 않지만, 실제를 비이원적으로 보기 때문에 경계는 큰 문제가 되지 않는다. 모든 경계는 허상이다. 따라서 두 대조되는 것들 간의 비이원적 관계는 우리가 타자와의 관계에서만 자아라는 것을 함축한다.

제 2 절 자아와 사회성: 서양의 관점

동서양 모두 자아관에서 도덕적 행위자로서 개인을 강조하지만, 대부분의 아시아 종교철학 개념은 자아와 전체 도덕적 우주의 불가분의 관계를 주장하며 자아와 사물의 이원성을 부정한다. 동양의 관점은 극단적인 개인주의에 반대한다. 개인주의는 자기 중심적이고 이기적인 행동으로 이끌고, 개인의 영적 성장이나 덕성을 함양하는 것을 제한한다고 믿는다.[6] 동서양의 자아관에서 또 다른 공통점은 타인과의 관계에 대한 사고이다. 동양적 관점에서 자아의 초월은 개인이 타자의 존재를 경험하고 자기 중심적 자아의 한계를 깨달음으로써 가능하다. 영적 차원에서 혹은 대조되는 것들과의 관계에서 개인은 분리 따윈 없고 모든 생명은 통일성의 창조에 공헌한다는 것을 깨닫는다. 일반적으로 동양적 사고는 관계 정립을 위한 추론적 및 합리적 과정의 중요성이나, 개인이 다른 사람들과 관계맺음을 통해 실재 구성의 대리인이 될 수 있음을 주장하지 않는다. 이 절에서 필자는 개인이 타자와의 관계의 의미를 경험하는 방식, 즉 자아들 간에 일어나는 "사회성(sociality)"에 대한 서구의 관점을 논의한다(Natanson, 1970: 47).

자아는 간주관적 실재를 구성하는 조직구성원들과의 우리-관계를 발전시키는 핵이다. 간주관적 실재와 관련한 우리-관계의 아이디어는 자아와 타인 간 존중과 호혜의 관계를 증진하는 구성적 접근이다. 우리-관계가 조직에서 발전할 때, 개인은 자신의 경험을 타인과 나누고 학습에 동참해 "사회적 행동을 특징짓는

6) 필자는 동양에서 자아와 사회성에 대한 논의로 나아가지 않았다. 이는 유교, 도교, 힌두교, 불교와 같은 동양 사상은 대화를 별로 중시하지 않고 대신 관계, 자기 부정, 경계 없음, 자비, 겸손, 절제, 그리고 덕성에 높은 가치를 부여하기 때문이다. 더욱이 사회성에 대한 서구의 관점은 의사 소통, 대화, 공유 및 학습의 중요성을 강조한다.

'사이(betweenness)'의 영역"으로 향한다(Natanson, 1970: 48). 우리-관계에서 "사이"의 질은 여러 가지 요소에 좌우되는데, 예를 들면 면대면 상호작용, 대화, 작업의 공통성, 상호성의 강도, 과거 · 현재 · 미래 이익의 공유, 그리고 관계에의 참여 의사 등이다. 미드(George Herbert Mead), 아지리스(Chris Argyris), 그리고 로저스(Carl R. Rogers) 등의 이론가가 개발한 다른 접근들 역시 타인과의 관계를 통한 자아의 초월 가능성을 다룬다.

미드는 그의 영향력 있는 책 『마음, 자아 및 사회(*Mind, Self, and Society*)』(1934)에서 의미를 담은 몸짓을 통해 자아와 의식이 개인화(내면화)되고, 간주관성 혹은 사회성으로 발전하는 방식을 묘사한다. 미드는 종종 사회적 행태주의자로 분류되긴 하지만, 자아에 대한 그의 설명과 해석은 현상학적이고 해석학적인 지향을 보여 준다. 미드는 "사회 안에서의 경험을 탐구하고 묘사하는 일, 의식, 언어, 의사 소통, 그리고 사회적 과정으로부터 발생되는 의미를 다루는 일"을 시도한다(Natanson, 1973: 5). 자아는 특정한 환경에 영향받을 수도 있으나, 반드시 사회적 환경의 영향이 아니라 소통 행위에 의해 구성된다.

미드에 따르면, 자아의 진화는 "본래적 나(I)"와 "투영된 나(me)" 간의 상호작용 과정이다. 이 둘이 전체로서의 자아를 구성한다. 투영된 나는 개인이 타인들로부터 배운 자아에 대한 관점들의 총합이다. 이는 다른 사람의 역할을 맡을 때 본래적 나가 자기 자신에게 향하는 태도이다. 자아 내에는 자기 자신의 행태에 반응하는 또 다른 무언가가 있다. 투영된 나는 타인 혹인 타인들의 태도를 대표한다. 그것은 몸짓 행동의 객관화이다. 이러한 객관화에 반응하는 것은 본래적 나이다. 본래적 나와 투영된 나의 관계는 "내부적 토론장" 즉 인간의 몸 안에서 지속적으로 일어나는 내부적 대화이고, 지속적인 변증법적 과정이다(Mead, 1934: 173-178, 192-200, 209-213, 273-281). 내부적 대화에서, 본래적 나는 "청중"이다. 본래적 나는 투영된 나에게 반응하고, 투영된 나는 본래적 나를 반영한다. 본래적 나는 실제 생각하고 행동하는 과정이고, 투영된 나는 성찰적 과정이다. 본래적 나와 투영된 나 사이의 소통 과정으로서 사회적 행동에 자아가 관여하기 때문에, 자아는 대화의 형태로 발생한다.

미드는 자아를 타인의 역할에 관계시키는 변증법적 틀을 제시한다. 그는 타인의 관점에서 자신을 보는 "재귀적(再歸的) 역할 수행"의 과정을 강조한다(Mead,

1934: 15-56, 254, 360-362, 364-367). 자아와 타자 사이의 상호작용은 협동을 통한 관계에 자신에 대한 지식을 개선하는 것을 가능케 한다. 개인과 그 개인이 속한 공동체와의 상호적 관계에 대한 논의에서 그는 "개인이 공동체에 적응하는 것만큼 공동체도 개인에게 적응해야 한다"고 주장한다. 이러한 과정을 통해 "변화가 좋을 수도 나쁠 수도 있지만 어쨌든 불가피하게 일어난다"(Mead, 1934: 216). 미드에 따르면, 이러한 "상호 적응"의 과정이 곧 사회성이다. 사회적 과정에서 사람들 간의 합리적 소통 행위에 대한 하버마스식 관점은 곧 간주관적 실재로서 발생하는 사회성의 관점이다(Habermas, 1984). 따라서 하버마스와 미드 모두 자아가 사회적으로 구성된다는 것, 그리고 사람들 사이에 발생하는 사회성의 산물이라는 것을 주장하는 것이다.

행정학도들이 자아와 조직 및 그 구성원들을 관계짓는 것을 이해하는 데에 특히 유용한 한 가지 이론적 관점은 조직의 다른 구성원들과의 관계에서 자아, 즉 개인 관계와 대인 간 경쟁력을 다루는 접근이다. 상징적 상호작용론이 사회학과 사회심리학에 중요한 이론 틀을 제공하지만, 아지리스와 로저스가 1960년대와 1970년대에 개발한 개념들은 조직 내에서 대인 간 관계의 문제를 다루며, 참여적, 효과적, 그리고 인도주의적 조직의 연구에 심대한 영향을 미쳐 왔다. 개인이 조직 내 타인과 얼마나 잘 관계맺느냐는 사회적 구성 과정에서 중요한 요인이다. 아지리스는 사람들이 조직, 공동체, 그리고 가족과의 관계에서 좀 더 효과적이 되도록 만드는 훈련, 연구, 자문, 치료에 상당한 경험을 가졌다.[7] 로저스도 살아 있는 동안 유사한 경험을 상당히 쌓았다.

아지리스에 따르면, 대인 간 경쟁력은 대인 관계를 효과적으로 헤쳐 나가는 개인의 능력이다. 그는 이러한 효과적인 대인 관계 유지의 기준으로 세 가지를 강조한다. (1) 대인 간 상황을 정확하게 인식하는 것, (2) 문제 해결 상태가 지속되도록 문제를 해결하는 능력, 그리고 (3) 관계된 사람들이 최소한 문제를 바라보

---

7) 개인 간 관계에 대해 더 알아보고자 한다면 다음을 보라. Chris Argyris. *Interpersonal Competence and Organizational Effectiveness*(Homewood, Ill.: Dorsey, 1962)와 *Integrating the Individual and the Organization*(New York: Wiley, 1964); Carl R. Rogers, *On Becoming a Person: A Therapist's View of Psychotherapy*(Boston: Houghton Mifflin, 1961), 그리고 *Carl Rogers on Personal Power*(New York: Dell, 1977). 아지리스는 개인과 조직의 통합에 좀 더 직접 관심을 두는 반면 인본주의 심리학자로서 로저스는 대인 간 관계에 대해 좀 더 간접적으로 접근한다.

기 시작했을 때만큼 효과적으로 서로 협력하는 것을 지속할 수 있게 하는 방식으로 문제가 해결되는 것(Argyis, 1968: 147). 대인 간 경쟁력의 중요한 측면은 사람의 "변화성(changingness)", 즉 변화할 수 있는 능력이다. 이것은 개인에게는 잠재된 능력이고 조직에게는 잠재된 기능이다. 로저스는 많은 조직에서 많은 장기적인 정책에 대한 사람들, 특히 관리자 간의 비관적인 태도에 의해 변화 능력이 제한되어 있다고 주장한다(Rogers, 1968). 그는 산적한 도시 문제에 직면하기를 거부하는 행정의 예를 통해 이를 보여 주며, 미래에는 상명하달식의 변화보다는 잘 작동하는 대인 간 관계가 개인적 성장과 변화의 자연적인 동기가 될 것이라고 주장한다. 그러나 로저스의 예측은 지난 35년간 실현되지 않았다. 행정조직은 여전히 대인 간 변화 능력을 개발하는 것의 중요성을 간과하고 있다.

제 3 절 자아에 대한 포스트모더니즘 관점

1960년대부터, 자아에 대한 서구의 관점, 특히 의사소통과 관계맺기의 경험에 대한 관점은 데리다(Jacques Derrida)와 푸코(Michel Foucault)와 같은 후기구조주의 혹은 포스트모더니스트들에 의해 도전받았다. 전통 현상학에서, 경험의 주체인 "초월적 나(the transcendental ego)"[8]는 객관성 혹은 주관성의 객관화에 필요하다. 그러나 탈근대주의자들이 조직과 타인과의 관계에서 자아를 부정하는 것은 "안정되고 일관된 자아의 관념"을 부정하고 "자아는 피상적이고 연결되지 않은 파편일 뿐이다"라고 주장하는 것과 다름없다(Goldman & Papson, 1994). 이러한 탈근대적 관점은 의식의 철학에서 주체 중심적 접근의 한계를 인식하는 것과 아울러, 이에 수반되는 주체성의 포기 또한 부인한다. 탈근대주의자들은 사고하고 경험하고 의식하는 자아로서의 '인격(person)'을 '주체(subject)'로 대체한다. 왜냐하면 사람은 자율적이고 자유롭게 사고하는 개인이 아니라 언어와 담론의 산물이기 때문이다. 제도, 문화, 사회에서 주체의 역할은 최소화된다. 탈근대

8) 필자는 칸트(Immanuel Kant)와 후설(Edmund Husserl)이 주장하는 초월적 전통에서 자아에 대한 토론을 일부러 피한다. 이들의 철학적 입장은 의식과 과학 비판의 문제에 더 가까이 연결되어 있기 때문이다.

주의자들에게 주체는 "마스크, 역할, 희생자, 최악의 경우 이데올로기적 구성물, 기껏해야 향수의 형상화"일 뿐이다(Carravetta, 1988: 395). 주체에 대한 탈근대적 관점은 다양하고 흩어져 있기 때문에 이들을 하나의 응집된 것으로 대표하기는 어렵다. 따라서 여기서는 자아에 대한 탈근대적 접근의 풍미를 보여 주기 위해 몇몇 주요한 사상가—푸코, 데리다, 그리고 라캉(Jacques Lacan)—의 사상만을 논의한다.

• 후기구조주의 사상의 한 축이었던 푸코(Michel Foucault, 1926-1984)는 주체가 더 이상 자아를 통제할 힘을 가지고 있지 않다고 주장하고 개인적 자아의 계몽에 대한 자유주의적 인본주의 사상을 반박한다. 그는 주체란 단지 권력 관계의 희생양이라고 보고 "주체의 죽음"을 묘사한다. 권력 구조가 경직되고 권위주의적인 체계에서 개인적 주체는 제도적 권력에 저항할 수 없고 자신의 행동을 통제할 수도 없다. 그러나 푸코는 권력이란 계서제이든 어디든 어떤 관계에나 편재한다고 본다. 그는 사람들로부터 생산적인 서비스를 얻어내려면 "권력은 개인의 육체, 그들의 행동, 태도, 그리고 일상적 행동 양식에 접근할 수 있어야 했다"고 주장한다(Foucault, 1980: 97). 따라서 주체는 서로 다른 힘, 즉 담론적/비담론적 실천(언어, 대화 방식, 규칙, 전문가 등), 소망, 그리고 물질을 통해 구성된다.

• 데리다(Jacques Derrida, 1932-2004)는 의미의 근원 문제에 주목했다. 실존주의적 현상학자들과 '상징적 상호작용론자'에게 개인은 의미를 인식하고 표현할 수 있는 존재이다. 의미는 또한 다른 의미들과 관계 맺는다. 데리다는 능동적이고 초월적인 나로서 자아가 의미의 기반이라고 보지 않는다(Surber, 1998: 203). 데리다에게 어떤 텍스트 이전에는 어떠한 지각이나 의식도 존재하지 않는다. 데리다는 텍스트의 탈중심화, 즉 텍스트가 다양한 의미를 가지고 있음을 강조한다. 그는 하나의 통일된 의미라는 생각을 부정하고 의미는 텍스트에 있다고 한다. 텍스트의 의미에 대한 모든 서로 다른 해석은 동등하게 흥미롭다(Derrida, 1978). 숨겨진 가정과 상이한 의미들을 발견하기 위해 텍스트는 탈신화화되어야 한다. 텍스트를 탈신화화한다는 것은 "그것의 내적, 자의적 위계, 그리고 그것의 기본 전제들을 드러내기 위해 해부한다는 것"이다(Rosenau, 1992: 122). 데리다

는 우리의 생각을 탈중심화해서 애초에 그것이 어떻게 중심화되었는지를 이해할 필요가 있다고 주장한다. 이것이 데리다가 대부분의 주장에서 강조하는 해체의 관념이다. 데리다는 "통일된 체계의 예로서 주체나 저자의 명징한 표현"을 거부함으로써 현상학과 구조주의의 가정 모두를 비판한다(Surber, 1998: 203). 이러한 가정들이 이들 학파에게는 필요하지만, 해석의 종착역에서 올바른 해석이나 진리를 발견하리라는 소망은 우리의 사고와 언어의 습관 때문에 잘못 인도된다(Derrida, 1970: 247-265).

• 라캉(Jacques Lacan, 1901-1981)은 프로이트(Sigmund Freud)의 저작을 주의 깊게 탐구한 이론가이자 임상심리분석가였다(Lacan, 1982; Bowie, 1991; Sarup, 1992). 서버(J. P. Surber)는 "라캉의 비판 작업의 핵심은 프로이트의 저작에서 환원 불가능할 만큼 다중적이고 역동적이고 개방되고 탈중심화된 '심리분석의 주체' 관념을 재발견하는 것이었다"(Surber, 1998: 195)고 말한다. 행정학도에게 라캉은 데리다보다 흥미로운데, 이는 그의 이론이 "자아의 사회적·언어적 구성에 대한 사고의 길을, 그리고 개인과 사회의 문제에 대한 사고의 길"을 제시하기 때문이다(Sarup, 1988: 6). 맥스위트(O. C. McSwite)는 경제학적 합리주의의 효용극대화 행동(합리적 자아)의 지배 때문에 행정이론의 발달이 상당히 지체되었다고 주장한다. 그리고 라캉의 자아이론이 행정학에 큰 공헌을 할 수 있을 것으로 믿는다. 그의 이론은 "사고의 무의식적 차원의 존재, 최소한 의식적 사고의 통제와 우려로부터 독립적인 무의식적 차원의 존재"를 허용하기 때문이다(McSwite, 1997a: 57). 라캉은 자아를 언어적 구성에 연계시키면서 현상학과 구조주의를 통합하고자 시도한다. 현상학은 자유로운 자아(주체성)를 강조하고, 구조주의는 언어적 결정론을 강조한다. 라캉은 구조주의를 사용하지만 결코 주체를 부정하지 않는다(위의 책). 그는 다양한 의미를 발견하기 위해 주체를 탈중심화하는 과정을 조장한다. 그의 이론은 또한 변증법적이다. 나와 너의 관계는 상호적으로 주체성을 정의한다. 사회와 개인은 서로에게 속해 있다, 주체는 세상을 바꾸고 주체는 (헤겔식 의미에서) 주인과 노예 관계를 극복한다. 노예는 노동을 통해 자신을 변화시키고 해방시킨다. 라캉은 주체의 경험을 보여 주기 위해 다양한 예를 제시한다. 예를 들어, 그는 오이디푸스 콤플렉스를 기표로서의 남근

(Phallus), 아버지의 이름으로서 타자(Other), 그리고 어머니 기표로서 M 간의 관계의 집합을 묘사하는 언어적 거래라고 본다(Surber, 1998: 199; Sarup, 1992: 10-14).

라캉이 변증법적 관계를 인식하기는 하지만, 그는 주체에 의한 객체(기표)의 완전한 인식은 불가능하다고 주장한다. 왜냐하면 우리는 다른 사람의 인식을 완전히 공유할 수 없기 때문이다. 이어서 그는 "주체와 객체는 화해할 수 없을 정도로 분리되어 있다"고 믿는다(Sarup, 1992: 13). 더욱이 우리가 타인으로부터 학습하려 할 때, 잘못된 해석과 이해의 가능성으로 인해 간주관성은 결코 충분히 성취될 수 없다.

필자는 데리다나 푸코식의 텍스트 분석 혹은 권력/지식 관계로 이끄는 "주체 없는" 탐구가 설득력 있지도 않고 우리를 어디로 이끌어 가는지도 불명확하다는 사회과학자들의 비판에 동의하는 면이 있다(Goldman & Papson, 1994; Taylor, 1995; O'Neill, 1995; Callinicos, 1990; Haber, 1994). 행정학에 적용될 때 텍스트 분석은 정치, 권력 관계, 그리고 상징을 이해하는 역할을 하고 텍스트의 다양한 의미를 이해하도록 도울 수도 있고, 텍스트에 누가 혹은 무엇이 빠졌는지를 찾을 수도 있다. 그러나 텍스트 중심의 탐구가 복잡한 사회적·행정적 현상들을 비평하는 주된 취지가 될 수 있다고 믿기는 어렵다. 권력 관계의 문제를 이해하기 위해 우리는 다른 사람들의 관점에 귀를 기울임으로써 그들의 경험에 주의를 기울일 필요가 있다. 푸코의 분석은 권력 관계 분석에 새로운 통찰을 던져 준다. 그러나 그의 주장은 주체가 어떻게 소외시키는 제도적 환경을 헤쳐갈 수 있는지에 대한 긍정적인 제안 없이 비판적이고 부정적이기만 하다. 많은 탈근대주의자들(라캉은 중요한 예외이다)은 반주체적(즉 주체의 죽음)인 경우가 많다. 언어의 기능을 강조함으로써, 라캉은 주체를 결코 포기하지 않지만, 그 역시 여전히 조직 및 사회적 맥락에서 간주관성의 문제를 다루는 건설적인 방법을 제시하지 않는다. 개인의 자아 실현, 참여 민주주의, 인도주의적 조직, 그리고 도덕 공동체와 같은 관념들을 증진하지 않고서 행정을 연구한다는 것은 상상하기 어렵다. 진실로 조직, 사회 및 전 지구적 수준에서 인간의 문제에 주의를 기울이지 않을 수 있는가? 최근 유행하는 다양한 이론과 접근 가운데, 각각은 장단점을 가지고 있지만, 탈근대주의자들의 주체에 대한 관점은 일반적으로 라캉을 제외하고는 행정학의 존재론적 문제를 이해하는 데에 별다른 유용한 도움을 주고 있지 않는 것으로 보인다. 다만 자아에 대한 탈근대적 관점을 살펴봄으로써 우리는 동서양에서 자아에 대한 근대적 관점이 최근 급진적인 비판에 직면하고 있음을 깨달을 수 있을 것이다. 탈근대 사상가들은 근대 조직과 인간 본성에 관한 전통적 가정들에 의문을 제기함으로써 전 지구적, 사회적, 제도적, 개인적 수준에서 일어나고 있는 변화를 이해하는 것을 돕는다(Turner, 1994).

제 4 절 동서양 관점들의 함의

자아의 개념은 사회 내의 사람들과 행정의 문제를 연구하는 데 동서양 간 중요한 연결점을 제공한다. 차이점들을 이해함으로써 우리는 의미 있는 삶을 살고, 윤리적으로 행동하고, 혹은 직장에서 인간적인 행정가로서 일하는 데 무엇이 불충분한지를 배울 수 있다. 동서양의 유사점들을 이해함으로써 우리는 사람들의 타인에 대한 책임을 증진시키는 일과 "둘을 통합하는 상위 개념"을 달성하고 상호 조장적인 대안을 만들어 내는 조직 능력을 개발하기 위해 양자의 상호 보완성을 탐색할 수 있다(Suler, 1993: 13-14).

동양 철학에서 자아의 개념은 불교의 자아/몰자아 그리고 힌두교의 자아 비존재에서 묘사되듯이 이해하기 어렵거나 불가능하다. 자아는 허상으로 간주된다. 고통의 짐으로부터 자유롭기 위해 우리는 자아에 초점을 두는 일에서 벗어나야 한다. 동양 사상이 개인의 중요성을 부정하는 경향인데 반해, 서양 사상은 "자기 인식적, 자기 중심적, 자기 과장적 형태의 영적 추구"를 강조한다(Suler, 1993: 11). 서양 사상은 자신의 정체성과 비전을 구성하는 데 개인의 능동적인 본성을 강하게 강조한다. 이 개념은 조직 변화의 이론과 기법들에 반영되어 있는데, 오늘날 조직발전론이나 기업 조직 변화에 대한 여러 책과 논문에서 서양 학자들에 의해 제기되고 있다.

동서양 사고의 가장 중요한 공통점은 아마도 타인과의 관계에서 자아의 구성에 대한 강조일 것이다. 동양 철학자들에게 이 사상은 공자, 노자, 그리고 이들의 제자들에 의해 논의되었다. 인간 관계의 중요성은 또한 불교, 현상학, 그리고 인본주의 심리학에 의해서도 발전되었다. 상호 존중, 조화, 자비, 그리고 사랑과 같은 불교의 영적 사상은 후설의 초월적 현상학적 환원(Husserl, 1966), 슈츠의 "우리-관계"(Schutz, 1967), 하버마스의 간주관적 윤리(Habermas, 1984; 1990), 그리고 미드의 사회성에서의 자아와 유사하다.

동양으로부터의 가장 중요한 아이디어는 인간 정신과 만물의 상호 연관성에 대한 이해일 것이다. 사회적·조직적 문제들을 풀기 위해 우리는 인간 정신에서 출발해야 한다. 불교의 정신 수양이 여기서 유용하다. 우리는 우리 안의 폭력을 직시해야 하고, 그것을 통제하고, 외부에서 폭력을 보기 전에 그것을 초월해야 한다. 따라서 가능성의 사회적 구성은 타인과의 관계에서 자아와 함께 시작된다. 이러한 사상은 동서양 학자 모두에 의해 강조된다.

동서양의 사상들을 조직 현상의 이해로 단순히 통합하는 것이 필자의 의도는 아니다. 술러가 지적하듯이 사상의 통합은 "유럽중심주의"나 "동양중심주의"를 낳을 수 있다. 한쪽이 인간 현상을 설명하는 데에 다른 쪽보다 낫다고 내세워질 수 있다. 서양의 개념이 모든 기초를 제공할 수 있다고 가정할 수도 있다(Suler, 1993: 13). 술러는 "가장 이상적인 통합의 형태는 양쪽으로부터 동시에 끌어오는 것이다. 그것은 동양적 해석과 서양적 해석을 유연하게 오가는 것을 포함한다"고 강조했다(Suler, 1993: 183). 사회적·문화적·인간적 맥락을 탐구하는 과정에서, 우리는 차이도 이해하거니와 유사점도 확대해야 한다.

탈근대적 자아관은 여기에서 다룬 초월적이고 변형적인 강조와는 상당히 다르다. 텍스트와 조직에서 권력 관계에 대한 비판적 분석이 근대 관료제로부터 자아를 탈중심화하는 과정에 어떤 중요한 통찰을 제시해 주기는 하지만, 자아의 역할은 프랑스 탈근대주의자들에게서는 과소 평가되고 있다. 조직을 변화시킬 때 변화의 과정에 개인들을 관계시키는 것은 매우 긴요하다. 개별 구성원들이 변화의 의미를 이해하고 참여자들이 되어야만 하기 때문이다. 이는 조직의 필요를 충족시키기 위해 개인의 기능을 집권화하고 집중시키는 것을 통해서뿐만 아니라 오히려 자발적이고 참여적인 수단을 통해 이뤄져야 한다. 이는 또한 의미 있는 조직 변화는 조직구성원들의 적극적인 관여와 공헌 없이는 일어날 수 없다는 점을 함축한다.

제 5 절 사회적 맥락에서의 자기 성찰적 개인

실존주의 현상학과 실존주의 심리학에 따르면, 자아는 부분적으로 자기 성찰성(self-reflexivity)에 의해 구성된다. 즉, 한 사람의 자아는 성찰과 지식의 객체라고 본다. 인간은 타인과의 관계에서 자신들을 살펴보는 성찰적 특질을 보유하고 있다. 인간은 "자신의 행동의 수단과 목표를 형성하고 성찰하는 능력"을 지닌 자기 의식적이고 자문하는 존재이기 때문에 성찰 활동을 할 수 있다(Lash, 1993: 202). 자아의 매일의 삶에서 개인은 자신의 주의를 내면으로 돌리고, 개인적 사고와 경험을 돌아본다. 내면으로 주의를 돌릴 때, 개인은 세계에서 자신의 존재 방식에 의문을 제기하고 성찰적 방식으로 자신의 행동을 비판적으로 인식한다. 이런 의미의 성찰적 행동은 "자아가 자신에게 객체가 되고 의식이 의식을 인식하는" "심리적 내관(introspection)"을 포함한다(Carr, 1999: 85).

성찰성은 사회적 맥락(행정환경을 포함해), 인간 상호작용, 비판, 그리고 변증에 비춰 행정가들의 일상적 활동들을 조사하기 위해 필요한 실천이다. 행정가들이 상황, 문화와 대중과의 관계에서 자신들의 역할을 되돌아볼 때, 그들은 맥락적으로 자신들의 역할 행위의 의미를 정의하려 하는 것이다. 그들은 또한 자신들의 책임을 해석하고 중요한 타자들, 즉 조직구성원, 대중, 그리고 시민과의 관계에서 행동의 의미를 구성한다. 그들의 행동은 특정한 정책 혹은 행정절차를 강제하는 부정적이고 바람직하지 않은 결과들을 드러내는 의미에서 중요하다. 따라서 성찰성은 우리로 하여금 연구자로서, 교육자로서, 그리고 실천가로서 우리 자신의 실천을 비판적으로 검토하도록 요구한다. 공공조직들은 안정성을 누리고 있다. 그 때문에 성찰적 과정의 도입을 통해 그 불안정성을 의도적으로 증대시킬 때, 그것이 조직과 개인이 실천적 성찰성을 실행하는 것에 어떤 영향을 미치는지를 보는 일은 흥미롭다.

행정가들이 사회적 상호작용에 관여함에 따라, 그들은 그들의 책임을 더 넓은 사회, 시민, 그리고 윤리의 맥락에 놓음으로써 변증의 가능성을 구성할 수도 있을 것이다. 성찰성은, 개인이 타인들과 간주관적 담론에 참가할 때, 제도적 불충분성의 한계를 이해하고 극복함으로써 대안을 탐색한다는 점에서 변증법적이다. 행정가들이 자신의 이론적 입장, 정치, 관리적 접근, 혹은 행정적 실천의 한계를 이해한다면, 그들은 조직 변화를 위한 새로운 방법들의 의미를 고려함으로써 그 한계를 변화시킬 수 있다. 행정가들이 조직에서 타인들과의 대화를 통해 성찰 과정에 적극적으로 참여할 때 그들은 자신의 가정(假定), 편견, 그리고 행정적 실천과 관련한 절차로부터 자신을 해방시킬 가능성을 연다. 성찰은 비록 개개 행위자들의 중요한 능력이지만 불신과 두려움이 만연한 조직에서는 쉽게 실천될 수 없다.

성찰은 암묵적 가정들과 틀 너머를 볼 수 있도록 해 준다. 『존재와 시간(*Being and Time*)』에서, 하이데거(Martin Heidegger)는 성찰을 "우리의 기존 시야의 한계를 직시하고 그 시야 너머로 나아가는 긍정적 수단"으로 본다(Lawson, 1985: 58-89; Macann, 1993: 56-109). 같은 책에서, 하이데거는 "현존재(Dasein)"의 성찰적 속성에 대해 논의한다. 그는 현존재의 중심에 성찰이 있다는 점에서, 동물 혹은 물체와 같은 다른 모든 존재와 현존재는 다르다고 본다. 하이데거는 "존재는 의심의 여지 없는 단순성이 아니라, 그 존재의 성격을 그 존재에 대한 관심 자체에 의존하는 존재"라고 주장한다(Lawson, 1985: 71). 실존주의 현상학자로서 하이데거는 현상학의 기본 과제는 성찰적 관여를 통해 존재의 숨은 측면과 존재의 의미를 이해하는 것이라고 본다. 존재의 성찰적 이해를 통해 개인은 관계와 가능성을 탐구할 수 있다.

자기 성찰은 비판적 사고를 요구하기 때문에 어렵고 힘든 작업이다. 조직에서 사람들은 관례화된 활동을 수행하는 데 익숙하다. 이러한 활동은 그들이 하는 일에 대한 비판적인 평가를 요구하지 않는다. 그들은 내부적으로 활동하고 현상태에 순응하도록 의식적 및 무의식적 압력을 받고 있다는 것을 깨닫는다. 고용의 지속, 승진, 보수의 상승이 현존하는 체계의 요구와 규칙에 순응하는 데에 달렸다면, 현재의 작동 방식에 의문을 제기하는 것은 소외시키는 행동이 될 수 있다. 누군가는 "팀원이 아니"거나 "문제를 만드는" 사람으로 손가락질받을 수 있다. 자기 성찰적이 되고 조직의 목표와 관습에 비판적이라는 것 - 단지 관료제를 바꾸고자 하는 생각조차도 - 우려와 스트레스를 야기할 수 있다.

이러한 문제점을 감안할 때, 무엇이 사람들로 하여금 성찰적이게 만드는가? 행정가가 윤리적으로 책임성 있기를 원할 때, 자기 가치에 대한 감각을 개선하고자 할 때, 혹은 작업환경을 변화시키려 할 때, 그는 일단 자신을 깨닫는 일부터 할 것이다. 이는 그 사람이 타인과의 관계 및 조직의 맥락에서 비판적인 자기 성찰을 통해 자신을 이해하려 시도하는 것을 의미한다. 따라서 자기 성찰이란 자신 및 타인과 자신의 연결에 의문을 제기하는 습득된 능력이다. 사람들이 성찰에 깊이 관여함에 따라, 그들은 복잡한 관계를 이해하고 제대로 인식하기 시작한다. 이렇게 함으로써 그들은 능동적 주체라는 것을 깨달으며, 주변에 단순히 반응하기보다 이를 비판적으로 고려하기 시작하며, 중요한 타인과의 관계에서 자기 확증적 방식으로 행동을 조성하기 시작한다.

성찰이 왜 사회적·행정적 실천에 핵심적인가? 어떻게 개인이 조직과 공동체에서 성찰을 실천하는가? 이 질문은 일상적 행정의 세계에 성찰을 가져다 놓는다. 자아의 사회적 구성은, 우리는 타인과의 관계에서 자아라는 조직 현상을 수용하고, 실재를 구성할 때 우리의 역할과 그 구성에 타인을 수용할 필요성을 강조한다. 성찰은 순전히 지적이고 개인적인 견지에서 실천되어서는 안 된다. 그것은 개인이 조직세계에서 자신의 존재를 탐구하거나 지식과 방법을 비판하는 것 이상으로 구성되어 있다. 오히려, 성찰은 실제적 삶의 경험에 배태되어야 하고 우리가 주변의 사람들과 상호작용함에 따라 우리의 사회적 세계를 구성한다는 깨달음을 포함해야 한다. 우리가 살아가고, 일하고, 세상을 이해할 때 우리는 타인들, 그리고 우리를 둘러싼 타자들과의 관계에서 그러하다는 생각에 의지한다(Shotter & Cunliffe, 2002). 따라서 좀 더 반응적으로 행동하고 우리의 간주관적 이해를 발전시키기 위해 우리는 비판적이고, 열려 있고, 자기 성찰적인 대화에 참여할 필요가 있다. 우리는 또한 사상과 경험의 차이에 주목해야 한다(Habermas, 1984; Gouldner, 1970; Bourdieu, 1990; Bourdieu & Wacquant, 1992).

제 6 절 관료제 안에서 자아

관료제는 설정된 목표를 달성하기 위해 인간 행동을 조직화하려는 의도로 위계적으로 배열된 관계 구조의 합리적 구성체이다. 그러나 그것이 합리화되고 도구적인 구성체라는 사실이 반드시 그 조직이 합리적으로 작동한다는 의미는 아니다. 합리적인 것은 그 자체로 타인의 행동을 결정하기 위해 권위를 지닌 사람들에 의해 사용될 수 있는 구성체이다. 그것은 또한 조직 내의 모든 행동이 합리적 결과를 내거나 사람들이 합리적 방식으로 행동한다는 것을 의미하지도 않는다. 관료적 행동은, 사고도 마찬가지지만, 그 실체를 어떤 궁극적인 진리나 성취로부터 이끌어 내지 않는다. 조직의 정당성에 대한 행정가들의 주장들은 오로지 그것들이 조직이 구성한 실재를 얼마나 잘 대표하는가에 기초한다. 관료제 안팎의 사람들은 관료제에 정당성을 부여한다. 따라서 관료적 행동은 그러한 행동이 권위를 지닌 사람들의 기대와 일관성이 있는 한 합리적인 것으로 간주될 수 있다. 예를 들면 비서구권에 만연한 부패한 정부 관료제는 물론 시민의 지지를 받지 못한다. 그러나 사람들은 대개 관료들이 이들의 삶에 행사하는 권력 때문에 이러한 몰인격화하는 제도를 수용한다. 이 경우 사람들의 권위에의 복종은 사실상 불가피하다. 태어날 때부터 이들은 계서제 외에는 다른 대안을 경험해 본 적이 없기 때문이다.

자아와 경직된 관료제의 관계는 상호 파괴적인 방식으로 강화된다. 관료제의 직원들은 무력함의 감정을 부정해야 하기 때문에 개인에게 파괴적이 된다. 이는 관료적 실천의 본래적 결과이다. 이러한 감정의 지속적인 부정과 억압에 따른 심리적 긴장은 풀 곳을 찾아야 한다. 개인은 관료제에서 살아남기 위해 했던 자신의 헌신을 정당화할 수 있는 정신적 구성물로 실제 세계를 그린다. 그리고 그러한 긴장의 이완을 대부분 무의식적 투사(投射)들로 표현해 내는 바, 관료제를 떠나거나 그것에 직면(어느 쪽이든 공포와 근심을 감당해야 한다)하게 만들 위기를 피하기 위해 헌신한 만큼 그 투사는 그에게 실재이다. 결과적으로 그러한 투사들은 개인의 신념 체계에 통합되고, 그럼으로써 관료적 작업을 정당화하는 가치를 조직, 자아, 그리고 사회에 중요한 것으로 합리화한다. 그러나 관료적 과업의 중요성에 대한 신념은 망상으로밖에 볼 수 없다. 왜냐하면 새로이 형성된 신념 체계는 부정 · 부인에 근거하고 있고, 사실 자아를 앞에서 언급한 책임의 위기로부터 피신시키기 위해 창조된 것이기 때문이다.

관료제는 또한 공고화나 확장의 과정에서 자기 파괴적이다. 여기서 공고화는 관료제 내에서 권력의 집중 과정을 의미한다. 확장은 사회 영역에서 관료제의 범위와 영향력을 확대하려는 경향을 의미한다. 경제적 번영의 시기에 관료제는 기관과 기능을 새로 도입함으로써 그 구조를 확장한다. 경제가 불황이 되고 정부가 예산 삭감에 직면하면 관료제는 구조와 기능을 통합함으로써 그 작동을 축소시키는 경향이 있다. 이러한 과정은 정부조직을 개혁하는 과정에서 필요하지만, 여기서 파괴적인 것은 이들이 서로 모순된 상태로 존재한다는 것이다. 이 모순된 상태는 관료제가 거의 본능적으로 굴복하면서 늘 반응해 왔던 그 긴장을 유발한다. 따라서 해법은 감정의 제거가 아니라 관료제가 생존과 목표의 유지를 위해 의존해야만 하는 구성원들에 대항해 더 억압적인 수단을 찾는 것이다. 이것이 관리가 낮은 사기, 해고, 서비스 개선의 필요, 성과 평가, 그리고 불행하고 불만스러운 공무원을 마주해야만 하는 환멸감 가득한 시민들 같은 문제에 그리도 자주 봉착해야 하는 이유이다. 조직관리가 그것의 억압적 수단과 그 결과(즉, 낮은 사기와 생산성)의 상호적 관계를 인식했다면 그 행동은 좀 더 건설적이었을 것이다. 조직관리는 이러한 문제를 치유하기 위해 참여와 대화에의 개방을 포함해 여러 조직 변화를 고려해야 할 것이다.

관료제는 조직구성원들이 그들의 과업과 기능을 수행하고 규칙과 규제를 적절하게 집행할 것이라는 신념에 기반해 있다. 그러나 관료제가 배타적으로 존재해야 할 존재론적 기초는 없다. 사람들의 행동이 위계적으로 배열되어야 하고 조직정체성을 위해 개인의 정체성을 묵인해야 하는 수모를 겪어야 할 존재론적 논거도 없다(Hummel, 1994: 11). 그러나 관료제는 계속 존재하고, 사람들은 거기에 들어가고, 자신들이 물화(物化)한 것에게 비성찰적이고 무비판적인 노예가 된다. 따라서 관료제와 연결된 사람들은 그것을 하나의 거대한 단일 조직으로 인식할 뿐 아니라, 자신들이 동기 유발되고 창조적인 존재로서 조직을 탈물화하거나 재설계하거나 해체까지도 할 수 있는 존재라는 의식을 잃어버린다. 관료제는 인간 상호작용과 가정의 산물이다. 관료제는 자아와 독립되어 존재하지 않는다. 베버는 사회적 조직의 필요에 따라 사람들이 만들어 낸 것만을 묘사한다.

소설들은 비사색적(이고 비성찰적)인 개인들과 조직들을 묘사한다. 이런 소설 중 가장 유명한 것 중 하나는 카프카(Franz Kafka)의 『심판(*The Trial*)』(1948)이라는 소설이다. 이것은 정의도, 인간성도, 자비도 없는 조직의 과업 수행으로 전락한 인간의 삶을 묘사한다. 이 소설에서 조지프(Joseph)의 구속은 갑작스럽고 그에겐 정당화될 수 없는 것으로 보인다. 조지프는 법원이 완전히 목적 없는 부조리한 제도이며, 선량한 피해자를 경멸하는 데 관심 있고, 그들이 겪어야 하는 것에는 무관심한 제도라고 믿는다. 이 소설은 위계적 질서가 부패해 버린 비인간적 관료제에 대한 풍자적 묘사이다. 관료들은 자신들의 일에 대한 매우 좁은 개념을 가지고 있지만 그 일의 중요성을 계속 강조한다. 그들은 효율적인 서비스 제공이 그들의 의무라고 믿는다. 그들의 기술적 합리성과 정확한 측량은 그들의 전문성에 대한 헌신을 보여 준다. 소설에서 성찰의 부재는 개인들을 경직된 관료제의 무비판적인 공무원으로 변화시킨다. 순종적인 직원들은 관료제의 관례적 업무들을 수행한다. 성찰하지 않는 것의 한 극단적인 사례는 나치 관료의 행동에서 볼 수 있다. 이들은 기술적으로 효율적이었고, 맹목적으로 충성스러웠으며, 무비판적인 인간들이었다(Arendt, 1964; Adams & Balfour, 1998). 오늘날 민주주의 사회에서 대부분의 조직은 카프카가 묘사한 것 같지는 않다. 그러나 거대한 조직에서 구성원, 고객, 그리고 소비자들은 때때로 자신들이 하찮은 존재이고 인간 대접을 못 받는다는 느낌을 갖게 된다.

관료제의 규칙에 맹목적으로 따랐던 한 일본인 관료의 이야기는 한 인간이 어떻게 시민에 대한 자비와 관심의 감각을 잃을 수 있는지를 보여 준다. 이 이야기는 고혈압으로 고생한 한 79세 과부의 죽음에 대한 것이다. 일본 중부에서 1994년의 여름은 유독 더웠다. 『아사히신문』에 따르면, 그 여성은 양철 지붕을 한 작은 남동향 집에 살고 있었다. 그녀는 고인이 된 남편 앞으로 나오는 약간의 연금과 정부 보조로 혼자 살고 있었다. 1994년 7월 9일, 오케가와(桶川)의 지방 사회복지기관 공무원이 그녀의 집에 방문했다가 에어컨이 있는 것을 발견했다. 공무원은 에어컨을 당장 치우도록 명령했는데, 중앙정부 지침에 따르면 에어컨은 사치품이었기 때문이다. 올바르게 행동하고 있음을 확인하기 위해 그 공무원이 속한 기관은 도쿄(東京)의 중앙정부에 연락을 취해 중앙사회복지부가 제정한 행정 지침에 규정된 규칙을 따르라는 명령을 받았다. 에어컨을 허락해달라는 그녀의 탄원에도 불구하고 시 사회복지사무소와 공무원은 그것을 치우도록 명령했고, 다른 가정 집기와 교환하라고 조언했다. 복지 지원을 잃을까 두려워 그녀는 근처 전파상에 가서 에어컨을 밥솥과 교환했다. 1994년 7월 18일, 그녀의 집 실내 온도가 섭씨 40도를 넘었을 때, 그녀는 냉장고 문을 열어서 공기를 식히려 했다. 그러나 그녀는 열기를 견디지 못하고 6주 동안 탈수증과 영양실조로 병원에 입원했다. 그녀가 퇴원했을 때, 친절한 전파상 주인이 그녀에게 에어컨을 빌려 주었다. 이웃의 호의에도 불구하고 그녀는 곧 사망했다.

이런 식의 관료적 행동은 일본에만 있는 것이 아니다. 오히려 많은 국가에서도 일어난다. 관료들은 흔히 재량권이 없기 때문에 중앙기관의 명령과 규칙에 복종해야 한다. 오케가와 사례로 인해 일본의 정책결정자들은 중앙정부의 기능을 지방으로 이전함으로써 사회복지 정책의 집행을 개혁해야 한다는 확신을 가지게 되었다. 그러나 중앙이나 지방정부 공무원 모두 그 노인에게 자비를 보이지 않았다. 그들은 정부 지침에 에어컨이 사치품이라는 구체적 내용도 없는데 맹목적으로 규제를 해석했다. 그녀의 죽음이 언론에 알려졌을 때, 사회복지기관의 그 누구도 책임을 지지 않았다. 대신 공무원들은 모호한 규칙과 지침을 비난했다. 분명히 그들은 자율성과 비판적 성찰을 행하지 않았다. 그들은 다른 인간의 필요라는 맥락에서 규칙을 검토하지 않았다.

필자는 사람들이 이러한 비인간적 행동을 변화시키기 원한다면 성찰적 실천을 해야 하고 그들이 어떤 방식으로 주변, 타인, 그리고 세계에 대한 그들의 지식과 관계맺는지에 대해 물어야 한다고 주장한다. 관료제에서 성찰적 인간은 관료제의 한계와 탈인간화의 측면을 이해하고 그것을 극복하고자 한다는 의미에서 실존적으로 진지하다. 키로스(T. Kiros)가 지적하듯이 "실존적으로 진지한 개인은 실존적 사실을 고통스럽게 자각하고 자신의 전체 욕망을 자신이 부여한 목표의 실현을 위해 행동한다"(Kiros, 1998: 185). 자기 성찰적 개인은 단순히 조직에서 일하지 않는다. 관례적 과업은 충분하지 않다. 대신 관료제 내에서 자신의 삶에 실존적으로 진지하고 관료제의 모순적 측면들, 즉 안정성과 유연성, 통제와 자율, 권력과 권력 없음, 목소리와 침묵, 순응과 돌봄, 그리고 지배와 권한 부여 등에 대해 이해하고 해석하는 길을 탐색한다.

관료적 문화는 비성찰적 행동을 조장한다. 합리성, 효율성, 그리고 권위적 전문가로서 행정가(및 관리자)에 초점을 두는 것은 비인간적 행동을 정당화하는 결과를 낳을 수 있다. 관리자들과 행정가들은 대중을 우선 섬기기보다 흔히 자신과 제도의 이익을 보호하는 것이 목표인 "도덕적으로 중립적인 기술자들"이 된다(MacIntyre, 1981). 공무원들은 수용할 수 있는 실천, "올바른 업무 방식"(개인적으로는 동의하지 않을지라도), 그리고 의사 결정을 위한 합리적 기준으로 "정규화(normalized)"된다. 비성찰적 행동은 특히 기술합리성의 문화적 배경 하에서는 사람을 비용과 편익으로 객체화하고 조직의 이익에 봉사하는 전문가로서 우리의 결정을 정당화하도록 허용한다. 사회 존재론적 자원들은 규칙 준수를 담보하기 위해 무시되고 관료들은 인간적인 선택을 위해 재량권을 사용하지 않는다. 자기 성찰은 이러한 당연시되는 실천에 도전하고 도덕적으로 책임성 있는 선택에 대해 생각해 보라고 한다.

제 7 절 결론

자아 개념에 대한 교차문화적 대화는 한 사람이 자신만의 전통에서 사회적·문화적 어려움을 명확히 하도록 도움과 아울러 상이한 전통에 대한 이해의 폭을 넓혀 줄 것이다. 예를 들어, 누군가 외국어를 배우거나, 외국의 역사와 문화에 대한 강의를 듣거나 다른 문화권에서 살 때, 자신의 모국어, 문화, 그리고 삶의 경험에 대한 관점은 깊어지고 넓어진다. 같은 방식으로 동양과 서양의 자아관을 비교하는 것은 개인의 자기 성찰을 증진하고, 자신의 행동이 어떻게 사회적으로 구성되는지를 검토하는 일을 돕는다.

자아와 외부 존재들, 즉 자아와 시민, 공동체, 제도, 사회, 자연, 혹은 세계 간의 분명한 분리를 믿는 이들에게, 문제를 야기하는 경계는 무시되거나 통제될 수 있다. 그러나 엄격한 분리를 믿지 않는 이들(도교에서와 같이)은 경계의 한계를 초월하기 위해 노력한다. 그에 따라, 행정과 대중, 객관성과 주관성, 혹은 관리와 피고용인 간의 간주관적 관계를 보지 못하는 행정가들은 자신과 외부 존재 간의 구분을 유지하고 그들의 일차적 경계 안에서만 행동한다. 다른 이들은 자신의 즉각적인 심리적·행정적 영역을 벗어나 사회적 공적 영역으로 나아가려 노력한다. 노자가 제안하듯이, 이들은 어떻게 가능한 통일을 구할 것인가, 그리고 어떻게 살 것인가의 실천적인 질문을 던진다.

자아를 초월하기 위한 여러 수단을 실험해 볼 용의가 있는 성찰적이고 의식 있는 개인들만이, 유교나 서양의 덕성 이론가들의 가르침처럼, 개인의 덕성을 실천할 수 있다. 개인의 도덕적 이상으로서 덕을 갖추는 것만으로는 충분치 않다. 우리는 이러한 이상들을 개인의 도덕적 대리인뿐만 아니라 전체 조직을 위해 책임 있는 행동으로 전환하는 과정을 촉진해야만 한다. 현대 행정에서, 관료제의 차원은 개인의 관심보다 더 중요하게 되었다. 빠진 고리나 약한 고리는 타인들 및 공동체와의 관계에서 자아의 중요성에 초점을 두는 일이다. 행정조직은 개인들을 수동적이고 반응적인 인간으로 다룸으로써 개인을 소외시키는 경향이 있다. 그러나 우리가 사람들을 자기 성찰과 해석의 능력이 있는, 학습하고 변화시킬 가능성이 있는 자기 초월적 혹은 자기 실현적 사회적 존재로 인식할 때, 우리는 자아가 관계를 변화시키고, 관료제의 탈인격화 경향을 극복하고, 사람들이 협소한 사고를 하는 것을 극복하기 위한 가장 중요한 대리인이라는 것을 알게 된다.

조직적 실재의 사회적 구성은 행정 현상의 이원성을 거부한다. 대신 그것은 문제의 양 측면, 즉 객관적 관점과 주관적 관점을 고려한다. 이원성을 피할 때, 그것은 관계, 상호 의존, 상호성, 그리고 변증을 끌어안는다. 이러한 관념들은 사회적 실재에 대한 동양적 관점과 서양적 관점 모두에게서 볼 수 있다. 더욱이 동서양 행정 모두 각 개인의 특별한 개인성이나 자율성을 희생하지 않으면서 조직적 거버넌스를 증진시킬 방법을 찾아야 한다. 행정가들은 조직과 개인, 행정과 시민, 객관성과 주관성을 분리하기보다 관계를 맺어 줌으로써 조직을 변화시키는 과정을 촉진해야 한다. 행정가들은 행정이 야기한 변화에 대한 조직구성원과 시민의 반응을 이해하려면 문제를 배워야 하고 그들의 가치를 배워야 한다.

제 8 장

윤리적 책임성의 사회적 구성

실제 행정에서 행정관리자에게 부과되는 많은 책임은 근본적으로 윤리적인 문제와 연관을 지닌다. 그러나 (최근) 행정학에서 행정적 맥락의 "실제"를 보면 윤리적이고 도덕적인 담론이 구태의연하고, 심지어 바보스러운 것으로 간주되는 경향이 늘어나고 있다. 행정이 관리와 등치되어 나타나는 고객 응대, 시간 압박, 이해 조정, 마감 시간, 과업 체계, 인사관리 등의 현상은 행정관리자들로 하여금 일상적인 의사 결정에서 윤리성을 고려하지 못하도록 하며, 이를 때로 감상적이거나 바보 같은 것으로 왜곡시키는 문제를 발생시키고 있다. 따라서 행정은 윤리적 책임을 도외시한 채, 사이먼(Herbert A. Simon)이 "만족화(satisficing)"라고 표현한 스스로의 행위를 정당화함으로써 얻는 심리적 안존만을 찾도록 하고 있지는 않은가 생각된다.

흔히 공공관리자들은 자신의 조직에서의 의무와 주어진 임무를 수행할 때 관리적 기능성에 지나친 강조점을 둔다. 여기에서 윤리적 물음은 종종 공직자들의 효율성과 생산성 향상을 위한 활동을 방해한다고 여겨진다. 그러나 모든 문제 해결 상황에서 윤리적 판단은 본질적인 것이다. 행정의 모든 측면에서 윤리는 기능 이상의 것이다. 행정이란 공공에 대해 책임성 있는 행동을 요구하기 때문이다. 윤리는 단순히 기존의 규칙이나 현장의 규정이 강제할 수 있는 것이 아니며, 전문직업적인 헌신을 또는 그 이상의 것을 촉구한다. 이러한 행정 윤리에 대해, 쿠퍼(Terry Cooper)는 "책임성"을 "행정 기능에서 윤리성 발달을 위한 핵심 개념"(Cooper, 1998: 65)이라고 지적한다. 행정관리자는 자신의 행위에 대해 일종의 윤리적 책임을 견지하고 있어야 한다는 것이다. 그러나 실제 의사 결정에서 행정관리자는 자신의 책임성의 신념과 반대되는 결정을 내려야 하거나, 무엇이 옳고 그른지에 대한 혼란을 겪거나, 선과 악에 대해 혼란을 겪는 등 역설의 상황에 처하게 된다(Harmon, 1995). 공직에서 윤리는 이렇게 복잡한 특성을 지닌다. 행정관리자는 그들이 봉사하는 시민들에 대한 책임성 때문에, 결코 이러한 윤리적 역설에서 벗어날 수 없다.

이 장은 행정이 작동하는 다원주의적 환경에서 윤리적 역설은 더욱 가중될 것이기 때문에, 바람직한 윤리적 행동을 탐색하기 위해 사회적 구성의 원리와 방법이 행정관리자에게 중요한 의미를 가지게 됨을 논의하고자 한다. 이에 대해, 울프(Alan Wolfe)는 도덕(morality)의 사회적 구성에 대한 논의에서, "개인들은 다른 사람들과 함께 경험하는 상호작용을 통해 그들 자신의 도덕적 규칙을 만들어 낸다"(Wolfe, 1989: 212)고 논의한다. 윤리적 역설은 본질적으로 갈등 상황에서 비롯된다. 갈등하는 가치들 중 옳은 것을 명확히 하는 문제는 단독의 개인보다, 같은 시각을 공유하거나 또는 달리하는 타인들과의 상호작용과 의사소통을 통해야 더 효과적이다. 윤리적 선택이란, 사회적 구성이 제시하는 과정적 성찰을 통해 개인의 자기 함양과 자기 결정의 결과로 이뤄지는 것이다. 필자는 이러한 사회적 구성이 잘 작동할 수 있는 전제로 사회(혹은 공동체)의 구성원으로서 시민적 덕성, 즉 시민적 자율성을 중요한 조건으로 삼는다는 신념을 전제로 한다. 롤스주의적(Rawlsian) 의미에서 자율성은 정치적일 뿐 아니라, 동시에 사회적이다. 롤스(John Rawls)는 다음과 같이 지적한다.

> [시민들이] 서로에게 공정한 조건의 사회적 협동을 제공할 준비가 되어 있고, 특정 상황에서 다른 사람들 역시 같은 조건을 받아들이게 되면, 그들은 자신의 이익을 희생해서라도 주어진 조건에 따라 행동하기로 동의하고 있다고 볼 수 있다(Rawls, 1993: xliv).

여기에서 자율성의 개념은 사적 이익에 대한 자유주의적 시각을 넘어서는 것이며, 시민사회의 시민의 역할과 관련된다. 행정관리자와 정책결정자는 시민으로 하여금 공유된 가치관에 대한 이해를 제공하고, 이를 통해 시민적 자율성의 의식을 함양할 수 있도록 해야 한다. 또한 행정조직의 구성원들에게도 조직적 자율성의 의식을 함양할 수 있도록 권한을 부여할 책임이 있다.

제1절 행정관리자의 윤리적 딜레마

공직자들은 개인의 사적 이익을 초월한 시민과 조직에 대한 책임성을 부여받고 있기 때문에, 의사 결정에서 다양한 윤리적 딜레마에 직면하게 된다. 여기에서 책임성에 도전이 되는 요소로 "조직적", "정치적 윤리"가 개인적 윤리와 충돌하는 상황을 상정할 수 있을 것이다. 그리고 공직자에게 윤리적 진퇴양난의 갈등을 제공하는 사례로 내부고발(whistle-blowing) 등의 문제를 생각해 볼 수 있다.

조직 윤리

전통적인 의미에서 조직의 가장 기본적인 특성은 공동의 가치를 개인의 앞에 둔다는 것이다. 이는 개인의 양심보다 조직의 충성심을, 개인의 개성보다 팀플레이를 강조하는 공동 작업에 중점을 둔다. 즉, 개인의 자율성에 선행하는 조직의 규범성을 의미하는 것으로, 화이트(William H. Whyte)는 이를 "조직 윤리(the organization ethic)"라고 명명했다(Whyte, 1965). 조직 윤리는 일반적으로 조직 구성원들에게 강한 영향을 미친다. 조직 윤리는 조직에 대한 충성심과 제도에 대한 수용성을 강조한다. 조직 윤리는 대부분의 조직에서 지배적이다. 개인들은 자신들이 조직과 함께 일한다는 생각보다는 조직을 위해 일한다는 관념을 가지게 되고, 조직에 속해 있다는 사실과 함께 조직을 의지하게 된다. 개인이 특정 조직에 오래 고용되어 있을수록 조직을 떠난 자신을 상정하기 어렵게 되고, 직업을 그만두는 일은 점점 더 어려워진다. 더욱이 직업을 그만두면 수입, 지위, 퇴직연금, 부가급부 등의 편익들을 아울러 포기해야 한다.

지도자들은 때로 맹목적이고 절대적인, 즉 모든 면에 순응하는 충성심을 요구한다. "충성스러운" 조직구성원은 까다로운 일을 비판적으로 다루기보다, 개인적인 충성심을 드러내는 "예스 맨" 또는 아첨꾼의 모습으로 변모하게 되기 십상이다. 구성원은 충성 및 순응을 보이지 않으면, 자신의 직위나 명성을 잃게 되지 않을까 두려움을 가지게 된다. 동기 부여가 무엇이든, 조직 윤리는 구성원들로 하여금 순응과 충성을 드러내 보이도록 요구한다. 재니스(Irving Janis)는 특별집행위원에 대한 연구에서, "조직구성원들은 충성심을 조직에 대한 가장 높은 형식의 도덕성으로 간주하는 경향을 보인다"고 결론내렸다(Janis, 1972: 12). 와이스밴드(Edward Weisband)와 프랭크(Thomas Franck)는 "옳음은 팀에 대한 불충의 변명이 되지 못한다"고 말한다. 그들은 어떤 부족의 최고지도자가 댐이 안전하다고 말할 때, "그 댐은 외부 구조에 문제가 있다"고 정당하게 반기를 들었던 몇몇 부족 구성원이 사막으로 쫓겨나는 등 곤경에 빠지게 된 사례를 예시로 제시하며, 그 부족집단에서 지혜의 상징인 지도자에게 정당하게 맞서다 돌에 맞아 죽거나, 지도자를 부당하게 따르다 댐이 무너져 물에 빠져 죽거나 두 경우 모두 구성원은 곤경에서 벗어날 수 없다. 이것은 진실로 "승자가 없는" 상황이다(Weisband & Franck, 1975: 3-6)라고 말했다.

조직에서의 충성심은 이렇게 건설적인 반대를 허용하지 않는 경향을 보인다. 반대는 필요한 경우 내부로부터 약간만이 허용된다. 행정조직의 지도자들은 자신의 결정에 시민들이 싫어하는 기색을 보이면 이를 완전히 억누르려 하게 되기 쉽다. 충성을 보이지 않는 자에게는 호의적이지 않다. 그들은 완벽한 충성을 요구한다. 심지어 워터게이트 사건 동안 닉슨(Richard Nixon) 대통령에 대해서도 맹목적 충성주의자들은 이러한 모습을 보였다.[1] 공공관리자가 조직의 윤리와 배치되는 개인의 책임성을 발휘하고자 하는 경우, 이들은 조직에 해를 주지 않기 위해 최대한 온건한 행동 노선을 선택한다. 온건하지 못한 관리자는 대체로 아무것도 성취할 수 없었으며, 일반적으로 주요한 공직의 부름을 받지 못했다.

정경 유착

공직자들의 비윤리적 행동은 다양한 이익과 가치가 갈등하는 다원주의적 정치

1) 재니스(Irving Janis)의 저서 『집단사고의 희생자들(*Victims of Groupthink*)』과 1969년에서 1974년 사이 닉슨 대통령의 사례들은 무조건적인 충성의 부정적 결과들을 제시하고 있다.

체제의 산물이다. 특히 선출직 공직자는 유권자의 기대와 요구에 민감하다. 사기업 관리자의 경우, 비윤리적 행동은 일반적으로 사익에 대한 탐욕에서 비롯된다. 가령 수익 창출 경쟁의 압박이 허위, 기만, 뇌물 등 부정한 행동으로 이어지게 되기 쉽다. 이러한 문제는 사기업 경영의 세계에 널리 퍼져 있다. 한편 이러한 현상은 다원주의적 환경에서 공직자들에게서도 점차 뚜렷하게 나타나고 있다. 선출직 관리자에게 대부분의 권력이 쥐어져 있는 세상에서 이들은 매 2년, 4년, 혹은 6년마다 유권자들에게 가시적인 효과와 단기간의 업적을 보여야 한다는 압박을 느끼고 있다. 장기적인 비전과 플랜은 오히려 "비현실적이다", "공상적이다", "이상적이다"는 빈정거림을 감내해야 한다. 따라서 행정관리자들은 윤리적 규범을 의도적으로 회피하고, 전문 직업정신을 속이고자 하는 사적 동기를 가지게 된다. 그리고 "더럽지만 신속한" 해결책을 선호하게 된다. 행정과 경영이 이러한 방식으로 유사한 동기를 공유하게 되면, 이들은 서로의 편의를 봐주는 행태를 보이게 된다.

대기업들은 막강한 부와 권력을 가지고 있다. 그들은 미국 사회를 형성하는 정책에 강한 영향력을 행사한다. 그러나 이러한 영향력은 일반적으로 시민들의 이익과 반대된다. 야코비(Neil Jacoby)는 이에 대해 다섯 가지의 주장을 제시했다(Jacoby, 1973: 10-15). 첫째, 기업은 자신들의 요구에 맞는 경제정책을 형성함으로써 사기업 부문에 대한 경제적 통제력을 행사한다. 둘째, 기업은 정치적 선거운동을 매수해서 기업 범죄를 처벌하려는 사법 체제를 조정함으로써, 그리고 민주적 과정에 접근할 수 있는 특권을 획득함으로써 정치적 통제력을 행사한다. 셋째, 대기업 정책은 권력자들에 의해 통제되며 주주들의 역할은 대체적으로 의례적인 것이다. 넷째, 기업은 피고용인들의 개성을 억누르고 인권을 무시해 인간성을 박탈한다. 다섯째, 기업은 자연자원을 오염시키고 고갈시키며 시민들의 이익에 대한 부작용을 검증하지 않은 채 수익 창출에만 초점을 둠으로써 우리들의 삶의 질과 환경을 악화시킨다. 이러한 우려는 사기업과 행정이 공식적인 정책 결정에서 왜곡할 수 있는 윤리적 주제에 대한 폭넓고 명백한 검토를 촉구한다. 실제로 엔론(Enron), MCI, 그리고 타이코(Tyco)의 사태와 같이, 미국의 대기업이 연루된 최근의 부정부패 사례들은 공공의 이익을 무시하는 사기업의 비윤리적이고 탐욕스러운 행태의 예를 잘 보여 주고 있다. 아시아 국가의 대부분에서 역시 재계 인사들은 정부 공직자들에게 영향력을 행사해 왔다. 재계 인사들은 정치인과 정당에 대해 재정적 공헌과 기여를 수행할 수 있다. 이는 그들로 하여금 공직자들을 조용히 조정할 수 있는 끈을 부여했다. 한국에서 2003년 발생했던 정재계(政財界) 정경 유착의 부정부패와 이에 대한 폭로는 이후 여당은 물론 야당의 고위직 정치인의 기소로 이어졌다. 이에 연루되었던 부패한 정치인은 이후 2004년 국회의원 총선에서 재선에 성공하지 못했다. 이는 민주적 정부에 대한 유권자들의 양심적 의식 향상의 결과이다.

보스 정치적 지배집단과 더러운 손

19세기 말 무렵 미국 동부의 많은 대도시는 소위 보스 정치적 지배집단(boss political machine)으로 알려진 조직들에 의해 사실상 통치되었다. 이들은 일종의 정치 세력으로 민주당과 공화당 등 정당을 비롯해 시정부, 언론 등 모든 곳에 그 영향력을 끼쳤다. 이들은 지역 및 정치단체, 그리고 심지어 거리의 지도자들과 연계해 세력을 확장함으로써 유권자들의 요구를 쉽게 반영할 기반을 확립했다. 일견 보스 정치적 지배집단은 사람들에게 직업, 은행, 안전, 거주, 법률 등 다양한 공공 영역에서 사람들에게 도움을 제공했다(Riordon, 1963: xi-xvi). 게다가 새로 정착한 이민자들 및 대도시에 이주한 거주민의 다수가 이들 집단의 도움을 필요로 했다. 이러한 문화는 매우 빠르게 일반적 현상으로 자리 잡았다. 도움의 대가는 단 한 가지였다. 보스 정치적 지배집단 출신의 후보에게 투표하는 것이었다.

이 시대 가장 영향력이 있었던 보스 정치적 지배집단의 하나로 뉴욕시 민주당의 본부이자 1854년부터 1934년까지 정치 권력의 중심지였던 타마니 홀(Tammany Hall)을 들 수 있다(Riordon, 1963: x). 타마니 홀은 다른 유사한 정치조직처럼 지역민에게 다양한 도움과 혜택을 나눠 주었다. 가령 유권자에게 대출을 해 주었고, 결혼식·세례식·장례식 등에 대표자를 보냈다. 또한 공직에 후보자를 공천했고, 정무직에 대한 정실주의적 임용을 관장했다. 지방 수준에서 이들 집단은 "엽관제"를 실시했고, 초기 복지 체제를 주도했으며, 대의정치에 따른 정부의 복잡한 정세에 관한 시민 교육을 도와 주었다(Riordon, 1963: xix). 외견상 이들의 활동은 인본주의를 추구하는 듯이 보였다. 그러나 이들의 부정적 행동은 종종 지나친 것으로 여겨졌고, 결국 그들의 종말을 초래했다. 뉴욕 주 상원의원이며, 오랫동안 타마니 홀의 정치적 지도자였던 플런킷(George Washington Plunkitt)이 1924년 사망했을 때, 『네이션(*Nation*)』 잡지는 플런킷은 정치에서 정직성은 중요한 것이 아니며, 효율성도 중요하지 않고, 또한 진취적 시각도 중요한 것이 아니라는 정치적 신조를 보였다"고 평가했다. 보스 정치적 지배집단이 추구한 것은 비록 비윤리적인 행동을 하더라도 지역에 좋은 직장과 좋은 환경을 제공하면 정당화된다는 것이었다(Riordon, 1963: xx). 그러나 이들의 지나침으로 인해 타마니 홀을 비롯한 다른 조직들은 결국 개혁의 대상으로 여겨지게 되었다. 1970년대 시카고에서 데일리(Richard Daley) 시장의 보스 정치적 지배집단이 마지막으로 소멸됨으로써, 미국의 대도시에서 그와 같은 조직은 아직까지 나타나지 않고 있는 것으로 보인다. 그러나 정치적 영역에서의 이러한 윤리적 위반은 여전히 발생할 수 있는 위험이 있다. 다만 이 시기에 비해 조직화가 미약한 형태를 띠고 있을 뿐이다.

비슷한 사례는 아시아 국가들의 정치인들에게서 발견되기도 한다. 정실 임용과 특혜가 발생하는 국가는 미래에 대한 사회적 전망을 어둡게 하기 마련이다. 타마니 홀의 사례에서처럼, 여당이 공공에 대한 정의, 윤리, 책임보다 권력을 지향하게 된다면 그 사회는 건강할 수 없다. 특히 개발도상국에서 권위주의적 정부는 그들 자신만의 윤리를 만들어 낸다. 아전인수 격으로 자신들의 입장을 무엇이든 정당화시키려 하는 것은 정부 관료와 정치인들 모두의 보편적 특성이다. 어느 곳이든 정치 지도자들은 마키아벨리(Niccolò Machiavelli)의 부주의한 제자들처럼 너무도 자주 "목적이 수단을 정당화시킨다"는 철학관을 드러낸다. 왈저(Michael Walzer)는 정치에서 "자신들의 손을 더럽히지 않고" 성공한 정치인들은 많지 않다는 것에 주목하고 있다(Walzer, 1973). 사실 공직자들은 종종 의도적으로 그리고 체계적으로 범죄를 저지른다.

내부고발의 문제

자신이 근무하는 조직이 시민의 신뢰를 저버리는 비리를 발견하게 된 공무원은 윤리적 갈등 상황에 처하게 될 것이다. 이 경우, 정보를 언론기관에 제공해 조직의 기밀을 외부에 알리는 내부고발하는 것이 옳을까? 아니면 조직의 비윤리적 행동을 내부적으로 시정하고자 하는 노력을 하는 것이 옳을까? 아니면 자신의 직업을 지키고 집단에 대한 충성을 유지하기 위해 조용히 침묵하는 것이 옳을까? 오랜 기간 동안 동양과 서양의 공직자들은 공공정책과 공공기관의 비리행위를 밖으로 알리려 하지 않았다. 정치적·행정적 체제는 전통적으로 "신념보다 복종"을 조장했다. 특히 관료조직은 개인의 책임성보다는 집단에 대한 충성을 강조하며, 조직의 규칙에 따라 행동하는 사람들에게는 더 큰 보상을 제공한다 (Weisband & Franck, 1975).

와인스타인(Deena Weinstein)은 내부고발을 관료제적 정책을 변화시킬 수 있는 아무런 권한이 없는 자의 "관료제적 반대"의 한 형태로 표현한다. 그녀는 관료제 하에서 근무하는 모든 개인이 자신의 정체성을 망각한 채 행정관리자들에게 맹목적으로 충성을 하는 것은 아니라고 주장한다. 이러한 관점에 따르면, 내부고발은 "공포나 분노 혹은 이기적 기쁨의 동기"에서가 아니라, 현 상황에 대한 "비판적 자각과 행동"에 의해 발생한다고 한다(Weinstein, 1979).

내부고발은 무모하기만 한 것은 아니며, 물론 때로는 전략적이다(Hirshman, 1970; Nader, 1972). 내부고발은 은밀하게 이뤄지기도 한다. 은밀함의 장점은 조사가 이뤄지고 해결이 모색되는 동안 독단적인 해고나 재배치, 또는 급여 삭감 등과 같은 불이익으로부터 내부고발자를 보호할 수 있다는 점이다. 한편 내부고발자가 반대로 공개적으로 스스로 사퇴해 버리거나, 외부에 문제를 널리 알려 조력자를 구하는 방법을 선택할 수도 있다. 때로는 기자 회견을 열 수도 있다. 영화 『차이나 신드롬(*China Syndrome*)』에서 잭 레먼(Jack Lemmon)은 비윤리적인 관리자들에 대한 맹목적인 충성을 거부한 엔지니어의 갈등을 묘사하고 있다. 대신에 그는 TV 방송국 기자 그리고 카메라 기사와 협력 관계를 맺는다. 미국 행정부에서 방위사업 계약에 대한 과도한 지출, 기업의 환경 규제 위반, 그리고 공금 유용 등과 같은 내부고발 사례는 매우 많다.

내부고발은 종종 조직 외부의 대중들에게 정보를 은근히 흘리는 방식으로 이뤄진다. 이러한 방법은 명백한 의사 표명의 방법보다 인기가 덜하다. 덜 명예롭기 때문이다. 만약 언로가 열려 있다면, 자신의 주장을 최고관리자에게 알리는 것이 가장 명예스러운 접근법이다. 또는 윤리적 책임을 고양하기 위해 조직 내에 분위기를 조성하는 방안도 있다. 외부에 문제를 알리기에 앞서, 조직 내에서 가능한 해결 방안을 모색하는 자구적 노력을 의미한다. 이러한 접근은 많은 정부기관이 자주 공표하는 "시정을 위한 노력을 다할 것"이라는 언명과 일치하는 것이다. 이것은 공청회, 법적 소송, 스캔들과 같은 여러 방면의 불필요한 비용을 방지해 준다. 일반적으로 상사나 직장 동료에 의한 비윤리적 행동에 대한 증거를 확보하고 있는 사람은 언론기관 등 외부 통로를 이용할 필요가 없다. 미국 연방정부에서 정당한 내부고발자에 대한 보호는 카터 행정부에서 시작되었다. 예를 들어 1979년 공무원개혁법(the Civil Service Reform Act) 통과 후 감찰국(Office of Inspector General)이 각 각료급 기관에 설치되었다. 이 기관은 내부고발자에 대한 신분은 공개하지 않으면서, 사건에 대한 조사를 하고 해당 내부고발자에게 그 결과를 알려 준다. 이후 연방기관은 내부고발자가 제기한 불만 사항의 내용에 대해 조사하고 보고서를 작성한다.

한편, 아시아 국가에서 내부고발은 매우 드물다. 공공관료제의 외부, 내부 어디에도 비리에 대해 끊임없이 경계하고 대항해 행동하는 강력한 힘이 없다. 아시아 국가들에서 언론이나 시민사회 조직들은 상대적으로 취약하다. 너무 약해서 내부고발자들을 지원함으로써 사회적 변화를 이끌어 내는 행동을 할 수 없다. 이러한 나라들에서 전통적인 조직 윤리는 조직이 부패나 독직, 실수, 혹은 다른 해로운 활동을 한 경우 직원들이 침묵을 지키는 것이다. 반대자(혹은 내분을 일으키는 자)는 칭찬받기보다 따돌림을 받기 쉬우며, 지조 있는 사람이라기보다 비겁한 사람, 배신자, 혹은 이교도로 간주될 것이다. 아시아 국가에서 내부고발자를 보호하는 법은 없다. 시민의 기본권 보호를 위해 사람들은 조직의 비윤리적 활동을 대중에게 폭로하게 될 것이다. 그러나 취해야 할 법적 행동에 따르는 사적 부담은 사람들로 하여금 내부고발 행동을 억제시킨다.

『이코노미스트(*Economist*)』 잡지는 중국에서 2004년 전반기 동안 전년 대비 7퍼센트 증가된 2만 4천 건의 새로운 부패 사례에 대한 조사가 있었다고 보고하고 있다. 그러나 부패와 싸우는 중국 관리들은 정부로부터의 보호를 받지 못하고 있으며, 심지어 조사 대상으로부터 살해 위협까지 받고 있다. 실례로, 푸젠 성(福建省)에 있는 군 단위 수준의 공산당 대표는 부패한 재개발 사업에 대한 조사를 철저히 시행한 대가로 목숨을 위협하는 협박을 당했다고 『인민일보(人民日報)』의 웹사이트에 발표했다. 결과적으로 그는 다른 관리들과 함께 협력해 일하기가 어려워졌음은 물론 상관들은 그러한 "편지를 발표함으로써 그리고 당의 규율을 어기고 사회의 안정을 위협함으로써 정치적으로 치명적인 실수를 저질렀다"며 그를 비난했다(*Economist*, 2004. 9. 4-10: 43).

일본에서 내부고발은 매우 드물다. 일본의 문화는 직장 동료나 상급자가 저지른 비윤리적 행동을 폭로하거나 혹은 정부기관의 비능률적 행정 서비스를 폭로하는 사람에게 눈살을 찌푸린다. 일본 관료제의 행정문화는 직원의 충성심, 의무, 그리고 일체성을 강조한다. 집단의 조화를 격려하고 개인주의, 다양성, 그리고 비판적 성찰은 억제한다(Jun & Muto, 1995: 133). 의학박사 미야모토 마사오(宮本正男)는 미국에서 정신의학으로 박사후 과정을 마쳤으며, 일본의 중앙정부기관인 보건복지부 정신의학과 부과장으로 근무했다. 그는 일본 관료제에 대해 가장 신랄한 비판을 했으며, 언론을 선도하는 『아사히신문』에 많은 기사를 기고하는 공헌을 했다. 그가 쓴 "지나치게 많이 튀어나온 못은 두드려 박아야 한다"는 제목의 기사는 큰 사회적 반향을 일으켰다. 이에 한 독자는 그에게 "관료들을 편견의 눈으로 바라본 당신의 비판으로 인해 우리는 자기 혐오의 철학에 빠져들게 된다는 것을 당신은 알아야만 한다. 관료들은 돈이나 시간을 낭비하지 않는다. 따라서 당신과 같은 못이 뽑혀야 할 대상이다. 제발 조심하시오"라는 내용의 편지를 썼다(Miyamoto, 1994: 190). 이후 보수적인 관료주의적 행동 규범(받아들일 수 있는 행동)을 끈질기게 방해한 이유로 그는 도쿄(東京)에서 멀리 떨어진 그리고 더 이상 출세할 가망이 없는 보직인 고베(神戶) 항의 검역소 소장으로 좌천되었다. 몇 년 후 그는 미국 워싱턴 시(Washington, D. C.)에 있는 국립기자협회에서 청중들에게 일본의 관료제를 비판했다는 이유로 직위에서 해고되었다. 비교적 최근까지 일본 정부는 내부고발자 보호를 위한 아무런 조치도 취하고 있지 않았다. 2003년 말에 이르러서야 고이즈미 준이치로(小泉純一郞) 수상이 이끄는 내각은 내부고발자 보호를 위한 법을 입안했고 내용 보강을 위해 공개적 검토를 했다.

동서양 모든 국가의 행정에서 상급자에 대한 반대는 자신의 직업적 경력이 상실되고 더욱이 직장 동료들과의 관계가 심각하게 손상되는 결과를 초래한다. 상급자나 동료의 비윤리적 행위가 시민들에게 커다란 해를 끼칠지라도 관료는 자신의 목소리를 내는 데에 주저하게 되고, 무력감을 느끼게 된다. 윤리적 책임성의 증진을 위해, 공공관리자들은 대중에게 그리고 조직에 대해 자신의 목소리를 낼 수 있도록 지도력을 발휘해야 한다. 공무원이 공공의 이익을 보호하기 위한 책임감에 내부고발을 행할 때, 이를 자신의 이익을 위한 행동을 재단할 수는 없다. 많은 일본인은 앞서 사례로 제시한 미야모토를 개인적 청렴성을 토대로 일본의 공공관료제에 대항한 용감한 사람이며 영웅이라고 생각한다.

제 2 절 조직에서의 윤리 구성

공공관리자들의 상황에 대한 해석과 이해는 윤리적 판단의 전제가 된다. 해석과 이해는 필연적으로 가치 판단을 수반한다. 따라서 공공관리자의 윤리는 가치로부터 자유롭거나 실증주의적인 것이 될 수 없다. 실증주의적 시각에 따르면, 개인의 윤리적 행동은 조직이 부여하는 법률 및 헌장 등 의무와 책임에 대한 규정에 규준되는 것으로 본다. 이 경우, 윤리는 고용인으로서 조직이 피고용자인 공공관리자에게 부여하는 일종의 실증적 계약과 준거의 성격을 지닌다.

그러나 공공관리자들의 조직의 의무와 조건에 대한 따름은 조항과 조건에 의해 유도되는 것이 아니라, 개인의 선택과 행동에 의해 이뤄지는 것으로 보아야 한다. 그렇다면, 윤리적 판단과 윤리적 행동에서 '객관적 규정'(외적 통제)과 '개인적 의무'(내적 통제) 중 어느 것이 실질적 중요성을 가지는가에 대한 논쟁이 발생할 수 있다. 여기에 내재된 이원론적 시각의 함정을 고려하고서라도, 공공관리자는 제정된 법률과 윤리강령에 따라 행동해야 한다는 요구 사항은 행정관리자가 고려할 수 있는 많은 선택 요소 중 하나일 뿐이다. 행정관리자는 윤리적 판단을 내릴 때 동정심이나 배려, 의사 소통, 청렴성 등 다른 요소들을 똑같이 중요하게 다룰 것이다.

윤리적 책임성에 대한 객관적 시각

조직에 의해 부여된 객관적 규정(외적 통제)은 객관적 책임성을 구성한다. 이는 행정관리자들이 그들의 책임성을 규정할 때 경험하게 되는 가장 일반적인 준거의 하나이다. 객관적 책임성은 공공관리자들의 역할 수행에 관한 법적, 조직적, 사회적 요구에서 발생한다(Cooper, 1998: 66-78). 외부로부터 기대치가 부여되고 기대치는 책무성과 조직의 의무로 요약된다. 모든 객관적 책임성은 상급자, 선거직 공무원, 혹은 시민 등 누군가에 대한 책임성을 포함한다. 조직의 의무는 할당된 임무와 기능을 통한 목표 달성의 책임을 포함한다. 윤리헌장은 외적 통제의 대표적 형태로 조직과 전문직업 단체에 의해 개인에게 부과된 집단의 가치를 나타내는 것이다. 윤리헌장은 특정 전문직업 집단의 이상과 규범, 그리고 의무를 보여 주고자 하며 특정 상황에 맞도록 준비되어 있다(Cooper, 1998: 152). 그러나 윤리헌장은 일반적으로 모호하고, 추상적이며, 윤리적 지침이 필요한 세부적인 상황에 적용하기 어렵다는 한계점이 있다. 더욱이 윤리헌장은 이를 충실히 이행한 공공관리자들에 대한 인센티브를 결여하고 있어 여전히 비윤리적 의사 결정을 내리게 한다. 윤리헌장이 모호할 때 이에 대한 해석은 크게 달라질 수 있다. 따라서 윤리헌장은 집행 장치, 법적 강제력, 혹은 인센티브 등이 부족하기 때문에 법률보다 집행하기가 더 어렵다.[2)]

외적 통제는 조직 운영을 위한 한계와 필요 조건, 영역, 법적 강제력 등을 설정해 놓는다. 비록 외적 통제가 법률과 윤리헌장의 강제를 요구할지라도 행정관리자들이 주관적 판단에 의지하는 어느 정도의 내적 통제를 행사하지 않고, 법률과 윤리적 지침을 잘 이행하기란 어려울 것이다. 외적 통제를 이용하는 객관적 책임성은 일단 윤리적 욕구가 제정되어 입법화되면 행정관리자들이 더 이상 자신들의 가치를 특정 상황에 적용할 수 있는 개인적 자유재량권을 행사할 수 없게 된다는 것을 당연한 것으로 받아들인다. 대신에 행정관리자들은 특정 행태의 행동을 위해 제재 조치에 따라 강요된다(Cooper, 1998: 141). 사람들이 외적 규칙과

2) 필자는 윤리강령보다 법을 이행하는 것이 더 쉽다고 말하는 것이 아니다. 법조문의 광범위한 내용과 모호함 때문에 법 또한 상이한 해석을 낳기도 한다. 많은 전문직 단체는 윤리강령을 가지고 있지만 윤리강령은 전문직업인의 행동을 안내하는 것이다.

규제의 이행에 매달릴 때 그들은 자신들의 고객에게 점차 관료적이고 비인간적이게 된다.

일반적으로 법과 윤리헌장은 전문직업인의 의무에 대한 보편적 수준을 나타내는 "보편적 언어"로 규정된다(Rohr, 1998: 9-15). 이는 윤리적으로 책임 있는 행동을 만들어 가는 과정의 완성을 위한 도구로 이해되어야 한다. 법과 헌장이 의미 있는 것으로 작용하기 위해서는 그것이 개인의 윤리적 성찰과 비판적 의식을 토대로 한 것이어야 한다. 객관적 기준은 행동 그 자체가 아닌 조직 내에서 사람들이 당연히 취해야 할 행동들에 대한 추상적 개념이다. 객관적 기준은 대부분의 사람들이 도덕적으로 옳다고 판단하고 따를 수 있는 타당성을 전제로 한다. 한편 이러한 타당성의 준거는 문화적·사회적 맥락에 따라 상이하다. 또한 객관적 기준에 대한 구성원의 수용성 역시 맥락에 따라 차이를 보인다. 예를 들어 아시아 국가의 대부분의 정부는 부패 행위자들에 대한 강력한 처벌을 법으로 규정하고 있다. 그러나 이러한 강한 법령에도 불구하고 싱가포르, 대만, 홍콩, 일본을 제외

표 8-1 윤리적 책임성에 대한 시각들

책임성	강조하는 수준	윤리의 본질	인간 본성에 관한 가정
객관적 책임성	거시적 전략: 공동체주의 강조 충성과 의무	법적·제도적 요구: 법, 규칙, 윤리헌장; 역할 이행; 권위에 대한 책임성	수동적 자아: 수동적 순응적 존재; 조직의 이익을 따르는 행동 규칙에 도전적이지 않음; 기능 위주의 책임에 대한 자기 인식
사회 구성적 책임성	중간적 전략: 자아 초월, 덕성 및 관계 강조	사회적 상호작용: 의사소통 행위 대화와 담론; 간주관적 활동; 도덕적 품성에 대한 문화적 영향; 문화적 맥락에서의 사회적 경험	사회적 자아: 대인 관계에 몰두; 도덕적 관심에 따른 방향의 재설정 가능성; 타인과 함께하는 사회적 과정으로서 참여를 통한 자아
주관적 책임성	미시적 전략: 개인, 자아, 자율성 및 자유재량 강조	윤리적 주체의 해석 및 이해: 비판 의식; 개인적 실천; 청렴성과 자기 개발; 도덕적 실천의 상대성	도덕적 자아: 도덕적 양심; 적극적인 자의식 확립 성찰적 해석적 역량 도덕성의 일반화에 대해 저항

한 국가들에서 공공 부문의 부패는 아직까지도 만연되어 있는 실정이다. 부패 척결은 엄격한 법만으로는 담보할 수 없다. 좀 더 중요하게, 문화, 행동, 자각, 그리고 삶의 질 향상 등의 요건이 충족되어야 한다(Quah, 2003).

객관적 기준을 특히 강조하는 입장은 인간의 본성을 수동적, 소극적, 순응적으로 전제하는 거시적 수준의 접근법을 취한다(<표 8-1> 참고). 이러한 관점에서 사람들은 보편적 규칙과 조직의 목표에 종속되는 것이 좀 더 윤리적이다. 거대한 관료주의 하에서 일하는 사람들의 행동은 조직의 문화에 의해 통제된다. 마련된 규칙과 규제에 따르는 것은 개인의 책임이다. 개인은 문제되는 상황에서 구조적 대안을 고려하기보다 규정된 행동의 과정에 따라야만 한다. 화이트(Whyte, 1965)는 이와 같은 종류의 개인을 “조직인”이라고 불렀다. 조직인은 갈등을 회피하고 절차나 정해진 과정에 도전하려 하지 않는다. 그는 불변성과 예측가능성을 추구하며, 좋은 절차뿐만 아니라 나쁜 절차를 이행하고, 혁신이나 창조에 관심이 없으며, 직장의 현상 유지와 질서 유지에 능숙해 있다. 이러한 타입의 행정관리자는 조직에 대한 충성심을 보이는 대신 하급자로부터의 충성을 요구한다. 이러한 거시적 입장의 윤리적 토대는 객관적 규칙에 충실하게 따르는 개인의 충성심이며, 개인의 성찰적이고 주관적인 판단은 크게 다뤄지지 않는다.

윤리적 자아와 주관적 책임성

시민들에게 영향을 미치는 행정 활동과 결정은 개인의 윤리적 선택을 포함하는 상황으로 볼 수 있다. 윤리는 의식, 가치, 문화적 경험, 동기 부여와 같은 개인 자신의 활동으로부터 분리될 수 없는 것이다. 따라서 개인의 주관적 책임성과 주관적 윤리관의 개념은 실천에서 중요한 요소이다. 그러나 이는 객관적 요구 사항만을 고려하는 공공관리자에게는 쉽게 받아들일 수 없는 것일 것이다. 공공관리자는 사적 경험, 조직의 역할, 그리고 조직 내외에서의 사회화 과정을 통해 전문 직업인의 사적 윤리를 개발하게 된다. 양심이 개인을 특정한 방식으로 행동하도록 이끄는 것처럼 주관적 책임성은 윤리적 성향을 구성하는 기초적 요소가 된다. 객관적 책임성은 사람들에게 충족시켜야 하는 법적·조직적 요구 사항을 알려주는 역할을 한다. 그러나 특정 방식으로 사람을 움직이게 하는 것은 신념, 가치,

그리고 품성과 같은 개인의 내적 동인에 의해서이다(Cooper, 1998: 78-84). 개인은 조직에서 일을 함으로써 윤리적 행동에 대한 감각을 익히게 된다. 따라서 개인의 윤리는 항상 그의 주관적 판단에 따라 물들게 된다. 이와 같은 이유 때문에 조직에서 공공관리자의 행위는 그가 조직에 대한 객관적 책임성과 어떻게 행동할 것인지에 대한 주관적 해석 사이의 선택에 직면할 때 혼란스러워진다. 따라서 윤리에 대한 질문은 흔히 오직 개인 혹은 조직만이 대답할 수 있는 성질의 질문으로 압축된다. 요나스(Hans Jonas)에 따르면, 윤리적 책임성에 관한 적절한 이론의 주요 장애물은 행위자, 주관성, 혹은 마음 등의 실체를 부정하는 과학적 유물론(기술 시대의 물질적 번영)이다(Jonas, 1984). 새로운 책임성 윤리를 구성하기 위해 우리는 주관성 혹은 마음의 형이상학적 가능성, 즉 우리들 자신과 우리들 세계의 직접적인 경험으로의 회귀에 주목해야 한다.

제6장에서 논의된 바 있는 행위에 대한 해석학적 견해는 개인의 주관적 경험과 지각을 강조한다. 이러한 관점에서 윤리는 반드시 "의미짓기(sense-making)"에 의해 주관적으로 의미 있게 확립되어야 한다(Allan, 1998). 이에 대해, 베버는 관료제에서 사회적 실체는 행위자 개인의 행위와 주관적 의미에 의존한다는 주장을 했다. 또한 슈츠(Schutz, 1967)의 삶의 세계에 대한 현상학적 시각을 행정학적 상황에 적용해 볼 때, 윤리적 선택에서 중요한 것은 윤리적 관심 사항에 대한 주관적 의미라는 것을 알게 된다. 2004년에 발생한 미국의 이라크 전쟁포로 학대 사건은 논의한 주관적 책임과 행위의 현실적 논점을 잘 드러내 준다. 전쟁포로에 대한 인권을 침해하는 비인간적인 학대는 전쟁포로를 보호하자는 제네바 협약 등의 객관적 규약으로 금지된 바 있다. 그러나 이러한 협약에도 불구하고, 군인들은 여전히 반인간적 행위를 통한 사적 만족감을 충족하기 위해 심지어 법을 무시하고 치밀하게 잔학 행위를 저질렀다. 이는 군인들이 고위 당국자의 명령에 따르거나 정해진 절차에 따라 한 행동이라고 말할 수는 없다. 최근 몇 년 사이에 우리는 여전히 전쟁과 소수민족이 관련된 수많은 잔혹 행위를 목격해 왔다.

아렌트(Hannah Arendt)는 나치의 대학살(Nazi Holocaust) 기간 동안 사회적 결속에 저항하고 인간의 청렴성을 믿는 개인의 도덕적 양심에 대해 다음과 같이 명료하게 요약하고 있다.

> 인간을 이끄는 모든 것은 자신의 판단에 의한 것이다. 더욱이 개인이 그들 주위에 있는 모든 사람이 예외 없이 찬성하는 것과 완전히 다른 판단일지라도 그른 것으로부터 옳은 것을 구별하는 능력이 있다. 그른 것으로부터 옳은 것을 구별할 수 있는 사람은 단지 그들 자신의 판단에 의한다. 그래서 그들은 그렇게 자유롭게 행동한다. 지켜야만 할 규칙이란 것은 없다. 왜냐하면 개인 이전의 규칙이라는 것은 존재하지 않았기 때문이다 (Arendt, 1964: 294-295; 또한 Bauman, 1993: 249 인용).

바우만(Zygmunt Bauman)은 그의 저서 『포스트모던 윤리학(*Postmodern Ethics*)』에서 도덕적 책임성은 자신이 스스로 결정한 행동이기 때문에 도덕적 자아로부터 사회적 자아(혹은 수동적 자아)로 행동하고자 하는 모든 시도는 개인의 도덕적 책임성에 대한 감각을 감소시킬 것이라는 점을 강조하고 있다(Bauman, 1993: 14).

주관적 책임성에 대한 이러한 미시적 접근은 인간의 본성을 성찰적이며 비판적이고 해석적이며 자신에 대한 결정을 스스로 하는 것으로 간주한다(<표 8-1> 참고). 책임성에 관한 거시적 시각의 일반적 견해와 달리, 사람들은 항상 규정된 법과 윤리헌장 또는 행정절차에 따라 행동하지 않는다. 조직은 조직구성원들의 상황에 대한 해석과 개인적 판단으로 인한 예측할 수 없는 행동으로 구성되기 때문에, 윤리적 판단은 개인의 해석과 행동에 달려 있는 경우가 많다. 윤리적으로 책임성이 있는 행정관리자는 규칙에 무조건 복종하기보다는 그 정당함을 끊임없이 비판적으로 바라본다. 개인은 조직이 지시하는 규칙이나 윤리헌장을 단순히 암기하기보다 문제점과 싸워 나가야 한다. 따라서 훌륭한 판단은 비판적 자기 성찰뿐 아니라 개인의 본능을 요구한다(Harmon, 1995: 79-96).[3] 윤리가 비록 행정행위를 위한 중요한 안내 역할을 할지라도 행정관리자 개인의 감성, 타인에 대한 고려, 청렴성, 판단을 내리는 성찰적 능력 등도 중요하다.

우리들로 하여금 좀 더 의식 있고 비판적인 사고 방식에 도달하기 위해 요구

---

3) 하몬(Michael Harmon)은 그의 저서 『역설적 책임(*Responsibility as Paradox*)』에서 영국 범선 홋스퍼(Hotspur)호의 함장인 혼블로워(Horatio Hornblower)가 반란과 상급자 구타 혐의가 있는 그의 집사 도티(Doughty)에 대해 내린 결정을 비판적으로 검토하고 있다. 도티를 탈출하게 한 무책임한 감정적 결정을 내림으로써 "혼블라워는 진정한 자아성찰적 이해에는 실패했지만, 자비심의 본능에 의한 행동으로 성공했다"고 하몬은 말한다.

되는 내적 필요성은 자기 성찰의 과정을 통해 일어나는 것이다(Harmon, 1995: 79-88; Cunliffe & Jun, 2005). 자기 성찰은 행정관리자들을 더욱 비판적이고 책임 있는 윤리적 행위로 이끈다. 행정관리자들은 행위 과정에서 도덕적 가능성을 적절히 평가하기 위해 그리고 우리가 실질적이고 정치적인 토대에 의해 이뤄진 선택의 가치를 더욱 체계적으로 사고하기 위해 성찰성을 연마할 필요가 있다. 자기 성찰은 개인이 자신들의 경험을 통해 비판적으로 사고하기를 요구한다. 바람직하고 객관적인 결정에 도달하기 위해서는 자아로부터 시작되어야 한다. 이러한 과정을 통해 개인들은 어떻게 그들이 타인들과 연결되어 있는가를, 그리고 자신들의 윤리적 선택의 한계점을 의식적으로 시험한다.

윤리적 자아로부터 사회적 구성까지

윤리적 자아를 위한 사회적 구성은 행정관리자, 사회, 문화, 조직, 그리고 시민 사이에 상호작용 과정을 통해 성찰적인 태도를 연마하는 것을 목적으로 한다. 개인은 타인과의 교류와 소통을 통해 자기 자신에 대한 정체성을 자각한다. 또한 개인은 이러한 사회적 관계를 통해 윤리적 책임성을 학습한다. 한편 사회적 관계는 고정적이지 않고, 끊임없이 변화한다. 개인의 정체성과 책임성도 따라서 아울러 끊임없이 변화한다. 조직과 사회는 이러한 변화를 현시하는 규범과 기대를 통해 개인에게 영향을 미칠 수 있다는 점에서 변증법적이다. 요컨대, 윤리적 책임성에 대한 학습은 문화적 맥락에서 일어나며(Allan, 1998: 37-59), 사회적 관계를 통해 구체화, 객관화, 그리고 내면화가 진행되는 사회적 상호작용의 과정이다(Berger & Luckmann, 1966).

문화에 따라 다양하긴 하지만 대체로 윤리적 행동은 도덕적 품성과 구분된다. 특히 전통적 가치가 개인의 도덕적 삶의 많은 면에 영향을 미치는 동양권 국가에서 개인은 사회적 상황이 달라짐에 따라 어떻게 윤리적으로 행동해야 할 것인가에 대해 배우게 된다. 아시아 국가의 행정관리자들은 그들 자신의 나라에서는 사회적으로 용인되는 것들이라는 이유에서 미국의 행정관리자들과는 다른 행동을 하는 성향이 있다. 문화의 경계에 따라 바람직하게 받아들여지는 윤리적 행동은 그 모습과 형태를 달리한다. 중국이나 한국, 일본에서 개인들이 서로 교류하며 영향을 주고받는 방식은 미국에서 이뤄지는 것들과 확실히 다르다. 개인들은 사회적 삶의 공통된 양식을 따르기 위해, 사회에 배태된 개념적 발상, 인지적 편견, 문화적 규범과 믿음, 가족의 가치, 상징물과 관습을 학습하게 된다. 이러한 학습 과정이 지속되어 사회화 과정을 구성할 때, 한 개인의 도덕적 품성이 비로소 속성으로 자리 잡게 되는 것이다.

행정관리자들은 공적 결정에서 자신들의 주관적 책임성과 객관적 책임성을 모두 의식해야 한다. 그래야만 자신들이 어려운 문제에 직면하고 옳은 일을 하고 있는지에 대한 더 이상의 확신이 서지 않는 경우 다른 사람들과 "도덕적 명령을 가능케 하는 것"에 대해 의미 있게 논의할 수 있다(Wolfe, 1989: 213). 한편, 행정관리자들의 결정이 부패, 차별, 불공정, 부주의 등 시민에 대한 비윤리적 행동이 내포된 경우 이는 반드시 제한될 필요가 있다. 행정관리자의 주관적 책임성이 조직의 책임성과 연계되어 시너지를 일으키는 경우, 행정관리자들은 심지어 강력한 이익집단의 영향력을 무력화시킬 수 있는 목소리를 낼 수도 있다. 예를 들어 매우 유해한 폐기물을 공공 장소에 버리는 기업에 대한 정보를 가지고 있는 경우, 행정관리자는 조직의 지원을 받아 공해산업은 물론 특정 정치인 혹은 고위 공직자로부터의 압력에 대항해 싸울 수 있는 것이다.

주의할 점은 사회적 구성 원리에 따라 타인과의 소통을 통해 판단을 도출했다고 해서, 그 판단의 비윤리성과 비인간성이 용납되는 것은 아니라는 점이다. 예를 들어, 제7장에서 논의한 바와 같이 윤리적으로 어려운 선택에 직면했을 때 일본의 사회복지사는 자신의 직속 상관과 중앙정부 관리에게 조언을 구했다. 그 결과, 그들은 무더운 여름 동안 노파의 에어컨을 떼어내 버리자는 같은 결론을 내렸다. 여기에서 그들은 모호하고 논란의 여지가 있는 규정된 지침을 어기지 않으면서 그 노파를 도울 수 있는 인도적인 대안에 대한 논의를 하지 않았다. 그들의 행위는 과정상 타당한 것으로 보일 수 있을지언정, 그 결과는 대체로 명백히 잘못된 것이다.

윤리의 사회적 구성은 집단구성원 내부에서의 소통만을 전제로 할 때 부정적 결과가 예상된다. 특히 밀접한 관계에 있거나 공통의 이익 및 가치를 공유하고 있는 구성원들 간의 소통은 왜곡을 발생시키기 쉽다. 구성원들은 의사 결정이 매우 시급히 요구되거나, 동질적인 집단 내부에서 긍정적이고 이의가 없는 소통을 수행하는 경우 기대하는 것과 상충되는 부정적 정보를 무시해 버리는 경향이 있다. 재니스(Irving Janis)는 집단구성원이 자신들의 리더가 원하는 것은 지지하면서 비판적 사고는 꺼려하는 병폐적 행동을 "집단사고(group-thinking)"라고 칭했다(Janis, 1972). 특히 위기 상황에서 결집력 있는 집단은 적대적 집단, 즉 적이나 경쟁 상대에 대해 공통적으로 가지고 있는 심리적 편견을 가지기 쉽다. 이는 "우리 대 그들(us and them)"이라는 진영 논리로 이어지기 쉽다. 이라크전쟁에 대한 의사 결정 과정은 주요 관련자들 사이의 무비판적 사고를 명백히 보여 주고 있다. 2004년 7월 9일 공화당 의원 아홉 명, 민주당 의원 여덟 명, 모두 열일곱 명으로 구성된 미국 상원 정보위원회 위원은 이라크 무기 프로그램에 대해 미 정보 당국이 조사한 511쪽에 달하는 보고서를 공개했다(*New York Times, Washington Post, and San Francisco Chronicle*, 2004. 7. 10). 위원들은 모두 전쟁 발생 전 CIA와 다른 첩보기관들에 의한 정보는 허점투성이의 과장된 것으로, 후세인(Saddam Hussein) 정권이 미국에 심각한 위협이 되고 있다는 부시 행정부의 입장을 부추겼다고 이의 없이 비난했다. 그들은 "집단사고"가 이라크가 보유할 수도 있는 가상의 화생방 무기와 핵무기 개발에 관한 부정확한 정보를 이끌어 냈고 반대 의견을 낸 분석가들의 의심은 배제했다는 데에 동의했다. 정보담당 관료들은 자신들의 정보가 정확치 않을 수 있다는 것에 대해 논의하지 않았으며, 이라크가 대량 파괴 무기를 소유하고 있을 것이라는 집단적 추정을 하고 있었다.

책임성의 사회적 구성은 중간 수준의 접근법으로 간주된다(<표 8-1> 참고). 윤리적 판단은 윤리적 상황에 대한 개인의 주관적 이해로부터 시작해 개인 상호간 그리고 집단 관계로 이동한다. 이는 상반되는 객관적 책임과 주관적 책임의 조화를 모색하는 균형접근법이라기보다 적극적이고 신중한 전략이다. 책임성의 사회적 구성은 윤리적 결정에 도달하기 위해 자신과 타인 사이의 대화와 담론을 토대로 한다. 개인은 타인과의 관계에서 윤리적 삶을 구성하는 적극적 역할을 담당하게 된다. 인간 본성에 대해 사회적 구성론자들은 인간은 성찰적 행동 및 해석 그리고 이를 실행할 수 있는 능력이 있다는 입장을 취하고 있다. 이것이 윤리적 선택을 하는 개인의 능력에 반영되어 있는 것이다. 여기서 자아의 사회적 개념은 인간은 소통적 행동을 통해 사회적 실습에 전념할 수 있으며, 자신의 윤리적 판단 능력을 배양할 수 있음을 포함하고 있다.

조직의 규제와 규칙은 종종 상이한 방식으로 해석될 수 있다. 따라서 개인은 조직 및 공공의 의무를 탐색함으로써 타인과의 소통적 관계에서 자신이 확신할 수 있는 방식으로 적극적 선택을 위해 도움이 되는 사회화를 수행할 필요가 있다. 이렇게 완성된 초월적 학습 과정은 조직의 이익에 복무할 것을 요구하는 공동체주의에 굴종하지 않고 주체적으로 완성된 윤리적 자각을 지니게 된다. 윤리적 자각을 하고 있는 행정관리자는 조직의 의무 사항을 수동적으로 이행하는 대신 조직의 정책과 실무에서 자신을 드러내어 반대 의견을 낼 수 있다. 또한 자신의 가치관을 조직 상황에 적용할 수 있는 개인적 재량권을 행사하기도 한다. 행정관리자의 윤리적 책임성은 개인의 자아에 대한 이해와 자아 실현을 토대로 이뤄진다. 이는 조직 활동에서 적극적 참여와 공공 영역에서 시민들과의 공조를 통해 개인과 타인을 연결해 준다.

윤리의 사회적 구성 문제점

여기에서는 윤리의 사회적 구성이 지니는 세 가지 중요한 논점을 다루고자 한다. 첫째, 윤리적 책임성의 의미는 이에 대한 개인의 감각(sense)을 통해 형성될 수 있다. 둘째, 윤리적 책임성의 의미는 개인이 자신과 견해를 같이하거나 혹은 달리하는 타인과 상호작용하고 소통함으로써 형성될 수 있다. 셋째, 윤리의 변증법적 · 성찰적 구조(혹은 상호 이익의 공유)는 행위자가 거시적 수준으로부터 미시적 수준으로 나아갈 때가 아닌, 미시적 수준의 이해에서 중간 수준으로 나아갈 때 가능해진다. 법규나 윤리강령과 같은 보편적 윤리 기준을 통해 윤리적 행동을 규준하고자 하는 거시적 전략은 행위자가 순응적이고, 반응적이며, 충성적일 때 더 잘 작동한다. 그러나 사람들은 각자의 주관성과 책임성을 지니고 있기 때문에 이러한 가정은 현실에서 잘 작동하지 못한다.

여기에서는 윤리에 대한 미시적 · 거시적 접근의 약점을 극복하기 위한 대안적 논리로 윤리의 사회적 구성을 제시했다. 그러나 윤리의 사회적 구성은 적어도 두 가지 한계점을 지니고 있다. (1) (사회적 구성 과정에서) 문화적 규범의 영향이 개인의 비판적 사고보다 우세할 수 있고, (2) 윤리적 결정을 위한 선택에서 결국 개인의 주관적 판단이 결정적 역할을 한다는 점이다. 문화는 개인의 삶에 영향을 미친다. 문화는 개인의 사고 양식과 방식을 은근하고 특정한 방식으로 이끎으로써 삶에 관여한다. 유사하게 문화는 개인의 윤리적 의식에도 영향을 미친다. 개인의 윤리적 의식과 행동은 무의식 중에 문화의 요구에 이끌리게 되기 쉬우며, 이러한 한계를 극복하는 일은 매우 어렵다. 윤리의 영역에서 개인과 문화는 자주 충돌한다. 행정관리자가 개인의 의지에 따라 선한 일을 행하고자 하지만 이것이 조직의 요구와 충돌하는 경우는 드물지 않은 경우일 것이다. 가령, 중국, 한국, 일본, 싱가포르처럼 유교문화의 영향이 강한 아시아 국가들에서 집단주의적 문화가 삶에 깊숙이 스며 있다. 이 경우, 행정관리자는 의식하지 못하는 사이에 집단주의적 가치를 윤리적으로 지향하는 경향을 보이게 되기 쉽다. 이러한 태도는 일종의 본능으로 작용해 행동에 반영되게 된다. 행정관리자의 윤리적 선택은 이러한 문화적 원리들에 대한 인용 및 해석의 결과인 경우가 많으며, 여기에서 벗어나는 다른 원리들의 독창성은 흔히 과소 평가되기 쉽다. 또한 전통 및 관례 등 외적 기준들이 윤리적 의사 결정에 영향을 미치는 경우가 발생하기도 한다. 과거의 행정적 관례 등은 종종 윤리적인 정당성을 가지고, 의사 결정에 반영되는 모습을 보인다. 개인은 자신의 자율성이나 문화적 요인 혹은 외적 요구에 대한 성찰적 판단을 희생시킴으로써 자기 자신의 도덕적 신념에 반하는 다수의 의견이나 다른 동료의 지침에 따르게 된다.

또 다른 문제는 특정 윤리적 판단이 다른 경우에도 잘 적용이 될 수 있다고 믿는 윤리적 상대주의를 피하기 어렵다는 것이다. 일반적으로 윤리적 상대주의는 탈근대주의적 시각을 대표하는 것이다(Bauman, 1993). 바우만은 행정관리자들은 위기 속에 살고 있으며, "인간사의 어지러움"을 해결할 수 있는 본질적·일반적 방법은 없다(Bauman, 1993: 245)고 말한다. 또한 그는 "도덕적 책임성은 정확히 말하면 자기 스스로 정한 행동"이라고 주장한다(Bauman, 1993: 14). 행정관리자의 윤리적 삶은 대체로 스스로 옳다고 정의한 것을 실현해 나가는 과정이라고 할 수 있다. 특정 개인의 윤리적 삶은 가치와 도덕적 믿음 측면에서 성찰적 판단을 필요로 한다. 이러한 측면에서의 윤리관은 개인 각자의 판단을 주장하는 상대주의에 연계된다. 한편, 이러한 관점은 타인과의 윤리적 합의에 대한 공유나 형성을 어렵게 한다.

전술한 한계점들에서 한 가지 중요한 요건은 개인의 청렴성(그리고 시민의 청렴성)이다. 주관적 책임성에 관한 한 자신에 대한 청렴성은 개인의 정직성과 진실성을 받아들이는 것이다. "청렴성의 상실은 신념의 변화가 아닌 성찰적이지 않은 변화인 것이다"(May, 1996: 24). 우리가 개인의 행동에 대해 이야기할 때 사람의 행동은 반드시 그가 진실한 것으로 간직하고 있는 것과 일치되어야 한다. 이러한 행동과 청렴성의 융합은 행정관리자들을 성장의 궤도로 안내한다.

청렴성은 조직 및 시민에 대한 헌신적 봉사를 위해 자기 자신의 욕망과 타협하지 않는 몰입의 결과로 나타난다. 하지만 현장의 관리자들은 업무 과정에서 규칙을 어기고자 하는 유혹에서 일반적으로 자유롭지 못하며, 때로는 종종 스스로와 타협을 하곤 한다. 이 경우, 청렴성을 상실하는 한편, 시민들로부터 신뢰가 위험에 처하게 될 수 있다. 사회구성원으로서 행정관리자는 대체로 어린 시절부터 성인이 될 때까지 사회화를 통해 중요한 덕성을 배양해 왔다. 그렇기 때문에, "올바른 일을 행하고자 하는" 본래의 내면적 요구를 가지고 있다. 행정관리자는 이러한 올바름에 대한 지향을 추구하기 위한 방법으로 청렴을 선택한다. 청렴을 통한 개인적 덕성의 성장은 개인의 자존감을 직접적으로 향상시켜 준다. 물론 행정관리자의 일부는 이러한 성장과 변화를 추구하지 않는 모습을 보일 수도 있을 것이다. 그러나 변화는 반드시 내부로부터 나오는 것이어야 하며, 변화에 대한 동기 부여는 개인 자신으로부터 발생하는 것이라는 점이 중요하다.

제 3 절 자율성에 대한 일반적 개념: 유교와 서양의 견해

자율성은 윤리적 덕성을 함양과 배양을 위한 성찰적 활동의 구체적인 결과로 표현된 것이다. 자율적이지 않은 개인은 자기 자신의 전제와 의식의 틀에 구속되어 있는 사람이다. 개인은 사회적 관계에 종사함에 따라, 자신의 전제와 의식에 대해 의문을 제기하게 되고, 다른 사람들과의 이해를 공유하게 된다. 타인과의 상대성에서 자신을 파악하게 되면 개인은 비로소 스스로에서부터 자율성을 얻게 된다. 따라서 타인의 도덕적 사고에 대한 사회적 구성주의자의 견해는 자율성에 대한 일반적 개념과 자아(self)의 형성에 필수적이다. 이에 대해 테일러(Charles Taylor)는 "우리의 도덕적 세계를 이해하기 위해 우리는 타인을 존중하려는 우리의 의식에 자리 잡고 있는 사상과 마음이 무엇인지 그리고 삶의 전체에서 우리의 생각을 뒷받침하는 것들에 대해 알고 있어야 한다"(Taylor, 1989: 14)고 언급한다. 테일러는 이를 통해 자율적 자아의 의의를 강조하고 있다. 개인의 자율성은 덕성과 선함의 요건이다. 한편, 이러한 자아관은 비록 서구의 사상가들에 의해 발전했다고 하더라도 동양의 유교주의 자아관과 유사성을 담고 있다.

유교주의에 의하면 개인적 자아는 이 세계에서 완결된 객체라기보다, 실증적 세계의 상황과 한계에 얽매이지 않고 완전한 이상을 성취하고자 하는 의지와 능력을 담은 주체이다. 이러한 철학은 인간의 객관적 본성을 가정하기보다는 독립적 의지를 가정하고 있다. 여기에서 주체적 자아는 자각을 통한 자유를 실현하기 위해 자신의 힘에 대한 인식을 추구한다. 이러한 의지와 동학은 자아의 존재론적 정당성을 증명하기 위한 동기뿐 아니라, 도덕적 자각을 통해 개인이 살고 있는 사회, 제도, 공동체 등 세계를 건설적으로 변화시키고자 하는 의미를 추구하는 것이다. 이러한 일종의 자기 이해와 자아 실현은 한 개인이 타인의 시각에 대해 열려 있을 것을 전제로 한다.

이러한 맥락에서 자아는 자율적이기 위해 자유롭다. 이것이 개인의 존재론적 자아 실현에 대한 유교주의의 고전적인 시각이다. 유교주의는 이에 대해, 자아에 대한 독창성의 발견, 개인 안에서 우주의 발견, 그리고 우주 안에서 개인의 발견으로 이어지는 유기적 자각 과정을 제시한다. 요컨대, 유교주의적 도덕철학은 어떻게 개인이 자기 스스로를 결정하고, 자기 변화적 힘에 의해 자유를 인식하는가에 대한 변증법적 시각을 제시한다(Cheng, 1991: 280-284). 자아는 자아상에 의해 닫히고, 제한되지 않는다. 오히려 타인 및 세상과 연계되어 있다. 유교적 도덕성은 도덕적 결정을 내리고 도덕적 이성을 형성하는 개인의 도덕적 행동의 의미성을 인식하는 것이다. 여기에는 개인의 도덕적 자율성에 대한 강조가 자리 잡고 있다.

주체적 자아에 대한 논의는 변화적 자아에 대한 논의를 내포한다. 또 규범적으로 변화의 필요성을 드러낸다. 동양적 집단주의 및 공동체주의는 인간의 부정적 측면에 대한 인식에서 출발한다는 것이 일반적인 인식이다. 이러한 인식은 개인이 두려움, 갈등, 이기심, 수동성, 비합리성, 불확실성, 그리고 부도덕한 의지 등을 지니고 있기 때문에 공동의 가치에 개인을 제한해야 한다는 처방을 제시한다. 그러나 여기에 내재된 유교주의적 도덕관이 인간을 통제 및 규율해야 한다는 일반론을 좁게 제시하고 있다고 이해할 수는 없다. 인간 존재의 부정적인 측면을 인식하고 있음에도 불구하고, 인간의 자아가 스스로의 의지와 능력으로 성장 및 실현해 가는 주체성을 가지고 있음을 아울러 강조하고 있기 때문이다.

도덕성은 단순히 도덕적 원리를 준수하는 인간의 문제가 아니다. 자신을 이해하고 주어진 상황에서 총체적 실체의 의미를 추구한다는 점에서 도덕적 원리를 창조하는 인간의 문제이다. 칸트는 인간은 존재의 목적을 만족시키는 수단을 찾으려고 하는 의지를 가진 자율적 존재라고 보았다. 그리고 이러한 동기는 합리적 이성에 의해 부여된다고 설명했다. 여기에서 인간 존재의 목적은 도덕 원리의 준수이며, 이성은 이러한 도덕 원리를 준수하도록 안내하는 담지자로 이해된다. 만약 칸트(Kant, 1963)가 자율적 이성에 의한 도덕 원리의 준수를 주된 고려 사항으로 여겼다면, 유교 이론은 자율적 자아에 의한 도덕 원리의 창조를 주된 고려 사항으로 여겼다고 볼 수 있다. 유교 철학자에게 도덕 원리는 특정한 방향성을 지니기보다는 개인의 존재론 안에 깊이 새겨져 있는 가능성의 무한함을 함의한다.

유교 사상에 대한 일반적 관점은 권위에 대한 복종을 강조한다는 것이다. 그러나 이러한 이해 방식은 매우 좁은 것이다. 유교 사상은 복종을 요구하는 모순된 권위의 문제를 인식하고, 고뇌하며, 이를 통해 자율적 행동을 이행할 필요가 있음을 논의한다(Allen, 1997a: 154). 공자에 의하면, 우리의 가장 중요한 관계는 가족에서부터 시작된다. 가족의 구성원은 "특정한 의무와 역할에 따라" 가족 내에서 다른 권한과 책임을 맡는다. 이렇게 다른 권한과 책임은 궁극적으로 가족구성원 전체의 이익을 위해 공헌할 것을 지향한다. 이러한 가족을 모델로 한 권한과 책임의 수행은 사회적 의무의 근본이자 근간으로 간주된다. 사회적 의무란 결국 가족적 의무를 모델로 한 적용 및 확장에 다름아닌 것이다(Ivanhoe, 1990: 1-2).[4)]

---

4) 가족구조와 권위적 관계를 강조한 유교에 대해, 이를 어떻게 지배자와 피지배자 사이의 관계로까지 확장될 수 있는가에 대한 많은 비판이 있다. 아시아에서 가부장적 관계는 정부에 대한 사회적 의무와 충성을 요구하는 독재주의자들에 의해 강조되었다. 『공자가 죽어야 나라가 산다』는 책에서 김경일은 한국의

유교 사상에서 관계적 자아는 사회적 위치에 의해 구성되고 정의된다는 점에서, 개인의 자율적 자아의 시각과 다르다. 요컨대, 자유주의적 공동체에서 자아는 대체로 사회적 요인으로부터 구성되는 산출물인 반면(May, 1996: 3), 유교적 공동체에서 자아는 "효도"와 "장유유서" 같은 인간에게 적절한 행동을 유도하는 내면적 출발점이다(Roetz, 1993: 53-66). 『논어(論語)』에서 의(義)의 미덕은 자기 자신의 삶을 주체적으로 만들어 가는 인간의 역동성을 근본으로 한다(Hall & Ames, 1987: 88-93).

몰인간화된 제도 하에서 충성심은 가장 중요한 미덕으로 여겨진다. 나치 조직은 나치 관료를 점차 몰인간적 사회화로 이끌었고, 이들에게 부도덕한 행동은 역설적이게도 충성의 현시였다. 특별히 악한 인간이 따로 존재하는 것이 아니라, 몰인간적·비자율적 조직의 사회화가 인간을 악하게 만들 수 있음은 이 사례에서 중요한 논점이다. 아렌트는 이를 가리켜 "악의 평범성(the banality of evil)'이라 칭했다(Arendt, 1971: 417; 1958). 이러한 악의 평범성은 비단 나치의 대량 학살 사례에서뿐 아니라, 아부 그라이브(Abu Ghraib) 감옥 사건에서와 같이 다양한 천박한 사례들에서 발견된다. 이는 다른 인종 전체에 대한 감정의 결핍에서 비롯된 것들이다.

오늘날의 행정관리자들은 관료 조직에서 행정관리자들이 자율성과 자아감 상실을 경험함에 따라 자신들의 비판 의식과 타인에 대한 도덕적 책임감을 져버릴 가능성이 있다. 공무원들은 직업의 안정성과 처벌의 두려움에 관심이 있는 만큼 지나친 충성심을 보이고자 하며, 심지어 비인간적인 행동까지 한다. 요약컨대, 훌륭한 행정관리자가 되고 시민사회에서 좋은 시민이 되기 위해서는 자신의 권리와 의무, 그리고 도덕적 책임에 대한 비판적 성찰을 통한 자기 자신에 대한 명확한 이해를 필요로 한다.

많은 사회적·정치적 문제들은 유교적 전통으로부터 기인하는 것이라는 주장을 강력하게 펼치고 있다. 다른 논의를 위해 그레이엄(A. C. Graham)의 『도를 논하는 사람들(*Disputers of the Tao*)』 LaSalle, Ill.: Open Court, 1989)을 볼 것.

제 4 절 시민적 덕성과 공공재

아리스토텔레스(Aristoteles)는 시민들 각자가 자신의 이익을 구성해 행사하는 것을 덕성으로 보았고, 이러한 덕성을 가장 잘 증진시킬 수 있는 '폴리스(polis)'를 이상적 고대 그리스의 도시국가로 정의했다. 그의 견해에 따르면, 이상적인 공동체(혹은 이상적인 지방의 통치)는 시민들의 이익을 가장 잘 증진시킬 수 있는 공동체이며, 이것이 사회적 선(the good)이다. 그러나 다원주의적이고 다문화적인 공동체의 특성으로 인해 거대하고 복잡한 공동체에서 '선(善)'을 도출하는 것은 쉬운 일이 아니다. 공동체는 개인과 집단의 상이한 가치와 정체성으로 구성되어 있다. 다문화적 공동체에서 시민은 특정한 집단과의 연합에 가치를 둠은 물론 그들 자신의 배경과 관련된 선의 개념을 형성한다(Kymlicka, 1995). 따라서 행정관리자들은 공동체에서 선의 다원주의적 속성을 필연적으로 중하게 취급해야 한다. 여기에서 쉽게 대답하기 어려운 질문은, 그렇다면 다문화적 사회에서 시민들이 형성해야 할 장점으로서 다양성을 볼 수 있도록 행정관리자들이 어떻게 도와 줄 수 있는가에 대한 것, 그리고 행정관리자들이 공동체에서 집단 상호 관심 사항에 대한 대화와 공유를 위한 집단과 공적 담론을 개발하기 위한 기회를 어떻게 제공해 줄 수 있는가에 관한 것이다.

이러한 당혹스러운 질문들에 대한 근원적인 탐구는 선의 개념에 대한 다양한 차이점을 어떻게 해결할 수 있는가에 있다. 만약 어떤 사람이 선에 대해 상대주의적 시각을 취한다면 다른 집단 혹은 개인 사이의 상이한 견해들은 각자 방치되어야만 하고 정부는 상이한 문화적 이익과 집단의 정체성을 보호해 주어야만 한다. 도덕상대주의는 상이한 문화 사이는 물론 문화 내에서의 도덕적 논쟁 사이의 도덕적 다양성을 강조한다(Bunting, 1996; Young, 1997). 선의 상대주의적 시각을 비판하는 사람들은 공동체 문제를 취급하는 상이한 견해들 중 어떤 사상은 다른 사상보다 더 뛰어나다고 하는 것이 있을 법하다는 주장을 한다(Howard, 1992: 6).

선에 대한 다원주의적이고 자유주의적인 견해는 상대주의적 함정에 빠질 수 있다. 이러한 함정을 극복하기 위해, 롤스의 정치적 자유주의는 정의의 원리로부터 선의 개념을 접근한다(Rawls, 1971; 1993). 롤스는 정의를 개인의 도덕적 삶에서 가장 근본적인 덕성이라고 전제한다. 정의는 개인의 본성을 가장 잘 표현하는 것이다(Rawls, 1971: 491). 롤스에 따르면, 개인의 본성과 자아는 행위가 정의롭기를 요구한다. 정의는 타인을 억압하려는 어떠한 성향을 좌절시키는 개인의 인격으로 최고의 덕성에 해당한다. 정의는 인간성을 보존하기 위한 가장 중요한 원리이기도 하다.

또한 롤스는 시민들은 두 가지의 도덕적 힘을 소유하고 있다는 점에서 자유롭고, 동등하며, 도덕적인 존재라고 보았다. 첫째, 선의 개념을 형성하고, 수정하며, 추구하는 능력이다. 둘째, 타인에게 사회적 협력의 공평한 조건을 제안하고 존중하는 능력이다. 이러한 힘을 소유하고 있는 한, 시민들은 정치적으로 동등하다. 시민들은 사회적 협력의 체제 내에서 이를 통해 완전한 구성원의 지위를 지원한다. 더욱이 시민들은 선에 대한 그들의 개념에 상관없이 시민으로서의 지위를 지니고 있다는 점에서 정치적으로 자유롭다. 그들에게는 정의의 요구를 존중할 수 있는 능력과 책임이 당연히 부여되어 있는 것으로 간주된다. 또한 개인의 인격과 이익을 근본적으로 결정하는 기본적인 사회적 제도를 통해 이를 이상적으로 구현한다.

유교주의적 도덕관은 개인이 타인과 관련하는 방식에서 덕성을 도출한다. 여기에서 이익은 주관적 본성인 자의식뿐 아니라, 공동체 의식을 포함하고 있다. 그리고 이익은 개인의 자아 실현에 대한 직접적인 표현 및 표시로 이해된다. 이러한 견해는 시민사회에서 헤겔(G. W. F. Hegel)의 개인에 대한 견해와 상반되는 것이다. 헤겔에 의하면, 시민사회에서 개인은 시장에서 다른 사람들과 소유물을 교환하는 것과 같은 공동체적 삶에 종사함으로써 자의식을 형성한다(Hegel, 1952: 99-118). 헤겔에게 시민사회는 공동체적 삶에 대한 참여를 통해 개인의 욕망과 욕구가 만나게 되는 장이다. 시민사회는 다양한 사회적 영역 및 조직에서 발견된다. 가령, 회사를 통해 개인은 안전과 혜택의 욕망과 욕구를 충족하고, 또한 구성원들에게 특정 개인을 초월하는 집단에서의 소속감을 깨우쳐 주기 위한 행동을 한다. 헤겔의 주장에 따르면, 개인의 개별적 이익은 참여를 통해 일반적 이익과 결부되어 개인에게로 되돌아간다(Seligman, 1992: 49). 한편, 공동체적 삶에 대한 헤겔적 사고가 가지고 있는 모순은 시민사회에서의 개인 참여의 이익은 개인에게 보존되어 돌아가기도 하지만, 종종 좀 더 일반적인 영역으로 사라져 버리게 된다는 것이다. 셀리그만(Adam B. Seligman)이 지적한 것처럼, 개인이나 집단의 이익은 국가의 영역(그리고 좀 더 구체적으로는 공직자 계급에 따라 나타나는 일반적인 이익)으로 전환된다(Seligman, 1992: 50-51).

제 5 절 행정관리자와 시민을 연결하기

어떻게 행정관리자와 시민은 공동체의 개선을 위해 함께 책임과 덕성을 고양할 수 있을까? 다문화적 특성이 강해지는 사회에서 덕성에 대해 합의된 공통의 정의를 찾는 것은 어려워지고 있다. 사람은 일생을 통해 타인에게 해를 끼치지 않고, 자신의 인격을 개발해 가며, 다양한 덕성을 배열하고 재배열한다. 가령, 어떤 사람은 일생을 통해 사랑이나 진실에 가장 중요한 가치를 두는 덕성을 키울 것이다. 한편 이 사람이 비록 정의를 가장 중요한 가치로 꼽지 않고 있더라도, 이 사람이 부정의함을 옹호하고 있다고 판단할 수는 없을 것이다. 대부분의 사람은 상대적인 중요도의 차이를 둘지라도 시민적 책임감과 공동체의 가치를 중시하기 때문이다. 시민에게 공동체를 위한 시민적 책임감을 촉진하고 함양하는 것은 행정관리자의 중요한 책임이다. 시민들이 타고난 사회적·자발적 본성으로 인해 공동체에 공헌하도록 동기가 부여되었다고 보기 어렵다는 자유주의 사상가들의 신념은 정당하다. 필자는 동기는 타고나는 것이 아니라, 제공되고 개발되는 것이라고 믿는다. 비판적으로 자신의 도덕적 사고를 이해할 수 없는 개인은 이러한 능력을 고양할 필요성이 있다. 이러한 시각은 자유주의로부터 공화주의 문제를 해결하고자 시도한 사람들에 의해 주장되고 있는 것이다(Dagger, 1997; Gutmann, 1987; Galston, 1991; Macedo, 1990; Kymlicka, 1995). 예를 들어 많은 사람이 롤스의 정치적 자유주의는 자율성과 시민적 덕성을 연결하는 데 실패했다고 주장한다(Dagger, 1997: 191). 롤스와 다른 자유주의적 공동체주의자들은 제도와 자발적 연합에 대한 개인의 헌신을 지나치게 강조하고 있다.

갤스턴(William Galston)은 과거에 자유주의 이론가들은 시민의 책임과 의무에는 주목하지 않은 채, 개인 권리의 정당성을 확호히 하는 것에 너무 많은 초점을 두었다고 주장한다. 그는 이러한 것들이 도시 공동체의 침체의 원인이라고 본다. 갤스턴에 의하면 책임 있는 시민권을 위해 필요한 덕성은 네 가지로 분류된다. (1) 용기, 법규 준수, 그리고 충성과 같은 일반적 덕성, (2) 독립성, 관용과 같은 자유주의 사회의 덕성, (3) 자기 만족을 적절하게 유예시켜 주는 것을 용납하는 능력과 경제적 · 기술적 변화에 대한 적응성과 같은 근로 윤리인 자유주의 경제의 덕성, 그리고 (4) 타인의 권리를 사리 분별하는 능력과 존경에 대한 자제, 지불될 수 있는 것만큼 요구하고자 하는 의지, 공직에 있는 사람들의 근무를 평가할 수 있는 능력, 그리고 공적 담론에 관여하고자 하는 의지와 같은 자유주의 정치의 덕성이다. 권위에 대해 이의를 제기하고, 다양한 견해를 경청하며, 그리고 공적 담론에 종사할 수 있는 시민의 능력은 정치적 덕성 중 특별히 중요하다.

<표 8-2>에서 필자는 행정관리자와 시민 양자에게 중요한 일련의 시민적 덕성을 목록으로 만들었다. 이 목록은 모든 시민적 책임성에 관한 것을 언급하려는 것이 아니고 시민사회에서 행정관리자와 시민을 다시 연결시킬 수 있는 유용한

표 8-2 행정관리자와 시민의 시민적 덕성

시민적 심성을 지닌 행정관리자의 덕성	좋은 시민의 덕성
• 공공재에 관여한다. • 서비스 제공에 공평하다. • 사회적 상호작용에 관여한다. • 자기 성찰을 이용한다. • 공적 담론 및 대화에 참여한다. • 충성스럽고 헌신적이다 • 자율성을 이해하는 감각이 있다. • 신뢰성이 있다. • 심사숙고한다. • 배려해 주고 자비롭다. • 시민 책임의 발전을 위한 여건을 계발한다. • 시민 참여를 촉진한다. • 시민의 욕구를 평가한다. • 정보를 공유한다.	• 정의감이 있다. • 공공재를 이해하는 감각이 있다. • 평등성(equality)의 가치를 인정한다. • 자유(liberty)를 존중한다. • 타인을 옹호한다. • 공동체에 관여한다. • 타인(혹은 적)의 존재를 인정하고자 한다. • 예의바르고 동정심에 대한 감각이 있다. • 공손함을 존중한다. • 타인과 협동하고 공동체에 열중한다. • 문화적 다양성을 존중한다. • 자기를 인식한다. • 공적 담론에 관여한다. • 성찰적 방법으로 자기 이익을 추구한다.

아이디어를 제시하려는 것이다. 행정관리자는 그들 역시 공동체 내의 시민이기 때문에 열거된 아이디어들은 상호 배타적이지 않고 중복되는 것이다. 또한 이 표는 행정관리자가 시민과 함께 참여적 관계에 관여할 때 인간과 관리적 실천을 강조하는 인격적 특성과 관련된 목록을 제시함으로써 시민과 행정관리자 사이의 관계를 제안하고 있다. 인간 본성의 복잡성은 예를 들어 만약 성찰적 방법으로 자기 이익을 추구하는 것이 개인의 인격 중 훌륭한 덕성으로서의 정의를 대신할 수 있다면 그 사람은 다른 사람들을 억압하는 경향이 있을 것이라는 것을 암시하지 않은 채 다른 순서의 덕성들을 요구할 것이다.

언뜻 보아 행정관리자의 덕성에 관한 이 목록은 민주주의의 특성 그 자체에 초점을 둔 지나치게 이상적인 것으로 보일 수 있다. 그러나 기준은 행정조직의 맥락에서 실천적으로 활용될 수 있다. 만약 행정관리자들이 민주성을 배제하고, 정책을 단지 규정과 규제에 따라 수립하고 집행하기를 기대한다면 다른 종류의 덕성들을 필요로 할 것이다. 규정과 규제의 경우에도 적절하게만 이행된다면, 그러한 행정의 행태 역시 덕성이 있는 것이라고 주장할 수 있다. 그러나 효과적인 규정의 이행은 규정의 의미를 헤아리고, 그러한 의미는 가까운 상황에 즉시 적용할 수 있도록 준비하는 행정관리자의 능력에 따라 달라진다. 모든 시민의 요구사항을 듣고 그 가치를 고려해 일을 공정하게 처리하는 것이 중요하다.

행정관리자와 시민을 연결하는 것은 시민의 지지와 그들의 공공재에 대한 관심을 획득하기 위해 필수적이다. 시민의 입장에서 소외감은 공동체에 대한 책임의식의 결여를 초래하게 된다(May, 1996: 39). 따라서 행정관리자는 특별히 성찰적일 필요가 있다. 그러나 아렌트의 지적처럼 이러한 특성은 절박한 삶의 요구에 의해 말살될 수 있다(Arendt, 1971: 421). 나치 독일의 사례에서처럼 관료제적 제도는 이러한 절박함에 처한 사람들에게 사상을 주입하고, 양심적인 개인들이 이전에는 그들의 가치와 반대되는 것, 즉 이전에는 잘못된 것으로 간주했던 것을 옳은 것으로 받아들이도록 압박을 가하는 것에 특히 능숙하다. 아렌트의 관점에서 제도 내에서 이뤄지는 사회화는 이와 같은 부정적 효과를 끼칠 수 있다. 이것은 이 세상에서 악(evil)을 감소시키기 위해 제거되어야 하는 가장 중요한 것 중의 하나이다(May, 1996: 71; Arendt, 1964).

만약 어떤 행정관리자가 시민적 심성을 가지려 한다면, 윤리적 책임감과 정의

감, 적극적이고 진정한 공적 담론에 대한 참여, 예의바름과 동정심, 그리고 타인을 인정하고자 하는 의지와 같은 좋은 시민의 덕성을 견줘 가늠해 보아야 한다. 이러한 것들이 "시민적 성실성(civic integrity)"의 중요한 요소들이다. 의미 있고 신뢰성 있는 관계를 형성하기 위해, 행정관리자는 권위 의식, 규정에 대한 집착, 기타 형식에 치우친 겉치레 행정과 같은 관료제적 가치관을 최소화하고 상호 연대감의 사회적 자본, 열린 마음, 그리고 시민들의 신뢰를 얻도록 노력해야 한다. 다문화적 공동체에서 사람들이 배경, 이익, 인종, 언어, 혹은 성별이 다른 사람들과 신뢰할 수 있는 관계를 발전시킨다는 것은 어려운 것이다. 새로운 세기에는 이러한 것들이 행정관리자들의 가장 도전적인 책임성이 될 것이다.

단체행동은 조직에서 그리고 공동체에서 사업을 성취하기 위해 흔히 요구되는 것이다. 한 개인이 자기 성찰의 한계를 넘어설 수 있을 때 그 사람은 유용한 의사 전달 기회와 "사회 존재론적 자원"(Shotter, 1993: 163)을 형성하기 위해 다른 시민들을 향한 윤리적 책임성을 깨닫게 된다. 이것은 윤리적 담론을 형성하는 데 우리의 위치를 인식하는 것, 우리들 주위에 있는 사람들이 말을 할 수 있는 권리를 존중하는 것, 그리고 우리의 가설과 단어의 사용이 관련된 방식은 물론 어떻게 정체성을 올바르게 판단할 것인가를 이해하는 것을 의미한다. 리오타르(Lyotard, 1984: 18)는 이러한 종류의 이해를 "어떻게 알고, 어떻게 살 것인가를 알고, 어떻게 들을 것인가를 아는 것"이라고 말하고 있다. 이런 측면에서 타인을 향한 성찰은 시민적 덕성(Dagger, 1997)의 하나로서 상호작용과 사회적 실행의 근본이 된다. 한 개인이 조직이나 공동체의 이익에 관여하기 위해 그는 정의감, 공적 담론에 대한 적극적인 참여, 배려와 동정심, 그리고 상대에 대한 존경을 통해 타인과 일체가 되어야 한다(Jun, 1999: 224-225).

행정관리자의 덕성은 예를 들어 공공재에 대한 관여, 실천 지향의 행동, 대안이 되는 해결책의 모색, 상호작용의 제공, 의견 듣기, 그리고 대화와 같은 좀 더 폭넓은 책임성을 강조하는 다른 특성들을 포함할 수 있다. 전통적 정치 및 행정과 달리 시민과 행정관리자 사이의 연결을 호전시키기 위해 행정관리자들에게 새로운 덕성이 필요하다. 시민들이 타인과 그들의 공동체를 위한 진정한 관심을 보이도록 시민들의 덕성을 계발하는 것 또한 행정관리자들의 책임이다. 지속 가능한 발전, 세계 기아 문제, 인권, 불우한 사람들, 그리고 공동체 문제의 해결 등에 관한 시민 의식을 증진시키는 것이 특히 중요하다.

제 6 절 결론

20세기 강한 정부에 대한 요구로 인해 조직의 관료제화가 강화되었다. 그 결과 타인에 대한 동정심 등의 감각이 둔화되었고, 조직 안에서 개인적 측면의 윤리적 책임성에 대한 감각은 크게 감소했다. 효율성과 비용, 그리고 근무평정에 대한 강조 때문에 윤리와 효과성의 증진은 양적이고 결과 지향의 관리와 절차의 효율적 집행으로 대체되었다. 그러나 행정에서 경제성과 관리에 대한 강조에도 불구하고, 대부분의 행정관리자들은 "옳은 것"에 관한 깊은 윤리적 감각을 가지고 있고, 이러한 윤리적 감각은 행정관리자들의 상호작용을 통해 더욱더 가다듬어진다. 개인들은 새로운 지식과 경험을 쌓아감에 따라 이 세상에서의 존재감을 성찰적으로 수정하게 된다. 따라서 개인적 수준으로부터 집단, 그리고 조직적 수준으로의 전환은 행정기관으로 하여금 윤리적 책임을 지게 하는 가장 전망 있는 가능성을 제공해 준다.

윤리적 책임성에 대한 사회적 구성주의자의 시각은 개인의 타인에 대한 관심과 타인으로부터의 학습을 공유하는 것은 물론 확립된 법과 규정, 그리고 윤리강령의 중요성을 논함으로써 윤리학적 변증법이 가능하다는 것을 전제로 한다 (Wolfe, 1989; Winter, 1966; Allan, 1998; May, 1996). 미시적 수준으로부터 거시적 수준까지 윤리적 과정을 이해하는 것은 개인 책임을 증진시키는 다른 어떤 방법보다 더욱 효율적인 방법이다. 법과 절차에 의한 순종을 강조함으로써 책임성을 확보하는 거시적 수준은 사람들의 윤리적 행동에 영향을 미친다. 그러나 책임성 있는 행동을 이행하는 절차는 고도의 불확실성을 야기한다. 윤리적 의사 결정의 모호함 때문에 윤리강령이나 법규와 같은 외적 기준들은 효과적이지 않다. 좋은 판단은 오직 "도덕적 자아의 양심"에 따라 이뤄지기 때문일 것이며, 행위자로 하여금 타인들의 관점에 대해 비판적 성찰을 함으로써 윤리적 시각을 구성할 수 있게 한다.

개인의 자율성과 시민적 덕성에 관한 주제는 동양과 서양철학 모두에서 긴 역사를 가지고 있으며, 사회와 제도는 물론 시민사회에서 시민들의 윤리적 책임에 관한 개념에도 크게 영향을 미친다. 동양철학, 특히 유교와 도교는 훌륭한 시민의 덕성에 대한 교육적 측면에서 극동아시아 국가들에게 영향을 주고 있다. 지난 수십 년 동안 아시아 국가들은 국가의 발전 목표를 성취해 오는 과정에 시민들을 이끄는 중요한 역할을 담당한 엘리트 및 서구에서 훈련받은 전문 기술관료들과 함께 플라톤적인 훌륭한 사회의 발달에 관심을 두고 있다. 이러한 국가들은 경제적으로 풍요로워지고 많은 사회적 문제를 경험함에 따라 그들 자신의 공동체를 통치하면서 시민들의 시민적 책임을 인식하게 되었다. 또한 시민적 책임성은 정치인들, 학자들, 그리고 서구 사회 특히 미국 시민사회의 지도자들의 주목을 받았다(Seligman, 1992). 자유주의자와 공동체주의자는 개인과 공동체의 권리와 책임에 관해 상이한 강조를 하고 있다.

만약 행정관리자가 시민적 심성의 덕성을 꾸준히 함양하지 않는다면, 그들은 공동체에서 시민들과 신뢰 및 믿음 있는 관계를 효과적으로 형성하고 있다고 할 수 없다. 이러한 덕성의 행사는 단순히 시민과 협동적 활동에 종사한다는 것을 의미하는 부분이다. 행정관리자에게는 공동의 신념에 대한 대중적 호소를 통해 사회적 불완전성을 인정하고, 이를 극복하고자 하는 의지가 있어야 한다(Galston, 1991: 227). 만약 그들이 시민사회의 효과적인 행정관리자가 되기 원한다면 그들은 특정한 덕성을 소유하거나 시민과 함께 일할 수 있는 능력을 갖출 필요가 있다. 이것은 시민적 심성의 덕성을 적극적으로 획득하고자 하는 행정관리자 개인의 궁극적인 책임이다. 더욱이 시민과 함께 일하는 의미 있는 행정적 실천에 종사하는 관리자는 비판적 성찰이 개인의 자율성에서 중요한 한 부분이라는 것을 발견하게 된다. 시민적 심성을 가진 행정관리자는 공적 담론을 촉진할 수 있으며, 개인적 바람과 공동체의 선(善) 양자를 논할 수 있다.

제9장

시민사회와 거버넌스의 잠재력

행정은 사회의 맥락 안에 존재한다. 행정은 사회로부터 고립된 존재가 아니다. 정부는 사회적 문제에 대응하기 위해 정책과 행정을 발전시키고자 한다. 그러나 정부의 활동 또한 사회적·세계적 정치와 이슈들의 영향을 받고 있다. 새로운 사회적·세계적 이슈들이 나타날 때, 정책결정자와 행정가들은 그들의 인식, 지식 그리고 경험을 바탕으로 문제점과 해결책을 판별하고자 한다. 그러나 이러한 판단은 사회적·세계적 행위자들과의 상호작용을 통해 이뤄질 때 좀 더 효과적이다. 행정과 사회의 상호작용을 통할 때, 사회적 상황의 의미가 좀 더 잘 구축되고, 행위 과정의 타당성이 담지된다. 케틀(Donald Kettl)이 지적하듯이 거버넌스에서 변화관리란, "사회적 도전에 대응한 공공기관의 대응 방안 설정에서 그 결정 과정을 어떻게 관리하고, 연구할 것인지의 문제를 함의한다. 이를 통해 미래의 공무원들을 어떻게 준비시킬 것인가의 문제가 중요한 과제로 대두된다"(Kettl, 2002: 150).

이 장에서 필자는 사회와 행정의 변화를 논의하고자 하며, 특히 세계화와 시민사회의 광범위한 맥락에서 통치 과정의 변화를 살펴보고자 한다. 이를 위해 정부와 기업, 그리고 시민사회의 관계를 민주화하기 위한 중요한 동력인 비정부조직(Non-Governmental Organizations: NGOs)의 역할과 시민사회에 대한 현재의 개념을 탐구하고자 한다. 여러 사례는 중앙적 계획과 다원적 정치들의 결과인 현대 발전 프로젝트의 오류와 같은 지역공동체의 거버넌스 과정을 향상시키는 데 따르는 문제점과 가능성을 보여 주고 있다.

제 1 절 시민사회의 삼각 축: 하나의 새로운 거버넌스 형태

시민사회에 대한 관심의 부활은 행정과 사회를 통치하는 지배 형태를 전환하는 것에 심오한 의미를 지니고 있다. 세계화는 국제적으로 시민사회의 가치를 촉진하는 강한 힘이 되고 있다. 비록 이러한 움직임이 다양한 형태로 나타나고 있지만 아마도 가장 중요한 변화는 국민에 대한 수직적 통치와 관리에서 수평적 거버넌스로의 변화일 것이다. 이러한 변화는 정부, 기업 그리고 시민사회가 과거보다 덜 계층적이며 더욱 민주적인 관계를 가진다는 것을 포함하고 있다. 통치의 본질을 변화시키는 중요한 발전은 자치 과정(self-governance processes)으로 비정부조직(NGOs), 다양한 비영리조직(Non-Profit Organizations: NPOs), 그리고 자원봉사조직들의 관계를 포함하고 있다.

시민사회는 인류만큼 오래되었다. 사람들이 미래의 어떤 공통 목적과 공통의 정치적 공동체에 대한 논의, 결정 그리고 연합적 행동을 위한 중립적 합의에 따라 함께 살아가기를 시작할 때부터 시민사회는 시작되었다. 시민사회는 "정치적 국가의 등장에 앞서지 않는다면, 인간 네트워크로서 시민사회는 독립적으로 존재한다"(Isaac, 1993: 356). 정당, 기업단체, 노동조합, 협동조합, 여성단체, 전문가 협회, 종교조직 그리고 옹호 연결망(advocacy network)을 시민사회 조직의 모든 형태로 볼 수 있다. 최근 비정부조직과 특히 자원봉사 조직의 확산이 시민사회의 개념에 대한 관심을 새롭게 환기시켰다. 그 이유는 이들 조직으로 인해 사회 개혁을 위한 시민 권력의 가능성과 잠재력이 새롭게 모색되었기 때문이다. 또한 정부와 대기업을 견제하거나 지지하는 사회적 힘을 형성할 수 있기 때문이다. 이러한 예는 한국, 일본, 프랑스 그리고 미국에서 농업정책에 반대하는 농부들의 최근 저항 등의 사례에서 확인된다.

시민사회는 시민들의 적극적 참여를 통해 활발해진다. 즉, 공공 영역에서의 토론과 의견 교환을 통해 공동체 문제들이 논의되고 목표를 형성한다. 하버마스

(Jürgen Habermas)는 공공 영역을 다음과 같이 개념화하고 있다. "공공 영역은 의사소통 정보와 관점을 위한 조직 네트워크이다. 의사소통 과정에서 의사소통의 흐름은 세분화되어 있는 대중의 정보와 관점이 집합체로 합쳐지고, 여과되고, 종합화되는 과정이다. 공공 영역은 잠재적 소통의 형태로 사회적 관계를 포함하고 있기 때문에 사회적 공간의 성격을 갖는다"(Habermas, 1995: 360-361). 시민사회는 민주주의 기능의 중요한 기본이다. 시민사회는 서구 사회의 특성을 반영한 아이디어이며, 거버넌스는 이러한 특성의 현대적인 표현이다. 두 개념의 결합은 민주주의 사회의 사회적, 행정적, 정치적 관계를 이해하는 데 유용한 관점을 제공한다. 거버넌스는 정부, 기업, 그리고 시민사회 사이에 존재하는 "시민사회의 삼각 축"이라고 말할 수 있는데, 이는 상호의존성과 지속적으로 변화하는 관계를 통한 민주사회의 성장에 대한 의미를 담고 있다. 만약 세 영역 중의 하나가 너무 강해지거나 너무 약해지면, 사회는 사회적 부당함, 불공평, 부패, 그리고 정치적 혼란과 같은 심각한 문제를 경험하게 될 수 있다. 1990년대 후반의 아시아 재정 위기는 세계적 경제와 민주적 거버넌스 사이의 심각한 불균형을 입증하는 것이다. 일본, 한국, 태국, 말레이시아, 그리고 인도네시아에서 발생한 금융 위기의 원인은 불완전하게 규제된 은행 체제, 기업과 정부 고위층들 사이의 책임성 부족, 그리고 다원적 민주주의에서의 비효율적인 정부기관의 운영에 있다.

최근 아시아에서 산업화가 되었거나 산업화 중인 국가들은 시민 역량 발전의 필요성에 초점을 맞추고 있다. 예를 들면, 일본 정부는 빠른 경제 발전의 대가로 시민 참여(citizen engagement)를 소홀히 했음을 반성하고, 1980년대 초반부터 시민사회의 발전을 촉진하기 시작했다. 한국은 1990년대 후반부터 이러한 과정을 시작했다. 1998년에 일본 정부는 「명시적 비영리조직 활동 촉진 법률」을 통과시켰는데, 첫 번째 법률은 수백 개의 비영리조직에 합법적 지위를 부여하기 위한 것이었다. 같은 해에 한국 정부는 비정부조직에 대한 정부의 재정 지원을 제공하기 위한 지침을 규정하는 법률을 통과시켰다. 오늘날 두 나라에서 비영리조직과 비정부조직의 상당수는 정부 후원의 재정 지원을 받고 있다.

비록 한국과 일본이 형식적인 대의민주주의를 시행하고 있다고 하더라도, 이들을 포함한 많은 아시아 국가는 실질적으로는 비효율적이고 낮은 기능 수준의 민주통치 체제를 운영하고 있다. 지방정부 공무원들은 중앙정부의 지원이나 승인 없이는 지역 문제를 해결할 능력이 결여되어 있다. 또한, 지방 정부공무원들은 재정독립성이 낮고, 세금을 부과하는 권한이 약하기 때문에 지방자치권 혹은 지방자치를 위한 실질적 기회를 부여받지 못하고 있다. 이를 개선하기 위해 일본 정부는 1995년의 지방분권 촉진법과 1999년의 지방분권 총괄법의 시행을 통해 지방정부에 더 많은 권한을 부여하고자 했다. 그 이후 중앙정부와 지방정부 간의 관계는 점진적으로 개선되어 가고 있다(Shigeru, 2003: 162).

시민사회의 삼각 축에서 또 다른 흥미 있는 현상은 정부의 역할이 감소되고 있다는 점이다. 즉, 기업과 시장경제의 영향이 점차 확대되고 있음에 비해서, 정부의 역할은 쇠퇴하는 경향이 있다. 세계무역협정의 내용에서는 국가적이고 지역적인 법규들이 작용할 수 없게 되는 영역이 존재하고, 민주주의 국가들은 더 이상 자결권을 주장할 수 없게 되고 있다. 환경, 경제, 그리고 무역과 같은 현재의 많은 문제는 국제적이고 지역적인 접근이 요구되는 세계화적 특성이다. 그러나 개별 국가의 정책결정자는 그들의 능력이 세계무역기구(WTO)의 자유무역 규정과 다국적 기업의 경제력과 같은 국제적 정치와 정책의 더 커진 영향력으로 인해 제한적이라고 인지하고 있다. 일반적으로 오늘날의 국가정부들은 경제적 세계화의 예상되지 못한 결과를 대체할 능력이 없다. 코텐(David Korten)이 설명하고 있듯이 "그와 같은 현상은 경제적 세계화 과정의 이면에서 이념적이고 정치적이며 기술적인 힘들의 수렴으로 생긴 거버넌스의 위기이다. 경제적 세계화는 정부의 공공재에 대한 책임을 약화시키고, 이 책임을 단기적 재정수입 원칙을 추구하는 소수의 기업과 재정기관으로 전가시키고 있다"(Korten, 1995: 12).

시민사회와 풀뿌리 조직 발전의 촉진을 지지하는 사람들은 유사한 방법으로 사람을 착취하는 정부와 사적 이익을 추구하는 민간기업의 동기와 능력에 대해 불신하고 비난하는 경향이 있다. 대신 이들은 풀뿌리 공동체와 자원봉사자의 잠재 능력을 신뢰하고, 집합적 주도권을 통해 구성원들에게 힘을 부여할 것을 촉구한다. 공공 영역은 사람들이 새로운 대안과 그들 사이의 관계를 찾는 것뿐만 아니라 무수한 사회적 문제를 토론하고, 이러한 집합적 주도권을 얻어나가는 활동의 장이다.

공공 영역에서 시민사회와 내부의 관계를 발전시키기 위한 다른 추진력은 복잡한 사회적 문제들을 해결하는 데 자유민주주의의 공공 조직들에 대한 무능한 통치와 관련이 있다. 첫째, 사회를 규제하는 것뿐만 아니라 공공사업들의 운영에서 정부 간섭은 그 어느 때보다도 복잡해졌고, 거대한 관료제는 시민과 공동체의 필요성에 대해 덜 효율적이고 덜 대응적이 되었다. 분권화와 권한위임의 필요성이 증가하는 시기에도 제대로 기능을 하지 못하는 관료제는 중앙집권적이고 관료적인 정부를 합법화하는 것에 더 많은 관심을 가지고 있다. 이러한 현상은 행정 개혁을 성취하기 위한 정부 노력에서 특징적으로 나타난다. 두 번째의 다른 공통적 문제는 자유민주주의에서의 의사 결정은 거대한 단체들에 의해 작용되는 이익집단 정치에 의해 많은 영향을 받고 있다는 것이다. 적은 자원을 가지고 있는 단체는 그들의 이익에 영향을 미치는 결정에 대해 상대적으로 적은 영향력을 가지고 있다. 불리한 조건의 단체와 시민은 선거를 제외하고 정책 결정 과정에 참여할 수 있는 방법이 거의 없다. 마지막으로는 사람들과 사회단체, 그리고 조직 사이의 정치적·사회적·경제적·문화적 상호작용의 관점에서 볼 때, 세계는 더욱 다문화적으로 되고 있다. 다양한 공동체들의 세분화와 지역적 성장으로 인해 정부기관은 더 이상 의사 결정의 중심이 아니다.

또한 이러한 세 영역 사이의 관계는 사회적 네트워크, 사회적 자본, 신뢰와 상호 관계, 그리고 민주주의의 힘에서 지역 주민 참여의 효과성을 설명할 수 있다. 시민사회의 효과적인 거버넌스를 위한 논의는 국가와 기업의 관계를 폭넓게 가지고 있는 다원적 정치가 강력한 민주주의 발전을 제한하고 있다는 데서 출발한다(Barber, 1984; Rawls, 1993; Sandel, 1996; Bohman & Regh, 1997).

따라서 민주주의 사회의 가장 중요한 목표는 공공 영역에서 참여 과정을 구축하는 것이다. 이는 시민이 참여 과정에서 공공재를 정의하기 위한 관점을 가지고 자유롭고 개방적으로 그들의 가치와 목표를 이야기하는 것이다. 여기에서 '국민'이 '국가'와 비슷한 의미를 가질 필요는 없다. 공공재를 위해 국가가 결정하는 것은 시민과 시민조직이 참여를 통해 결정이 형성되는 방법과는 다르다. 지방정부조직, 조합, 그리고 자원봉사조직을 포함하고 있는 시민사회의 삼각 축은 공공의 필요성에 대해 반응하기 위한 창조적인 동반자 관계를 위한 기회를 제공하고, 때로는 정부기관이 하는 것보다 더 효율적이고 더 효과적이 될 수 있다. 따라서 시민사회를 포함하는 거버넌스는 정부와 국민 간의 협력을 위한 새로운 형태라고 할 수 있다.

제 2 절 계층제적 거버넌스에서 민주적 거버넌스로

복잡한 사회를 운영하는 데서 통치와 거버넌스의 과정은 두 가지 모두 피할 수 없는 지극히 중요한 역할을 수행한다. 20세기 행정의 유효하고 합리적인 강조점은 계층적 구조, 권위적 관계, 그리고 규칙과 규제를 만드는 것과 공공 서비스를 전문화함으로써 행정 활동의 확대를 합법화했다는 점이다. 하지만 우리는 1990년대 이후, 과거의 행정 실무가 현재 혹은 우리가 국가적이고 세계적인 정책과 행정의 다양하고 세분화된 본질에 대처하는 등 다가오는 수십 년의 도전에 적절하지 않은 모습을 보이고 있다.

표 9-1 계층제적 거버넌스와 민주적 거버넌스의 비교

계층제적 거버넌스	민주적 거버넌스
• 집권화: 국가정부가 사업들과 재정 통제	• 분권화: 지방정부에 대한 사업과 권한 이양
• 획일화와 계층적 독재	• 의사 결정의 세분화와 자율성
• 기관 목표의 집행	• 공유된 목표의 집행
• 수직적 관계	• 수평적 관계
• 조정과 명령	• 네트워크와 협동
• 다원적인 이익집단 정책	• 대화와 논의를 통한 협상
• 공식적 권위와 경찰력	• 연대된 제휴와 공유된 책임성
• 협력의 중심으로서의 기관	• 조정을 고려한 다양한 일시적 합의
• 법과 규제 실시	• 지방주도권
• 정보 통제와 비밀주의	• 정보 공유와 투명성
• 제한적 참여와 협의	• 공개 참여와 공공 협의
• 비민주적이고 도구적 합리성의 경향	• 광범위한 민주주의와 소통적 합리성

<표 9-1>은 통치와 거버넌스를 비교하고 간단하게 설명하고 있다. '통치'와 '거버넌스'는 가끔 상호작용으로 사용되기도 한다. 즉, 많은 사람이 그들의 의미가 통치의 의미와 본질적으로는 크게 다르지 않다고 해도, 정치와 제도적 관계의 성격에서 미묘한 변화를 구분하기 위해 거버넌스라는 단어를 사용하고 있다. 통치에 대한 전통적 개념에서 거버넌스의 새로운 개념으로의 변동, 통합 및 공존은

세계적 경향이 되었다.

거버넌스 관계는 덜 계층적이거나 비계층적이며 협동적이다. 그렇기 때문에 거버넌스 과정에서 정부와 시민사회의 역할과 관계는 변화되기 마련이다. 이에 대해서는 몇 가지 경향이 발견된다. 첫째, 정책에서 비계층적이고 비권위적인 추진의 경향이다. 미국에서는 주택과 같은 이슈에서 연방 프로그램의 관리와 집행이 "비계층적이고 비권위적"으로 추진되는 경향을 보인다. 지방전략의 측면에서 연방공무원들은 복지, 보건, 그리고 주택과 같은 이슈에 대한 거버넌스 전략의 필요성을 절감하고 있다(Kettl, 2002: 123-130). 예를 들면 1996년의 개인 책임과 근로 기회 조정법의 통과와 함께 복지 프로그램의 관리는 주(州)와 지방정부로 이관되었다.

다른 경향은 공공 영역에서 정부, 기업 그리고 시민사회 세 분야 사이의 변화하는 관계에 대한 이해이다. 즉, 통치의 전통적이고 계층적인 형태를 참여적 거버넌스로 전환하는 것에 대한 필요를 깨닫는 것이다(Jun, 2002: 289-292). 정부가 기업과 시민사회와 가지는 관계의 종래 방법은 수직적인 통치이다. 정부는 사회의 경제적·정치적 활동을 통제하려 할 뿐만 아니라, 역할과 명령을 통해 질서와 균형을 수립하고, 규칙과 의무의 부과를 유지하고 있다. 따라서 통치는 비록 그 과정이 참여적이고 협의적인 상호작용을 강조한다 할지라도 근원적으로는 법적으로 수립된 정책을 집행하는 데 공식적인 권위와 경찰력 등의 공권력에 바탕을 두고 있다(Rosenau, 1992: 4). 정부가 경제적, 정치적, 규제적 그리고 조직적 활동의 조정과 통치를 역할과 기능의 중심으로 간주할 때, 공공 영역에서 사람들의 소통과 문화는 매우 과소 평가되기 쉽다(Peters, 1996; Kooiman, 1993; March & Olsen, 1995; Osborne & Gaebler, 1992). 한편, 최근의 행정학 연구는 공식적 권위와 권력에 대한 연구에서 다원주의적 정책을 수립하고 실행하는 공공기관의 효율적 역할을 강조하는 방향으로 전환되고 있기도 하다. 통치는 공공 서비스와 정부자원의 공평한 배분을 감독하기 위해 반드시 필요하다. 그러나 통치는 내재적인 한계를 필연적으로 가지고 있다. 통치를 지나치게 많이 강조하게 되면 지역에서의 사회적 개혁과 자치의 가능성은 요원해진다.

시민사회, 네트워크 그리고 의사 소통 구조에 대한 수용 능력이 확대될 때, 통치의 계층적 개념은 점진적으로 공공 영역에서의 다양한 상호작용으로 변화된다. 그리고 공공 영역에서의 상호작용은 비계층적, 수평적, 협동적 의견 교환을 지향한다. 정부 업무가 시민사회나 비정부조직 등과 연계될 때, 행정가들은 시민사회의 재생과 발전을 추구하는 촉진자로서 행동할 수 있다. 기든스(Anthony Giddens)는 시민사회 촉진자로서의 정부 역할을 아울러 강조하고 있다. 이러한 촉진자의 역할은 정부-공공의 동반자적 관계를 시작으로 지방분권, 공동체 재생산, 제3섹터 시민조직 참여, 지방 공공 영역 보호, 공동체에 바탕을 둔 범죄 예방 등을 포함하고 있다(Giddens, 1998: 69-98).

거버넌스는 시민사회의 맥락에서 시민과 조직 사이에서 공유된 가치와 목표에 의해 지지되는 활동과 관계를 가지고 있다. 사람과 조직 사이에서 협력을 강화하고 불일치를 해결하기 위한 조정 과정은 기본적으로 법적이고 공식적일 수도 있고, 그렇지 않을 수도 있다(Rosenau, 1992). 거버넌스는 대중, 개인, 그리고 비영리조직 사이의 연계된 파트너십을 촉진시킨다. 그것은 정책 결정과 문제 해결 과정에서 시민과 여러 단체의 다양한 가치를 반영할 뿐 아니라, 공공 프로그램의 집행 효과성을 향상시킨다.

거버넌스 개념은 정부의 계층적이고 권위주의적 성격에 반대되는 것으로 구성주의의 관점에 근거하고 있다. 이 시각에서 현실은 실체적인 것이라기보다는 공동체 시민들과 이해관계자들에 의해 사회적으로 구성된 것으로 인식된다. 가령, 로컬 거버넌스란 시민과 비정부 부문 조직의 의사가 투영된 사회적 구성물로 이해된다. 시민과 비정부조직에서 그들이 살고 있는 공동체의 이익을 반영한 의사를 결정하고, 정치적 과정에 대해 언급할 수 있는 기회는 일반적으로 크지 않다. 따라서 거버넌스적 접근은 이들에게 공유된 경험과 관심의 제도적 언로(言路)를 제공해 줌으로써 상호 주관적인 현실을 구축하는 시민, 집단, 그리고 조직의 참여 과정에 초점을 맞추고 있다. 여기에서 정부기관은 정부 활동을 조정하는 지배적인 역할을 하고 있지 않다. 또한 정부, 기업, 시민사회의 관계는 법적·공식적이기보다 일시적인데, 그 이유는 그들의 상호작용이 주어진 문제에 대한 해결에 근거를 두고 있기 때문이다. 이러한 문제 중심적 상호작용은 주로 대화와 논의를 통한 심의 과정의 형태를 띠게 되며, 참여자들은 집합적 행동을 통해 공공적 측면의 공감대를 형성하고자 한다(Habermas, 1998; Dewey, 1963; Gouinlock, 1978; Bohman, 1996; Christiano, 1997).

반면, 행정관료제는 베버가 정의한 것처럼, 기술적 · 도구적 합리성의 가정 하에서 작동한다. 정부기관은 규칙과 절차를 바탕으로 집행에 관여하고, 이에 개인들의 잠재력은 인식되지 않는다. 관료제는 경제적 필요와 목표 달성에 주로 초점을 두기 때문에, 관료제가 전제하는 도구적 합리성은 본질적으로 반민주적이다(Dryzek, 1990: 1-7). 하버마스는 베버의 도구적 합리성의 불완전성을 인식하고, 의사소통적 합리성을 강조했다. 의사소통적 합리성의 의미는 국민들이 의사소통의 사회적 관습을 통해 제도적 질서를 구성하고, 이를 의사 결정에 반영할 때 비로소 적절해질 수 있다는 것이다(Habermas, 1984). 국민들은 의사소통적 행위를 통해 합리성과 합법성의 관념에 대한 기초를 제공하는 상호 주관적인 의미를 형성한다.

한편 필자는 도구적 합리성과 의사소통적 합리성이 "개별적이고 양립할 수 없는 것이 아니다"는 입장을 취한다. 이는 드라이젝(Dryzek, 1990: 20)의 입장과 유사한 노선의 관점이라고 할 수 있다. 필자는 대신 도구적 합리성과 의사소통적 합리성은 서로 변증법적 보완성을 가지고 있다고 본다. 즉, 각각은 민주적 거버넌스 과정을 촉진하기 위해 서로 보완적인 요소라는 것이다. 민주적 행정은 효율성과 효과성 모두를 요구한다. 따라서 제도적 해결책이 인간 행위와 공익을 개선하고자 하는 한 어느 것도 거부되어서는 안 된다. 행정조직에서 덜 계층적인 상호작용과 개인의 행복은 매우 중요하다. 그러나 구조적이고 기능적인 처방과 조직의 성과 역시 무시될 수 없다. 참가자들은 대안에 대한 판단에서 좀 더 열린 태도를 견지해야 할 것이다. 더욱이 민주적 거버넌스는 나와 다른 입장을 통해 얻을 수 있는 반영적 지식을 통해 의사 결정의 질을 고양할 수 있을 때에 그 가치를 지니게 된다.

제 3 절 사회 변화의 원동력으로서 비정부조직

최근 비정부조직은 사회의 민주화를 모색하는 데 적극적인 원동력이 되고 있다. 비정부조직은 효과적인 시민 참여에 중요한 역할을 담당하며, 시민사회의 생활 측면에서도 참여 민주주의에 중요한 공헌을 하고 있다. 또한 비정부조직은 정부나 기업 조직이 효과적으로 제공하지 못하거나 사각지대에 존재하는 공공 서비스를 집행하고, 공공재를 제공하는 기능을 담당한다. 성공적으로 집행된 것으로 평가되는 여러 개발사업의 사례와 연구에서 비정부조직의 이러한 역할이 확인되기도 한다(Carroll, 1992; Clark, 1991; Howell & Pearce, 2001; Korten, 1990; Livernash, 1992; de Oliveira & Tandon, 1994). 더욱이 많은 국가에서 비정부조직은 정치적 변화를 촉구하는 활동에 관여하기도 한다(Ndegwa, 1996; Fisher, 1998; Foweraker & Craig, 1990; Schwedler, 1995; Kiss, 1992).

오늘날 비정부조직에 대한 질문은 자발적, 참여적, 자선적 시민사회의 오랜 역사를 가지고 있지 못한 비서구 국가에서 어떻게 비정부조직을 활성화할 것인가 하는 문제이다. 우리는 어떻게 시민사회로 하여금 자치의 책임성을 고양하도록 할 수 있으며, 정부의 통제로부터 자유롭게 할 것이며, 그리고 거대한 기업조직에 덜 의존적이도록 할 것인가? 우리는 어떻게 사람들이 비판적인 시민다운 정신을 가지도록 장려할 것인가? 전 세계의 비정부조직과 비영리단체는 이러한 질문들에 대처할 방법을 모색하고 있다. 비록 경제적 세계화 역시 이러한 문제에 관심을 가져왔고, 특정 국가와 집단을 돕는 데에 일정한 기여를 한 것이 사실이지만, 자유시장의 동력만으로는 빈곤, 사회적 배제, 실업, 주택 문제, 그리고 무주택과 같은 다양한 사회적 문제를 해결할 수 없다. 경제적 세계화와 시장은 상품과 경제적 가치의 교환에 관한 것이지 윤리 혹은 사회적 정의에 관한 것은 아니다. 시민사회에서 비정부조직의 중요한 과제 중 하나는 공공재를 늘리는 것이다.

세계화가 이뤄지고 있는 세상에서 비정부조직은 국내뿐 아니라 세계의 문제들 모두에 대응하고 있다. 왜냐하면, "많은 지역의 문제들은 세계적인 근원을 가지고 있고, 따라서 지역적이고 세계적인 해결책이 동시에 포괄적으로 고려될 필요가 있기 때문이다"(Krut, 1997: 3). 직면한 사회적 문제들에 대해 유능한 행정 리더십이나 자원이 부족한 경우 국가는 강력하고 유효한 역할을 가질 수 없다. 비정부조직은 이러한 문제에 특히 주목하는 모습을 보인다. 이러한 보완적 측면에서뿐 아니라, 시민연합에 의해 자발적으로 조직되었다는 민주적 측면에서 비정부조직은 매력적으로 느껴지는 면이 크다. 심지어 어떤 경우에는 전 세계에 민주주의를 확대할 수 있는 만병통치약으로 여겨지기도 한다(Heyzer, 1995; Tandon,

1987; Boulding, 1990). 헨더슨(Hazel Henderson)은 독립적인 시민사회를 창조하고, 이를 통해 국가정부와 국제기업 모두에 도전하는 새로운 동력으로서 비정부조직의 역할을 강하게 주창하기도 했다(Henderson, 1996: 30).

세계적으로 비정부조직은 전례 없는 속도로 증가하고 있다. 따라서 이는 비정부조직은 세계적인 현상이다. 일반적으로 비정부조직은 더 넓은 맥락에서 모든 형태의 '비영리조직'이나 자선적 시민단체들을 포괄해 의미하기도 한다.

> 가령, 유럽과 구소련에 속했던 과도기 국가들에서 비정부조직은 대체로 자선적이고 비영리적인 단체를 의미하는 경향이 있다. 개발도상국에서 비정부조직이라는 용어는 일반적으로 더 넓게 정의되어, 국가의 발전에 관여하는 정부 부문에 속하지 않은 모든 조직을 지칭하기도 한다. 한편, 미국에서는 보편적으로 일반 시민이 참여하는 풀뿌리 조직이나 자발적 지역 공동체 기반의 조직 등을 비정부조직이라고 부른다. 병원, 자선단체, 대학 등은 보통 비정부조직이라기보다는 자발적 혹은 비영리적 단체로 불린다(Fisher, 1998: 5).

미국에서 가장 일반적인 비정부조직은 풀뿌리 조직, 자발적 조직, 그리고 커뮤니티에 기반한 조직이다. 비정부조직은 높은 사회성과 공공성을 지니고 있음에도 불구하고, 그들 또한 국내법에 의한 규제를 준수해야 하는 대상이다. 비정부조직의 활동은 무수히 많고 그 모두를 이곳에 나열하는 것은 불가능하다. 한편, 비정부조직의 활동은 크게 세 가지의 넓은 영역으로 구분해 볼 수 있다. 첫째, 많은 비정부조직은 정부의 행동을 도덕적으로 장려하거나 촉구하는 활동에 주력한다. 가령, 학생, 노동조합, 그리고 시민연합 등 아래로부터 조직화된 참여적 조직은 정부의 불법적인 활동에 의의를 제기하거나, 행정 개혁을 요구하거나 하는 등 자신의 도덕적 관점을 반영한 행동의 촉구를 추구하는 활동에 몰입한다. 둘째, 다른 비정부조직은 전문성 또는 자금력을 바탕으로 소외된 계층에 다양한 서비스와 이익을 제공하는 일에 주력한다. 이러한 조직은 특히 노숙자, 여성, 피난민, 노인, 정신질환자, 혹은 불법 이민자와 같은 다양한 그룹을 위해 봉사하는 역할을 담당한다. 이러한 조직은 최근 일본의 사회적 서비스 분야에서 활발한 모습을 보인다. 반면, 한국의 비정부조직은 부패하고 무능력한 정치인들을 반대하는 캠

페인을 벌이고, 그러한 정치인들이 국회의원으로 재선되는 것을 막기 위해 목소리를 내는 정치적 활동이 활발하다.

끝으로, 또 다른 비정부조직은 지역 개발(community development) 및 지속가능한 환경(sustainable environment) 등과 같은 개발계획에서 역할을 담당하고 있다. 1990년대 이래, 세계은행(World Bank), 유엔개발사업(United Nations Development Program: UNDP), 유럽공동체(European Community: EC), 석유수출기구(Organization of Petroleum Exporting Countries: OPEC) 등 OECD 국가들의 일련의 개발계획에서 비정부조직의 공식적인 기여는 엄청나게 증가했다. 이들 개발계획은 지속 가능한 발전, 토지 이용, 성장과 비성장의 정책, 깨끗한 물 정책, 공동사회 계획 등에 대한 문제들과 관련을 가지고 있다.

냉전 시대(1945~1990) 동안, 비정부조직은 평화, 인권, 반핵(反核), 환경운동 등 함께 늘어나는 모습을 보였다. 그리고 최근의 비정부조직은 한편 '지속가능발전'을 중심으로 많은 일을 수행하고 있다. 이에 대해, 미국 국립연구위원회(National Research Council)는 비정부조직을 평화, 자유, 개선된 생활환경 및 건강한 환경을 위한 세계인의 총체적인 열망이 반영된 개념적 중심으로 인식하고 있다(Henderson, 1996: 22-38). 한편 이들 비정부조직과 시민사회조직(civil society organizations: CSOs)[1)]은 조직들의 네트워크를 형성하고 있는데 이의 유일한 기능은 모금, 지지, 훈련, 연구, 평가 자금 모금을 위해 다른 그룹들을 연결하는 것이다.

시민사회조직과 비정부조직은 시민과 주(州) 정부 사이를 중재하는 역할을 담당한다. 따라서 한 사회의 정치적 발전은 이 관계가 얼마나 효율적인가에 달려 있다. 이 관계는 "정치적 맥락을 진화시키고 형태를 바꿀 수 있다"(Carroll, 1992; Fisher, 1998). 이러한 관계의 양상은 나라마다 다르다. 그러나 한 국가의 민주주의의 질은 시민의 개별적인 풀뿌리 참여의 정도뿐 아니라, 비정부조직 등 조직화된 시민활동이 정부와 어느 정도 상호작용하는지에 크게 관련되어 있다(Heyzer, 1995; Tandon, 1987). 한편 피셔(J. Fisher)는 모든 비정부조직의 영향력을 동등한 것으로 가정할 수는 없고, "기술적 숙련도나 대규모 기반과 같은 속성을 가지

---

1) '시민사회조직(civil society organizations: CSOs)'이라는 용어는 유엔(UN)의 행정개발사업(Public Administration Programs)에서 사용하고 있다.

고 있는 조직은 아마도 다른 조직보다 정책과 정치의 흐름에 더 많은 영향을 끼칠 수 있을 것이며, 조직 간의 네트워크는 이러한 숙련과 기반을 얻기 위한 주요한 방법"이라고 지적하고 있다(Fisher, 1998: 159).

개발도상국에서 발견되는 국가에 의한 중앙집권적 통치는 지방정부의 자치 능력 발전을 억제해 왔다. 군대 혹은 기업 엘리트가 간혹 한 국가의 정치적·경제적 발전을 효율적으로 이끌기도 한다. 이러한 경향은 지난 수십년 간 아시아에서 새롭게 산업화 중인 국가들에서 뚜렷하게 발견된다. 중앙집권적 통치는 사회에 높은 수준의 안전성을 유지함으로써 운영의 효율성을 추구한다. 이들 국가에서 정부 관료와 군사 지도자 등 정책결정자는 국가 목표를 성취하기 위해 시민을 국가에 결속시키고 시민 책임을 촉구했다. 가령, 20세기 후반 동안 아시아의 산업국가들은 국가의 경제적 번영이라는 상위 목표를 달성하기 위해 국가에 대한 시민의 결속을 유지하는 방안을 모색했다. 한국과 타이완은 1950년대부터 1980년대 사이에 반공산주의 이념을 중심으로 시민의 결속을 유지하고, 이를 통해 경제 발전과 근대화의 목표를 추구하고자 했다. 그러나 오늘날 한국은 더 이상 북한을 적으로 묘사하고 있지 않다. 또한 대만도 중국을 적으로 생각하지 않는다. 따라서 시민은 혼란스러운 상태에 있다. 국민이 새로운 사회경제적이고 정치적인 문제를 해결하기 위해 더 이상 낡은 이념을 사용할 수 없다는 것이 분명해 보인다. 아울러 유교적 믿음과 같은 오래된 이념으로는 시민사회를 발전시킬 수 없다.

오늘날의 시민사회는 세계인이 지니는 가치 변화를 반영해야 한다. 중국, 베트남, 북한을 제외한 산업화된 아시아 국가에서 최고 지위에 있는 사람들이 국민의 발전하는 시민성을 억제하고 통제할 수 있는 방안은 없다. 시민성의 발현과 비정부조직의 발달은 정보화, 민주화, 그리고 국가의 재정적 자원 등에 의해 발현되고 촉진된다. 시민과 시민단체의 자발적이고 참여적인 활동은 국가에서 중요한 의미를 부여한다. 시민과 시민단체의 새로운 결속은 대화와 토론을 통한 상호작용을 토양으로 해서 자라난다.

한 국가에서 시민사회의 개념은 사회적 자본(social capital)과 경제 발전 수준과의 관계에서 설명될 수 있다(Fukuyama, 1995; Putnam, 1993). 래틀리프(William Ratliff)는 그의 글(Development and Civil Society in Latin America)

에서 "인적 자본은 공유된 경제 성장을 시작하고, 지속시키는 데 중요한 요인"이라고 말한다(Ratliff, 1999: 94). 니스(M. B. Neace)는 4개의 구소련공화국(러시아, 벨라루스, 카자흐스탄, 그리고 우크라이나)에 대한 연구에서 "기업, 고용인, 공급자 그리고 고객 사이의 신뢰 등 사회적 자본은 지속 가능한 경제적 성장을 이끄는 사업 네트워크를 만들기 위해 필요한 필수적인 기반 요소"라는 것을 발견했다고 설명한다(Neace, 1999: 148-161). 이들은 사회적 자본과 시민사회가 경제 성장을 위해 절대적으로 필요한 것이라고 주장한다. 경제적 성장을 영속시키는 것에 대한 맥락을 제외하고는 사회적 자본 혹은 시민사회가 존재할 수 있거나 존재해야만 하는 개념으로서는 거의 언급되지 않고 있다. 더욱이 생산적인 경제적 사회를 만들지 않는 어떤 가치 체계나 신념 체계는 중요하지 않게 여겨진다. 또한 이들은 시민사회와 사회적 자본이 경제적 성장의 촉진과 개인들 사이에서 증가된 협력의 지표들에서 부수적으로 발생할 수 있는 것이라고 가정하고 있다. 그러나 많은 이가 경제 체제를 영속화시키기 위한 인간 협력은 본질적으로 부당하고 사회 전체에 해를 끼치며, 사회적 자본과 시민사회의 존재가 반드시 사회에 필수적으로 유용한 것은 아니지만 물질주의적 · 사회경제적 체제가 만들어지고 유지되는 것을 보장하기 위한 지배적 엘리트들에 의해 이용되는 수단이라고 주장한다.

하버마스(Jürgen Habermas)는 한 사회에서 규범성의 발현 과정에 대한 의문을 저서 『사실성과 타당성(*Between Facts and Norms*)』(1998)에서 잘 나타내고 있다. 만일, 사회적 자본과 시민사회의 수준이 경제적 성장의 수준에 의해 결정된다면, 다른 규범과 신념 체계가 정착되어 있는지를 알아보아야 한다. 시민사회의 역할이 경제적 세계화를 영속시키는 것에 제한적으로 이해되어서는 안 된다. 시민사회는 시장과 소비자 기반 사회 위에서 존재하되, 제대로 작동하는 건강한 시민사회는 경제적 가치 외의 다양한 가치 체계에 바탕을 두고 있다. 이러한 시민사회는 시장 체제의 어젠다에 의해 유일하게 다뤄지는 것이 아니고, 오히려 다양한 가치에 바탕을 두고, 변화를 위해 힘쓰고 지지하는 공동체로부터 위임을 이끌어 내는 대리인으로서 행동을 취한다. 이러한 시민사회가 제대로 기능하는 시민사회이다.

제 4 절 로컬 거버넌스의 사례: 무료급식소 문제 해결하기

산 라파엘(San Lafael) 시(市)는 마린 카운티(Marin County)의 동쪽을 둘러싸고 있는 지대이고, 샌프란시스코 북쪽으로 17마일 정도에 위치한다.[2] 산 라파엘은 부유한 공동체로 나무와 풀이 많은 산비탈에 둘러싸인 계곡에 위치한다. 상업지역에는 빅토리아풍의 빌딩, 민속 식당, 소매가게 그리고 금융기관 등이 도시의 향토적 미를 유지하며 섞여 있다. 이 지역의 수도회(St. Vincent de Paul Society)와 도시 대표들은 무료급식소(Soup Kitchen)의 배급을 받기 위해 상업지역 앞에 항상 길게 늘어서 있는 노숙자 행렬에 대해 불만을 가지고 있는 시내 상인들의 불만을 해소하고자 수년간 노력했다. 이에 수도회와 도시 대표들은 무료급식소를 다른 지역으로 옮기는 안을 두고 오랫동안 논의했다. 그러나 수년간의 많은 논의에도 불구하고, 무료급식소는 이전되거나 운영상의 문제가 개선되지 못한 채 여전히 같은 방식으로 운영 중이었다. 해당 급식소는 1982년부터 노숙자에게 음식을 제공해 왔다. 그러나 그 운영은 매우 형편없는 것이었다. 노숙자들은 급식소 주변에서 구걸, 음주, 마약 거래, 쓰레기 투기, 노상 방뇨 등의 행태를 보였고, 지역 주민 및 상인들은 끊임없이 불만을 제기하고 있었다.

1998년 2월 23일, 순항하던 급식소 이전 논의가 위기에 빠졌다. 시의회에서는 긴급회의가 열렸다. 200명을 수용할 수 있는 회의실에 수용 인원의 2배가 넘는 사람이 몰려와서 복도와 출입구까지 가득 찼다. 안건에 대해 다른 관점을 가지고 있는 세 개의 그룹이 회의 2시간 전에 일찍 참석해 자리를 지켰다. 이들은 각자의 입장을 옹호하는 통계 자료, 사실, 사진과 같은 증거 자료를 준비했고, 이를 발표하기 위한 수많은 전시판을 들고 대기 중이었다. 시의회 내부는 전쟁터와 같은 분위기였다. 의원들은 어떠한 비용을 지불하더라도 자신과 지역의 입장을 지키고자 하는 결연한 의지를 보이고 있었다.

---

2) 이 사례 연구는 J. S. Jun의 "New Governance in Civil Society: Changing Responsibility of Public Administration," in *Rethinking Administrative Theory: The Challenge of the New Century*, ed. J. S. Jun(Westport, Conn.: Praeger, 2002), 295-298을 수정한 것임.

이 중에서 두 개의 주요한 그룹이 서로 반대되는 입장을 견지하고 있었다. 우선, 무료급식소 반대 그룹은 시내의 상업발전 그룹, 시 재개발협회, 상공회의소, 주변 거주자, 그리고 근처 공사립 학교의 직원과 학부모로 구성되었다. 반면, 무료급식소 찬성 그룹은 수도회를 중심으로 무료 급식소 자문위원회, 무료급식소 소장 그리고 장애인, 노숙자, 노약자 등으로 구성되었다. 이들 찬성 그룹은 시의회 방청석을 차지하고 있는 다수에 해당했고, 이들은 전단지를 붙이고, 신문과 TV의 기자들에게 자신의 입장을 설명하는 등 활발한 모습을 보였다. 찬성 그룹은 사회적으로 직접적인 공격을 받고 있는 상황에 놓여 있었다. 무료급식소는 일종의 사회적 혐오시설로 낙인찍혀 있는 상황이었기 때문이다. 그러나 신부, 목사, 유대교 사제 등이 이들을 굳건하게 옹호하고 있었다. 결과적으로 갈등은 지역민과 종교단체 연합 간 힘의 대결 양상을 보였다. 이러한 힘의 대결은 일종의 힘의 균형을 이끌어 내었고, 따라서 하나의 확정된 해법이 잘 나타나지 않았다.

공개토론회는 아침 7시부터 정오까지 5시간 동안이나 진행되었다. 이에 시(市) 지배인(city manager)인 굴드(Rod Gould)는 딜레마 상황에 빠졌다. 만일 무료급식소가 현재의 자리에 계속해서 있게 된다면, 그는 상업 공동체를 분노하게 만들게 될 것이다. 만일 무료급식소가 이전하는 데에 영향력을 행사하게 된다면, 무료급식소가 새로 옮겨가게 되는 지역의 주민과 종교단체 전체의 분노에 직면하게 될 것이다. 굴드에게 지금의 상황은 정치적으로 매우 곤란한 상황이 아닐 수 없었다. 따라서 그는 새로운 해결책을 모색할 시간이 필요했다. 그는 결정을 보류하고, 논의를 시의회와 재개발위원회의의 특별회의에 상정하도록 했다. 이러한 조치를 통해 그는 새로운 방안을 모색하기 위한 며칠간의 시간을 벌 수 있었다.

다음번 시 의회 회의에서 신중한 토의와 숙고 끝에 무료급식소를 리터 스트리트(Ritter Street) 지역으로 이전하는 것으로 합의되었다. 급식소 측은 갈등에서 벗어나기 위해 새로운 운영안에 동의했고, 사용자의 승인을 부여받았다. 시의회는 대신 사업가, 주민, 급식인, 종교 지도자, 주민협의회 회원, 자선조직 대표자, 성빈센트수도회 임원, 그리고 시 공무원으로 구성된 17인의 급식소 위원회(Ad hoc Committee) 위원을 임명하고, 이들의 협력과 협의를 통해 급식소를 설립 및 운영할 것을 의결했다. 위원회는 해당 지역에 연고적·산업적·종교적 기반을 가지고 있었다. 이들은 이러한 사회적 기반을 중심으로 새로운 운영지가 될 장소를 물색하고, 급식소 이전 및 운영의 임무를 담당할 권한과 책임을 부여받았다. 이를 위해 위원회는 여러 차례의 회의를 거쳐, 오랜 시간 동안 많은 사람과 상담을 수행했다. 위원회는 심지어 무료급식소 운영 개선을 위한 지역민의 의견을 듣기 위해 설문조사를 실시하기도 했다. 이후 후보지가 여덟 군데로 좁혀졌고, 해당 지역의 타당성을 평가하기 위해 대중과 수많은 대화를 나눴다. 1998년 6월 4일, 태평양 가스전기회사(Pacific Gas & Electric: PG&E)는 리터 스트리트에 있는 회사 소유의 자산 한 부분을 시에 매각할 의사가 있으며, 연계된 단지 전체를 급식소 사업을 위해 재개발할 의향이 있다는 의사를 표명했다. 1999년 8월, 태평양 가스전기회사는 호텔 사업자인 매리어트 인터내셔널(Marriott International)을 지역개발업자로 선정했다. 이후 시, 수도회, 그리고 개발업자는 급식소 시설 설비에 대한 논의를 계속했다. 그러나 불행히도 캘리포니아 주의 경제 악화와 호텔 사업의 위축으로 인해 매리어트의 사업 포기가 결정되었다. 이후, 영화사인 센츄리(the Century)가 호텔이 들어서려고 했던 지역에 멀티플렉스 복합극장을 입점하고자 계획 중이며, 이러한 계획은 급식소의 건설도 포함하고 있다.

앞으로 예상되는 결과는 수도회가 이전처럼 공동체의 어려운 사람들에게 식사를 제공하고 봉사하는 임무를 계속할 수 있으리라는 것이다. 다만, 갈등이 적은 새로운 지역에서 좀 더 개선된 무료급식소 시설을 통해 이러한 사업이 계속될 수 있을 것이라는 전망이 가능하다. 한편 주민자문위원회의 설립 및 운영의 배경에는 이러한 봉사가 수도회 단독보다는 21개 비영리 사회봉사 조직(Ritter Housing, Goodwill Industry, Marine 직업소개소, 그리고 성빈센트수도회 등) 등 다양한 사회적 참여주의 네트워크와 협력을 통해 좀 더 효율적일 수 있을 것이라는 확신이 있었다. 아울러, 주변 상권과 주민이 건설적인 해결책을 함께 내놓고, 시민 중심의 합의체를 통해 이러한 해결책이 논의되고, 운영되며, 결국 공동체에 의해 수용되어 시민들로부터 지원을 받을 수 있는 이러한 공동체 중심의 운영 체계가 가장 효과적이라는 인식이 전제되어 있다. 이러한 과정은 강력한 이익집단에 의해 조정되어 왔던 시 정부 중심의 운영 체계의 관습적 정치의 테두리 밖에서 이뤄졌다는 점에서 의미를 지닌다.

이 사례는 지역의 시민, 단체 그리고 조직과 함께 일하는 공무원과 행정가의 책임성에 대한 중요한 함의를 보여 주고 있다. 먼저, 복잡한 공동체 문제를 처리할 때, 알 수 없는 가능성을 조사하기 위해서는 공공 참여, 대화, 토론, 토의 등 민주적인 절차가 반드시 시행되어야 한다는 것이다. 이 경우, 서로에게 동등한 발언의 기회를 주고, 서로의 의견과 입장을 경청하는 자세는 매우 중요한 요건이다. 무료급식소는 정치적 영향력이 없는 약한 조직을 가지고 있었다. 운영상 규정도 존재하지 않았고, 늘 싸우고, 구걸하고, 음주하고, 심지어 때로는 의도적으로 범죄를 저지르는 노숙자들 때문에 지속적인 문제를 가지고 있었다. 그러나 이들에게도 상인이나 공무원 못지않은 동등한 발언권이 부여되었다. 어떠한 경우에도 이러한 발언권이 제한되거나 침해되지 않아야 한다는 사회적 합의가 명확해졌을 때 변화는 이뤄졌다.

이 사례의 다른 중요한 교훈은 정부 권위에 의한 계층적 개입 없이도 공동체가 스스로 운영될 수 있다는 것이다. 정치적이고 행정적인 권위는 주어지는 공개토론에 의한 과정에서 중요한 역할을 했으므로 시민들은 그 문제에 대해 직접 의견을 밝힐 수 있었다. 시 관리인은 단지 촉진자로서 업무를 수행했다. 이러한 비계층적인 네트워크는 시민사회를 구성하는 시민이 자발적으로 참여하고, 정치가 및 행정가가 이를 촉진하기 위해 지원적 지도가가 될 때 좀 더 효과적이다. 정치와 행정은 다른 목소리에 좀 더 유연해질 필요가 있다.

시민사회에서의 거버넌스적 접근의 다른 수많은 적용 사례는 지속 가능한 경제 발전, 환경 보호, 공동체 경찰, 인권 그리고 공동체 기반의 사회사업들로 교육, 건강 그리고 사회사업을 포함하는 영역에서 찾을 수 있다. 세계적으로 비정부조직의 큰 파도는 국내외적으로 다양한 문제를 다루는 시민, 단체 그리고 조직의 네트워크를 통해 움직이는 거버넌스 운동의 사례이다.

제 5 절 근대화 · 산업화 발전 계획

많은 발전국가에서 정부는 근대화, 산업화 과정에서 공공정책을 설계하고 시행하는 데에 가장 핵심적인 역할을 담당해 왔다. 이들 발전국가에서 암묵적으로 견지해 온 가정은 정부가 경제 발전과 국가 발전에 가장 중요한 원동력이 되어야 한다는 것이다. 급격한 근대화와 산업화를 달성한 국가의 지도자들은 이러한 관점을 유사하게 공유해 왔다. 이들 국가에서 정부는 발전을 위한 정책적 뼈대를 세우고, 개발의 우선 순위를 설정하며, 규제를 통해 산업을 관리하는 역할을 담당한다. 이 과정에서 정부 관료들은 정부정책 시행의 담당자로서뿐만 아니라, 기업과 지역공동체에 영향력을 발휘한다는 측면에서 매우 중요한 권한을 행사한다. 결과적으로 이러한 과정을 통해 근대화와 산업화를 달성한 국가들은 시민사회의 발전을 대부분 무시해 왔다. 여기에서는 이에 관련된 두 개의 대규모 발전계획을 소개한다. 해당 사례는 중국에서 강력한 정부의 역할에 대한 것과 한국에서 개발계획의 초기 단계에서 비효율적인 다원적 정책의 결과와 계획의 중간 단계에서 나타난 비정부조직의 역할에 대한 것이다.

3개의 협곡 댐: 만리장성 이후 중국의 가장 야심찬 계획

양쯔강(揚子江, 長江)은 약 6,300km의 길이로 중국에서 가장 길고, 세계에서 세 번째로 긴 강이다. 양쯔강은 상하이(上海) 인근의 동중국해로 흘러 들어가고 있으며, 취탕샤(瞿塘峽), 우샤(巫峽), 그리고 시링샤(西陵峽)라는 세 개의 협곡은 전체 길이가 193km에 달한다. 한편, 양쯔강은 그동안 홍수로 많은 피해를 입어 왔다. 20세기에만 수천 평방 마일이 침수되고, 약 30만 명 이상의 사람들이 이로 인해 죽었다. 이에 중국 정부는 자연재해를 막기 위해 세 협곡의 동쪽에 댐을 건설하기로 결정했다. 이러한 대규모 수로 관리 계획을 싼샤(三峽) 계획이라고 부른다. 필자는 1998년에 양쯔강에서 선박 여행을 했다. 이때, 강을 따라 펼쳐져 있는 자연적인 풍경을 처음 보았는데, 그곳에서 3개의 협곡 지역에 드리운 절벽들의 인상적인 풍광과 더불어 엄청나게 많은 문화적이고 역사적인 유적들을 볼 수 있었다. 그리고 댐이 완공되면, 많은 아름다운 사찰과 고고학적 유적들, 그리고 고대 마을 등 엄청난 문화적·역사적 유적들이 호수 아래로 수장될 것이라는 이야기를 들었다.

댐 건설의 첫 단계는 2003년 6월에 완성되었다. 그 결과 양쯔강의 제방을 따라 댐의 서쪽 400km 부분에서 해수면 135m 아래에 있는 모든 것이 물에 잠겼다. 2009년 댐이 완공되면, 물의 높이는 175m에 달할 것이다. 댐의 건설로 인해

1,400여개 시골 촌락과 마을의 거주자들은 담수지 외곽 근처 지역 및 정부가 정해 주는 중국의 다른 지역에 정착하게 될 것이다. 과정에서 약 200만 명의 사람이 담수지 땅에서 쫓겨날 것으로 예상되었다(*National Geographic*, 1997. 9).

국제환경단체들은 물론 일부 중국 국민의 반대에도 불구하고 중국 정부는 적어도 17억 달러가 소요되는 거대사업 계획을 강행했다. 1997년 11월, 약 607피트 높이의 댐을 만들기 위한 첫 작업으로 콘크리트를 부어넣기 시작했다. 작업이 완료되면, 각각 약 400톤에 달하는 세계에서 가장 큰 터빈 26개를 댐의 전면부에서 담수지 연안과 항구까지 1.3마일(2.08km)에 걸쳐서 운영하게 될 것이다. 댐은 중국 전체 전력의 20%를 차지하는 18,200 메가와트의 전기를 생산할 것인데, 이는 18개의 원자력발전소의 전력 생산량과 같고 일 년에 사용되는 5천만 톤의 석탄을 대체할 것으로 예상된다. 이 댐은 분명히 2천 년 전 만리장성을 둘러싼 첫 번째 제방 축조 이후 지금까지 유례가 없는 가장 강력한 댐이자, 가장 큰 계획이 될 것이 분명하다.

댐 건설의 반대자들은 계획의 설계 시작부터 정부계획의 모든 면에 반대했다. 이에 대해 『내셔널 지오그래픽(*National Geographic*)』에서 밝힌 비판의 주요 내용은 다음과 같다.

1. 양쯔강 지류에 더 작은 댐들을 건설하는 것이 해당 지역에 더 나은 환경을 제공하게 될 것이다.
2. 댐 건설로 인한 강바닥의 퇴적은 양쯔강의 수심이 깊은 항구를 소용없게 만들고, 전력 발전을 방해한다.
3. 금지된 공장 침전수로부터 배출된 폐수를 포함한 2,500억 갤런의 정화되지 않은 하수오물의 연간 범람은 수생종들을 죽이고 담수지를 공공 하수구로 바꿔놓을 것이다.
4. 조사되지 않은 고고학적 유적지의 무수한 가치를 가지고 있는 유물들이 영원히 사라질 것이다.
5. 2백만 명 이상의 사람이 조상 대대로 내려오는 집과 농지에서 강제로 다른 지역으로 이주하게 될 것이다.
6. 댐 건설계획 비용은 7천 5백만 달러 이상 소요된다.

7. 경작지의 약 240,000만 에이커가 댐의 370마일(592km) 길이의 담수지로 인해 없어질 것이다(*National Geographic,* 1997: 8).

중국 정부는 비용에 상관없이 댐 건설을 강행하고자 한다. 이에 관련된 사람들은 기념비적인 일종의 랜드마크를 건설하는 데에 대해 열의와 자부심을 가지고 있는 것으로 보인다. 그러나 서구의 신문이나 잡지 등에서는 이 계획이 안고 있는 자금관리의 부패, 강제 이주자에 대한 불충분한 보상, 새로운 거주지의 부족, 그리고 석기시대 유적을 포함한 해당 지역의 유적 손실을 보도하고 있다. 강제로 이주되는 농부들의 입장에서는 새로운 기술을 새로 배워야 하고, 생활의 새로운 방법에 다시금 적응해야 하는 어려움이 있을 것이다. 이러한 대규모 계획은 만일 한국, 일본, 혹은 미국이나 유럽 국가와 같은 민주주의 국가에서 추진되었다면 비정부조직 부문의 강력한 반대로 아마 결코 시작되지도 못했을 것이다.

풍경을 바꾸려 하는 오류: 한국의 해안 제방 축조

선거운동 기간에 정치인들은 지키지 못하는 문제를 안고 있는 공약을 내세우곤 한다. 한국의 서해안에 있는 두 항구도시를 연결하는 33km 길이(19.8 마일)의 해수로 건설도 정치적 공약에서 비롯되었다. 1987년 12월 대통령 후보인 노태우는 만일 대통령으로 선출된다면 농사를 위한 새로운 토지와 식수 공급을 위한 큰 호수를 만들기 위해 해수로 건설을 하겠다는 공약을 내세웠다. 그러나 대통령이 된 후에 예산 부족과 급한 일이 아니라는 이유로 노태우 정부는 해수로 건설을 진행하지 않았다. 왜냐하면 한국은 이미 쌀 생산이 넘치는 상황이었기 때문이다. 그 당시 강력한 기관으로 정부의 재정과 계획을 관장했던 경제계획위원회는 공약사업의 파기를 권고했다. 하지만 1991년에 여당과 야당의 수장이었던 김영삼(1993년부터 1998년까지 대통령을 지냄)과 김대중(1998년부터 2003년까지 대통령을 지냄)은 노태우 대통령으로 하여금 해수로 계획을 추진하도록 압력을 넣었다. 결국, 그들의 정치적 압력으로 인해 노태우 대통령은 1991년 11월에 '새만금 개발'로 알려진 계획을 시작했다.

새만금 개발의 주요 목표는 (1) 23,300 헥타르의 농지를 개발하고, (2) 11,800

헥타르의 민물 호수를 조성해 10억 입방미터(대략 샌프란시스코 오클랜드 만과 같은 크기)의 식수를 공급하며, (3) 군산시와 부안군을 연결하는 새로운 해양수로를 만들어 만경강과 동진강의 상류에서 해수에 의해 발생되는 잦은 홍수를 막고, 이러한 건설사업 과정을 통해 13,390개의 일자리를 창출하는 것이었다. 전통적으로 무능하고 부패한 국회는 해당 계획이 어떠한 영향을 미칠 것인지에 대한 고려를 생략하고, 심각한 토의 없이 대통령의 계획을 지지했다. 또 당시에는 정부정책에 반대할 만큼 영향력 있는 환경단체도 없었다. 당시 농림부가 개발계획 집행에 책임을 지고 있었으나, 해당 부서의 관료들은 개발계획에 소요되는 비용과 영향에 대한 관심보다는 계획을 완료하는 데에만 급급한 모습을 보였다.

이에 대한 합리적인 우려의 표현으로 1996년부터 환경단체와 종교단체가 비판적 목소리를 내기 시작했다. 그들은 새만금 사업이 환경적 영향에 대해 충분히 고려하지 않은 채 졸속으로 시행되고 있음에 우려를 표명하고, 특히 배후 습지대 보호의 문제를 충분히 고려하지 않았다고 비판했다. 이들은 개발로 인해 철새들이 쫓겨나고, 자연적으로 조성된 생태공원이 파괴될 것으로 전망했다. 더욱이 이러한 사업은 지역공동체 거주민 간의 관계 분열과 어민의 수입 감소 등 더 많은 문제점을 야기할 것으로 주장되었다. 이런 문제들은 정부가 단지 재정적인 보상에만 역점을 두면서 더욱 부적절하게 다뤄지고 있는 것으로 판단되었다. 공사 과정에서 2002년 말에 약 73%의 제방이 완성되었는데 약 15억 달러가 소요되었다. 그러나 공사를 완료하기 위해서는 10억 달러의 예산이 추가로 요구되었다. 2003년 6월, 환경운동연합, 녹색운동연합, 그리고 민주사회를 위한 변호사회 등 3대 비영리단체가 농림부를 상대로 민사소송을 제기했고, 서울행정법원에 소송이 끝날 때까지 개발의 즉각적인 중단을 요청하는 소장을 제출했다. 2003년 7월 15일, 놀랍게도 법원은 당시 노무현 대통령과 농림부에 새만금 개발이 환경에 피해를 일으킬 수 있기 때문에 개발을 즉시 중단할 것을 명령했다. 그러나 이후 청와대의 압력, 농림부 관료들의 항의, 그리고 개발 지역인 전라북도 지사 등의 압력으로 인해 법원은 개발계획의 일정 부분은 완성할 수 있도록 허가했다.

법원은 농림부, 환경청, 환경단체를 대표하는 전문가들이 주장하는 다양한 환경보고서를 청취했다. 농림부는 수로 개발 완료의 이유를 증명할 전문가를 네덜란드로부터 참고인으로 초대했고, 환경단체들은 새만금 지역을 국립공원으로 전환할 것을 지지해 줄 환경옹호자를 독일에서 초빙했다. 2005년 2월 4일, 법원은 개발계획이 취소되거나 적어도 수정되어야 할 것이라는 입장을 정했다. 그러나 이후 법원은 농림부로 하여금 공사를 계속 진행할 수 있도록 입장을 선회했다. 이때는 개발계획의 거의 92%가 완성된 상태였다(단지 2.7km만 남아 있었음). 2년 이내에 제방이 완공될 수 있을 것으로 예상되었기 때문에 환경단체들은 개발을 즉시 중지시키기 위해 다른 소송을 제기했다. 제방이 거의 완공된 시점에서 환경단체들은 결국 패소할 가능성이 높다. 하지만 그들의 패배는 쓸모없는 것이 아니다. 그들의 패배를 통해 환경을 손상시킬 수 있는 미래의 다른 개발계획에 대한 시민사회의 결속을 더욱 강하게 다질 수 있기 때문이다. 더 나아가 정부의 독단적인 행위는 강한 저항에 직면하게 될 것이다. 한국의 사례가 지니는 정치적 역동성은 정부정책을 비판하고, 환경을 보호하는 것에 비정부조직이 실질적인 영향력을 미쳤다는 점에서 중국의 사례와는 구분된다. 정치적 · 정책적 과정에서 비정부조직에 의한 시민 참여는 한국 정치에서 분명히 주목할 만한 변화이다.

제 6 절 세계화와 민주화: 하나의 모순

식량, 서비스, 자본 등 요소에 대한 국제적 통합시장 구축을 골자로 한 경제적 세계화는 예상하지 못한 많은 심각한 문제를 낳았다. 경제적 세계화는 국가들을 하나로 엮는 효과를 낳았다. 세계적 마케팅의 결과로, 동양의 젊은이들은 콜라를 마시고, 패스트푸드를 먹으며, 서양의 락음악을 듣고, 서양의 패션을 따라한다. 한편 많은 비평가들은 한 국가의 독특한 정치 · 경제적 문화는 경제적 세계화를 통한 빠른 경제 성장보다 더 중요하다고 주장한다. 이들은 경제적 세계화를 통한 성장과 효율이 사회의 여러 가지 문제를 개선해 줄 것이라는 관점을 신뢰하지 않는다. 이들은 또한 경제적 세계화가 사람들의 직업과 공동체를 위협하고, 민주주의를 사라지게 할 것이며, 경제적 불안을 증가시키고, 사회 분열을 조장하고, 자원을 낭비하게 하고 있다고 주장한다. 세계화의 유일한 수혜자는 자유무역과 세계화를 지지하는 세계적 기업뿐이라는 것이다(Mander & Goldsmith, 1996;

Brecher, Costello, & Smith, 2000; Cavanagh et al., 2002).

경제적 세계화에 대해 비평가들이 제기하는 공통적인 비판은 다음과 같다.

- 경제적 세계화의 증대는 지역 생태계의 재생 능력과 인간 공동체의 결속 능력을 약화시키는 큰 원인이다.
- 통합된 시장경제는 사회조직을 파괴하고, 대인 관계를 축소시키며, 전통적인 시민사회에 부정적인 영향을 미친다. 따라서 윤리적이고 도덕적인 책임에 대한 생각이 쇠퇴되어 가고 있다(Burbach, Nunez, & Kagarlitsky, 1997).
- 기업이 세계로 진출함에 따라, 자국의 노동력과 해외의 노동력을 직접적으로 경쟁시킬 수 있게 되기 때문에, 노동자의 임금과 삶의 질을 낮추면서 동시에 기업의 이익을 증가시킬 수 있다(Danaher, 1996).
- 세계적 기업들은 노동력을 줄이기 위해 기술을 더 용이하게 사용할 수 있게 되었다. 그 때문에 미래 직업에 대한 안정성을 느끼지 못하는 노동자들의 불안감을 낳는다.
- 세계적 기업들이 특정 국가에 덜 의존하게 됨에 따라 정부에 납부하는 세금에 관심을 덜 가지게 된다. 이러한 상황은 세금 기반의 축소를 가져오고 "국가 재정 위기"(정부 지출이 세입보다 커지는 경향)를 초래된다.
- 경제적 세계화는 배분적 형평성을 얻지 못했다. 가장 부유한 국가들은 세계국가총생산(world gross national product: GNP)에서 그들의 몫을 증가시켰지만, 가장 가난한 국가들의 몫은 크게 감소했다. 유엔개발계획(UN Development Programs: UNDP)의 자료에 따르면, 1960년에서 1990까지 "가장 잘사는 상위 1/5의 국가들은 그들의 총수입을 70%에서 80%로 증가시킨 반면, 가장 못사는 하위 1/5 국가들의 총수입은 2.3%에서 1.4%로 감소했다"(Sandler, 1997: 182-183).
- 경제적 세계화의 이점에 대한 이론적 근거를 무기로 기업은 점점 더 부(富)를 축적했다. 이러한 부는 일반 노동자로부터 기업으로 전이된 것이다. 한편 이러한 불균형의 증가는 안팎으로 분노와 반대를 낳고 있다. 전통적으로 국민에게 세금을 많이 부과하는 유럽 국가들의 경우, 세계화와 정보화로 인해 기업에 세금을 부과하기가 점점 어려워지고 있다. 『이코노미스트(*The*

Economist)』(1997: 15)는 "10여 년 전부터 이미 자본에 대한 세금은 급격하게 줄어든 반면, 노동자에 대한 세금은 증가되어 왔다. 미래에는 기업이나 고소득자들이 매우 유동적이기 때문에 그들에게 세금을 부과하는 것이 더 어려워질 것이다. 이는 미숙련 노동자에게 더 큰 짐을 부여한다는 것을 의미한다"고 밝히고 있다.

로드릭(D. Rodrik)은 저서 『세계화는 너무 많이 진행되었나?(*Has Globalization Gone Too Far?*)』(1996)에서 경제적 세계화가 국내의 다양한 부작용을 만들어 냈다고 주장한다. 세계화는 기업이 저임금의 노동자를 통해 국내 노동자를 손쉽게 대체할 수 있도록 했고, 생산시설을 좀 더 용이하게 해외로 이전할 수 있도록 했다. 또한 세계화는 노동조합의 약화로 인해 직업의 불안감을 야기했고, 노동자의 권리를 위협하도록 했다. 산업화 중인 국가의 경우 소비제일주의 등은 사회 파괴를 발생시키기도 한다. 로드릭은 경제적 세계화가 야기하는 사회의 부정적인 영향을 완화하기 위해 세계무역기구(WTO)의 "보호 장치" 규정의 적용을 확대해야 한다고 제안하고 있다.

에콰도르에서의 "검은 금" 탐사

정유회사인 텍사코(Texaco)가 1972년에서 1992년까지 진행한 원유 탐사로 인해 아마존 지역에서는 거대한 삼림 벌채, 기름 오염, 원주민 이동, 지역 농업 파괴, 그리고 수천 명의 건강 악화 등의 문제가 발생했다. 1998년 가을, 미국 ABC 방송의 「나이트라인(Nightline)」은 에콰도르 정부가 경제 발전을 명목으로 국민의 어려움을 외면하고, 아마존의 청정한 정글과 강 등 동쪽 생태계를 텍사코에 팔아버렸음을 폭로했다. 2003년, 『로스앤젤레스 타임스(*Los Angeles Times*)』는 과거 에콰도르 공무원과 텍사코 간부들과의 인터뷰 및 관련 서류, 연구 등을 검토한 결과, 한 지역의 석유 탐사가 어떻게 멀리 떨어져 있는 장소와 사람에게 큰 피해를 입혔는지에 대해 보도했다. 텍사코는 석유 굴착 작업 동안 굴착 찌꺼기를 물 위에 버렸고, 이로 인해 한때 풍요로웠던 농지가 파괴되고, 동식물이 죽었으며, 생태계적 문제가 발생하게 되었다. 당시, 에콰도르 정부는 돈이 없고, 국가

부채도 많았으며, 빈곤하고, 국민에게 복지를 제공할 능력이 없는 등의 많은 문제가 있었다. 따라서 정책결정자들은 석유 탐사 혹은 텍사코와의 사업이 장기적으로 어떤 결과를 가져올지에 대해 신경쓰지 못했다. 에콰도르 정부는 대신 수십억 달러를 벌어들일 계산에만 몰두하고 있었고, 자금이 풍부한 다국적 기업과의 거래는 매우 전망 있는 사업 수완이라고 판단되었다. 에콰도르 정부는 이 과정에서 석유 굴착 작업이 환경에 미치는 영향에 대해서는 거의 관심을 두지 않았다.

텍사코는 1972년부터 1992년까지 에콰도르에서 15억 배럴의 석유를 채취했으며, 대부분을 캘리포니아로 가져갔다. 환경운동가들은 텍사코가 석유를 채취하는 과정에서 에콰도르 지역에 190억 갤런(gallon) 이상의 석유 찌꺼기를 버렸을 것으로 추정한다. 이는 알레스카의 엑슨 발데즈(Exxon Valdez)에 유출되었던 168억 갤런의 기름의 약 1.5배에 해당된다. 10년 이내의 기간 동안 텍사코는 에콰도르의 풍경을 크게 변화시켰다. 에콰도르 정부와 정유회사 걸프(Gulf), 그리고 텍사코는 함께 안데스산맥을 가로지르는 312 마일 길이의 파이프라인을 설치했고, 정글에 도로를 깔았으며, 수많은 곰보 자국 같은 유정(油井)을 뚫었다. 이들이 철수할 때까지, 그 지역에는 버려진 600여개 이상의 유정이 있었다(*Los Angeles Times*, 2003. 11. 30).

현재 에콰도르 정부와 텍사코 모두 환경을 보호하기 위해 위험한 쓰레기를 처리하는 책임을 지지 않으려 하고, 힘없는 지역 주민들은 버려진 환경 위에서 살아남기 위한 몸부림을 치고 있다. 미국 환경보존청의 1987년 연구에 따르면, 미국에서 유류 생산자들이 폐기물을 맑은 하천에 바로 버린 것 때문에 광범위한 환경 피해가 발생했다. 지역에 설치된 유정들이 하루 100배럴의 오염수를 하천에 버려왔으며, 이로 인해 지역 주민의 발암률이 증가했음을 예상했다. 특히 텍사코는 '하루 최대 10만 배럴'의 폐수를 1,000회 이상 방류한 것으로 나타났다(*Los Angeles Times*, 2003. 11. 30).

텍사코가 에콰도르에서 보인 행태는 미국의 기준에 명백히 부합하지 않는 것이다. 비록 해당 지역 법규가 제시하는 기준이 미국의 기준보다 낮았다고 하더라도, 해당 기업은 윤리적인 견지에서 자국의 기준 이상을 수행해야 하는 도의적인 책임을 지고 있다는 것을 알고 있었을 것이다. 만일 텍사코가 에콰도르에서와 유사한 행태를 미국에서 보였다면, 범죄로 인정되어 응당한 책임을 졌어야 했을 것이다. 텍사코에서 근무했던 직원들은 1970년대에는 환경 문제가 지금처럼 중요한 문제로 다뤄지지 않았다고 이야기한다. 그러나 이러한 이유로 텍사코의 행태가 정당화될 수는 없다. 이후 2003년, 에콰도르에서 이에 대한 수십억 달러 상당의 소송이 제기되었다. 그럼에도 불구하고, 오늘날 로스 앤젤레스 기반의 정유회사인 옥시덴털 석유(Occidental Petroleum)와 같은 기업은 제2차 석유 호황을 기대하면서 여전히 그 지역을 탐사하고 있다.

제 7 절 함의

효과적인 민주적 거버넌스[3]는 공동체의 참여자들의 심리적 약속을 기반으로, 공동체의 요구를 충족시키고, 정책에 참여하며 미래 예측을 발전시킬 수 있을 때 달성된다. 중국, 한국, 에콰도르의 사례에서, 현대적 개발계획과 경제적 세계화는 정부 중심의 어젠다에 해당하는 모습을 보인다. 이 경우, "시민에 '대한 것'이 시민에 '의한 것'이 아닌" 상황을 연출하게 되기 쉽다(Cavanagh et al., 2002: 107). 대부분의 개발계획은 정책결정자들과 기업 엘리트들에 의해 촉진된 경제적 이념에 따라 추진되는 경향을 보인다. 여기에서 시민사회를 강화하는 것은 강한 정부와 시장의 힘을 제한하는 하나의 방법이다.

시민사회운동은 전 세계적으로 퍼지고 있다. 이는 21세기에 더욱 큰 사회적, 경제적, 정치적 중요성을 가지게 될 것이다. 시민사회와 민주적 거버넌스는 중앙통제, 시민과 시민 조직들과의 강한 계층적 관계, 그리고 대기업과 정부 사이에 존재하는 비윤리적 행위 등 현재의 제도적 통치가 지니는 문제점을 상당히 뛰어넘을 것이다. 만일 시민사회의 발전이 정치지도자들에 의해 받아들여지고 장려된다면, 실현 가능한 시민사회와 민주적 공동체가 만들어질 것이다. 시민 참여를 용이하게 하는 민주적 거버넌스를 발전시킬 수 있는 기회를 미루는 국가는 뒤처지는 패배자가 될 것이다. 더구나 국민의 요구와 지속 가능한 발전에 대한 사안

3) 거버넌스와 사회 구조를 구축하기 위한 효과적인 전략들은 10장에서 논의될 것이다.

그리고 불평등, 참여, 인간 중심적 계획에 대한 문제를 해결하는 데 비서구 국가들에서도 마찬가지로 시민사회단체와 비정부조직은 사회경제적 · 정치적 변화에서 중요한 사회적 힘이 될 수 있다.

앤더슨(Walter Truett Anderson)이 말했듯이 "거버넌스는 정부의 전유물이 아니고, 전유물이어서도 안 된다"(Anderson, 1997: 18). 거버넌스의 변화하는 본질을 잘 이해하기 위해서는 정부 중심의 통치가 지니는 약점을 극복해야 하고, 시민 참여를 실질적으로 용이하게 할 방안도 찾아야 한다. 비정부조직에 대한 행정가의 책임성은 비정부조직의 목적을 이해하고 "세계적 거버넌스를 위한 시민의제"를 포함한 모든 종류의 단체와 좋은 관계를 형성하는 방법을 배우는 것이다. 행정가는 반드시 시민조직의 지지적 역할을 존중하고 용이하게 해야만 한다. 행정가는 강력한 중앙정부를 수립한다는 생각을 뛰어넘어야만 한다. 대신 봉사단체 및 비정부조직의 자율성이나 독립성을 위태롭게 하지 않으면서 협력을 발전시킬 수 있는 방법을 연구해야 한다. 시민사회의 삼각 축은 기업조직과의 협조적이고 투명한 관계에 의해서도 강화될 수 있다. 그러나 많은 나라들이 공통적으로 지니고 있는 취약점은 시민사회의 질적인 성숙이다. 오늘날의 다원주의적 민주주의의 부적합성을 극복하기 위해서는 웅대하고 활동적이고 깨어 있는 양심적인 시민들이 공개 토론(public discourse)에 참여함으로써 스스로 결정할 수 있는 역량을 키우는 일이 요구된다(Gouinlock, 1986: 4). 이를 위해 장기적으로 시민사회의 성장을 추구하는 것은 민주주의의 발달을 용이하게 할 것이다. 특히 공공 영역에서 사회 개혁에 대한 끝없는 가능성을 제공할 것이다.

제10장

결 론

지난 한 세기 동안, 산업화 및 후기 산업화 국가들은 강한 정부의 구성, 관리능력의 향상, 공공 서비스의 전문화, 정책과 사업활동의 체계화 등의 성과를 이뤘다. 이러한 성과는 다양한 사회적·정치적 문제들에 대처하는 과학적이고 합리적인 방법의 발전과 향상을 통해 이뤄졌다. 이를 통해 각 나라들은 거버닝 역량(governing capability)에 큰 변화를 이뤘다고 평가된다. 이러한 변화는 참여적 민주화, 세계화로 인한 상호 의존성의 증대 등의 상황 변동에의 대응 차원에서 이뤄진 것으로 그동안 축적된 정치적, 경제적, 사회적, 문화적, 기술적 요소의 통합적 활용을 골자로 했다. 많은 서양의 국가, 특히 미국에서는 1970년 초 이래로 정책과 행정사업들에 대해 중대한 구조조정을 경험해 왔는데, 이는 국가 부채에 따른 공공 프로그램의 축소, 공공 재정의 변화, 그리고 기관 통합 및 공공의 기업가 정신의 촉진 등을 내용으로 하고 있는 것이다. 이러한 변화는 납세자 운동, 유색인종 및 여성에 대한 형평성에 대한 요구, 지역 정치 및 경제의 변화 등에 수반된 정치적·사회적 압력에 기인했다. 이러한 압력에 대응해 서양 국가들이 정책 프로그램과 사업활동을 축소하는 구조조정을 대안으로 채택한 반면, 산업화된 아시아의 많은 국가는 반대로 이에 대응해 교육 및 사회간접자본 건설에 대한 투자를 확충함으로써 정부 프로그램과 사업활동을 확대하는 모습을 보였다.

한편 이러한 상황 변동과 공공 문제를 다루는 데 이들 정책결정자와 공공행정가들은 수단적이고 기술적인 해결책에 의존한다는 공통점을 가지고 있다. 이러한 의존성은 주로 하향적이고 관리 지향적인 정책 수단과 과정의 경향으로 나타난다. 계획예산제도(PPBS), 목표관리제도(MBO), 영기준예산제도(ZBB), 총체적 품질관리(TQM), 전략적 기획(SP), 비용편익분석(BCA), 성과측정(PM) 등의 수단과 과정을 예로 들 수 있다. 이러한 관리 중심적 접근은 다음과 같은 세 가지 의도하지 않은 결과를 야기할 수 있다: (1) 조직 문제에 대한 합리적이고 도구적인 해결책의 사용 증가, (2) 중앙집권화된 의사 결정의 증가, (3) 인본주의적 관심과 가치의 감소. 요컨대 하향적이고 관리 지향적인 정책 수단과 과정은 행정조직의 관리적 힘과 기술적 수단을 통한 조직활동 통제의 강화로 이어지는 모습을 보이고 있다(Jun & Gross, 1996).

엘륄(Jacques Ellul)은 그의 저서 『기술사회(*The Technological Society*)』(1964)에서 수단적이고 기능적인 “기술”을 합리적이고 질서 및 명확성을 선호하는 인간 의식의 불가피한 산물이라고 본다. 여기에서 기술은 과학적·공학적 기계 기술과 같은 기능적 성취뿐 아니라, 조직을 운영하는 데 최선의 효율성을 달성하기 위한 절차와 행동의 표준화와 같은 규칙과 제도를 포괄하는 개념으로 이해된다(Ellul, 1964: 3-22). 공공행정과 정책의 문제에서 행정가와 정책가들은 조직의 목표를 달성하기 위해 가장 효율적인 대안을 탐색하기 위해 결정론적이고 실증주의적 분석 기법을 선호하는 경향을 보인다. 이 과정에서 일단 특정한 분석 기법이 채택되면, 이어지는 활동은 매우 일상적이고, 융통성이 없는 경향을 보인다. 이러한 기술 중심의 사고는 (마치 베버의 이념형 관료제가 그러하듯이) 인간의 의식에 의해 사물화되는 경향을 보여 준다. 이는 의사 결정 과정에서 인간적이고 윤리적 요소들을 배제하는 문제를 야기한다는 점에서 비인간적이라고 할 수 있다.

공공 분야에서 경제성과 효율성을 비롯해 조직의 효과성 및 참여의 제고 및 향상을 위한 관리 기법에 대한 수많은 논문과 저서가 집필되었지만, 이러한 결과물이 실제 공공조직의 민주화 및 문제 해결에의 지속적인 효과에 기여했다는 증거는 거의 없다. 최근 인터넷을 포함한 정보 기술 등이 공공조직의 관리환경을 개선하고, 정부의 활동을 얼핏 좀 더 투명하게 만드는 데에 기여한 측면이 있으나, 그럼에도 관료제에 상존하는 도구적·기술적 수단의 남용과 인간의 사회적 상호작용에 대한 간과에 대해서는 경각심을 계속 기울여야 할 것이다. 여전히 많은 학자가 참여적·민주적 관리 기법에 대한 이론적인 성과를 내어놓고 있다. 그러나 실제 업무 현장에서 이러한 민주적·분권적 이론들은 실질적인 결실로 이어지지 못하고 있는 것이 현실이다.

물론 좋은 기법은 조직의 효율성과 합리적인 의사 결정 증대에 영향을 미친다. 그러나 동시에 '그러한 기법을 실제로 활용하는 것은 사용자들의 몫'이라는 것도 사실이다. 만일 "모든 관리 도구가 관리자 및 전문가들이 더 좋은 의사 결정을 내리고, 조직 성과에 도움이 되도록 설계된 것이라면, 왜 그 도구들은 공공조직에 실질적인 도움을 주지 못하고 있는가?"라고 질문한다면, 결국 이러한 기법을 실제로 활용하는 것은 사용자들이기 때문에 이들은 기법을 효율적으로 사용하기 위한 전문성과 더불어 기법의 사용에서 다른 사람의 가치를 우선 고려하는 인간성을 아울러 보유해야 한다고 답할 것이다. 이러한 이유에서, 이 책은 현대 공공관리의 한계점을 탐색하고, 현실에 대한 사회적 구성의 시각을 통해 행정이론과 실제의 재구성을 주장했다. 사회적 구성은 사람들이 견지하는 다양한 사회적 가치, 지식, 경험을 관리적 선택과 행위에 반영하는 것을 골자로 한다. 이는 전통적인 의미의 관리의 역할 개념을 넘어서는 것으로, 관리의 기술적·기능적 도구의 역할에 일방적인 신뢰를 두지 않는 것이다. 물론 사회적 구성의 시각이 모든 행정 문제에 대한 만병통치약으로 여겨져서는 안 된다. 그러나 이는 거버넌스의 과정을 민주화하고, 공공의 문제를 폭넓은 인간적 맥락으로부터 생각하도록 돕는 하나의 체계적인 틀이라고 할 수 있다.

제1절 요약

필자는 공공행정가들이 현재 무엇을 하고 있고, 또 미래에 무엇을 해야 하는가에 대한 대립적인 측면을 총체적으로 이해하고, 이를 비판적으로 통합하기 위해 사회적 구성 접근 방법에 대한 개념, 실행, 및 응용 방안을 소개하고 있다. 현대 행정학 연구의 본질적인 방향은 행정이 변화, 혁신 및 활력 유지를 계속하기 위해서는 행정과 사회의 협업과 협력을 통한 민주적 거버넌스가 필수적이라는 발상이다. 행정과 제도는 조직구성원 간의 공유와 학습의 기회를 조성하고, 시민이 의사 결정 과정에서 자신들의 문제와 의견을 밝힐 수 있도록 행정과 시민 간의 상호작용의 기제를 제공하는 것을 지향해야 한다. 그러므로 공공행정가의 미래 역할은 근대적 행정(학)의 기술적·도구적 관리 기능의 한계를 초월해, 의사소통 행위 및 시민 참여를 통해 사회적으로 의미 있는 대안을 구축하는 방법을 탐색하는 것이다.

여기에서 더욱 중요한 것은 조직적, 사회적, 문화적 맥락에서 개인을 이해하는 것이다. 개인은 다양한 타인 및 환경과 상호작용함으로써 항상 성장과 변화의 과정을 경험하게 된다. 따라서 논의의 초점을 성장과 변화하는 개인에게 두는 것은 왜 기능주의적·실증주의적 접근 방법의 일상성과 엄격성이 의도한 결과를 좀처럼 낳지 못하는지의 이유를 설명하는 데 도움을 준다. 또한 개인에 대한 이해는 조직 과정에서 개인들의 역할을 이해하는 데에도 도움을 준다. 이러한 점은 조직의 맥락에서 개인을 이해하고, 이들의 상호작용을 위한 사회적 환경을 조성하고자 하는 사회적 구성 시각의 장점 중 하나라고 할 수 있다. 조직과 사회의 문제를 총체적으로 이해하기 위해서는 개인의 상호작용 과정을 방법으로 사용하는 것이 도움이 된다. 물론 이러한 상호작용 과정은 개인을 시작으로 그룹, 조직, 사회, 그리고 세계로 확장해 활용할 수도 있다. 해석학적 시각, 특히 현상학에서 개인은 세계를 경험하는 데 공통적으로 경험된 생활세계를 따라 조직화된 방식으로 인식이 지향되는 주체라고 이해된다. 대부분의 탈근대주의자들은 이러한 공통성과 공유성의 개념을 거부했으나, 이는 인간의 기본적인 의식과 경험의 방식이라고 생각된다. 인간은 이러한 준거적 공통 관념을 통해 개인에 대한 성찰적 의식을 수행하게 되기 때문이다. 이러한 공통 관념이 없다면, 인간은 자신의 내면의 과정 및 자아를 비판적으로 확인하고 이해할 수 없다. 행위에 대한 윤리적 또는 도덕적인 기준을 상실하게 되기 때문이다. 그러므로 윤리를 이해하기 위해서는 주관적인 주체들이 사회적으로 구성된 객관성으로서 '윤리'를 이해하는 것이 좀 더 의미가 있다.

관계의 주관적 측면은 해체적 탈근대주의(deconstructive postmodernism)에 의해 제기된 논쟁의 중요한 부분이라고 할 수는 없다. 이 책에서 탐구한 사회적 구성 시각은 따라서 오히려 구성적 탈근대주의(constructive postmodernism) 또는 비판적 근대주의 사상으로 구분될 수 있다. 왜냐하면, 이 책에서 논의한 사회적 구성 시각은 전통적 행정의 정형화된 아이디어들을 파기하자는 것이 아니라, 이를 인간 행위를 개선하기 위한 다양한 시각 중의 하나로 파악함으로써 근대적 행정의 한계를 극복하고자 하기 때문이다. 이 견해는 기술 및 과학으로서의 행정과 가치와 경험으로서의 행정을 비판적이고 변증법적으로 통합하는 것을 골자로 하고 있다. 가령, 현실 문제에서 서로 대립되는 다양한 이슈들, 예를 들면 기술과 과학, 행정과 국민, 양적과 질적 지식, 조직과 개인, 객관적 및 주관적 책임, 관료제와 거버넌스를 연구할 경우 이원적 사고 방식을 초월하는 것이 더 유익하다. 또한 구성적 탈근대주의 견해는 기능주의 및 실증주의 시각에서 일반적으로 설명되는 행정(및 관리) 개념, 과학적 방법, 통치 절차의 부적절성을 비판적으로 검토함으로써 오랜 가정을 변경하고 새로운 전제들을 설계하도록 도움을 준다. 이 책에서 필자는 민주적 시각에서 행정학을 재구축하고, 조직의 성과를 통제 및 측정하는 방법을 고안하기보다는 조직이 구성원의 잠재력을 고취하는 관계의 중요성을 강조하고자 했다. 따라서 이 책에 소개된 사회적 구성주의 시각은 '비판적 실용주의'로 해석될 수 있으며, 행정이론과 실천이 광범위한 정치・사회・경제・문화적 맥락들과 관련해 인간 경험을 해석하고 이해하는 데 기초를 두고 있다. 사회적 구성은 사람들이 가능한 것과 조직학습이 필요로 하는 것이 무엇인지를 함께 이해하는 하나의 틀이다.

사회적 구성주의 시각의 또 다른 중요한 측면은 변화와 문제 해결에 헌신적인 사람들이 함께 문제를 민주적으로 토론하고, 이로 하여금 그들의 가치, 아이디어, 경험들을 인식하도록 한다는 점이다. 이러한 과정은 필연적으로 참여, 숙의 및 의사소통 행위를 포함한다. 필자는 제4장과 제5장에서 공공 문제 해결의 위기, 합리적 및 점증적 방식을 비판적으로 검토했다. 변화와 문제 해결에 대한 사회적 설계 접근 방법은 참여자 간의 차이점을 이해하고, 간주관적 현실을 구축하기 위한 대화와 담론을 기초로 해야 한다. 이를 통해 합의점에 이르게 되면, 참여자는 공유된 현실감, 학습 및 상호 존중심을 얻게 된다. 물론 이러한 상호작용 및 협상의 방법은 풀기 어려운 쟁점에 대한 찬성과 반대 의견을 포함하기 때문에, 행위주체 간에 수용 가능한 의사 결정을 도출하지 못할 수도 있다. 그러나 합의 도달에 실패하게 될 경우에도 여전히 참여자들은 서로의 입장과 시각에 대한 간주관적인 이해의 수준을 높일 수 있다. 참여자는 실패의 경험을 통해 새로운 통찰력을 얻을 수 있고, 미래의 소통적 문제 해결 방법에 이를 반영할 수 있다.

사회적 구성의 과정은 사람들의 참여와 기여를 촉진한다. 조직이 구성원에게 참여의 동기를 부여하고, 그들로 하여금 비판적이고 건설적인 태도를 견지하도록 유도하는 것은 중요하다. 일반적으로 구성원은 이러한 조직의 요구를 자기들의 자율성 또는 정체성을 침해하고자 하는 위협으로 받아들이지 않는다. 오히려 자신들의 아이디어를 공유하는 과정에 참여할 경우, 이를 통해 자신들의 행위의 의미를 발견할 수 있다. 이는 정책 또는 프로젝트에 참여한 경험을 지닌 구성원은 그 과정을 통해 스스로의 자존감을 높이고, 개인들이 지닌 내재적 의미를 재발견하는 기회를 얻을 수 있다. 유사하게 집행부와 관리자들이 하위직 직원과 상호작용하는 관리 방법은 하위직 직원에게 직무 동기를 부여하는 것으로 생각된다. 사회적 구성주의 접근 방법은 사람들의 순응과 헌신을 얻기 위해 하향식 동원이 아닌 상향식 참여를 통해 사람들의 자발적 참여 기회를 제공한다(Friedmann, 1987: 181-308).

민주주의는 상이한 견해를 견지하고 있는 다양한 사람들의 참여를 요구하기 때문에, 민주적 과정에 참여하는 개인들이 자신을 둘러싼 사회, 조직, 세계와 이에 대응한 자아(self)에 대해 어떠한 주관적 의미를 구성하고 있는지를 이해해야 할 필요가 있다. 근대주의와 탈근대주의 모두 관료제 조직 구조가 현실적으로 필요하다는 데는 공통적인 합의를 가지고 있을 것으로 생각한다. 한편 관료제 조직 구조의 형태적인 측면은 보편적인 것으로 보이지만, 관료제 내부의 구성원들, 즉 관료들의 "관료적 경험"에는 사회 및 행정문화마다 매우 다르다. 관료적 경험의 이러한 차이는 조직 현실과 그 의미에 대해 개인이 수행하는 사회적 구성의 차이에서 비롯된다. 규칙과 절차, 개인의 존재, 동료와의 관계, 인센티브 및 미래 가능성과 같은 조직 요소에 대한 사회적 구성은 조직에 따라 다르다.

이 책에서 필자는 (근대적 관료제에 대한 논의를 통해) 조직구성원의 부정적인 이미지를 부각하려는 것이 아님을 밝힌다. 오히려 인간 본성의 긍정적인 측면을 강조하고자 한다. 행정가들은 일반적으로 의미 있는 행위에 관심을 가지며, 가능한 한 윤리적이고 인간적인 좋은 업무를 이행하고 싶어한다. 아울러 그들은 스스로에 대해 사색하고, 삶의 세계를 해석하며, 비판적 의식을 발휘하고자 한다.

조직이 부과하는 규칙과 선택에 대해 이들은 비판적인 의구심을 가지기도 하고, 자신이 견지한 의견과 경험을 타인들과 토론하고자 하기도 한다. 이러한 개인의 본성 때문에, 사회적 구성은 개인들이 자신의 관심 사항과 지식을 표출하고, 이를 타인과의 관계를 통해 검증하는 기회를 제공한다. 또한 사회적 구성의 과정을 통해 행위자들은 "집합적 자기 역량의 강화"뿐 아니라, 개인적 자기 역량 강화의 기회를 아울러 얻게 된다. 사회적 구성을 통해 다수의 참여자가 세계에 대해 일반적인 지식을 구축하는 것을 슈츠(Alfred Schutz)는 사회적 구성을 통한 전형화(typification)라고 명명했는데, 이에 대해 바버(Michael Barber)는 다음과 같이 묘사한다. "만약 사회적으로 파생된 어떤 종류의 지식뿐 아니라, 우리 자신의 개별적인 경험이 집단 내 다른 구성원에게 수용된다면 이를 통해 우리는 그 경험이 지니는 사회적 의미를 확인하게 된다. 특히 우리가 평소 가치 있고 의미 있다고 생각했던 다른 구성원이 그러한 지식과 경험을 입증해 준다면, 우리는 개별적인 경험의 타당성에 대해 강한 믿음을 가지게 되곤 한다"(Barber, 1988: 59).

사회적 구성주의 시각은 개인들 간의 관계뿐 아니라 정부, 시민사회 및 기업 간의 변화하는 관계의 양상도 아울러 논의한다. 세계화를 통해 국가와 사람들은 더욱 가까워졌다. 이를 통해 사람들은 네트워크를 형성하고 서로의 문화적, 경제적, 정치적, 그리고 기술적 이해 관계를 공유한다. 이러한 네트워크의 사회적 연대는 정부, 기업 등 세계 경제의 권력이 인간적인 가치와 공공의 이익을 훼손하는 경우, 시민사회와 비정부기구의 연대성이 대항 세력으로 작동할 수 있도록 한다. 따라서 무역 협상, 경제 개발, 해외 투자와 같은 세계 수준의 경제 및 개발 정책 결정은 이에 영향을 받을 시민사회와 기구들과 같은 이해당사자들을 포함한 상향식 정책 결정의 과정을 통해 이뤄져야 하며, 관리자의 하향식 접근 방법을 지양해야 한다. 정책과 사업 활동에 대한 합리적인 문제 제기의 역할을 담당할 시민사회를 강화하는 것은 강한 정부와 시장의 지배력을 견제할 수 있는 중요한 방법이다. 또한 시민들과 비정부조직들(NGOs)은 지역사회 개선 등의 이슈에 대해 담론적인 실천 방법을 도입함으로써 스스로 자치하는 방법을 학습할 수 있다. 강한 시민사회는 서구 국가들에서 좀 더 뚜렷하게 나타나지만, 많은 비서구 민주주주의 국가들도 거버넌스 과정을 민주화하는 데 시민사회의 역할을 인식하고 있다.

다음 절에서 필자는 사회적 구성의 과정을 효과적으로 실행하는 방법들을 탐구한다. 민주적 과정을 어떻게 지속할 수 있을 것인가? 민주적인 사회적 구성이 어떻게 일반 국민과 함께하고 개인의 잠재력을 강화하는 데 상당한 힘이 될 수 있는가? 이러한 질문에 대한 해답으로 조직 구조, 권력 관계, 대화적 실행에서 변화와 혁신을 요구하고 또한 사람들의 행위 기술에서 신뢰 향상을 요구한다.

제 2 절 효과적인 사회적 구성

사회적 구성은 사람들이 민주적으로 협력하는 과정을 통해 집합적 추론을 발현시킨다. 이는 교통 정책, 보건의료 제도, 지역사회 개발계획, 경제 발전, 환경보호 및 범죄 예방과 같은 중요한 공공 문제들에 대해 집합적 목적을 탐색하고, 공적 논리를 모색하는 틀을 제공한다(Rawls, 1993; Bohman, 1996; Christiano, 1997; Richardson, 2002; Dryzek, 2000; Hajer & Wagenaar, 2003). 행정학에서 민주적인 사회적 구성은 다음의 두 가지 중요한 가정을 기초로 한다: (1) 의사결정에서 경쟁적 대화와 담론을 통한 참여를 강조하는 담론적 민주주의, (2) 계층적 통제와 관료주의적 지배의 최소화.

민주주의와 관료제의 이념은 조화를 이루기 어렵다. 그러나 '공공성'에 대한 관심을 본질로 하는 행정학의 특성상 조직관리와 거버넌스의 역할을 재구성함으로써 "민주주의적 대중(democratic public)"을 진작하는 방법을 탐색해야 한다.[1] 물론 이를 위해 현재의 행정학의 실제도 변화되어야 할 것이다. 이러한 변화가 가능한 많은 분야 중에서 필자는 과정, 참여, 상호작용의 요소들에 대해 논의의 초점을 두었다.

1) 관료제는 조직의 효율성을 증진하도록 설계하기 때문에, 불가피하게 민주주의 특성과 "적대적인 조우(관계)"에 있는 것처럼 보인다. 왈도(Dwight Waldo)는 "계층제 원리는 평등의 원리와 상반되며, 자유의 원칙(원리)은 훈육(규율), 신중, 규칙들과 상반된다"(Waldo, 1978: 7)고 지적한다.

분권화와 권력 공유

정부의 권력을 공유하고, 분권하지 않은 채로 민주적 거버넌스와 참여를 운영한다는 것은 의미가 없다. 정부기관은 의사 결정의 권한을 국민과 함께 공유하는 방법을 모색해야 한다. 과도한 중앙집권적 구조에서 의사 결정 권한은 중앙정부의 상층부에 있다. 한국은 물론 일본의 중앙정부가 고민해야 할 첫 번째 내용은 지방정부를 분권화하기 위한 지속적인 노력이다. 그렇다면 지방정부는 위임받은 권한을 어떻게 효과적으로 지역에 작용할 수 있는지를 모색하고, 지역 주민들은 의사 결정 과정에 민주적으로 참여시킬 수 있는지를 고민해야 한다. 지방 행정의 전문화가 증가할수록, 복잡한 사회 문제를 해결하기 위해 전문적인 기술과 합리적 분석에 의존하는 경향이 있다. 아울러 정부 공무원과 기업 간(G to B)의 비공식 관계가 발달할수록 경제 및 사업 개발 프로젝트가 시민에게 미칠 수 있는 환경적 외부성에도 불구하고, 시민의 참여 없이 착수되는 경향을 보인다. 지방의 자율성이 공공의 지지를 받기 위해서는 우선 지방 스스로 투명한 공공의 담론을 이끌어 내야 한다. 시민들이 스스로의 문제와 방안에 대해 찬반의 주장을 피력할 수 있어야, 지방 자율성의 논거가 설득력을 가질 수 있게 되는 것이다.

서양 국가에서 실행되는 정치적 · 제도적 기법은 정치와 행정이 중앙집권적이고, 전문화 수준이 낮으며, 민주주의가 미흡한 비서양 국가에는 쉽게 적용되지 않을 것이다. 따라서 이러한 국가들은 정치적 · 행정적 분권화를 급진적으로 실험하기 전에 먼저 지방 공공 제도의 관리 역량을 어떻게 개선시키며, 자율적 거버넌스를 위해 어떻게 시민의 역량을 발전시켜야 하는가를 먼저 고려해야 한다. 예를 들면, 분권화 프로그램을 도입한 많은 아프리카 국가들은 지방정부의 역량 또는 시민문화의 부족으로 부패와 자원 낭비를 초래했다.

기관 상하 간 기능의 배분이 권력의 분담 없이 이뤄지는 경우, 이는 단지 구조적 재정비에 불과하다. 특히 여기에서 하부의 지역 관료들이 수동적인 행태를 보인다면 비능률을 초래할 수 있다. 가령 중앙정부 당국이 지방정부 기관에 충분한 재원 위임 없이 기능만을 배분하는 경우를 생각해 보면, 지방정부 기관은 중앙정부 관료들에 대해 수동적이고 종속적인 양태를 보이기 쉽다. 따라서 실질적 권한의 위임 없이 단순히 구조조직을 변화하는 것만으로는 조직의 효과성을 증대할 수 없다. 민주적 거버넌스는 좀 더 능동적이고 자율적인 조직을 필요로 한다. 동·서양을 막론하고 행정의 책임을 지닌 행위자들은 대표로서, 조력자로서, 조정자로서 역할을 충실하게 수행해야 하며, 조직구성원도 거버넌스 과정에 능동적이고 적극적인 역할을 수행해야 하기 때문이다.

담론의 실천력 강화

정부기관이 착수하고 있는 대부분의 변화 프로그램에서 참여자들은 사전적 담론 경험을 가지고 있지 못한 외부인인 경우가 많다. 이러한 경험의 결핍은 담론을 위한 상호작용, 참여, 협동 등의 과정에 사회적 비용을 초래하게 된다. 그럼에도 불구하고, 담론적 과정은 필요하다. 하향적으로, 필요에 따라 도입되는 프로그램은 일반적으로 변화에 대한 저항을 야기하고 더 큰 비용을 초래하기 쉽기 때문이다. 따라서 담론의 조건이 되는 요소들, 가령 분권화, 권한 위임, 수평적 네트워크, 의사소통 규칙 등, 즉 비담론적 측면(nondiscursive aspects)은 민주적 거버넌스와 사회적 구성을 위해 필요하다. 한편 이러한 비담론적 측면은 담론을 위한 필요 요건은 될 수 있으나, 진정한 담론을 조성하기 위한 충분 조건으로는 한계가 있다.[2] 예를 들면, 조직 구조상 권한 관계의 위임이 반드시 실제 담론 과정에서 관리자와 직원 상호간 의사소통의 경청, 이해 및 환류 등 양상에서 평등한 권한을 담보한다고 말하기는 어렵다. 따라서 관리자는 직원에게 실질적으로 더 많은 자율성, 자유재량, 참여를 허용하고, 정보를 공유함으로써 더욱 큰 담론적 권한을 부여해야 한다. 담론의 참여자 모두가 담론적·비담론적 요소를 내적으로 의미 있다고 평가할 경우에만, 담론은 실천적인 영향력을 가질 수 있다.

민주적 사회의 건설은 조직구성원과 시민이 공개적인 대화와 담론에 심리적 헌신을 가지고 참여하고, 쟁점을 토론하며, 실천 방안에 대한 관심을 표출하고, 또 그 쟁점들을 집합적으로 해석할 경우에만 효과적일 수 있다. 이러한 담론적 경험은 행정에 만연한 계층제와 관료제에서 얻기 어려운 요소들이다. 의사 교환, 대화, 소통, 숙의, 이해, 설득, 학습, 협상 및 합의 구축 등을 담론적 경험의 예로

2) 비담론적 측면에 대한 철학적 주장에 대해서는 R. Shusterman, *Practicing Philosophy: Pragmatism and the Philosophical Life*(New York: Routledge, 1997), 제6장을 참조할 것.

들 수 있다. 이러한 경험을 통해 사람들은 서로의 관점을 교환하고, 이를 통해 상호 존중과 간주관적 의미를 발전시킨다(Gutmann & Thompson, 1966).

민주적 사회의 건설(예: 민주적 거버넌스 또는 "담론적 민주주의")은 또한 의견이 다른 타인에 대한 관용의 태도에서 비롯되는 지속적 관계 정립, 비판적·성찰적 태도 등을 통해 진정한 대화와 담론을 진작시키는지의 여부에 달려 있다. 담론에 참여하는 참여자(예: 행정가 및 이해당사자)는 자아에 성찰적일수록 다른 사람의 의견을 경청하고, 대화를 통해 학습하며, 견지한 입장을 수정하고, 협상에 개방적이며, 새로운 가능성을 구축하는 태도를 보이게 된다(Chambers, 1996: 207-208). 한편, 드라이젝(John Dryzek)은 민주적 거버넌스와 담론적 민주주의의 절차적 요건이 반드시 공평하고 정의로운 공공 합의를 담보하는 것이 아니라고 주장한다. 그는 하버마스의 절차적 정의론에 대한 비판에서 숙의 민주주의의 절차적 요건에 대한 강조는 담론에 내재된 권력적이고 경쟁적인 요소를 과소 평가하는 한계를 아울러 지닌다고 평가했다(Dryzek, 2000; 1990; Chambers, 1996 참조). 필자는 그의 주장에 동의한다. 거버넌스 과정의 민주화가 기존 행정의 지배적인 구조적·기능적 요소를 대체할 수 없다. 오히려 이들이 민주적 담론과 상호보완적인 것으로 여겨야 한다. 이를 위해 이들이 담론과 비담론 과정에 미치는 영향을 이해할 것이 요구된다. 사회적 구성을 통한 거버넌스의 구축은 사회의 중요한 측면을 포괄 및 포용할 경우에만 민주적일 수 있는 것이다. 한편 실무의 공공행정가들은 담론 과정에서 계층적 권력, 권한, 규칙 등과 같은 조직적·정치적 제약에 직면할 것이다. 이러한 제약을 극복하는 한 가지 방법은 담론적 사회 실천을 통해 성찰적이고 비판적인 자세를 견지하는 것이다.

서로 다른 관점을 대면적으로 공유하고, 서로 다른 입장과 이해당사자를 포함하는 담론적 과정은 지역공동체 수준에서 더 잘 작동하고, 합의를 유도하기에도 더 유리하다. 반면 숙의와 담론의 규모가 커지고, 더 많은 쟁점과 참여자(예: 포럼, 미디어, 시민 등)가 참여하는 경우 의사소통의 효과성은 상대적으로 제한되기 쉽다. 그러나 드라이젝이 지적한 것처럼, "담론적 민주주의는 합의뿐 아니라 차이를 포용하는 것을 골자로 한다. 또한 담론적 민주주의는 국가뿐 아니라 공론장(public sphere)을 무대로 삼고, 국내 정치의 문제뿐 아니라 국제 정치의 문제도 주제로 삼으며, 사람의 문제뿐 아니라 자연의 문제도 그 대상으로 삼는다"

(Dryzek, 2000: 175). 요컨대 다원주의 사회에서 합의는 "실현 불가능하고, 불필요하며, 심지어 바람직하지도 않다." 그러나 차이를 포용하기 위해 함께 참여했다는 공통의 행위 방침에서는 동의를 이끌어 낼 수 있다.

신뢰와 믿음의 증진

신뢰는 조직구성원과 시민 상호간뿐 아니라, 조직구성원 간의 진정한 상호 관계의 발전에 필수 요건이다. 한편 최근 일부 학자는 신뢰 없이도 상호간에 이익이 되는 협력 관계가 발생할 수 있다고 주장한다(Cook, Hardin, & Levi, 2005). 물론 이익을 기반으로 한 협력 관계는 신뢰 없이 유지될 수 있을 것이다. 그러나 이러한 설명은 왜, 행위자가 때로 관계에서 발생하는 위험(risk)을 자신의 이익을 희생해 가며 기꺼이 수용하는지 등에 대한 질문에 대한 이해가 부족하다(Ostrom & Walker, 2005; Kramer & Cook, 2004). 이에 대한 대답은 신뢰에서 찾을 수 있다. 그러나 신뢰는 개념적으로 모호하고, 다른 많은 개념과 내재적으로 연계되어 있다. 어느 한 가지 정의로 신뢰의 복잡한 성격을 충분히 표방하지 못하기 때문에 신뢰의 개념을 정의하기는 어렵다(Jun & Kim, 2002). 이에 조직과 대인 관계의 맥락에서 신뢰의 개념을 정의하기 위해, 이론가들은 종종 '믿음(confidence)', '신의(faith)', '신용(trustworthiness)', '의존(reliance)' 또는 '호의의 기대(anticipation of goodwill)'와 같은 용어를 동원한다. 이러한 용어는 공통적으로 "정서적 태도"(Jones, 1996)를 의미한다. 한편 믿음은 신뢰보다 더 산술적인 기대에 기초하고 있는 것을 개념화하고, 따라서 신뢰는 믿음의 상위 개념이라고 할 수 있다. 요컨대, 만일 한 지방정부가 산적한 미해결 문제들에 직면하고 있고, 공공 서비스는 지연되고 있으며, 심지어 공무원들이 비윤리적인 행위에 개입한 것이 알려진 상황이라면, 시민의 정부에 대한 믿음은 낮아질 것이다. 그러나 이렇게 낮아진 믿음은 미해결 문제, 지연된 공공 서비스, 비윤리적 공무원들을 대상으로 하는 것으로 해당 정부의 다른 측면, 가령 윤리적인 다른 공무원에 대한 믿음은 여전히 남아 있을 수 있다. 즉, 믿음은 구체적인 대상에 대한 특정적인 성격을 지닌다(Warren, 1999).

신뢰는 공공기관과 시민의 상호작용을 분석하는 데에 본질적인 요소이다. 그

뿐만 아니라 시민과 행정, 개인과 관료제, 일반 국민과 지역민 등 다양한 사회적 관계에서 발생하는 상호작용의 분석에도 유용성을 가진다. 사회적 상호작용이란 사회에서 서로 다른 규범적 역할을 지닌 개인이나 조직 간의 거래와 교류를 의미한다. 이러한 거래와 교류의 예로는 사업 경영, 계약, 또는 신뢰를 조성하기 위한 다른 수단을 포함할 수 있다. 한편 신뢰는 산술적이고 합리적인 거래에서부터 가치의 교류에 이르기까지 다양한 상호작용을 포함한다. 여기에서 거래에 대한 두 가지 광의의 형태는 "일반적 거래(generalized exchange)"와 "제한적 거래(restricted exchange)"를 들 수 있으며, 각각은 "신뢰와 연대성"에 대한 기대를 바탕으로 이뤄진다는 공통점을 지닌다. 재노스키(T. Janoski)에 의하면, 제한적 거래는 시장에서 개별적 재화를 구입하는 것과 같은 개인의 비용-편익 산술에 기초한 단기적인 것이며, 어떠한 신뢰도 생성하지 않는다고 하며, 일반적 거래는 강한 지역사회와 공동체에서 활발한 것으로, "정치적·경제적 평등을 유지하기 위한 구성원들의 인내력과 다양한 참여자 간에 사회적 결실을 모색하는 과정에서 나타나는 일반적인 사회 신뢰 구축"에 해당하는 것이라고 한다(Janoski, 1998: 91).

신뢰에 대한 분석은 개인 및 조직 수준 모두에 적용될 수 있다. 한편 루만(Niklas Luhmann)은 믿음(confidence)은 조직 간의 관계에서, 신뢰(trust)는 개인 간의 관계에서만 발생하는 것으로 개념적으로 구분했다(Luhmann, 1979). 한편 개인들은 조직에 대해 갖는 정서는 믿음이라고 한다. 믿음은 기관의 역할 능력에 기초한 것이다. 개인 간의 관계에서 신뢰는 나의 자아(self) 개념에서 시작된다. 내가 나의 학습과 개선의 능력을 신뢰할 때, 타인의 능력을 아울러 신뢰할 수 있다. 그리고 내가 타인을 신뢰할 때, 그를 나의 삶의 경험으로 받아들일 수 있다. 반면 내가 누군가를 두려워한다면 그에 대해 방어적이 되고, 그를 나의 삶의 경험으로 수용하지 않게 된다. 로저스(Carl Rogers), 부젠탈(James Bugental), 깁(Jack Gibb), 오토(Hubert Otto)와 같은 많은 인문주의 심리학자는 대인 관계에서 신뢰의 중요성을 강조하고, 신뢰와 비신뢰가 대인 관계 및 인간 조직을 이해하는 데 핵심이라고 주장한다. 신뢰가 높을 경우 사람들은 잘 협력하며 조직들이 효과적으로 기능한다. 반면에 비신뢰가 만연할 경우 협력과 기능이 깨진다. 그러므로 현재 내가 타인에 대해 방어적인 자세를 취하고 있다면, 관계의 신뢰는 검증 대상이 된다고 할 수 있다.

대인 관계는 타인에 대한 개별적이고 주관적인 관점에서 출발하나, 사회적 상호작용이 계속되면 다른 사람의 경험과 나의 경험이 교호되어 간주관적 관점으로 변형된다. 신체계(neo-systems) 이론가인 루만은 이러한 의미와 사회 경험에 대한 간주관적 구성에 대해, "세계와 그것의 복잡성에 대한 초월적인 현상학적 설명은 세계의 의미와 구성에 대한 간주관적 성격의 인식에 기초한다"라고 설명했다(Luhmann, 1979: 18). 신뢰의 개념에 대한 설명은 이렇게 인문학, 현상학, 해석학 분야의 지식에 바탕을 두는 경향이 증대함을 발견할 수 있으며, 실증주의 및 기능주의적 설명의 한계점이 대두되고 있다. 신뢰를 접근하는 데 현상학적 분석은 사회 관계에 암묵적인 의미와 상징에 대한 해석에 적합하며 필수적이다.

개인 수준에서의 상호작용은 신뢰와 상응하는 가치를 지닌 연대감과 상호성을 발전시키는 잠재적 기초이다. 연대감과 상호성의 수준은 상호작용에서 개인들이 관계에 부여하는 가치와 직접적인 관련성을 가진다. 대인 간 교류에서 개인은 고정된 사회적 역할에 고착되지 않고, 다양한 역할을 재정의하고 변모하는 모습을 보인다. 이러한 재정의와 변모가 개인이 관계에 부여하는 신뢰의 상응 수준과 관련성을 가지게 된다. 이것은 사람들이 본인의 현재 역할에서 남들에게 부여하는 대인 간 역량 정도를 통해 평가될 수 있다. 이러한 대인 간 능력 요인은 다른 요인이 기관의 믿음에 기여하는 내용과는 무관하게 대인 관계를 정의하고 그것을 기관과의 상호작용과 구별한다.

조직 수준에서의 신뢰는 한편 다른 의미를 지닌다. 사람들은 기관을 주관적인 세계와 분리되는 객관적인 실체로 인식하는 경향을 가지기 때문에, 대인 관계에서의 신뢰의 관념을 기관에 적용하기에는 보통 어려움이 따른다. 가령 나의 경험 속의 특정한 개인은 다른 사람으로 대체될 수 없다. 그러나 조직은 구성원들의 변동에 따라 내가 아는 다른 조직으로 변동하고, 항상 재구축될 가능성을 가지고 있다. 따라서 개인이 타인에게 부여하는 신뢰의 개념이 조직에 적용되기는 어렵다. 한편 개인이 조직을 자신과의 사회적 상호작용에 참여하는 사람들의 집합으로 간주하는 경우, 개인이 타인에게 부여하는 신뢰의 개념이 조직에 적용될 수 있는 여지가 발생한다. 그러나 개인과 조직의 상호작용이 이해 관계나 기술적·기능적 업무 관계 및 공식적이고 수단적인 거래에 관여되는 경우, 개인과 조직

간의 신뢰 개발은 어려울 것이다. 실제로 조직 수준 또는 정치 수준에서 대부분의 사회적 관계는 수단적 · 업무적 상호작용에 주로 기반하는 경향이 있다. 따라서 '신뢰'의 개념보다는 '믿음'과 '신용'의 개념을 적용하는 것이 더 적절할 것이다. 일반 개인이 특정 조직을 신뢰하고 있다고 말하는 경우, 이는 그 조직에서 근무하거나 조직을 대표하는 사람을 신뢰한다는 말을 의미하는 경우가 많다.

조직 내부에서 신뢰를 지속시키기 위한 구조적 조건을 구축하는 것은 매우 어려우며, 이는 조직 간의 관계에도 해당한다. 조직 맥락의 상호작용은 실리를 바탕으로 한 도구적 · 합리적, 정치적 · 피상적, 또는 제한된 거래의 경향을 주로 보이는 경우가 많다. 아울러 조직 맥락의 공식적 관계에서 신뢰의 파괴가 야기할 수 있는 위험도와 외부성이 상대적으로 크다. 따라서 이는 개인에게 일종의 두려움을 야기하고, 신뢰를 발생시키고자 하는 동기를 제한시키게 된다. 조직 수준에서 신뢰를 둘러싼 또 다른 문제는 연대감과 결속력의 근원에 대한 문제와 관련된다. 개인 수준에서는 대인 간의 친숙한 대화와 익숙함이 신뢰의 직접적인 요건이다. 그러나 조직 수준에서는 많은 외생변수가 연대성의 정도에 영향을 미친다. 가령 조직 수준에서 연대는 사람들이 의무감, 충성, 헌신, 공유된 이해 관계, 자부심, 역할, 생존, 성장, 또는 변화의 필요성에 대한 의식이 뚜렷할수록 유지되기 쉽다.

신뢰는 또한 지도자, 관리자, 근로자 및 조직이 각자 맡은 역할의 책임을 윤리적 · 도덕적으로 확실하게 수행할 때 발생할 가능성이 높다. 신뢰는 사람들에게 강요될 수 없다. 다만 사회구성원들이 저마다 윤리적 책임을 다하는 인간적 요건을 수행할 때 민주적 거버넌스에서 신뢰가 작동하기 유리한 여건이 마련된다고 할 것이다(Hardin, 1998: 24; Warren, 1999). 조직의 경우에도 사회적 요구에 부응할 경우 더 믿음과 신뢰를 얻을 수 있고, 이를 통해 조직의 구성원도 훨씬 큰 관계적 역량을 표출할 수 있을 것이다. 예를 들어, 정부조직은 때로 "실제로는 중요하지 않은 긴급한 일에" 자원을 집중함으로써 재정난에 부딪히게 되는 경우가 있다. 이때, "근로자들은 (사회적 역할의 위반으로 인해) 심리적 무력감과 소외감"을 경험하게 된다(Covey, 1997). 조직이 스스로의 사회적 역할을 통해 권능과 신뢰를 진작시킬 경우, 조직구성원은 업무에 전념하고, (조직에 대한 신뢰를 통해) 혁신과 개선을 위한 위험을 감수하고자 하는 모습을 보이게 될 것이다.

행위기술 교육

행정(학)은 조직의 효율성과 생산성 진작의 목적을 달성하기 위해 주로 정부 조직에 종사하는 사람들을 대상으로 한 전문적·기술적 기능의 교육과 향상을 강조했다. 이에 동양과 서양 모두 행정학 교육 프로그램에 공무원의 전문적, 기술적, 기능적, 행태적 역량을 진작하고 활용하는 문제를 인적 자원 관리의 주제로 삼고 있다. 동양의 국가들에서 행정학 커리큘럼은 주로 서양의 교육 프로그램을 모델로 삼아 기능주의 및 실증주의의 시각을 주류로 반영하는 모습을 보인다. 이에 통제, 조정, 예산, 인사, 회계, 계획, 과학적 연구 방법 및 통계 지식 등 기능적 관리 기술 등을 강조해 왔다.

이러한 기능주의 및 실증주의적 접근은 산업화가 진행되는 사회에 적합하다. 이는 재화, 서비스 및 정보의 효율적 생산과 배분을 위한 과학적·합리적 기법에 해당하기 때문이다. 특히 산업화의 초기 단계에서 중앙집권적 계획, 통제 및 기능적 조정에 적합도가 높다. 정책결정자와 기획가는 기술적 합리성이 계층제를 운영하는 데 가장 적합한 가치라고 생각하는 경향이 있다. 언뜻 이는 계층 구조와 기능적 조정에 적합한 시각이므로, 조직활동을 합리적으로 성취하기 위한 유일한 방법으로 보일 수 있다. 이에 효율성, 생산성, 및 성과 측정에 대한 공공관리 분야의 최근 강조 경향은 도구적·기술적 기술에 집중해 왔다. 한편 조직심리학자와 교육학자가 오랫동안 주창해 온 본질적인 교육 및 훈련의 가치는 소홀히 다뤄졌다.

혁신적이고 창의적인 대안을 요구하는 급변하는 환경에서, 공공행정가를 대상으로 하는 교육은 새로운 커리큘럼을 바탕으로 시작되어야 한다. 행정학 교육은 기존의 전통적인 교과 과정을 재구성함은 물론, 학생들에게 행정학에 대한 윤리 및 민주주의 관점을 가르치는 프로그램과 더불어, 행위기술(action skills)을 가르치도록 설계된 새로운 교과과정을 도입할 필요가 있다. 덴하트(Robert B. Denhardt) "행위기술은 의도적인 행동을 지향하고 가능하게 하는 역량, 어떤 상황에서도 성실성과 일관성을 유지하고 행동할 수 있도록 하는 역량, 규범 및 아이디어를 행동으로 실천하도록 하는 능력"으로 정의한다(Denhardt, 1986: 127). 민주적인 사회적 구성 작업을 점차적으로 의미 있고 광범위하게 실행하기 위해서는 행위기술에 대한 교육은 행정학의 필수적인 부분으로 실현되어야 한다.

전문적·기술적 기능과 행위기술 간의 차이점은 우리가 행정학을 바라보는 합리성의 관점 차이와 관련된다. 다른 장에서 논의한 것처럼, 전문적·기술적 기능은 도구적·기술적 합리성의 개념에 기반하고 있다. 여기에서 변화를 위한 의사결정의 준거는 과거의 경험, 규칙과 절차, 기술적 분석의 틀이다. 이 관점에서 현실은 객관적이고 실증적으로 측정되고 평가될 수 있다. 또한 변화는 특정한 전문적(기술적) 기술의 적용이 의도된 결과를 낳거나 문제를 해결할 것이므로 본질적으로 결정론적이다. 예를 들면, 정책학적 접근에서 분석적 방법은 여러 대안에 대한 합리적인 분석에 근거해 최적의 대안을 결정하는 데 사용된다.

반면 행위기술은 해석학적 인식론에 기초한다. 해석학적 인식론은 주체들의 현실과 특정한 문화에 독특한 언어, 상징, 이야기 및 가치에 관심을 둠으로써 지역 여건의 숨겨진 측면을 이해할 것을 강조한다. 해석이 요구하는 것은 공유 규범, 규칙, 의미 및 우리의 사회 현실을 구성하는 기대에 대한 이해이다. 해석은 또한 우리들이 평범함의 범주를 벗어난 것, 진실 또는 선(善)에 관한 우리의 믿음에 반하는 것, 또는 우리가 이해하지 못하는 것에 직면할 경우 적용되어야 한다. 여기에서 변화는 주관적 또는 간주관적인 이해를 통해 도출된 문제 해결 방안과 가능성의 요건을 준거로 따른다고 본다.

행위기술은 행위자 간의 상호작용을 통한 간주관적인 준거의 도출을 강조하기 때문에 근본적으로 과정 지향적이다. 여기에서 강조되는 것은 성찰의 기술, 대인관계 및 대화의 기술, 설득의 기술, 치유·긴장 완화(경청)의 기술 및 행위 연구의 기술 등이다. 특히 자기 성찰은 행위 지향적 관리자를 위한 핵심 기술이다. 공공행정가는 업무를 수행하는 관행적인 방법에 대해 이의를 제기하고, 필요한 경우 이를 변경하기 위해 자신들의 활동에 대한 당위성을 평가해야 한다. 만일 행정가들이 지속적으로 자신의 행위를 점검한다면, 책임 있는 행위를 담보할 수 있을 것이다. 한편 개인은 타인에게 자신을 드러내고 타인과 동질화되어 가는 과정을 통해 상호간의 초월적인 간주관성을 구축할 수 있다. 그런데 이러한 과정은 개인의 행위기술을 전제로 한다. 개인은 우선 자아(self)를 구축하고, 타인과의 소통에서 대인 관계 및 상호작용의 기술을 발휘해야 한다. 이러한 상호작용은 서로 다른 관점을 수용하는 "대화의 반향(dialogic reverberations)"을 수반한다

(Bakhtin, 1981; Baxter & Montgomery, 1996; Strasser, 1969).

공공행정가는 또한 고객, 특별 이익단체, 경쟁 기관, 선출 공무원 등 정치환경의 구성원을 대상으로 한 직무 수행 시 설득의 행위기술을 필요로 한다. 행정가는 때로 변화에 저항하는 보수적인 사람들의 반대를 극복하고, 혁신적인 아이디어를 주창할 수 있어야 한다. 따라서 행정가는 그룹 치료사(group therapist)가 사용하는 행위기술을 업무에서 활용할 수 있어야 한다. 조직 내에서도 관리자의 역할은 그룹의 분위기를 조성함은 물론 서로 다른 목소리를 경청함으로써 열린 대화를 촉진하는 것을 포함한다. 조직 외부에 대해서도 유사한 역할이 요구되며, 특히 소수민족, 여성, 노인 및 소외 계층을 포함한 다양한 그룹 구성원과의 상호작용을 통해 이들이 자유롭게 자신의 의견을 표현할 수 있도록 긍정적인 환경을 제공해야 한다. 행정가는 사회적 구성주의자이자 그룹 치료사의 역할을 담당해야 하며, 이를 통해 참여자와 공동 협력하고, 창의적인 관계를 맺는 일원이 되어야 한다. 이러한 관점은 공공행정에서 관계를 이방인과의 공식적인 관계로만 바라보는 전통주의자의 접근 방식에서 벗어나는 것이다(Gergen, 1999: 167-175). 민주화와 세계화의 시대에 조응해 이제는 더 이상 행정가를 전문가 및 기술적 지식의 소유자로 좁게 정의하고, 시민은 단지 이들의 결정에 순응해야만 한다는 가정을 고수할 수는 없다. 끝으로 행정가는 복잡한 문제와 프로젝트를 다룰 경우, 자신의 정체성을 포기하지 않고 어떻게 집합적으로 대응할지에 대한 방법을 알 필요가 있다. 이러한 점에서 행위기술에 대한 연구는 조직학습의 틀로 기능할 수 있다. 개인 학습의 차원에서도 개인과 그룹이 문제, 목표, 행위 및 집행 쟁점들을 점검하는 데에 준거로서 활용될 수 있다. 행위기술적 관점에서 참여자는 저마다 모두 지도자, 학습자 및 기여자로서의 역할을 아울러 담당한다.

제 3 절 행정(학)의 도(道)

필자는 미국에서 고등교육을 마쳤기 때문에 동양과 서양 사상에 대한 엄밀한 구분에 미흡하다. 또한 동양 철학에 대한 엄격한 훈련을 받지 못했기 때문에, 유교와 도교에 대한 제한된 지식을 가지고 있다. 그러나 유교와 도교가 중국, 일본, 한국 및 싱가포르의 행정학에 상당히 기여했음을 알게 되었다. 이러한 철학적 배경은 사람들의 대인 관계에서뿐 아니라, 행정과 사회에서도 지속적인 영향을 행사해 왔으며, 이는 동양의 사상적 특성을 형성한다. 앞에서 논의한 것처럼, 오늘날 유교 사상에 대한 일부 부정적인 인식에도 불구하고, 동양에서 유교가 관계와 행위에 대해 미치는 영향은 매우 크다. 여기에서 가장 중요한 개념 중 하나는 도교적 "변증법"이다. 물론 변증법의 개념은 플라톤, 헤겔, 마르크스, 현상학자 및 비판이론가들을 포함한 많은 서양 철학자에게 중요하게 다뤄진 바 있다. 이 책에서 변증법 개념을 둘러싼 다양한 관점과 이견들에 대한 깊이 있는 탐구는 다루지 않았다. 그러나 공통적인 인식은 변증법적 사고는 조직과 사회에서 좀 더 "건실하고 경쟁적인 삶"을 구현하는 데 개인의 성찰적 비전을 위한 개념적 지침이라는 점이다. 본질적으로 변증법은 "대립적인 한 극단과 다른 극단 사이에서 사태가 어떻게 변화하는지"를 이해하는 과정이다(Cohen, 1981). 예를 들면, 개인주의와 공동체주의 간의 연관성과, 자율성과 덕성의 연관성과 같은 사례에서 사태가 하나의 흐름에서 다른 흐름으로 이동하는 과정을 주제로 삼는다. 이러한 논지에서 자아와 타인 간의 연관성 역시 변증법적으로 이해할 수 있는데, 여기에서 가장 중요한 매개 요소는 자아의 구성 행위이다(Kiros, 1998).

다음으로 필자는 변증법에 대한 동양 및 서양의 견해를 비교 및 대조하기 위해 상반된 반대 의견을 타협하는 헤겔의 아이디어와 양극성(대립)에 대한 노자(老子)의 견해를 논의한다. 우선 헤겔은 정반합(正反合)을 밝힘으로써 역사 과정을 이해하는 변증법적 방법을 소개했다. 하나의 관념은 "정(正, thesis)"으로 제시된다. 이것은 상반된 관념 "반(反 anti-thesis)"을 불러온다. 결국, 이 두 가지는 세 번째 관념인 "합(合, synthesis)"을 생성하며, 이것은 처음 두 관념 즉 정(正)과 반(反)의 상호 관계에서 발전한다. 더욱이 헤겔적인 의미에서 변증법은 행정 세계에서 모순, 갈등 및 불연속들 간의 비판적인 합(合, synthesis)을 탐색하는 과정이다.

합(合)의 개념에 대한 서양 사상의 이해 방식의 차이점은 동양의 변증법에 대한 와츠(A. Watts)의 설명에서 잘 나타난다.

> 중국인의 사고와 감정의 근저에는 양극성의 원리가 존재한다. 그리고 양극은 서로 반목과 갈등하지 않는 것으로 그려진다. 다른 문화권에서는 빛과 어둠, 삶과 죽음, 선과 악, 긍정과 부정 등의 양극은 서로 대립한다. 따라서 전자를 함양하고 후자를 제거하자는 이상주의가 횡행하게 될 조건이 된다. 그러나 이것은 전통적인 중국의 사고 방식 입장에서 본다면 마치 양극(+, −) 중 하나가 없다면, 전류 자체의 개념이 사라져 버리는 것과 마찬가지의 형국이다. 왜냐하면 양과 음, 남과 북과 같은 양극성은 동일 시스템의 다른 측면이며, 그들 중 하나의 소멸은 시스템 전체의 소멸을 의미하기 때문이다(Watts, 1975: 19-20).

도교에서 가장 근본적인 양극성의 논의는 제7장에서 논의했던 동양 철학의 음양론(陰陽論)이다. 여기에서 음과 양은 이원론이 아니고, 오히려 "암묵적 통일성을 표현하는 명시적 이중성(음양성)"을 나타낸다(Watts, 1975: 26). 동양의 신비주의가 "기본적인 일체감"을 강조하지만 이것이 모든 것이 동일함을 의미는 것은 아니다. 한 사물의 개체성(특성)이 중요하지만, "모든 차이점과 대비점은 한 개의 모든 것을 아우르는 통일성 내에서 상대적이다"(Capra, 1975: 145). 서양의 합(合)은 두 개의 상반된 대상(사물)이 제3의 것을 만들기 위해 결합할 때 발생한다. 그러나 동양의 시각은 그 양 측면이 이미 연결된 것으로 본다. 이러한 동·서양 두 가지 견해의 공통점은 상호 발생의 원리이다. 정(正, thesis)은 그것의 반(反, antithesis)을 낳으며, 전경(前景)과 배경(背景)은 동시에 구별된다. 여기에서 정과 반은 비누적성과 전체성의 특성을 공유한다.

비누적성(nonsummativity)[3]은 "전체가 부분들의 총합보다 큰 특성"을 의미한다. 만약 우리가 정(正)과 반(反)의 요소를 계량화하거나 양적으로 측정할 수 있다면, 이들이 창조적 합성된 결과물(합, 合)의 가치는 개별적인 요소의 산술적인 가치의 합보다 더욱 클 것이다. 이러한 원리를 행정관리의 사례에 적용해 보면, 협력적인 갈등관리 또는 의사 결정 과정에서 개별 의사가 사회적 구성을 통해 합성된 결과물은 개별 의사보다 더욱 의미 있는 가치를 지닌다. 이러한 합성 과정에서의 특징은 결과물이 개별적 의사를 단지 검토함으로써 미리 예측할 수 있

---

3) 비누적성(nonsummativity): 부분의 합이 아닌 시스템 상태로 어떤 현상을 의미 있는 전체로 조직화하려는 인간의 영향(역자 주).

는 것이 아니라는 점이다. 결과를 도출하기 위한 소통 자체는 중요한 것이며, 성공적인 소통은 모든 구성원을 배려하고, 동시에 각자가 상대방을 배려할 수 있게 하는 성과를 낳을 수 있다. 합의 또는 비합의 사항은 많은 소통과 토론 후에 나타나므로, 관련 당사자들은 제안되는 대안을 수용하게 된다. 더욱이, 해석학적 관점에서 참여자들이 비록 어떠한 사항에 동의하지 않을지라도, 그들은 서로에 대해 새롭게 이해하게 된다.

태극권(太極拳) 강사 젠슨(Elizabeth Jensen)에 의하면, 비누적성 원리는 도교에도 등장한다.[4] 태극권 무술은 자신의 평형을 유지하고 상대의 평형을 깨뜨리기 위해 상대방의 움직임에 당신의 움직임을 조화시킨다. 두 사람의 '대련(對鍊, 펭루치안, peng lu chi ahn)'은 안무 형태로 시작하나 이후 과정에서 대련자들은 양보와 따라감을 반복해서 궁극적으로는 우위를 점하는 것을 목표로 한다. 여기에서 두 대련자의 힘의 산술적인 총합보다 더 큰 에너지가 두 사람 사이에서 발현하게 된다. 대련자는 승리를 얻기 위해 이 에너지를 사용하고자 한다. 개별적인 동작은 어떠한 결과를 낳지 않지만, 그 동작들이 서로 어우러지면서 변화를 초래하게 된다.

동양과 서양이 공유하는 변증법적 과정의 또 다른 특성은 전체성(wholeness)이다. 어떤 의미에서 전체성은 반대 방향에서의 비누적성을 뜻한다. 전체성은 사물이 그들을 구성하는 성분으로 환원될 수 없다는 원리를 뜻한다. 제6장에서 논의했듯이, 행정 이론의 기능주의 및 해석주의 관점은 환원주의적(reductionism)이다. 여기에서 인간 행위 및 사회 현실을 바라보는 관점은 몇 가지 유형으로 구분될 수 있다. 그러나 실제 행정은 너무 복잡하고, 요소들 간의 상호 의존과 상호 관여가 크기 때문에 기계 부품처럼 분절된 하위 성분들로 환원해서 바라보기가 어렵다. 동시에 행정 현상을 해석적이고 주관적인 인식들에 맡겨두기만 하는 것은 상대주의의 오류에 빠지게 된다. 이에 변증법적 시각은 행정 현실의 복잡성에 초점을 두고, 행정을 개별적인 요소로 분절해 바라보지 않고, 총체적인 관점에서 이해하고자 한다. 가령, 이 시각에서 한 조직의 부서 구성원은 자신의 업무와 기능만을 좁게 바라보는 것이 아니라, 전체적인 맥락에서 스스로의 업무를 비판적

4) 무술(무도) 교사이면서 과거 필자의 지도 학생이었던 젠슨은 무술(무도)와 생활 관점에 도교를 적용하는 것과 관련해 통찰력 있는 지도를 제공했다.

으로 이해할 수 있다(Benson, 1977). 와츠가 지적했듯이 어떤 대상(사물)에 대한 우리들의 개념은 대상 그 자체와 구분되며 단지 그것에 대한 추상적인 표현이다. 어떤 모델이나 이론은 현실을 부분적으로만 나타낼 수 있으므로 그것은 전체성의 원칙에 위배되기 쉽다(Watts, 1975: 43-44).

우리는 도교 신자들이 견지하는 총체적 시각에 대한 사례를 통해 도교의 본질을 이해할 수 있다. 가령, 도교의 신자는 스승과 함께 태극권을 학습한다. 여기에서 신자는 단지 무예로서 태극권의 기교만을 학습하는 것이 아니라, 생활의 모든 요소에서 균형 잡는 방법에 대한 지침을 받고 이를 지키기 위해 노력한다. 이 지침은 자세, 식습관 및 일상 활동의 리듬과 같은 개인의 신체를 포함하며, 또한 그 수련 학생의 배우자, 가족, 친구들과의 관계 및 노동, 운동, 업무와 사회 여타와의 관계를 모두 포함한다. 도교 신자들은 최적의 건강 및 장수를 위해서는 총체적 인간이 되어야 함을 받아들인다. 신체의 모든 요소는 다른 요소들과의 상호관계로 연결되어 있으며, 하나의 부분에 대한 소홀은 전체의 손실로 이어진다. 전체의 총체성은 부분의 어떤 것보다 더 중요한 의미를 가진다.

행정 세계에서 인간의 마음(정신)에 대해 이해하려고 할 경우, 도교와 서양 철학 간에는 다른 중요한 개념적 양극성이 존재한다. 예를 들면, 행위(작위)와 비행위(부작위), 합리와 비합리, 선형적인 사고와 비선형 사고 및 연속성과 비연속성 등을 들 수 있다. 변증법은 하나의 이슈에서 다른 이슈로 전환하며, 그 이슈들을 연결하고, 의식을 변환하고, 가능성을 생성하는 방식으로 모든 것을 망라한다. 변증법적 사고는 도전적인 가정을 포함하며, 이론들을 상호 비판 역할을 하도록 허용하고, 모순과 갈등의 현실을 인정하며, 그것들을 무시하지 않고 탐구의 요점으로 사용한다. 변증법적 성향인 사람 및 이론가는 이론, 방법, 또는 좀 더 강력하거나 정확성을 지닌 기법을 단순히 적용해 이러한 문제를 해결하려고 하지 않는다. 그리고 모든 개별적 해결책은 문제들의 특정 범위에만 적용되며, 그 자체가 문제일 수 있는 또 다른 일련의 변수임을 인정한다. 변증법적 시각은 조직 및 그 환경의 모든 구성 요소가 존재하도록 허용하며, 어떤 이론이나 모델은 사회 현실 전체의 복잡성을 나타낼 수 없기 때문에 불가피하게 현실을 왜곡함을 인정한다.

도교주의자(道家)는 애초에 전체를 구성하는 요소 간에 분리란 존재하지 않았기에 개별자가 경로를 잃거나 이탈하는 것은 불가능하다는 가정에서 시작한다. 이러한 사상은 도(道)의 또 다른 양상이다. 도교주의자는 현실에서 자신과 부딪히는 모든 명백한 이분법 사이에서 균형(평형)을 찾으려 한다. 그리고 이러한 평형을 자신의 중심에서 시작해, 점차적으로 자신을 둘러싼 세계로 이러한 원리를 확장한다. 행정의 차원에서 이러한 시각을 원용해 주어진 공적 문제의 한계를 극복하기 위한 전략을 개발할 수 있을 것이다. 특히 참여자 간의 변증법적 담론을 통해 새로운 가능성을 창조함으로써 이를 수행할 수 있다. 이러한 사상을 통해 우리는 기능주의 및 실증주의 사고에 좌초된 현재의 상황을 개선할 수 있다. 이러한 과정은 개인으로부터 시작해 집단, 조직, 사회, 국가 및 세계 수준으로 확장할 필요가 있다.

현대 행정(학) 및 사회에 대한 도교주의자의 관점에서의 함의를 결론적으로 말하자면, 우리들은 소통과 참여를 통해 상호 학습 및 상호 존중을 수행해야 할 기로에 서 있다. 이를 통해 행정과 국민, 개인과 조직, 과학과 인간, 설명과 이해, 세계화와 반세계화, 동양과 서양과 같은 이원론적 사고의 관념을 초월할 수 있다. 이를 통해 행정(학)은 더 좋은 거버넌스를 구축하고, 조직을 더 변화 지향적이고 창의적이도록 개선하는 방안을 모색할 수 있다. 정부의 역할은 시민을 대상으로 한 공공 서비스를 개선하는 데에만 제한적인 것이 아니라, 효과적인 정치와 상호작용을 통해 "가치 창조"를 위한 상황을 조성하는 것을 포괄한다(Kirlin, 1996). 동시에, 모든 국가가 서비스의 전달, 보건의료 정책, 부(富)의 분배, 조직 개혁, 직장 삶의 질 개선, 시민 참여 제고 방안과 같은 새로운 정책 설계에 관해 다른 사람들과 함께 학습하게 될 때 무한한 가능성을 가질 수 있다. 과거의 동양 국가들은 서양을 주목했고, 근대화와 산업화 등의 서구 모델을 표방했다. 그러나 1980년대 이래, 근대화와 산업화를 통해 이뤄진 세계화는 부유한 국가들의 지배적인 권력 행사라는 비판에서 자유롭지 못하다. 또한 물질적 거래와 교환을 통해서만 이뤄진 이익 중심적 관계성은 상호 이해와 신뢰를 담보하지 못하고 있다. 이러한 세계화의 과정을 멈추기는 어려울 것이다. 물론 한편으로 세계화는 세계의 경제 번영과 민주주의 진작의 조건이 되었다. 그러나 정책결정자와 공공행정가는 이에 대해 비판적 의식을 견지하고, 인간에 미치는 영향의 관점에서 시사점을 찾아 정책을 점검해야 한다.

교차 문화적 시각에서 동양과 서양의 문화적 역동성을 해석하는 것은 각 국가의 행정문화의 잠재적 측면에 대한 이해를 의미한다. 각 행정문화마다 조직구성원이 현실을 구성하는 고유한 규범과 가치를 지니고 있다. 이러한 규범과 가치는 사람들의 조직생활을 위한 좀 더 큰 맥락을 정의하고, 의미를 부여하며, 품행과 윤리적인 행위에 대한 지침을 제공한다. 예를 들면, 프로테스탄트(신교도) 윤리가 지배적인 서양 국가에서 행정가는 행위에서 이러한 윤리에 영향을 받게 되고, 유교적 가치가 지배적인 동양 국가에서 관리자의 행위는 유교의 영향을 받게 된다. 그러나 사람들이 더욱 자기 성찰적이 되고, 외부 세계와 상호작용할수록 신흥 문화 및 새로운 직업 윤리의 관점에서 전통적 규범과 가치의 의미를 재해석할 수 있게 된다. 한국, 일본 및 싱가포르의 전통적 행정문화는 심지어 자아(self)를 부정하는 극단까지 포용할 수 있는 여지를 가지고 있었다. 그러나 최근 동양의 젊은 사람들은 주로 서양에서 배운 새로운 가치를 조직에 가져오려고 하는 경향을 보인다. 그들은 이를 통해 새로운 정체성을 추구하고, 사회적 인정을 받고자 한다. 이들은 주로 전통적인 집단주의적 문화를 거부하고, 개인주의적 가치를 추구하며, 가령 신입사원들은 집단 성과를 기준으로 한 보상보다는 개인 성과를 기준으로 한 보상을 더욱 선호하는 모습을 보인다.

동양 국가들의 공공행정가의 행태는 변화하고 있다. 충성, 근면, 헌신 등의 전통적인 유교의 덕목은 오랫동안 서양의 물질주의와 유물론에 대응하는 가치로 간주되어 왔다. 그러나 서양에서 공부하고 귀국한 수많은 젊은이가 이러한 옛 가치에 의문을 던지고, 공공 영역에 대한 책임성보다는 자신의 개인적 영역을 더욱 중하게 여긴다. 각자가 사회에서 자신의 역할과 책임을 다함으로써 사회 질서를 유지한다는 전통 문화적 가치는 이미 변화하고 있다.

대조적으로 서양 국가들은 개인 권리에 대한 강조에서 집단의 가치와 규범에 대한 강조를 지향하는 모습을 보인다. 역동적인 시민사회는 개인주의와 공동체주의 간에 지속적인 균형을 요구한다. 미국인에게 최근의 젊은 동양 행정가는 개인의 권리에 대한 지나친 강조로 조직과 지역사회의 유대 관계를 파괴하려는 위험을 아울러 지니는 것으로 비칠 수도 있을 것이다. 미국의 행정가는 이에 대해 개인에 대한 지나친 강조는 조직과 사회의 발전을 저해할 수 있는 위험을 가질 수 있다고 경고할 수도 있다.

한편 미국 문화의 강점은 다문화주의이다. 직장 및 사회의 다양한 그룹 사람들의 태도, 가치, 경험 및 차이점이 미국 사회의 활력에 기여한다. 다양성에 대한 가치 부여는 개인의 차이를 인정하고 이해하는 것이며, "그 결과 도덕적 판단에서 서로의 입장을 고려할 수 있다"(Young, 1997: 52). 다른 국가들이 외국인 노동력의 이주와 같은 외부적 원인으로 다문화의 길로 접어들었다면, 그들은 미국과 다른 서양 국가들의 문화적 맥락을 이해하고 평가함으로써 이에 대처하는 방법을 학습할 수 있다.

행정 현상에 관한 이론은 행정과 민주적 거버넌스의 사회적 구성 개념에 성찰적으로 근거해야 한다. 공공행정에 대한 기능주의적 관점 및 해석학적 관점은 여전히 타당하고 유효하다. 전자는 거시적 관점에서 구조, 정책 및 관리의 중요성을 진작하며, 후자는 미시적 관점에서 사람들의 경험, 언어 및 문화의 의미를 주목한다. 한편 기능주의적 시각은 이원적 사고 방식에서 조직과 개인, 객체와 주체는 서로 개별적이고 독립적이어서 서로 관련되지 않는다고 한다. 해석학적 시각, 특히 현상학의 주관적인 관점은 조직 행위는 개인의 의미와 의도 면에서 이해되어야 한다고 강조한다. 개인이 현실을 구성할 때 어떻게 활동(예: 역할 및 기능)하느냐는 중요하다. 비판적 시각은 우리들이 광범위한 인간적, 문화적 및 정치적인 맥락에 관해 상반되는 견해와 갈등을 비판적으로 고찰하고 다양한 지식과 경험을 공유함으로써 대안을 모색하는 데 도움을 준다.

행정(학)의 도(道), 그리고 사회적 구성은 행정 현상의 이원성(duality)을 거부한다. 대신 객관성과 주관성의 관계처럼 요소들은 한 문제의 양면성에 관여된다고 본다. 그리고 이원성 대신에 관계, 상호 의존, 상호주의(호혜성) 및 변증법을 채택한다. 이러한 관점은 동양과 서양 모두에서 공통적으로 발견된다. 한편 동양의 시각은 조화, 공존, 통합 및 전체성(온전성)을 강조하는 반면 서양의 시각은 참여, 숙의, 비판적 성찰 및 소통을 강조한다. 사회적 비전과 민주적 조직을 구성 및 재구성하기 위한 노력을 재개하기 위해, 우리들에게는 두 가지 시각 모두가 필요하다고 할 수 있다. 더욱이, 동양과 서양의 행정(학)은 각자의 독특한 개성 또는 자율성을 지니고 있다. 따라서 이를 희생하지 않고 민주적인 거버넌스를 개선하는 방법을 모색해야 한다. 공공행정가는 조직과 개인, 행정과 시민, 그리고 객관성(객체)과 주관성(주체)을 서로 분리하지 않고 연관시킴으로써 조직 변화 과정을 조성하고 촉진해야 한다. 만일 공공행정가가 행정에서 비롯되는 변화에 대한 효과적인 대응을 추구하려 한다면, 조직구성원과 시민들로부터 문제를 해결하는 방법과 가치를 배우는 것을 우선해야 할 것이다.

참고 문헌

Abel, C. F. and Sementelli, A. J. (2003). *Evolutionary Critical Theory and Its Role in Public Affairs*. Armonk, N.T.: M. E. Sharpe.

Ackoff, R. (1978). *The Art of Problem Solving*. New York: Wiley.

Adams, G. B. and Balfour, D. L. (1998). *Unmasking Administrative Evil*. Thousand Osks, Calif.: Sage.

Adorno, T. W. and Horkheimer, M. (1979). *Dialectic of Enlightenment*. Trans. J. Cumming. London: NLB.

Albrow, M. (1996). *The Global Age*. Stanford, Calif.: Stanford University Press.

Alexander, J. C. (1982). *Positivism, Presuppositions, and Current Controversies*. Vol. 1. Berkeley: University of California Press.

Alexander, J. C. (1988). *Action and Its Environments: Toward a New Synthesis*. New York: Columbia University Press.

Allan, G. (1990). *The Realization of the Future*. Albany: State University of New York Press.

Allan, K. (1998). *The Meaning of Culture: Moving the Postmodern Critique Forward*. Westport, Conn.: Praeger.

Allen, D. (1997). "Social Constructions of Self: Some Asian, Marxist, and Feminist Critiques of Dominant Western Views of Self." In *Culture and Self: Philosophical and Religious Perspectives, East and West*. Boulder, Colo.: Westview, pp. 3-26.

Allen, D. (Ed.). (1997). *Culture and Self*. Boulder, Colo.: Westview.

Allison, G. T. (1971). *Essence of Decision: Explaining the Cuban Missile Crisis*. Boston: Little Brown.

Anderson, W. T. (1977). "Governance Tomorrow: Global or Local? Corporate or Citizen?" *The Futurist*. (May-June), pp. 18-19.

Arendt, H. (1958). *The Human Condition.* Chicago: University of Chicago Press.

Arendt, H. (1964). *Eichmann in Jerusalem.* (Rev. ed.). New York: Viking.

Arendt, H. (1971). "Thinking and Moral Considerations." *Social Research.* Vol. 38, no. 3 (Autumn), pp. 417-446.

Argyris, C. (1962). *Interpersonal Competence and Organizational Effectiveness.* Homewood: Dorsey.

Argyris, C. (1964). *Integrating the Individual and the Organization.* New York: Wiley.

Argyris, C. (1968). "Conditions for Competence Acquisition and Therapy." *The Journal of Applied Behavioral Science.* Vol. 4, no. 2, pp. 1-19.

Argyris, C., Putnam, R., and Smith, D. M. (1985). *Action Science: Concepts, Methods, and Skills for Research and Intervention.* San Francisco: Jossey-Bass.

Argyris, C. and Schön, D. (1978). *Organizatonal Learning: A Theory of Action Perspective.* Reading, Mass.: Addison-Wesley.

Atkinson, J. M. and Heritage, J. (Eds.). (1984). *Structures of Social Action: Studies in Conversation Analysis.* Cambridge: Cambridge University Press.

Bakhtin, M. M. (1981). *The Dialogic Imagination: Four Essays by M. M. Bakhtin.* Trans. M. Holquist, ed. C. Emerson and M. Holquist. Austin: University of Texas Press.

Barber, B. R. (1984). *Strong Democracy: Participatory Politics for a New Age.* Berkeley: University of California Press.

Barber, B. R. (1999). "Clansmen, Consumers, and Citizens: Three Takes on Civil Society." In R. K. Fullinwider (Ed.), *Society, Democracy, and Civic Renewal.* Oxford: Rowman & Littlefieid.

Barber, M. D. (1988). *Social Typifications and the Elusive Other: The Place of Sociology of Knowledge in Alfred Schutz's Phenomenology.* London: Bicknell University Press.

Baudrillard, J. (1975). *The Mirror of Production.* St. Louis: Telos.

Baudrillard, J. (1983). *Simulations.* New York: Semiotext(e).

Bauman, Z. (1993). *Postmodern Ethics.* Cambridge, Mass.: Blackwell.

Baxter, L. A. and Montgomery, B. M. (1996). *Relating: Dialogues and Dialectics.* New York: Guilford.

Beck, U. (1994). "Towards a Theory of Reflexive Modernization." In U. Beck, A. Giddens, and S. Lash (Eds.), *Reflexive Modernization: Politics, Tradition and Aesthetics in the Modern Social Order.* Stanford: Stanford University Press. 1-55.

Becker, H. S. and McCall, M. M. (1990). *Symbolic Interaction and Cultural Studies.* Chicago: University of Chicago Press.

Bellah, R., Madsen, R., Sullivan, W., Swidler, A., and Tipton, S. M. (1985). *Habits of the Heart.* Berkeley: University of California Press.

Benson, J. K. (1977). "Organizations: A Dialectical View." *Administrative Science Quarterly.* Vol. 22, no. 1, pp. 1-21.

Benveniste, G. (1972). *The Politics of Expertise.* Berkeley: Glendessary.

Berger, P. L. and Luckmann, T. (1967). *The Social Construction of Reality.* Garden City: Doubleday.

Bernstein, R. J. (1971). *Praxis and Action.* Philadelphia: University of Pennsylvania Press.

Bernstein, R. J. (1983). *Beyond Objectivism and Relativism: Science, Hermeneutics, and Praxis.* Philadelphia: University of Pennsylvania Press.

Bernstenin, R., J. and Munro, R. H. (1997). *The Coming Conflict with China.* New York: Vintage Books.

Bezold, C. (Ed.). (1978). *Anticipatory Democracy: People in the Politics of the Future.* New York: Vintage Books.

Birenbaum, A. (1997). *Managed Care.* Westport, Conn.: Praeger.

Blumer, H. (1969). *Symbolic Interactionism: Perspective and Method.* Englewood Cliffs, N.J.: Prentice-Hall.

Bogason, P. (2002). "Postmodern Public Administration Research: American and Northwest European Perspectives." In J. S. Jun. (Ed.), *Rethinking Administrative Theory: The Challenge of the New Century.* Westport, Conn.: Praeger, pp. 53-74.

Bohman, J. (1996). *Public Deliberation: Pluralism, Complexity, and Democracy.* Cambridge, Mass: MIT Press.

Bohman, J. and Rehg, W. (Eds.) (1997). *Deliberative Democracy.* Cambridge, Mass: MIT Press.

Bolman, L. G. and Deal, T. E. (1997). *Reframing Organizations: Artistry, Choice, and Leadership.* San Francisco: Jossey-Bass.

Bosserman, P. (1968). *Dialectical Sociology: An Analysis of the Sociology of Georges Gurvitch.* Boston: Sargent.

Boulding, E. (1990). "Building a Global Civic Culture." *Development.* 2: 39.

Bourdieu, P. (1990). *In Other Words: Essays toward a Reflexive Sociology.* Stanford: Stanford Univeristy Press.

Bourdieu, P. and Wacquant, L. J. D. (1992). *An Invitation to Reflexive Sociology.* Chicago: University of Chicago Press.

Bowie, M. (1991). *Lacan,* Cambridge, Mass.: Harvard University Press.

Box, R. C. (1998). *Citizen Governance: Leading American Communities into the 21st Century.* Thousand Oaks, Calif.: Sage.

Boxill, B. (1998). "Majoritarian Democracy and Cultural Minorities." In A. M. Melzer, J. Weinberger, and M. R. Zinman (Eds.), *Multiculturalism and American Democracy.*

Lawrence: University Press of Kansas.

Boyer, B. D. (1973). *Cities Destroyed for Cash: The Scandal at FHA*. Chicago: Follet.

Braithwaite, V. (1998). "Institutionalizing Distrust, Enculturating Trust." In V. Braithwaite and M. Levi (Eds.), *Trust and Governance*. New York: Sage Foundation, pp. 343-344.

Braithwaite, V. and Levi, M. (Eds.) (1998). *Trust and Governance*. New York: Sage Foundation.

Braybrooke, D. and Lindblom, C. E. (1963). *A Strategy of Decision: Policy Evaluation as a Social Process*. New York: Free Press.

Brecher, J., Costello, T., and Smith, B. (2000). *Globalization from Below*. Cambridge, Mass.: South End.

Buber, M. (1958). *I and Thou*. Trans. R. G. Smith. New York: Scribner's Sons.

Bunting, H. (1996). "A Single True Morality? The Challenge of Relativism." In D. Archard (Ed.), *Philosophy and Pluralism*. Cambridge: Cambridge University Press, pp. 73-85.

Burbach, R., Nunez, O., and Kagarlitsky, B. (1997). *Globalization and Its Discontents*. London: Pluto.

Burke, C. (1979). *Innovation and Public Policy*. Lexington, Mass.: Lexington Books.

Burrell, G. and Morgan, G. (1979). *Sociological Paradigms and Organizational Analysis*. London: Heinemann.

Caldwell, L. K. (1975). "Managing the Transition to Post-modern Society." *Public Administration Review*. 35(6): 567-572.

Callinicos, A. (1990). *Against Postmodernism: A Marxist Critique*. New York: St. Martin's.

Canovan, M. (1992). *Hannah Arendt: A Reinterpretation of Her Political Thought*. Cambridge: Cambridge University Press.

Capra, F.(1975). *The Tao of Physics*. Berkeley: Shambhala.

Carnevale, D. G. (1995). *Trustworthy Government: Leadership and Management Strategies for Building Trust and High Peformance*. San Francisco: Jossey-Bass.

Carr, D. (1999). *The Paradox of Subjectivity: The Self in the Transcendental Tradition*. Oxford: Oxford University Press.

Carroll, T. F. (1992). *Intermediary NGOs: The Supporting Link in Grassroots Development*. West Hartford, CT: Kumarian.

Cavanagh, J. et al. (2002). *Alternative to Economic Globalization: A Better World Is Possible*. The International Forum on Globalization. San Francisco: Berrett-Koehler.

Chambers, S. (1996). *Reasonable Democracy: Jürgen Habermas and the Politics of Discourse*. Ithaca, New York: Cornell University Press.

Cheng, C. Y. (1991). *New Dimensions of Confucian and Neo-Confucian Philosophy*. Albany: State University of New York Press.

Chin, R. and Benne, K. D. (1984). "General Strategies for Effecting Changes in Human Systems." In W. G. Bennis, K. D. Benne, and R. Chin. (Eds.), *The Planning of Change*. 4th ed. New York: Holt, Rinehart, and Winston, pp. 22-45.

Chong, K. C., S. H. Tan, and Ten, C. L. (Eds.) (2003). *The Moral Circle and the Self: Chinese and Western Approaches*. Chicago: Open Court.

Christiano, T. (1997). "The Significance of Public Deliberation." In J. Bohman and W. Reheg (Eds.). *Deliberative Democracy: Essays on Reason and Politics*. Cambridge, Mass.: MIT Press, pp. 243-277.

Christopher, R. C. (1983). *The Japanese Mind: The Goliath Explained*. Tokyo: Tuttle.

Churchman, C. W. (1968). *The Systems Approach*. New York: Dell.

Churchman, C. W. (1971). *The Design of Inquiring Systems: Basic Concepts and Organization*. New York: Basic Books.

Clark, J. (1991). *Democratizing Development: The Role of Voluntary Organizations*. West Hartport, Conn.: Kumarian.

Cohen, H. (1981). *Connections: Understanding Social Relationships*. Ames: Iowa State University Press.

Collin, F. (1997). *Social Reality*. London: Routledge.

Cook, K. S., Hardin, R., and Levi, M. (2005). *Cooperation without Trust?* New York: Sage Foundation.

Cooper, T. L. (1990, 3rd ed) and (1998, 4th ed.). *The Responsible Administrator: An Approach to Ethics for the Administrative Role*. San Francisco: Jossey-Bass.

Covey, S. R. (1997). *The 7 Habits of Highly Effective Families*. New York: Covey-Golden Books.

Cox, T., Jr. (1993). *Cultural Diversity in Organizations: Theory, Research, and Practice*. San Francisco: Berrett-Koehler.

Crocker, D. A. (1977). "Marković's Concept of Praxis as Norm." *Inquiry*. Vol. 20, pp. 1-43.

Cunliffe, A. and Jun, J. S. (2005). "The Need for Refelexivity in Public Administration." *Administration and Society*(March).

Czarniawska-Joerges, B. (1992). *Exploring Complex Organizations: A Cultural Perspective*. Newbury Park, Calif.: Sage.

Czarniawska-Joerges, B. (2002). *A Tale of Three Cities or the Glocalization of City Management*. Oxford: Oxford University Press.

Czempiel, E. (1992). "Governance and Democratization." In J. Rosenau and E. Czempiel (Eds.), *Governance without Government: Order and Change in World Politics*, pp. 250-71.

Dagger, R. (1997). *Civic Virtues: Rights, Citizenship, and Republican Liberalism*. Oxford:

Oxford University Press.

Danaher, K. (Ed.) (1996). *Corporations Are Gonna Get Your Mama: Globalization and the Downsizing of the American Dream*. Monroe, ME: Common Courage Press.

Dasgupta, P. and Serageldin, I. (Eds.) (1999). *Social Capital: A Multifaceted Perspective*. Washington, D. C.: World Bank.

Deetz, S. A. (1992). *Democracy in an Age of Corporate Colonization: Developments in Communication and the Politics of Everyday Life*. Albany: State University of New York Press.

Denhardt, R. B. (1981). *The Shadow of Organization*. Lawrence: University Press of Kansas.

Denhardt, R. B. (1986). "Action Skills in Public Administration Education." In R. Denhardt and L. Jennings, *Renewing Public Administration*. Columbus: University of Missouri Press.

Denhardt, R. B. (1993). *The Pursuit of Significance*. Belmont, Calif.: Wadsworth.

Denhardt, J. and Denhardt, R. B. (2003). *The New Public Service: Serving, Not Steering*. Armonk, New York: Sharpe.

De Oliveira, M. D. and Tandon, R. (Eds.) (1994). *Citizens Strengthening Civil Society*. Washington, D.C.: CIVICUS(World Alliance for Citizen Participation).

Derrida, J. (1970). "Structure, Sign, and Play in the Discourse of the Human Sciences." In R. Macksby and E. Donato (Eds.), *The Languages of Criticism and the Sciences of Man*. Baltimore: Johns Hopkins University Press, pp. 247-265.

Derrida, J. (1973). *Speech and Phenomena*. Trans. D. B. Allison. Evanston, Ill.: Northwestern University Press.

Derrida, J. (1976). *Grammatology*. Trans. G. Spivak. Baltimore: Johns Hopkins University Press.

Derrida, J. (1978). *Writing and Difference*. London: Routledge and Kegan Paul.

Derrida, J. (1981). *Dissemination*. Chicago: University of Chicago Press.

Derrida, J. (1988). *The Ear of the Other*. New York: Schocken.

Dewey, J. (1916). *Democracy and Education*. New York: Macmillan.

Dewey, J. (1929). *The Quest for Certainty: A Study of the Relation of Knowledgs and Action*. New York: Caprocorn Books.

Dewey, J. (1934). *Art as Experience*. New York: Minton, Balch.

Dewey, J. (1963). *Liberalism and Social Action*. New York: Putnam's Sons. (Original work published in 1935).

Dickens, D. R. and Fontana, A. (Eds.). *Postmodernism and Social Inquiry*. New York: Guilford.

Dilthey, W. (1961). *Pattern and Meaning in History: Thoughts on History and Society.* Edited with an introduction by H. P. Rickman. London: Allen and Unwin.

Dilthey, W. (1977). *Descriptive Psychology and Historical Understanding.* Hague: Nijhoff.

Dilthey, W. (1996). *Hermeneutics and the Study of History.* Edited with an introduction by R. A. Makkreel and F. Rodi. Princeton, N. J.: Princeton University Press.

Douglas, J. D. (Ed.) (1970). *Understanding Everyday Life.* Chicago: Aldine.

Dreyfus, H. (Ed.). (1982). *Husserl, Intentionality, and Cognitive Science.* Cambridge. Mass: MIT Press.

Dryzek, J. S. (1990). *Discursive Democracy: Politics, Policy, and Political Science.* Cambridge: Cambridge University Press.

Dryzek, J. S. (2000). *Deliberative Democracy and Beyond: Liberals, Critics, Contestations.* Oxford: Oxford University Press.

Durkheim, É. (1938). *The Rules of Sociological Method.* Glencoe, Ill.: Free Press.

Edwards, D. (1973). *Creating a New World Politics.* New York: McKay.

Ehrenberg, J. (1999). *Civil Society: The Critical History of an Idea.* New York: New York University Press.

Ellul, J. (1964). *The Technological Society.* New York: Vintage Books.

Elster, J. (Ed.) (1998). *Deliberative Democracy.* Cambridge, U.K.: Cambridge University Press.

Etzioni, A. (1993). *The Spirit of Community: Rights, Responsibilities, and the Communitarian Agenda.* New York: Crown.

Etzioni, A. (1995). *New Communication Thinking: Persons, Virtues, Institutions and Communities.* Charlottesville: University Press of Virginia.

Farmer, D. J. (1995). *The Language of Public Administration: Bureaucracy, Modernity, and Postmodernity.* Tuscaloosa: University of Alabama Press.

Farmer, D. J. (Ed.) (1998). *Papers on the Art of Anti-Administration.* Burke, VA.: Chatelaine.

Feibleman, J. K. (1976). *Understanding Oriental Philosophy.* New York: New American Library.

Fischer, F. and Forester, J. (Eds.) (1993). *The Argumentative Turn in Policy Analysis and Planning.* Durham, N.C.: Duke University Press.

Fisher, F. (1980). *Politics, Values, and Public Policy: The Problem of Methodology.* Boulder, Colo.: Westview.

Fisher, J. (1998). *Nongovernments: NGOs and the Political Development of the Third World.* West Hartford, Conn.: Kumarian.

Forber, D. (1975). *Hume's Philosophical Politics.* Cambridge, Mass.: Cambridge University

Press.

Forester, J. (1985). *The Deliberative Practitioner*. Cambridge, Mass.: MIT Press.

Forester, J. (Ed.) (1985). *Critical Theory and Public Life*. Cambridge, Mass.: MIT Press.

Foster, P. M. (1976). "The Theory and Practice of Action Research in Work Organizations." In A. W. Clark (Ed.), *Experimenting with Organizational Life: The Action Research Approach*. London: Plenum, pp. 64-65.

Foucault, M. (1970). *The Order of Things: An Archaeology of the Human Sciences*. New York: Vintage.

Foucault, M. (1980). *Power/Knowledge*. Ed. and trans. C. Gordon. New York: Pantheon.

Foucault, M. (1982). *The Archaeology of Knowledge*. New York: Pantheon.

Foucault, M. (1984). *The Foucault Reader*. New York: Pantheon.

Foweraker, J. and Craig, A. L. (1990). *Popular Movements and Political Change in Mexico*. Boulder, Colo.: Rienner.

Fox, C. J. and Miller, H. T. (1996). *Postmodern Public Administration: Toward Discourse*. Thousand Oaks, Calif.: Sage.

Freire, P. (1970). *Pedagogy of the Oppressed*. New York: A Continuum Book, Seabury.

Freire, P. (1973). *Education for Critical Consciousness*. New York: A Continuum Book, Seabury.

Freund, J. (1968). *The Sociology of Max Weber*. New York: Pantheon Books.

Friedmann, J. (1973). *Retracking America: A Theory of Transactive Planning*. Garden City, New York: Doubleday.

Friedmann, J. (1987). *Planning in the Public Domain: From Knowledge to Action*. Princeton, New Jersey: Princeton University Press.

Fukuyama, F. (1995). *Trust: The Social Virtues and the Creation of Prosperity*. New York: Free Press.

Gabel, J. (1975). *False Consciousness: An Essay on Reification*. Trans. M. A. Thompson and K. A. Thompson. New York: Harper & Row.

Gadamer, H-G. (1976). *Philosophical Hermeneutics*. Trans. and ed. D. E. Linge. Berkeley: University of California Press.

Gadamer, H-G. (1980). *Dialogue and Dialectic: Eight Hermeneutical Studies on Plato*. Trans. P. Christoper Smith. New Haven, Conn.: Yale University Press.

Gadamer, H-G. (1989). *Truth and Method*. 2nd ed. Trans. J. Weimsheimer and D. G. Marshall. London: Sheed & Ward.

Galston, W. (1991). *Liberal Purposes: Goods, Virtues, and Duties in the Liberal State*. Cambridge: Cambridge University Press.

Gardner, N. (1974). "Action Training and Research: Something Old and Something New."

Public Administration Review. Vol. 34, no. 2(March/April), pp. 108-115.

Garfinkel, H. (1967). *Studies in Ethnomethodology*. Englewood Cliffs, New Jersey: Prentice-Hall.

Gawthrop, L. C. (1984). "Civis, Civitas, and Civilitas: A New Focus for the Year 2000," *Public Administration Review*. Vol. 44 (March).

Geertz, C. (1973). *The Interpretation of Cultures*. New York: Basic Books.

Geertz, C. (1983). *Local Knowledge: Further Essays in Interpretive Anthropology*. New York: Basic Books.

Gergen, K. J. (1999). *An Invitation to Social Construction*. Thousand Oaks, Calif.: Sage.

Gerth, H. H. and Mills, C. W. (1946). *From Max Weber: Essays in Sociology*. New York: Oxford University Press.

Gibb, J. R. (1978). *Trust: A New View of Personal and Organizational Development*. Cardiff, Calif.: Omicron.

Giddens, A. (1990). *The Consequences of Modernity*. Stanford, Calif.: Stanford University Press.

Giddens, A. (1998). *The Third Way*. Cambridge: Polity.

Glazer, Nathan (1997). *We Are All Multiculturalists Now*. Cambridge, Mass.: Harvard University Press.

Goldman, R. and Papson, S. (1994). "The Postmodernism That Failed." In D. Dickens and A. Fontana (Eds.), *Postmodernism and Social Inquiry*. New York: Cuilford, pp. 224-253.

Goldstein, H. (1979). "Improving Policing: A Problem-Oriented Approach." *Crime and Delinquency*. Vol. 25: pp. 241-243.

Goldstein, H. (1990). *Problem-Oriented Policing*. New York: McGraw-Hill.

Golembiewski, R. T. (1972). *Renewing Organizations: The Laboratory Approach to Planned Change*. Itasca: Peacock.

Goodsell, C. T. (1983). *The Case for Bureaucracy: A Public Administration Polemic*. Chatham, New Jersey: Chatham House.

Gouinlock, J. (1978). "Dewey's Theory of Moral Deliberation." *Ethics*. Vol. 88, no. 3, pp. 218-228.

Gouinlock, J. (1986). *Excellence in Public Discourse: John Stuart Mill, John Dewey, and Social Intelligence*. New York: Columbia University Press.

Gouldner, A. W. (1970). *The Coming Crisis of Western Sociology*. New York: Basic Books.

Greenwood, D. J. and Levin, M. (1998). *Introduction to Action Research: Social Research for Social Change*. Thousand Oaks, Calif.: Sage.

Gross, R. and Osterman, P. (Eds.) (1971). *Individualism: Man in Modern Society*. New

York: Dell.

Gunnell, J. G. (1987). *Political Theory: Tradition and Interpretation.* Lanham, New York: University Press of America.

Gutmann, A. (1987). *Democratic Education.* Princeton, New Jersey: Princeton University Press.

Gutmann, A. and Thompson, D. (1996). *Democracy and Disagreement.* Cambridge, Mass: Harvard University Press.

Gutmann, A. and Thompson, D. (2004). *Why Deliberative Democracy?* Princeton, New Jersey: Princeton University Press.

Haber, H. F. (1994). *Beyond Postmodern Politics.* London: Routledge.

Habermas, J. (1971). *Knowledge and Interests.* Trans. J. J. Shapiro. Boston: Beacon.

Habermas, J. (1973). *Theory and Practice.* Boston: Beacon.

Habermas, J. (1975). *Legitimation Crisis.* Boston: Beacon.

Habermas, J. (1984). *The Theory of Communicative Action: Reason and the Rationalizaton of Society.* Vol. 1. Trans. T. McCarthy. Boston: Beacon.

Habermas, J. (1987). *The Philosophical Discourse of Modernity.* Boston: MIT Press.

Habermas, J. (1990). *Moral Consciousness and Communicative Action.* Trans. C. Lenhardt and S. W. Nicholsen. Cambridge, Mass: MIT Press.

Habermas, J. (1998). *Between Facts and Norms: Contributions to a Discourse Theory of Law and Democracy.* Trans. W. Rehg. Cambridge, Mass.: MIT Press.

Habermas, J. (2003). *The Future of Human Nature.* Cambridge, UK: Polity.

Hacker, A. (1961). *Political Theory: Philosophy, Ideology, Science.* New York: Macmillan.

Hajer, M. A. and Wagenaar, H. (Eds.) (2003). *Deliberative Policy Analysis: Understanding Governance in the Network Society.* Cambridge: Cambridge University Press.

Hall, D. L. and Ames, R. T. (1987). *Thinking through Confucius.* Albany: State University of New York Press.

Handy, C. (1994). *The Age of Paradox.* Boston, Mass.: Harvard Business School Press.

Hardin, R. (1996). "Trustworthiness." *Ethics.* Vol. 107 (October), pp. 26-42.

Hardin, R. (1998). "Trust in Government." In V. Braithwaite and M. Levi (Eds.), *Trust and Governance.* New York: Sage Foundation.

Hardin, R. (2004). *Trust and Trustworthiness.* New York: Sage Foundation.

Harman, W. W. (1974). "The Coming Transformation in Our View of Knowledge." *The Futurist.* 8(2).

Harmon, M. M. (1981). *Action Theory for Public Administration.* New York: Longman.

Harmon, M. M. (1995). *Responsibility as Paradox.* Thousand Oaks, Calif.: Sage.

Harmon, M. M. and Mayer, R. T. (1986). *Organization Theory for Public Administration.*

Boston: Little, Brown.

Hassard, J. and Parker, M. (Eds.). *Postmodernism and Organizations*. Newbury Park, Calif.: Sage.

Hayes, M. (1992). *Incrementalism and Public Policy*. New York: Longman.

Hegel, G. W. F. (1952). *Hegel and the Human Spirit: A Translation of the Jena Lectures on Philosophy of Spirit (1805-1806) with Commentary*. Trans. L. Rauch. Detroit: Wayne State University Press.

Hegel, G. W. F. (1967). *The Phenomenology of Mind*. New York: Harper-Torch Books.

Heidegger, M. (1962). *Being and Time*. Trans. J. Macquarrie and E. Robinson. New York: Harper & Row.

Heirich, M. (1998). *Rethinking Health Care: Innovation and Change in America*. Boulder, Colo.: Westview.

Henderson, H. (1996). *Building a Win-Win World: Life beyond Global Economic Warfare*. San Francisco: Berrett-Koehler.

Heyzer, N. (1995). "Toward New Government-NGO Relations for Sustainable and People-Centered Development." In *Government-NGO Relations in Asia*. Ed. N. Heyzer, J. V. Riker, and A. Quizon. New York: St. Martin's.

Hiley, D. R., Bohman, J. F., and Shusterman, R. (Eds.) (1971). *The Interpretive Turn: Philosophy, Science, Culture*. Ithaca, New York: Cornell University Press.

Hill, D. M. (1994). *Citizens and Cities: Urban Policy in the 1990s*. New York: Harvester.

Hirshman, Albert O. (1970). *Exit, Voice, and Loyalty*. Cambridge, Mass.: Harvard University Press.

His Holiness the Dalai Lama (1999). *Ethics for the New Millennium*. New York: Riverhead Books.

Hobbes, T. (1946). *The Leviathan*, Edited with an introduction by M. Oakeshott. Oxford: Blackwell.

Holzner, B. (1968). *Reality Construction in Society*. Cambridge, Mass: Schenkman.

Howard, M. W. (1992). "The Self, Difference, and Democratic Theory." *Contemporary Philosophy*. Vol. 14, no. 1, pp. 6-9.

Howell, J. and Pearce, J. (2001). *Civil Society and Development: A Critical Exploration*. Boulder, Colo.: Rienner.

Hoy, D. (1985). "Derrida." In Q. Skinner (Ed.), *The Return of Grand Theory in the Human Sciences*. Cambridge: Cambridge, U. K.: University Press, pp. 41-64.

Hume, D. (1975/1777). *Philosophical Essays concerning Human Understanding*. (Reprint), New York: Clarendon.

Hummel, R. P. (1994). *The Bureaucratic Experience: A Critique of Life in the Modern*

Organization. 4th ed. New York: St. Martin's.

Husserl, E. (1962). *Ideas: General Introduction to Pure Phenomenology*. Tran. W. R. Boyce Gibson. New York: Collier Books.

Husserl, E. (1970). *Logical Investigations*. 2 vols. Trans. J. N. Findlay. New York: Humanities.

Husserl, E. (1973). *Experience and Judgment*. Trans. J. S. Churchill and K. Americks. Evanston, Ill.: Northwestern University Press.

Husserl, E. (1975). *Introduction to the Logical Investigations. Draft of a Preface to the Logical Investigations*. (Ed.). E. Fink. Trans. P. J. Bossert and C. H. Peters. The Hague: Nijhoff.

Ingram, D. (1987). *Habermas and the Dialectic of Reason*. New Haven, Conn.: Yale University Press.

Issac, J. C. (1993). "Civil Society and the Spirit of Revolt." *Dissent*.(Summer), pp. 356-361.

Ivanhoe, P. J. (1990). *Ethics in the Confucian Tradition: The Thought of Mengzi and Wang Yangming*. 2nd ed. Indianapolis: Hackett.

Jacoby, N. H. (1973). *Corporate Power and Social Responsibility*. New York: Macmillan.

Janis, I. (1972). *Victims of Groupthink: A Psychological Study of Foreign Policy Decisions and Fiascos*. Boston: Houghton Mifflin.

Janoski, T. (1998). *Citizenship and Civil Society*. Cambridge: Cambridge University Press.

Jantsch, E. (1975). *Design for Evolution*. New York: Braziller.

Jaspers, K. (1957). *Socrates, Buddha, Confusius, and Jesus*. New York: A Harvest Book, Harcourt Brace.

Jay, M. (1973). *The Dialectical Imagination*. London: Heinemann.

Jay, M. (1985). "Habermas and Modernism." In R. Bernstein (Ed.), *Habermas and Modernity*. Cambridge, Mass.: MIT Press.

Joachim, H. H. (1951). *Aristotle: The Nicomachean Ethics—A Commentary*. Oxford, U. K.: Clarendon.

Johnson, J. P. (1997). "Spirituality and Community." *The Journal of Speculative Philosophy*. Vol. 11, no. 1, pp. 20-39.

Jonas, H. (1984). *The Imperative of Responsibility: In Search of an Ethics for the Technological Age*. Chicago: University of Chicago Press.

Jones, K. (1996). "Trust as an Affective Attitude." *Ethics*. Vol. 107(October), pp. 4-25.

Jun, J. S. (1986). *Public Administration: Design and Problem Solving*. New York: Macmillan.

Jun, J. S. (1994a). "On Administrative Praxis." *Administrative Theory and Praxis*. Vol. 16, no, 2, pp. 201-207.

Jun, J. S. (1994b). *Philosophy of Administration*. Seoul: Daeyoungmoonhwa International.

Jun, J. S. (1996). "Tool Tropism in Public Administration: The Pathology of Management Fads." *Administrative Theory and Praxis*. Vol. 18, no. 2, pp. 108-118.

Jun, J. S. (1997). "Phenomenology of Administrative Communication." In J. L. Garnett and A. Kouzmin (Eds.), *Handbook of Administrative Communication*. New York: Marcel Dekker, pp. 141-152.

Jun, J. S. (1999). "The Need for Autonomy and Virtues: Civic-minded Administrators in a Civil Society." *Administrative Theory and Praxis*. 21(2): 218-223.

Jun, J. S. (2002). "New Governance in Civil Society: Changing Responsibility of Public Administration." In J. S. Jun (Ed.), *Rethinking Administrative Theory: The Challenge of the New Century*. Westport, Conn.: Praeger, pp. 289-307.

Jun, J. S. (Ed.) (2002). *Rethinking Administrative Theory: The Challenge of the New Century*. Westport: Praeger.

Jun, J. S. and Campodonico, L. (1998). "Globalization and Democratic Governance: A Contradiction." *Administrative Theory and Praxis*. Vol, 20, no. 4, pp. 478-90.

Jun, J. S. and Kim, T. Y. (2002). "Distrust as a Hindrance to Democratic Governance in South Korea." *Asian Journal of Political Science*. Vol. 10, no. 1(June), pp. 1-16.

Jun, J. S. and Park, M. S. (2001). "Crisis and Organizational Paralysis: The Lingering Problem of Korean Public Administration." *Journal of Contingencies and Crisis Management*. Vol. 9, no. 1(March), pp. 3-13.

Jun, J. S. and Rivera, M. (1997). "The Paradox of Transforming Public Administration: Modernity Versus Postmodernity Arguments." *American Behavioral Scienists*. Vol. 41. no. 1, pp. 132-147.

Jun, J. S. and Storm, W. B. (Eds.) (1973). *Tomorrow's Organizations: Challenges and Strategies*. Glenview, Ill.: Scott, Foresman.

Jun, J. S. and Wright, D. S. (Eds.) (1996). *Globalization and Decentralization: Institutional Contexts, Policy Issues, and Inter-governmental Relations in Japan and the United States*. Washington, D. C.: Georgetown University Press.

Jun, Jong S. and Hiromi Muto (1995). "The Hidden Dimensions of Japanese Administration: Culture and Its Impact." *Public Administration Review*. Vol. 55, no. 2 (March/April), pp. 125-134.

Kafka, F. (1948). *The Trial*. Trans. W. and E. Muir. New York: Knopf.

Kant, I. (1956). *Critique of Practical Reason*. Trans. L. W. Beck. New York: Liberal Art.

Kass, H. D. and Catron, B. L. (Eds.) (1990). *Images and Identities in Public Administration*. Newbury Park, Calif.: Sage.

Kass, H. (Ed.) (1999). "Community Capacity, Social Trust and Public Administration."

Administrative Theory and Praxis. Vol. 21, no. 1, pp. 10-119.

Katsiaficas, G. and Kiros, T. (Eds.) (1998). *The Promise of Multiculturalism: Education and Autonomy in the 21st Century*. New York: Routledge.

Kaufman, H. (1981). "Fear of Bureaucracy: A Raging Pandemic." *Public Administration Review*. Vol. 41, no. 1(January/February), pp. 1-9.

Keane, J. (1998). *Civil Society: Old Images, New Visions*. Stanford, CA: Stanford University Press.

Kettl, D. F. (2002). *The Transformation of Governance: Public Administration for Twenty-First Century America*. Baltimore: Johns Hopkins University Press.

Khademian, A. M. (2002). *Working with Culture: The Way the Job Gets Done in Public Programs*. Washington, D.C.: CQ.

King, C. and Stivers, C. (Ed.) (1998). *Government Is Us*. Thousand Oaks, Calif.: Sage.

Kirlin, J. J. (1996). "What Government Must Do Well: Creating Value for Society." *Journal of Public Administration Research and Theory*. Vol. 6, no. 1, pp. 161-185.

Kiros, T. (1998). *Self-construction and the Formation of Human Values: Truth, Language, and Desire*. Westport, Conn.: Greenwood.

Kiss, E. (1992). "Democracy without Parties?" *Dissent*. (Spring), pp. 222-231.

Klemm, D. E. and Zöller, G. (1997). *Figuring the Self: Subject, Absolute, and Others in Classical German Philosophy*. Albany: State University of New York Press.

Kooiman, J. (Ed.) (1993). *Modern Governance: New Government-Society Interactions*. Thousand Oaks, Calif.: Sage.

Korten, D. C. (1990). *Getting to the 21st Century: Voluntary Action and the Global Agenda*. West Hartford, Conn.: Kumarian.

Korten, D. C. (1995). *When Corporations Rule the World*. West Hartford, Conn.: Kumarian.

Kramer, R. M. and Cook, K. S. (Eds.) (2004). *Trust and Distrust in Organizations: Dilemmas and Approaches*. New York: Sage Foundation.

Krut, R. (1997). *Globalization and Civil Society: NGO Influence in International Decision-Making*. Geneva, Switzerland: United Nations Research Institute for Social Development (UNRISD).

Kymlicka, W. (1995). *Multicultural Citizenship*. Oxford: Oxford University Press.

Lacan, J. (1982). *Écrits: A Selection*. Trans. Alan Sheridan. New York: Norton.

Lakoff, G. and Johnson, M. (1980). *Metaphors We Live By*. Chicago: University of Chicago Press.

Landau, M. (1972). *Political Theory and Political Science*. New York: Macmillan.

Lao Tsu (1972). *Tao Te Ching*. Trans. G. Feng and J. Enflish. New York: Vintage Books.

Lash, S. (1993). "Pierre Bourdieu: Cultural Economy and Social Change." In C. Calhoun, E.

Lipuma, and M. Postone (Eds.), *Bourdieu: Critical Perspectives*. Chicago: University of Chicago Press, pp. 193-211.

Laudan, L. (1997). *Progress and Its Problems: Toward a Theory of Scientific Growth*. Berkeley: University of California Press.

Lawson, H. (1985). *Reflexivity: The Postmodern Predicament*. La Salle, Ill.: Open Court.

Lewin, K. (1947). "Frontiers in Group Dynamics: Part II, Channels in Group Life, Social Planning, Action Research." *Human Relations*. Vol. no. 2, pp. 143-153.

Lewin, K. (1951). *Field Theory and Social Science*. New York: Harper and Brothers.

Lieberman, J. K. (1970). *The Tyranny of the Experts*. New York: Walker.

Lindblom, C. E. (1965). *The Intelligence of Democracy*. New York: Free Press.

Lindblom, C. E. (1968). *The Policy-Making Process*. Englewood Cliffs, N. J.: Prentice-Hall.

Lindblom, C. E. (1977). *Politics and Markets*. New York: Basic Books.

Linstead, S. (1993). "Deconstruction in the Study of Organizations." In J. Hassard and M. Parker(Eds.), *Postmodernism and Organizations*. Newbury Park, Calif.: Sage, pp. 49-70.

Livernash, R. (1992). "The Growing Influence of NGOs in the Developing World." *Environment*. Vol. 34, no. 5, pp. 12-20, 41-43.

Lobkowicz, N. (1967). *Theory and Practice*. Notre Dame: University of Notre Dame Press.

Luard, E. (1990). *The Globalization of Politics: The Changed Focus of Political Action in the Modern World*. New York: New York University Press.

Luhmann, N. (1979). *Trust and Power*. New York: Wiley and Sons.

Lynch, T. D. and Lynch, C. E. (1999). "Spiritual Wisdom and Public Administration: Are They Compatible?" *International Journal of Organizaton Theory and Behavior*. Vol. 2, nos. 3 & 4, pp. 273-302.

Lyotard, J. (1984). *The Postmodern Condition: A Report on Knowledge*. Trans. G. Benington and B. Massouri. Minneapolis: University of Minnesota Press.

Macann, C. (1993). *Four Phenomenological Philosophers: Husserl, Heidegger, Satre, and Merleau-Ponty*. London: Routledge.

Macedo, S. (1990). *Liberal Virtues: Citizenship, Virtue, and Community*. Oxford: Oxford University Press.

Macedo, S. (Ed.) (1999). *Deliberative Politics: Essays on Democracy and Disagreement*. Oxford: Oxford University Press.

MacIntyre, A. (1981). *After Virtue: A Study in Moral Theory*. 2nd ed. Notre Dame, Ind.: Notre Dame University Press.

Madison, G. B. (1988). *The Hermeneutics of Postmodernity: Figures and Themes*. Bloomington: Indiana University Press.

Mander, J. and Goldsmith, E. (Eds.) (1996). *The Case against the Global Economy: And for a Turn toward the Local.* San Francisco: Sierra Club Books.

Mannheim, K. (1940). *Men and Society in an Age of Reconstruction.* New York: Harcourt, Brace, and World.

Marsh, J. L., Caputo, J., and Westphal, M. (Eds.) (1992). *Modernity and Its Discontents.* New York: Fordham University Press.

March, J. G. and Olsen, J. P. (1995). *Democratic Governance.* New York: Free Press.

Marković, M. (1974). *From Affluence to Praxis: Philosophy and Social Criticism.* Ann Arbor: University of Michigan Press.

Mavima, P., Satran, J., Snyder, M., Tao, J., and Wilson, Ⅲ. J. J. (1997). "NGOs, National Governments, and International Donors: The New Triumvirate?" *SICA Occasional Paper Series* (June).

May, L. (1996). *The Socially Responsive Self: Social Theory and Professional Ethics.* Chicago: University of Chicago Press.

McCarthy, T. (1981). *The Critical Theory of Jürgen Habermas.* Cambridge, Mass.: MIT Press.

McClellan, G. S. (Ed.) (1979). *The Quality of Federal Policymaking: Programmed Failure in Public Housing.* Columbia: University of Missouri Press.

McCollough, T. E. (1991). *The Moral Imagination and Public Life.* Chatham, New Jersey: Chatham House.

McSwite, O. C. (1997a). "Jacques Lacan and the Theory of the Human Subject." *American Behavioral Scientist.* Vol. 41, no. 1 (September), pp. 43-63.

McSwite, O. C. (1997b). *Ligitimacy in Public Adminsitration: A Discourse Analysis.* Thousand Oaks, Calif.: Sage.

McWhinney, W. (1992). *Paths of Change.: Strategic Choices for Organizations and Society.* Thousand Oaks, Calif.: Sage.

Mead, G. H. (1934). *Mind, Self and Society.* Chicago: University of Chicago Press.

Mead, G. H. (1938). *The Philosophy of the Act.* Chicago: University of Chicago.

Melzer, A. M., Weinberger, J., and Zinman, M. R. (1998). *Multiculturalism and American Democracy.* Lawrence: University Press of Kansas.

Merleau-Ponty, M. (1962). *The Phenomenology of Perception.* Trans. C. Smith. London: Routledge & Kegan Paul.

Merleau-Ponty, M. (1968). *The Visible and the Invisible.* Trans. A. Lingis. Evanston, Ill.: Northwestern University Press.

Merleau-Ponty, M. (1973). *Adventures of the Dialectic.* Evanston, Ill.: Northwestern University Press.

Merton, R. K. (1957). *Social Theory and Social Structure*. New York: Free Press.

Miyamoto, M. (1994). *Straitjacket Society: An Insider's Irreverent View of Bureaucratic Japan*. Tokyo: Kodansha International.

Morales, I., De Los Reyes, G., and Rich, P. (Eds.) (1999). "Civil Society and Democratization." *The Annals of the American Academy of Political and Social Science*. Vol. 565.

Morgan, G. (1997). *Images of Organization*. 2nd ed. Thousand Oaks, Calif.: Sage.

Morton, L. W. (2001). *Health Care Restructuring: Market Theory vs. Civil Society*. Westport, Conn.: Auburn House.

Mosher, F. C. (1868). *Democracy and the Public Service*. New York: Oxford University Press.

Mulgan, G. (1997). *Connexity: How to Live in a Connected World*. Boston: Harvard Business School Press.

Münch, R. (1987). *Theory of Action: Towards a New Synthesis Going beyond Parsons*. London: Routledge & Kegan Paul.

Muramatsu, M. (1997). *Local Power in the Japanese State*. Trans. B. Scheiner and J. White. Berkeley: University of California Press.

Myrdal, G. (1968). *Asian Drama: An Inquiry into the Poverty of Nations*. New York: Twentieth Century Fund.

Nader, R. (Ed.) (1972). *Whistle-Blowing*. New York: Grossman.

Natanson, M. (1970). *The Journeying Self: A Study in Philosophy and Social Role*. Reading, Mass.: Addison-Wesley.

Natanson, M. (1973). *The Social Dynamics of George H. Mead*. Hague: Nijhoff.

Neace, M. B. (1999). "Extrepreneurs in Emerging Economies: Creating Trust, Social Capital, and Civil Society." In I. Morales, G. De Los Reyes, and P. Rich (Eds.), *Civil Society and Democratization*. The Annals of the American Academy of Political and Social Science. Thousand Oaks, Calif. Sage, pp. 148-161.

Neal, P.(1997). *Liberalism and Its Discontents*. New York: New York University Press.

Noggle, E. (1997). "The Public Conception of Autonomy and Critical Self Reflection." *The Southern Journal of Philosophy*. Vol. 35, no.4. pp. 495-515.

Norris, P. (2001). *Digital Divide: Civic Engagement, Information Poverty, and the Internet Worldwide*. Cambridge. U.K.: Cambridge University Press.

Norris, P. (Ed.) (1999). *Critical Citizens: Global Support for Democratic Government*. Oxford: Oxford University Press.

Nozick, R. (1974). *Anarchy, State, and Utopia*. New York: Basic Books.

Nye, J. S. and Donahue, J. D. (2000). *Governance in a Globalizing World*. Washington, D.C.:

Brookings Institution Press.

O'Connell, B. (1999). *Civil Society: The Underpinnings of American Democracy*. Hanover, N. H.: Tufts University Press.

Offe, A. C. (1999). "How Can We Trust Our Fellow Citizens?". In Warren (Ed.), *Democracy and Trust*, pp. 42-87.

O'Neill, J. (1995). *The Poverty of Postmodernism*. London: Routledge.

Osborne, D. and Gaebler, T. (1992). *Reinventing Government: How the Entrepreneurial Spirit Is Transforming the Public Sector*. Reading, Mass.: Addison-Wesley.

Ostrom, E. (1993). *Social Capital and Development Projects*. Prepared for social capital and economic development, American Academy of Arts and Sciences. Cambridge, Mass. 30-31 July.

Ostrom, E. and Walker, J. (Eds.) (2005). *Trust and Reciprocity: Interdisciplinary Lessons for Experimental Research*. New York: Sage Foundation.

Palmer, R. E. (1969). *Hermeneutics*. Evanston, Ill.: Northwestern University Press.

Panitch, L. (1996). "Rethinking the Role of the State." In J. H. Mittleman (Ed.), *Globalization: Critical Reflections*. London: Rienner.

Parsons, T. (1949). *The Structure of Social Action*. New York: Free Press.

Parsons, T. (1951). *The Social System*. New York: Free Press.

Parsons, T. (1978). *Action Theory and the Human Condition*. New York: Free Press.

Parsons, T. and Shils, E. (Eds.) (1951). *Toward a General Theory of Action*. Cambridge, Mass.: Harvard University Press.

Pateman, C. (1970). *Participation and Democratic Theory*. Cambridge: Cambridge University Press.

Payton, S. (1998). "The Politics of Comprehensive National Health Care Reform: Watching the 103rd and 104 Congresses at Work." In M. Rosenthal and M. Heirich (Eds.), *Health Policy: Understanding Our Choices from National Reform to Market Forces*. Boulder, Colo.: Westview, pp. 211-236.

Peak, K. and Glensor, R. W. (1996). *Community Policing and Problem Solving: Strategies and Practices*. Englewood Cliffs, New Jersey: Prentice-Hall.

Peters, B. G. (1996). *The Future of Governing: Four Emerging Models*. Lawrence: The University Press of Kansas.

Peterson, R. T. (1996). *Democratic Philosophy and the Politics of Knowledge*. University Park: Pennsylvania State University Press.

Pirages, D. C. (Ed.) (1996). *Building Sustainable Societies: A Blueprint for Post-Industrial World*. New York Sharpe.

Phillipson, M. (1972). "Phenomenological Philosophy and Sociology." In P. Filmer, M.

Phillipson, D. Silverman, and D. Walsh. (Eds.), *New Directions in Sociological Theory*. Cambridge, Mass.: MIT Press.

Polkinghorne, D. (1983). *Methodology for the Human Sciences: Systems of Inquiry*. Albany: State University of New York Press.

Putnam, H. (1978). *Meaning and the Moral Sciences*. London: Routledge & Kegan Paul.

Putnam, R. (1993). *Making Democracy Work: Civic Traditions in Modern Italy*. Princeton, New Jersey: Princeton University Press.

Putnam, R. (1995). "Bowling Alone: America's Declining Social Capital." *Journal of Democracy*. Vol. 6, no. 1, pp. 65-78.

Quade, E. S. (1975). *Analysis for Public Decisions*. New York: Elsevier.

Quah, Jon S. T. (2003). *Curbing Corruption in Asia: A Comparative Study of Six Countries*. Singapore: Eastern Universities Press.

Ramos, A. G. (1981). *The New Science of Organizations: A Reconceptualization of the Wealth of Nations*. Toronto: University of Toronto Press.

Rand, A. (1961). *The Virtue of Selfishness*. New York: New American Library.

Ratliff, W. (1999). "Development and Civil Society in Latin America and Asia." In I. Morales, G. De Los Reyes, and P. Rich (Eds.), *Civil Society and Democratization*. The Annals of the American Academy of Political and Social Science. Thousand Oaks, Calif.: Sage, pp. 91-112.

Rawls, J. (1971). *A Theory of Justice*. Cambridge, Mass.: Harvard University Press.

Rawls, J. (1993). *Political Liberalism*. New York: Columbia University Press.

Redford, E. S. (1975). *Democracy in the Administrative State*. New York: Oxford University Press.

Reed, S. (1993). *Making Common Sense of Japan*. Pittsburgh, Penn.: University of Pittsburgh Press.

Reich, C. A. (1970). *The Greening of America*. New York: Random House.

Rein, M. (1976). *Social Science and Public Policy*. New York: Penguin Books.

Rein, M. (1983). *From Policy to Practice*. New York: Sharpe.

Rhodes, R. A. W. (1997). *Understanding Governance*. Buckingham, U.K.: Open University Press.

Richardson, H. S. (2002). *Democratic Autonomy: Public Reasoning about the Ends of Policy*. Oxford: Oxford University Press.

Richardson, W. D. (1997). *Democracy, Bureaucracy, and Character*. Lawrence: University Press of Kansas.

Ricoeur, P. (1991). *From Text to Action*. Trans. Kathleen Blamey and J. E. Thompson. Evanston, Ill.: Northwestern University Press.

Riordon, W. (1963). *Plunkitt of Tammany Hall.* New York: Dutton.

Ro, C. H., Frederickson, H. G., and Hwang, S. D. (Eds.) (1997). *Confucian Thought and Bureaucracy in East Asia.* Seoul: Korea Institute of Public Administration.

Robertson, R. (1992). *Globalization: Social Theory and Global Culture*. Thousand Oaks, Calif.: Sage.

Rodrik, D. (1996). *Has Globalization Gone Too Far?* Washington, D.C.: Institute for International Economics.

Roetz, H. (1993). *Confucian Ethics of the Axial Age.* Albany: State University of New York Press.

Rogers, C. R. (1968). "Interpersonal Relationships: U. S. A. 2000." *The Journal of Applied Behavioral Science*. Vol. 4, no. 3 (July/August/Semptember), pp. 265-280.

Rohr, J. A. (1998). *Public Service, Ethics and Constitutional Practice*. Lawrence: University Press of Kansas.

Rorty, R. (1982). *Consequences of Pragmatism: Eassys, 1972-80*. Minneapolis: University of Minnesota Press.

Rorty, R. (1989). *Contingency, Irony, and Solidarity*. New York: Cambridge University Press.

Rorty, R. (1991). *Objectivity, Relativism, and Truth.* New York: Cambridge University Press.

Rosenau, J. N. (1992). "Governance, Order, and Change in World Politics." In J. N. Rosenau and E. Czempiel (Eds.), *Governance Without Government: Order and Change in World Politics*. Cambridge, U. K.: Cambridge University Press.

Rosenau, P. M. (1992). *Post-Modernism and the Social Sciences: Insights, Inroads, and Intrusions*. Princeton, New Jersey: Princeton University Press.

Rosenbloom, D. H. (2002). "Administrative Reformers in a Global World: Diagnosis, Prescription, and the Limits of Transferability." In J. S. Jun(Ed.), *Rethinking Administrative Theory: The Challenge of the New Century*. Westport, Conn.: Praeger, pp. 217-231.

Roy, W. G. (2001). *Making Societies*. Thousand Oaks, Calif.: Pine Forge.

Rudolph, S. H. (2002). "In Defense of Diverse Forms of Knowledge." *PS(Political Science & Politics*). Vol. 35, no. 2, pp. 193-195.

Sachs, J. (1998). "Global Capitalism," *The Economist*, September 28, pp. 23-25.

Sahlins, M. (1982). "Individual Experience and Cultural Order." In W. H. Kruskal (Ed.), *The Social Sciences: Their Nature and Uses*. Chicago: The University of Chicago Press, pp. 35-48.

Sandel, M. (1982). *Liberalism and the Limits of Justice*. Cambridge: Cambridge University

Press.

Sandel, M. (1996). *Democracy's Discontent*. Cambridge, MA: Harvard University Press.

Sandler, T. (1997). *Global Challenges: An Approach to Environmental, Political, and Economic Problems*. Cambridge: Cambridge University Press.

Sartre, J. P. (1976). *The Critique of Dialectical Reason*. Trans. A. Sheridan-Smith. London: New Left Books.

Sarup, M. (1988). *An Introductory Guide to Post-Structuralism and Post-modernism*. 2nd ed. Athens: University of Georgia Press.

Sarup, M. (1992). *Jacques Lacan*. Toronto: University of Toronto Press.

Schachter, H. L. (1997). *Reinventing Government or Reinventing Ourselves*. Albany: State University of New York Press.

Schein, E. (1970). *Organizational Psychology*. 2nd. ed. Englewood Cliffs, New Jersey: Prentice-Hall.

Schön, D. (1971). *Beyond the Stable State*. New York: Norton.

Schön, D. (1983). *The Reflective Practitioner*. New York: Basic Books.

Schön, D. and Rein, M. (1994). *Frame Reflection: Toward the Resolution of Intractable Policy Controversies*. New York: Basic Books.

Schroyer, T. (1973). *The Critique of Domination: The Origins and Development of Critical Theory*. New York: Braziller.

Schutz, A. (1962). *Collected Papers I: The Problem of Social Reality*. Ed. and introduced by M. Natanson. Hague: Nijhoff.

Schutz, A. (1967). *The Phenomenology of the Social World*. Trans. G. Walsh. Evanston, Ill.: Northwestern University Press.

Schwedler, J. (Ed.) (1995). *Toward Civil Society in the Middle East? A Primer*. Boulder, Colo.: Rienner.

Searle, J. R. (1995). *The Construction of Social Reality*. New York: Free Press.

Seligman, A. B. (1990). "Toward a Reinterpretation of Modernity in an Age of Postmodernity." In B. S. Turner (Ed.), *Theories of Modernity and Postmodernity*. Newbury Park, Calif.: Sage.

Seligman, A. B. (1992). *The Idea of Civil Society*. New York: Free Press.

Seligman, A. B. (1997). *The Problem of Trust*. Princeton: Princeton University Press.

Sharp, E. B. (1980). "Toward a New Understanding of Urban Services and Citizen Participation: The Coproduction Concept." *Midwest Review of Public Administration*. Vol. 14, no. 2, p. 110.

Sheridan, A. (1980). *Michael Foucault: The Will to Truth*. New York: Tavistock.

Shigeru, T. (2003). "The Emergence of NPOs and the Implications for Local Governance."

In F. Shun'ichi and M. Toshihiro (Eds.), *Japan's Road to Pluralism: Transforming Local Communities in the Global Era.* Tokyo: Japan Center for International Exchange, pp. 161-178.

Shotter, J. (1993). *Conversational Realities: Constructing Life through Language.* Thousand Oaks, Calif.: Sage.

Shotter, J. and Cunliffe, A. L. (2002). "Managers as Practical Authors: Everyday Conversations for Action." In D. Holman and R. Thorpe. (Eds.), *Management and Language: The Manager as Practical Author.* London: Sage.

Shuman, M. H. (1998). *Going Local: Creating Self-Reliant Communities in a Global Age.* New York: Free Press.

Silverman, D. (1970). *The Theory of Organizations.* London: Heinemann.

Silverman, H. J. (1984). "Phenomenology: From Hermeneutics to Deconstruction. In *Research in Phenomenology.* Vol XIV: pp. 19-34.

Simon, H. A. (1945 and 1957). *Administrative Behavior.* 2nd ed. New York: Macmillan.

Simon, H. A. (1977). *The New Science of Management Decisions.* Englewood Cliffs, New Jersey: Prentice-Hall.

Sirianni, C. and Friedland, L. (2001). *Civic Innovation in America.* Berkeley: University of California Press.

Smith, A. (1937/1776). *An Inquiry to the Nature and Causes of the Wealth of Nations.* New York: Modern Library.

Smith, A. (1966/1853). *The Theory of Moral Sentiments.* (Reprint), New York: Macmillan.

Smith, H. (1982). *Beyond the Post-Modern Mind.* New York: Crossroad.

Smith, H. (2001). *Why Religion Matters: The Fate of the Human Spirit in an Age of Disbelief.* San Francisco: Harper San Francisco.

Smith, H. and Novak, P. (2003). *Buddhism: A Concise Introduction.* New York: Harper San Francisco.

Sokolowski, R. (2000). *Introduction to Phenomenology.* Cambridge: Cambridge University Press.

Stillman, Ⅱ, R. J. (1987). *The American Bureaucracy.* Chicago: Nelson-Hall.

Stillman, Ⅱ, R. J. (1991). *Preface to Public Administration: A Search for Themes and Direction.* New York: St. Martin's.

Stivers, C. (1993). *Gender Images in Public Administration: Legitimacy and the Administrative State.* Newbury Park, Calif.: Sage.

Stokey, E. and Zeckhauser, R. (1978). *A Primer for Policy Analysis.* New York: Norton.

Strasser, S. (1969). *The Idea of Dialogical Phenomenology.* Pittsburgh, Pa.: Duquesne University Press.

Stringer, E. T. (1996). *Action Research: A Handbook for Practitioners*. Thousand Oaks, Calif.: Sage.

Ströker, E. (1999). *Husserl's Transcendental Phenomenology*. Stanford, CA: Stanford University Press.

Suler, J. R. (1993). *Contemporary Psychoanalysis and Eastern Thought*. Albany: State University of New York Press.

Surber, J. P. (1998). *Culture and Critique: An Introduction to the Critical Discourses of Cultural Studies*. Boulder, Colo.: Westview.

Swartz, D. (1997). *Culture and Power: The Sociology of Pierre Bourdieu*. Chicago: University of Chicago Press.

Tandon, R. (1987). *NGO Government Relations: A Source of Life or a Kiss of Death*. New Delhi: Society for Participatory Research in Asia.

Taylor, C. (1985a). "Interpretation and the Sciences of Man." *Philosophy and the Human Sciences: Philosophical Papers 2*. Cambridge: Cambridge University Press.

Taylor, C. (1985b). *Philosophy and the Human Sciences: Philosophical Papers 2*. Cambridge: Cambridge University Press.

Taylor, C. (1989). *Sources of the Self*. Cambridge, Mass.: Harvard University Press.

Taylor, C. (1995). *Philosophical Arguments*. Cambridge, Mass.: Harvard University Press.

Taylor, F. W. (1967). *The Principles of Scientific Management*. New York: Norton.

Thomason, B. C. (1982). *Making Sense of Reification: Alfred Schutz and Constructionist Theory*. Atlantic Highlands, New Jersey: Humanities.

Thurman, W., Zhao, J., and Giacomazzi, A. (2001). *Community Policing in a Community Era: An Introduction and Exploration*. Los Angeles: Roxbury.

Tu, W. M. (1985). *Confucian Thought: Selfhood as Creative Transformation*. Albany: State University of New York Press.

Turbayne, C. M. (1971). *The Myth of Metaphor*. Columbia: University of South Carolina Press.

Turner, B. S. (1994). *Orientalism, Postmodernism, and Globalism*. London: Routledge.

Tyler, T. R. (1998). "Trust and Democratic Governance." In V. Braithwaite and M. Levi (Eds.), *Trust and Governance*.

Urban Mass Transportation Administration (1991). *ADA Paratransit Handbook*. Washington, D.C.: U.S Department of Transportaton.

Uslaner, E. M. (1999). "Democracy and Social Capital." In M. E. Warren (Ed.), *Democracy and Trust*, pp. 121-150.

Vazquez, A. S. (1977). *The Philosophy of Praxis*. London: Merlin.

Ventriss, C. (2002). "A Democratic Public and Administrative Thought: A Public

Perspective." In J. S. Jun (Ed.), *Rethinking Administrative Theory: The Challenge of the New Century*. Westport, Conn.: Praeger, pp. 93-104.

Waldo, D. (1948). *The Administrative State*. New York: Ronald.

Waldo, D. (1978). "Democracy, Bureaucracy and Hypocracy." Royer Lecture, given at the University of California, Berkeley, May 13, 1978, on the occasion of Professor Emeritus ceremonies for Victor Jones.

Walzer, M. (1973). "The Problem of Dirty Hands." *Philosophy and Public Affairs*(Winter), pp. 160-180.

Waltzer, M. (1983). *Spheres of Justice: A Defense of Pluralism and Equality*. New York: Basic Books.

Warren, M. E. (Ed.) (1999). *Democracy and Trust*. Cambridge: Cambridge University Press.

Warren, R. et al. (1982). "Citizen Participation in Production of Services: Methodological and Policy Issuse in Coproduction Research." *The Southwestern Review*. Vol. 14, no. 3, pp. 41-45.

Watts, A. (1975). *TAO: The Watercourse Way*. New York: Pantheon Books.

Watts, A. (1997). *Taoism: Way Beyond Seeking*. Edited transcripts. Boston: Tuttle.

Weaver, R. K. and Stares, P. B. (2001). *Guidance for Governance: Comparing Alternative Sources of Public Policy Advice*. Tokyo: Japan Center for International Exchange.

Weber, M. (1947). *The Theory of Social and Economic Organization*. Trans. A. M. Henderson and T. Parsons, ed With an introduction by T. Parsons. New York: Free Press.

Weick, K. (1995). *Sensemaking in Organization*. Thousand Oaks, Calif. Sage.

Weil, A. and Finegold, K. (Eds.) (2002). *Welfare Reform: The Next Act*. Washington, D.C.: Urban Institute.

Weinstein, D. (1979). *Bureaucratic Opposition*. New York: Pergamon.

Weisband, E. and Franck, T. M. (1975). *Resignation in Protest: Political and Ethical Choices between Loyalty to Team and Loyalty to Conscience in American Public Life*. New York: Grossman.

Weisbord, M. R. (1992). *Discovering Common Ground*. San Francisco: Bernett-Koehler.

Weisboard, M. R. and Janoff, S. (1995). *Future Search: An Action Guide to Finding Common Ground in Organizations and Communities*. San Francisco: Bernett-Koehler.

White, D. R. and Hellerich, G. (1998). *Labyrinths of the Mind: The Self in the Postmodern Age*. Albany: State University of New York Press.

Whitehead, A. N. (1927). *Symbolism: Its Meaning and Effects*. New York: Macmillan.

Whitehead, A. N. (1929). *Process and Reality: An Essay in Cosmology*. New York: Macmillan.

Whyte, Jr., W. H. (1965). *The Organziation Man.* New York: Simon & Schuster.
Whyte, Jr., W. H. (1984). *Learning from the Field: A Guide from Experience.* Beverly Hills: Sage.
Wilber, K. (1979). *No Boundary: Eastern and Western Approaches to Personal Growth.* Boulder: Shambhala.
Wildavsky, A. (1979). *Speaking Truth to Power: The Art and Craft of Policy Analysis.* Boston: Little, Brown and Company.
Williams, T. A. (1982). *Learning to Manage Our Futures.* New York: Wiley.
Wilshire, B. (1968). *William James and Phenomenology.* Bloomington: Indiana University Press.
Wilson, D. (Ed.) (1997). "Globalization and the Changing U.S. City." *The Annals of the American Academy of Political and Social Science.* Vol. 551.
Wilson, J. Q. (1968). *Varieties of Police Behavior: The Management of Law and Order in Eight Communities.* Cambridge, Mass.: Harvard University Press.
Wilson, J. Q. (1989). *Bureaucracy: What Government Agencies Do and Why They Do It.* New York: Basic Books.
Wilson, W. (1887). "The Study of Administration." *Political Science Quarterly.* Vol. 2, no. 2, pp. 197-220.
Winch, P. (1958). *The Idea of a Social Science.* London: Routledge and Kegan Paul.
Winter, G. (1966). *Elements for a Social Ethic.* New York: Macmillan.
Wolfe, A. (1989). *Whose Keeper? Social Science and Moral Obligation.* Berkeley: University of California Press.
Woll, P. (1963). *American Bureaucracy.* New York: Norton.
Wrong, D. H. (1961). "The Oversocialized Conception of Man in Modern Sociology." *American Sociological Review.* Vol. 26, pp. 183-193.
Yalom, I. D. (1985). *The Theory of Practice of Group Psychotherapy.* New York: Basic Books.
Yanow, D. (1996). *How Does a Policy Mean? Interpreting Policy and Organizational Action.* Washington, D.C.: Georgetown University Press.
Yezzi, R. (1986). *Directing Human Actions: Perspectives on Basic Ethical Issues.* Lanham, Md.: University Press of America.
Young, I. M. (1997). *Intersecting Voices: Dilemmas of Gender, Political Philosophy, and Policy.* Princeton, New Jersey: Princeton University Press.
Young, I. M. (2000). *Inclusion and Democracy.* New York: Oxford University Press.
Zaner, R. (1970). *The Way of Phenomenology.* New York: Pegasus.
Zanetti, L. A. (1997). "Advancing Praxis: Connecting Critical Theory with Practice in

Public Administration. *American Review of Public Administration.* Vol. 27, no. 2, pp. 145-167.

찾아보기

ㄱ

ㄴ

ㄷ

ㄹ

ㅁ

ㅂ

ㅅ

ㅇ

ㅈ

ㅋ

ㅌ

ㅍ

ㅎ

저자 소개

전종섭(Jong S. Jun) 교수는 미국 남가주대(University of Southern California)에서 행정학 박사학위를 받기 직전인 1968년에 캘리포니아주립대(California State University at Eastbay)에 부임해서 2005년까지 37년 동안 교수로 재직했다. 한국의 연세대(1996), 고려대(2000), 서울대(2010)를 비롯해, 일본 호세이(法政)대(1992), 네덜란드 레이덴대(2007), 미국 남가주대(2011~2013) 등에서 강의했으며, 세계 여러 나라에 초빙되어 세미나 발표와 특별 강연을 했다. 재직 중에 9권의 책과 60여 편의 학술 논문을 출간했다. 1996년부터 미국 행정한림원(National Academy of Public Administration) 회원으로 있다. [연락처: jon.jun949@gmail.com]

역자 소개

권향원(서울여자대 행정학과 초빙교수)
김관보(가톨릭대 행정학과 교수)
김태영(서울시립대 도시행정학과 교수)
김현성(서울시립대 행정학과 교수)
김흥회(동국대 행정학과 교수)
박흥식(대전대 행정학과 교수)
서정호(대전대 행정학과 교수)
이환범(영남대 행정학과 교수)
정용덕(서울대 행정대학원 명예교수)
주창범(동국대 행정학과 교수)
최준호(영남대 행정학과 교수)
최태현(서울대 행정대학원 교수)
편상훈(울산대 행정학과 교수)
허중경(방송통신대 행정학과 명예교수)

행정학

해석, 비판, 그리고 사회적 구성

펴낸날 / 제1판 제1쇄 2015년 4월 15일

지은이 / 전종섭

옮긴이 / 권향원, 김관보, 김태영, 김현성, 김홍회,
박홍식, 서정호, 이환범, 정용덕, 주창범,
최준호, 최태현, 편상훈, 허중경

펴낸이 / 임춘환

펴낸곳 / 도서출판 대영문화사

주소 / 서울특별시 용산구 청파로 61길 5(청파동 1가) 제일빌딩 2층

등록 / 1975년 12월 26일 제3-16호

전화 / (02)716-3883, (02)714-3062

FAX / (02)703-3839

홈페이지 / http://www.dymbook.co.kr

ISBN 978-89-7644-501-8

〔값 18,000원〕